ISBN 978-0-260-02277-6
PIBN 10679280

0

FILIPPO NANI MOCENIGO

DELLA LETTERATURA VENEZIANA

DEL SECOLO XIX

NOTIZIE ED APPUNTI

VOLUME UNICO

Seconda edizione riveduta ed ampliata

VENEZIA

STAB. DELL'ANCORA DITTA L. MERLO

1901

AVVERTIMENTO

Un volume della letteratura veneziana del secolo XIX, sortì nell'anno 1891, indicato come volume primo. Risolvo ora pubblicare il libro stesso, in questa seconda edizione, ingrossato di qualche capitolo nuovo, e di qualche aggiunta, e lo dichiaro volume unico.

PREFAZIONE

all'edizione del 1891

Lo splendore della vita politica, e l'attività dello spirito veneziano, mirabilmente si riflettevano per lo passato, sopra ogni ramo di umana cultura, producendo preziosissimi frutti, che venivano ad arricchire, non tanto la storia della particolare veneta famiglia, quanto, e in modo degnissimo, il patrimonio artistico letterario scientifico di tutta l'Italia.

Non verremo a parlare di epoche rimote, che tale non è il nostro compito ; basterà solamente ricordare, prima di dire della letteratura veneziana del nostro secolo, quanto fosse ancora nel settecento importante e cospicua la vita intellettuale in Venezia.

Difatti non poteva reputarsi città in decadenza quella che presentava un Apostolo Zeno e un Carlo Goldoni, riformatori anzi creatori del teatro melodrammatico e comico italiano; un Gaspare Gozzi, fra gli scrittori uno dei più tersi ed elegante che si conosca; un Marco

Foscarini, profondo politico ed insigne letterato; un degli Agostini; un Giacomo Nani,
scrittore di arte militare e di politica economia, ed appassionato ed intelligente raccoglitore di antichi marmi, codici e monete; un
Angelo Emo che sulle coste d'Africa fece riso-
nare gli ultimi ruggiti dell'antico leone. A
questi noi potremmo aggiungere il Flaminio
Corner, storico delle Venete Chiese, il Pietro
Garzoni, il Giacomo Diedo, il Vettor Sandi,
Giacomo Filiasi, Carlo Antonio Marin, tutti
delle patrie memorie cultori e scrittori valentissimi.

Qui ancora potremmo non tacere del sentito amore per le lettere e per le arti dei fratelli Farsetti, dei lepidi sali sparsi negli apologhi e nelle satire di Francesco Gritti e di Antonio Lamberti, della erudizione di G. B. Galliciolli e di Cristoforo Tentori, nonché del sapere nelle discipline economiche di Giammaria
Ortes.

Nè in alcuna città d'Italia poteva vantare
l'arte oratoria trionfi simili a quelli che diu-
turnamente poteva conseguire in Venezia;
imperocché i liberi ordinamenti aveano reso
da secoli necessario l'uso della parola, sia nel
Senato sia nel Maggior Consiglio, come nelle
discussioni delle cause penali e civili dinnanzi
ai Tribunali.

Che se poi consideriamo lo stato nel quale si

trovavano le arti della musica e del disegno nello scorso secolo, noi annoveriamo nella prima un Marcello, un Furlanetto, un Buranello, e nelle seconde, i Canaletto, la Carriera, i Guarana, i Guardi, i Longhi, il Piazzetta, il Tiepolo, che mantenevano le tradizioni dei bei tempi della pittura; il Selva, il Temanza che muravano fabbriche decorose, il Canova che gettava i vivissimi lampi del suo genio sotto la protezione dei Falieri; ed infine troviamo lo Zendrini che per incarico di uno Stato che era alla vigilia della sua fine, immaginava ed eseguiva, con ardire romano, i murazzi.

Tutti questi uomini ho citato per non parlare di tanti altri minori, che intorno a questi quasi tutti sommi, s'aggruppavano.

Dunque, come puossi spiegare questa enorme contraddizione, fra l'abbiezione e la corruzione, in preda alle quali dicevasi dai nemici pur fosse Venezia, e l'esistenza della numerosa falange di ingegni superiori, che vivevano in quella città, e che colle opere loro l'onoravano?

Imperocchè, corruzione e potenza d'ingegno, sono per le nazioni due termini fra loro contradditorii ed impossibili, nè puossi immaginare la loro coesistenza.

Che se alcuno mi sussurrasse i nomi di Giorgio Baffo e Giacomo Casanova, risponderei che invero essi erano la scoria che si trovava in mezzo a tanto metallo prezioso, ma che in ogni caso venivano soprafatti dal numero non solo ma dal valore degli ingegni sani e di primo ordine.

Dato questo semplicissimo accenno alla coltura veneziana del settecento, dirò che lo scopo delle pagine di questo libercolo, sarebbe quello di porre in evidenza, ciò che produsse nel campo letterario ed artistico questa nostra Venezia nel secolo che sta morendo. Opera certamente ardita, in ragione delle mie forze, ma alla quale attesi, anche colla certezza che non riuscisse che un solo tentativo, con amore e diletto.

La letteratura veneziana trovava il suo poderoso storico in Marco Foscarini, che non compiva che per una sola parte il suo lavoro; così il padre degli Agostini, pubblicava due volumi sullo stesso argomento, ma ne restava interrotta la trattazione.

Più compiuta opera relativamente al periodo prefissosi dall'autore, riusciva quella di Giannantonio Moschini, sulla letteratura veneziana del secolo decimottavo, poichè egli diede un diffuso racconto, presentando un quadro vario ed esteso della letteraria coltura veneziana di quell'epoca.

Sarebbe stata perciò mia intenzione seguire il sistema del Moschini, e parlare cioè della letteratura veneziana del secolo XIX, problema *invero che riesce difficile, se non altro perché l'epoca, soggetto al mio tema, trova Venezia sfornita di importanza politica, quantunque sia pur necessario riconoscere, che fino oltre alla metà del secolo presente abbia ancora conservato nel campo delle lettere una importanza ed un colore tutto suo, quasi fosse stata ancora un centro di attività regionale.*

Fra i nomi ricordati ve ne saranno alcuni che non potranno dirsi strettamente veneziani, perché non nati a Venezia; ma la lunga consuetudine della loro vita passata in questa città, dove si svolsero le loro azioni, o videro la luce i loro scritti, sono argomenti che mi consigliano a considerare anche questi autori, come appartenuti alla nostra letteratura veneziana.

*I capitoli risguardanti la poesia, la drammatica, e le scrittrici veneziane vennero già riprodotti, nell'*Ateneo Veneto *e nel giornale* Il Tempo: *qui vi si aggiunge il capitolo:* Storia (1).

Dapprima mi ero occupato anche degli autori viventi, ma l'esperienza e giusti riguardi mi sconsigliarono dal farlo, sebbene ciò mi privasse dal piacere di mettere in ri-

---

(1) *Nella edizione presente oltre ad altre aggiunte si annoverano pure i capitoli seguenti: Scrittori e critici d'arte — Accademie — Arte ed artisti — Scrittori varii — Periodici — Tipografie ecc.*

lievo i meriti di persone carissime e bene-
merite nei patrii studii.

Quanto alle notizie sui diversi nomi da
me raccolte, mi sono trattenuto a bello studio,
più su quelli meno noti, che non su quelli
notissimi, che non aveano perciò bisogno di
nuove illustrazioni o ricerche, per essere meglio stimati ed apprezzati.

E' però della natura stessa dei lavori,
come quello da me intrapreso, il riuscire
sempre imperfetti, perchè sarà sempre facile
cosa trovare chi vi accusi, di aver qualcuno
dimenticato, o qualcuno non convenientemente
onorato.

Ma santo Dio! non pretendiamo certo alla
infallibilità. Però queste pagine ad onta dei
loro innumerevoli difetti, saranno sempre un
primo passo alla storia letteraria veneziana
del nostro secolo, il che dovrà essere di spro-
ne, affinchè altri più di me capace e paziente,
possa raggiungere quello scopo, che invano io
mi sarei prefisso.

Le notizie le desunsi da libri, da manoscritti, da effemeridi, dalla viva voce di persone erudite ed amiche che mi incoraggiarono
a proseguire nella intrapresa, che potrebbe
riuscire di una qualche utilità anche per l'avvenire.

Quasi sempre ebbi cura di vedere le opere
citate, cioè quando mi fu possibile rinvenirle;

*e le fonti da cui trassi notizie le vado sempre
di mano in mano ripetendo.*

*Il benigno lettore accolga con indulgenza
questo lavoro; mentre sarò felicissimo se
potrò continuarlo e compierlo nelle diverse
parti, facendo tesoro delle osservazioni che
mi venissero fatte.*

Canda in Polesine, 14 maggio 1891.

FILIPPO NANI MOCENIGO

CAPITOLO I.

PARTE I.

Storia

SOMMARIO : *Importanza dello studio della storia di Venezia — Coltura storica nel secolo XVIII. — Secolo XIX — Girolamo Ascanio Molin — Sua storia di Venezia inedita — Importanti sue osservazioni — Crotta Sebastiano — Sue memorie storiche civili — Carlo Antonio Marin — Sua vita, suo amore per gli studii — Scritti minori — Storia civile e politica del Commercio dei Veneziani — Francesco Apostoli — Sua vita — Suoi scritti varii — Cristoforo Tentori — Storia di Venezia — Raccolta diplomatica sulla caduta della repubblica Veneta — Dissertazioni — G. B. Galliciolli — Antonio Longo — Cittadini originarii — Sue memorie — Andrea Mustoxidi — G. B. Soravia — Sante della Valentina — Indice alla storia del Filiasi — Altri suoi importanti lavori — Giacomo Filiasi — Sua vita — Saggio sui*

*Veneti Primi — Memorie storiche sui veneti
primi e secondi — Suoi opuscoli scientifici
— Placido Zurla — Sua vita — Illustra-
zione del Mappamondo di Fra Mauro —
Dissertazione sui viaggiatori veneziani —
Domenico Crivelli — Sua storia di Venezia
— Giandomenico Tiepolo — Sua vita — Sua
confutazione alla storia del Darù — Jacopo
Morelli — Pietro Bettio — Galleria dei let-
terati delle Provincie Venete — Pasquale
Negri — Soggiorno di Lundy a Venezia —
Giovanni Antonio Moschini — Sua vita —
Sue opere — Sua storia della letteratura
Veneziana del secolo XVIII — Pietro Ga-
spare Morolin — Ermolao Paoletti — An-
tonio Meneghelli — Battaggia Michele —
Sue Accademie veneziane — Dissertazione
sulla nobiltà veneziana — Angelo Zon —
Lavori numismatici — Quadri Antonio —
L'opera Venezia e le sue lagune.*

Quanto fosse importante lo studio della storia in una città ricca di memorie e di fasti
gloriosi, come era Venezia chiaramente lo dimostra, la abbondanza di scrittori che a quello
si dedicarono.

Nelle epoche più remote per privato genio
si compilarono cronache talora rozze e disadorne e fu solo più tardi, che per pubblico istituto, uomini di alto ingegno e consumati nei

pubblici negozii, rivestiti della fiducia e della autorità del governo, attesero alla narrazione delle patrie istorie. Per tal modo fu detto che Venezia gareggiò con Firenze per il numero e per la sceltezza dei suoi storici.

Marco Foscarini nei suoi libri secondo e terzo della letteratura veneziana, tratta con larghezza e magistralmente siffatto argomento, e perciò a quella fonte può ricorrere chi desiderasse attinger notizie. Qui solo ricorderemo gli storici del settecento, dal quale prenderemo le mosse come è nostro ' assunto per parlare di coloro che si resero più o meno noti, più o meno illustri, nelle storiche discipline, nell'ottocento.

Nei primi anni del settecento· viene ricordato dal Moschini, Apostolo Zeno specialmente pelle sue vite in genere, e per quelle dei storici veneziani, che scrissero per pubblico decreto, e cioè quelle del Sabellico e del Paruta; le vite di Battista Nani e di Michele Foscarini, furono invece estese da Pier Catterino Zeno fratello di Apostolo. A Battista Nani e Michele Foscarini istoriografi ufficiali della Republica vissuti nel secolo XVII, faceva seguito Pietro Garzoni che fiorì nel settecento, e fu l'ultimo dei pubblici storici veneziani che abbia resi alla luce i suoi lavori colla stampa; mentre i tre scrittori che vennero scelti in appresso come storici della repubblica, Marco Foscarini, Ni-

colò e Francesco Donato, o nulla composero o
nulla venne da essi pubblicato. Scrissero per
propria elezione, nello stesso settecento Giacomo
Diedo, che dettava la storia di Venezia dalla
sua origine fino al 1747, e Vettor Sandi, che
redigeva i suoi voluminosi principii di storia
eivile della Republica di Venezia, dalla sua fondazione fino all'anno 1767. Nulla diremo della
storia della letteratura veneziana e di altri minori opere di Marco Foscarini, nè di quella
delle Chiese venete di Flaminio Corner, e di altri.

Del Galliciolli, del Filiasi, del Marin, del
Tentori, vissuti per una parte dell'ottocento,
verrà particolarmente trattato in questi appunti,
quantunque in gran parte le Opere loro spet-
tino al settecento. Ed ora intraprenderemo la
nostra rassegna dei diversi scrittori, cominciando
dal chiaro nome di Ascanio Molin, che sarà in
altri luoghi ricordato.

Questo colto patrizio compilava un quadro
delle magnanime azioni pubbliche e private dei
veneziani dal nascere al tramontare della repubblica. Volgarizzava dal latino la storia del Morosini, e ciò con somma diligenza ed esattezza
di locuzioni.

Raccoglieva e traduceva dal latino, vite,
elogii scritti di veneti letterati patrizii in lode
di dogi ed altri illustri personaggi, con una prefazione intorno al metodo più addattato per tessere le vite degli Uomini illustri.

Gli scritti del Molin sono posseduti dalla patrizia famiglia Giustinian-Recanati, mercè la gentilezza della quale, ho potuto vederli ; il più importante lavoro è certamente la Storia di Venezia, autografa poi copiata in tre buoni volumi. Però manca assolutamente l'indice di persone e di cose ; non è ripartita in capitoli, e raramente sono accennate le date. Detta storia ha principio nell'anno 1761, e dopo aver descritta con particolari interessanti la caduta della repubblica anche per ciò che riguarda a quanto avvenne in città di tumulti in quell'epoca, si estende colla narrazione per il periodo della democrazia, e della occupazione austriaca fino all'anno 1806, nel quale, seguì in Venezia la seconda occupazione francese.

L'autore dice in principio dell'opera, che avendo egli pure preso parte nella tragedia della caduta di Venezia, poteva render non dispregevole conto, degli ultimi suoi anni di vita, a lume della verità, e ad istruzione delle etadi avvenire. — Riesce perciò di una suprema importanza, rilevare quali secondo l'autore sieno state le cause della famosa caduta. Secondo il suo giudizio, basato sull'esperienza dei fatti e sui principii politici che formavano la direzione del governo, egli così si esprime :

« Che era stato trascurato il vero e primo nerbo di ogni dominazione, e negletto quell'apparato di esterna difesa che rispettabile render soleva in faccia dei sovrani la repubblica; la quale da qualche tempo sostenevasi vieppiù colla ricordanza e coll'immagine della grandezza sua, che non con verace gagliardìa, e ciò perché mancato l'esercizio delle armi, prevalse l'indolenza e l'illusione che stessero sempre lontani i pericoli, e quindi mancanza di milizia e di baluardi. »

Oltre a ció, continua l'autore, i veneziani credevano aver titolo alla gratitudine universale, per le loro benemerenze verso la Cristianità, e per l'imparzialità dimostrata, mentre credevano star sicuri nell'equilibrio, creduto necessario fra le nazioni. Aggiungi che per privati riguardi non s'incrementava l'erario pubblico, ma lo si lasciava vuoto, cosa che nei tempi migliori non ebbe luogo giammai. Il Molin ne trae la conseguenza, che queste piaghe provenivano dal corpo patrizio, e dalla invecchiata costituzione, poichè dice che le famiglie nobili erano più intente al privato interesse, che al pubblico bene.

Il massimo disordine poi nell'interna disciplina del governo, stava nel fatto della diminuzione soverchia del numero dei patrizii, e invece troppo smoderatamente ampliato il numero delle famiglie patrizie *misere*; le quali non potevano essere contenute dalle famiglie più temperate, ed anzi potevano imporre leggi o fomentare qualche ambizioso a non lasciarsi vincere o dominare, il che, al peggiòr termine, condur doveva, la republica.

Già mi intrattenni, parlando del libro di Edmondo Bonnal nel 1885 sulla caduta della repubblica di Venezia, sul vizioso organismo del corpo patrizio, come era costituito allora; da me pure considerato come una delle cause della caduta ; e ciò trovo confermato dal Molin, patrizio insignito delle più alte cariche dello Stato, quindi in grado di giudicare scientemente, di quali uomini fosse formato quello che in allora, era il corpo sovrano della repubblica. Ma l'idea di unire tutta l'Italia in un solo corpo, sembrerà strano, pure era sorta oramai all'epoca della caduta di Venezia ; e ciò afferma il Molin stesso, quando ancora prima della conclusione del trattato di Campoformio che fu nell'ottobre 1797, volendosi da taluno unire Venezia ai Cisalpini, dicevasi doversi ciò soprassedere a fare, quantunque l'unione dei Veneti stati, fosse stata fissata, ma per essere soltanto interinale, sino a che si fosse compiuta la politica opera di rifondere tutta l'Italia in una sola massa, di libertà nazionale: per allora queste erano parole, perchè Venezia veniva dai francesi, consegnata all' Austria.

Utile infine è a consultarsi l'opera del Molin anche pel periodo, che concerne la prima occupazione austriaca, in generale poco conosciuto.

Qui cade in acconcio di parlare d'altro uomo che come il Molin, era stato addentro nelle cose di governo, e fu questi Crotta Sebastiano nato nel 1732 e morto nel 1817, appartenuto al ceto patrizio. D'esso parla, Girolamo Dandolo ed è lodato come letterato e poeta, legato in amicizia al Farsetti, al Gozzi. — Sono specialmente da ricordarsi le memorie storico civili sopra le successive forme di governo della repubblica di Venezia, opera postuma (Alvisopoli 1818). Sono presi in esame in questo libro tutti i diversi servizii dello Stato, e va ripartito in due sezioni ed otto epoche. In quattro epoche va diviso il tempo fra i primordi della repubblica fino alla aristocrazia ereditaria, le altre quattro dalla istituzione di questa, fino quasi al cadere della repubblica. L'autore dà un'idea delle varie forme amministrative fra i veneziani; rende conto di tutte le magistrature e loro attribuzioni. Fra le considerazioni politiche mi piace riportare quanto il Crotta dice, del sistema di neutralità, adottato dal governo di Venezia, dopo la pace di Passarovitz nel 1718, in seguito ai dispendi, sostenuti pelle lunghe precedenti guerre, e pel sorgere delle nuove grandi potenze. Dice il Crotta, che la repubblica di Venezia credette con questo sistema di potersi salvare, conscia della propria debolezza coll'addattare un costante sistema di neutralità, colla quale potè per lungo tempo schermirsi senza però riflettere, che la costante opinione della propria debolezza, non poteva che accrescerla; poichè non solo essa rende gli uomini inoperosi, ma non credendosi più in istato d'agire, fa anche col tempo negligere i mezzi, che diverrebbero necessari per mettersi nell'estremo caso, in azione. È quello che precisamente è avvenuto. Venezia a forza di ritenersi debole ed incapace di resistere, non ha trovato in sè stessa nè forza, nè consiglio, ed ha fatto una fine ignominiosa. Il Crotta fu patrono all'arsenale, senatore, prefetto a Brescia, ed ebbe altri uffici in patria. — Fu l'ultimo di sua stirpe, e le sue memorie furono edite dal nipote Francesco Calbo–Crotta.

Carlo Antonio Marin patrizio veneto sarà da noi ricordato nella vita di Isabella Teotochi-Albrizzi, di cui fu primo marito, ma qui ne parleremo con più cura. Ne scrissero la biografia Agostino Sagredo, nelle vite raccolte da Emilio Tipaldo, e Girolamo Dandolo, fu lodato all'Ateneo da Luigi Casarini.

Nacque il Marin il 4 gennaio 1747, in Orzinovi castello del bresciano, del quale aveva il reggimento il padre suo Gio. Battista; fu desso da poi educato dai chierici regolari somaschi nell'Accademia dei Nobili. — Finiti gli studi, percorse la carriera militare, e fu nobile di nave, e sopracomito. Inviato quindi provveditore a Salò, entrava nella magistratura dei

Quaranta, essendo anche capo dei consigli civili
e dei criminali, facendo per ciò solo, parte della
Signoria. Nella Quarantia copriva l'ufficio di
contradditore, che era un ufficio analogo a
quello dei procuratori dell'accusa, in appoggio
alle sentenze di prima istanza, nell'interesse
dello stato.

Dopo un periodo di tredici anni nella magistratura giudicante, tornò nell'amministrazione;
e fu spedito a reggere Itaca e Cefalonia, facendosi molto onore, e recando ogni possibile vantaggio a quei paesi ; e là si trovava al momento
della caduta del suo governo. Da quell'istante
non volle aver alcuna ingerenza nei governi
che si successero, ed accettò solo dal governo
italico l'ufficio di direttore degli Archivii, officio che coprì per primo, e che disimpegnò fino
alla sua morte avvenuta nell'anno 1815 ai 20
d'aprile. — Caratteristica di questo egregio patrizio si fu, che sempre in ogni circostanza della
vita, sia come uomo privato, che come uomo
pubblico, ebbe sempre per compagno lo studio,
nel quale trovò sempre largo conforto.

Quantunque secondo il Dandolo, le penne
del Marin mal reggessero all'arditezza dei voli
poetici, pure esso scrisse alcuni idilii da noi
ricordati in altra parte, e versi e drammi e
tragedie.

Fu autore di un canto del poema Esopo, del
quale tre socii sibillionisti avevano composto tre

canti. Il Marin fu prima membro dell'Accademia veneziana di belle lettere, poi socio dell'Ateneo. Nel 1794 diede in luce i suoi primi lavori storici pubblicando due dissertazioni, una sulla venuta di Papa Alessandro III a Venezia, l'altra per provare la verità dell'avvenuta vittoria di Salvore, nella quale l'armata veneta sconfiggeva quella dell'imperatore Barbarossa. Senonchè questi non erano che piccoli saggi, che ceder dovevano innanzi all'opera importantissima, della storia civile e politica del commercio dei veneziani, Venezia Coletti, dal 1798 al 1808 in otto volumi. Emanuele Cicogna fa qualche appunto in linea d'esattezza, e deplora che l'A. non abbia potuto approfittare di tutti i documenti veneziani necessarii, poichè in parte trasportati altrove. Ricorda inoltre il Cicogna, che si aveva prima a penna una storia mercantile e marittima di Sebastiano Molin, della quale in parte aveva approfittato il cav. Giacomo Nani nella sua sempre inedita storia della Milizia marittima dei veneziani. Anche l'abate Giuseppe Gennari aveva letto una memoria all'Accademia di Padova, sull'istesso argomento; ma il Marin fu il solo che colla sua perseveranza e diligenza nei lunghi studii, diede motivo a mostrare l'alta sua perizia, nella difficile impresa che si era assunta. Egli intessé bensì la storia del commercio dei veneziani, ma svolse come osserva il Sagredo, tutta la tela della storia veneziana;

per ciò l'opera del Marin lo levò in gran fama
e riputazione specialmente presso gli stranieri.
— Negli ultimi suoi anni il Marin aveva ideato
una storia del commercio dei Fenicii, ma non
potè mandarla ad effetto.

Però dai frammenti rinvenuti, potè ricavarne
un sunto il consigliere Giovanni Rossi, che leggeva all'Ateneo, dopo la morte del valente autore.

Non per l'importanza vera degli scritti storici lasciati da Francesco Apostoli e perchè
questi sono in minor numero di quelli d'altro
genere, ma per la stranezza degli avvenimenti
della sua vita, merita esso esser ricordato. Egli
fu uno di quegli uomini pieni di ingegno, in-
sofferenti, e amanti di cose nuove che getta-
rono il sassolino, per la caduta di quell'antichissimo e venerato colosso che era la repubblica veneta. Fu l'Apostoli scrittore di lettere,
novellista, commediografo e storico. Trattò la
sua vita il Moschini, dal quale traggo in parte
le notizie che seguono. L'Apostoli nato alla metà
del secolo XVIII, di famiglia cittadinesca, cominciò la sua carriera come segretario della repubblica, che presto abbandonò, lasciando anche la
patria. Viaggiò Francia e Germania. In Baviera
fu legatissimo al conte Massimiliano di Lamberg,
ed in Augusta assieme al Lozenbrune, scrisse
i Contes sentimentaux.

L'Apostoli tornato a Venezia, dopo che l'aveva

abbandonata con tanta leggerezza, rioccupò gli offici del suo ministero e scrisse la storia di Andrea, e Saggezza della follia. Ebbe l'incarico della revisione delle leggi criminali. Nel 1782 pubblicò i saggi per servire alla storia dei viaggi filosofici e dei principi viaggiatori. Dopo pochi anni, non curando gli affari pubblici e la famiglia, lasciò nuovamente Venezia e andò a stabilirsi a Vienna. Succeduta la rivoluzione francese, si recò a Venezia per farvi proseliti, ma fu trasportato a Corfù per i suoi imprudenti parlari, sotto la vigilanza di quel provveditore. Sposatosi colà nuovamente, finì la sua condanna, col finire del governo veneto. Andò quindi a stabilirsi a Milano, dove fu nominato console della repubblica italiana ad Ancona, officio che non potè coprire per le vittorie imperiali. Al ritorno degli austro-russi nel 1799 egli si fidò di rimanere in Italia, ma invece con altri venne deportato in Dalmazia ed Ungheria. Egli con molto brio, descrive i suoi casi nelle lettere Sirmiensi stampate a Milano nel 1801. Narra in esse come arrestato con altri patrioti cisalpini, venisse condotto per Verona, e per l'Adige a Venezia, dove arrivato, appena avvenuta l'elezione di Papa Pio VII, legato coi suoi amici in un naviglio fu condotto a Zara e Sebenico. e di là nel Sirmio nella Bassa Ungheria, a Petervardino, da dove avvenuta la battaglia di Marengo fu ricondotto libero a Milano. Qui stampò

tre volumi: *Rappresentazione del secolo XVIII.*
Milano 1801-2.

È dessa la narrazione completa degli storici
avvenimenti del secolo XVIII, fino all'occupazione degli Austro Russi in Italia nel 1799. In
fine del terzo volume parla della caduta di Venezia ma in modo incompleto e con astio. Già
l'Apostoli aveva pubblicato un altro volume: Ricerche storiche e politiche sopra il secolo XVIII,
Berlino 1788, volume che era stato approvato
dai riformatori dello studio di Padova l'anno
1784 col titolo: Ricerche sopra gli uomini e le
cose del secolo XVIII, dedicato a Carlo Teodoro conte Palatino del Reno, duca di Baviera.
Il volume non è che una introduzione alla storia del secolo XVIII, contenente una rapida recensione degli avvenimenti, delle scoperte scientifiche, delle guerre dei maneggi diplomatici. ecc.

Cittadino della repubblica di S. Marino, fu
da essa deputato, ad onorare Buonaparte primo
console in Francia. Non fu però contento del-
l'accoglienza fattagli, poichè Buonaparte lo chiamò piccolo rappresentante di piccola repubblica;
era l'Apostoli piccolissimo e gibboso. A Parigi
scrisse l'*Histoire de la revolution par un etran-
ger ;* ma gli tornò male, perchè dalla polizia
ebbe lo sfratto entro ventiquattro ore. Tornò in
Italia e fu addetto alla polizia a Pontelagoscuro
e a Venezia, ma in breve perdette ogni impiego. Scrisse allora la storia dei Galli, Fran-

chi, e Francesi, della quale non pubblicò che un solo volume; questa pubblicazione però gli valse la nomina di Ispettore dipartimentale della libreria e stampe in Padova.

Cambiato governo perdette l'impiego, tornò a scrivere pel teatro, ma ciò non gli diede da vivere, onde morì avvilito nell'estrema miseria e abbandonato da tutti, a Venezia nel febbraio 1816, di anni 70.

L'Apostoli è ricordato nella storia letteraria del Lombardi, come ingegno bizzarro, legato con non pochi dei corifei della rivoluzione. Antonio Lombardi compendia quanto dice il Moschini. L'Apostoli è pure ricordato da Federico Coraccini nell'Amministrazione del Regno d'Italia. Lugano 1823, e dice che prese parte attiva alla rivoluzione del 1797. Però come abbiamo veduto all'epoca della caduta, era confinato a Corfù. Può darsi quindi, che abbia lavorato prima, nell'epoca della preparazione, e dopo per cogliere i frutti insperati e gloriosi.

Al Museo Correr v'ha un manoscritto dell'Apostoli. Epoche politiche dell'Èra volgare dall'anno della nascita di N. S. G. C. fino all'anno 1794. Lo compose nel 1794 e 1796 quando visse in Corfù esiliato dal Tribunale degli inquisitori di stato, e lo dedicò a Carlo Aurelio dei Conti di Widman provveditore generale da Mar. Non v'è di curioso in questo lavoro che l'esservi intercalati nel testo alcuni disegni a in-

chiostro della Cina imitanti i rami, allusivi ai
principali avvenimenti. I finali di ogni secolo
sono o di capriccio, o ritratti di personaggi di
quei tempi; fra questi è bellissimo e merita
particolare ricordo quello dell'Isabella Teotochi
Albrizzi.

Potrei citare molte commedie e farse del-
l'Apostoli, ma credo non ne valga la pena. Nel
trattato dei parlatori di Giuseppe Bianchetti,
l'Apostoli è ricordato, come uno dei più fini ed
epigrammatici nel suo discorrere. Difatti po-
trebbesi riportare qualche suo motto che venne
conservato.

Cristofori Tentori nato ad Itvera in Spagna
nel 1745, entrava a 16 anni nell'ordine dei Gesuiti. Dopo la soppressione dell'ordine venne a
soggiornare a Venezia e si fece educatore privato in casa Tiepolo.

La sua famiglia era oriunda veneta, suo padre essendosi trapiantato in Spagna, per cui lo
si considera, anche pel lunghissimo tempo da
esso passato nel Veneto, più italiano che spa-
gnuolo. Moriva nel 2 ottobre 1810 in Carbonera, in casa Tiepolo. Sono sue opere principali, la storia di Venezia, tracciata sulle orme
degli storici antecedenti, e specialmente sul
Sandi, di cui fece un riassunto; la sua dissertazione sul vero carattere di Bajamonte Tiepolo, scritta in occasione di un concorso su questo soggetto aperto dalla Municipalità Provvi-

soria, lavoro che fu trovato il migliore fra dodici presentati, quantunque ispirato da idee che si opponevano alla corrente del tempo, dimostrandosi Bajamonte Tiepolo non animato da sentimento democratico nella sua congiura, ma bensì personale e di risentimento contro il Doge Pietro Gradenigo. Celebri furono le diatribe del Tentori col G. B. Gallicioli, a proposito delle memorie venete da quest'ultimo pubblicate ; importantissima è la raccolta diplomatica sulla caduta della Republica Veneta ; libro vivo e di palpitante interesse. Altre opere minori scrisse il Tentori descritte ed elencate nel suo articolo biografico nel Tipaldo, da cui pure attinsi le notizie riferite.

Ricordo G. B. Gallicioli pella sua benemerenza verso la storia veneziana acquistata colle sue memorie sacre e profane ; morì sugli albori del nostro secolo (1733-1806). Dotto orientalista ed erudito, sostenne come si vide un'acerba lotta letteraria col Tentori, e dell'uno e dell'altro si possono leggere gli attacchi e le difese.

Antonio Longo, è autore di due lavoretti sulle famiglie dei cittadini originarii pubblicati nel·1817, con indicazioni e notizie della loro provenienza ed origine, con raccolta di aneddoti, sommari e catalogo. Mentre nel primo volumetto sono in ordine alfabetico descritte le famiglie dei cittadini originarii, nel secondo rende conto dei caratteri della cittadinanza ve-

neta e degli uffici che essa sosteneva, di Can-
cellier grande, cancellieri inferiori segretarii,
priori dei Lazzaretti, castaldi ducali, avvocati
fiscali, componenti le scuole grandi : così è interessante l'elenco degli individui di dette fa-
·miglie che nell'anno 1796 erano atti all'ufficio
di segretarii. Il Longo scriveva le memorie della
sua vita nel 1820. I manoscritti del Longo sono
posseduti, dal Museo Correr ; sono versi e prose
letterarie, ed epistolarii utili a consultarsi per lo
studio dei tempi e dei costumi.

Andrea Mustoxidi ha alcuni lavori storici :
sui quattro cavalli nel 1816 ; la notizia sul lazzaretto vecchio : sul Sagantino di Negroponte
segretario veneto del secolo XV. Traduceva al-
tresi le nove muse di Erodoto, cui attendeva
anche negli ultimi anni di sua vita.

G. B. Soravia avea dato principio ad un opera, le Chiese illustrate, Venezia 1822-23, ma non
pubblicò che tre volumi, contenenti le notizie su
San Giovanni e Paolo, l' Ospedaletto, Frari,
S. Polo, S. Gio. Evangelista. S. Tomà e la Chiesa
e Scuola di S. Rocco, l'unica conservata pel decreto italico 18 luglio 1806 ; e ciò a merito del
sacerdote Sante della Valentina che per 48
anni fu cappellano della Arciconfraternita, e
del quale noi ci intratteremo alquanto. Del sacerdote Sante della Valentina morto a 78 anni
ai 29 febbraio dell'anno 1826 in Venezia, scrissero la necrologia il Bettio, ed il Moschini nel

giornale delle Provincie Venete. Di umile famiglia venne istruito nelle lettere dal prete
Giuseppe Manzoni, dedicandosi poi con esso
alla educazione dei giovanetti. Il sacerdote Giuseppe Manzoni, è debito qui ricordare, che fu
distinto prosatore e poeta, e che una scelta
delle sue prose col titolo, ritratti critici e favole
fu pubblicata in Venezia nel 1837 dal Tasso.
Graziosi suoi poemetti sono: Le astuzie di Bel-
zebù, e le tre Veneri, il primo stampato con
altre poesie nel 1763 presso Andrea Repetti.

Addetto alla Chiesa di S. Basso, il della
Valentina, fu quindi come si disse per 48 anni
cappellano della Scuola di S. Rocco, e contribuì
alla conservazione di quest'ultima, opponendosi
alla sua abolizione durante il regime francese.
Sacro oratore e letterato, sono gli scritti suoi
elencati dalla mano stessa di E. Cicogna in un codice contenente gli opuscoli del Valentina, presso
il Museo Correr. Uno dei suoi lavori più utili si
fu l'indice generale della storia dei Veneti primi
e secondi del Filiasi, necessario a rendere più
chiara la disposizione della materia, pubblicato
nel 1811–1814 a Padova tipografia del Seminario.
Compilava pure l'indice ragionato della Storia
Romana del Rollin edita dal Missiaglia. Dettava
le biografie dei veneti sacerdoti illustri del secolo decimottavo, che passate in altre mani, non
vennero mai pubblicate. Altro suo lavoro fu
quello che faceva ad istanza di Leopoldo Cico-

gnara, e cioè l'elenco di tutte le chiese e luoghi sacri messi fuori d'uso dal governo francese della città di Venezia, isole e Torcello, aggiuntevi note sulla variazione di condizione da essi sofferti e dei valenti pittori che erano concorsi a fornirli dei loro quadri.

Queste note poi a cura del Co. Agostino Sagredo vedevano a Venezia la luce nel 1852. Il Cicogna ricorda che il Della Valentina scoprì l'importantissima cronaca dell'Anonimo Altinate, e ne fece la relazione e il trasunto all'Ateneo. La detta cronaca venne pubblicata nell'Archivio storico italiano, cronaca, come si dice, che Foscarini riteneva perduta. Diede documenti al Soravia ed al Zabeo per l'elogio del Tintoretto. Annotò finalmente le memorie del Barruel che tradusse, come compì altre memorie e traduzioni su svariati argomenti. Scrisse un promemoria per l'esistente Scuola di S. Rocco nel 1814, e pubblicata nel 1876. Diligente biografia del Della Valentina, dettava il conte Girolamo Dandolo. Dal Valentina compilatore degli indici della storia del Filiasi, passeremo a discorrere di questo celebre letterato. Il conte Jacopo Filiasi nacque a Venezia nel 1750 di famiglia originaria di Padova, e da Maria Bassanesi mantovana, e siccome parecchi anni di giovinezza ebbe passati in Mantova, così molti lo credettero Mantovano. Educato in famiglia ebbe valenti istitutori, nell'abate Benedetto

Canossa da Lucca, e nell'abate Placido Bordoni pure di Lucca, però molto dovette al suo ingegno ed al privato studio. Fu suo amico e consultore il padre Boni Agostiniano all'isola di S. Cristoforo.

Membro di moltissime Accademie italiane e straniere, ebbe incarichi ed onorificenze. Fu creato conte dalla Repubblica Veneta, cavaliere della Corona di Ferro, e nobile austriaco, membro d'amministrazione del liceo Convitto, fu associato al Cicognara e al Diedo, per raccogliere i monumenti e gli oggetti d'arte dispersi nelle soppresse Chiese e Monasteri; associato al Franceschinis, e all'ab. Cicuto ebbe la missione di conoscere e decidere gli importanti lavori di riparazione, alle dighe che riparano il littorale; fu infine direttore generale dei Ginnasii delle Provincie Venete. Moriva desso ai 17 febbraio dell'anno 1829.

Fino dall'anno 1772 pubblicava il Filiasi, un saggio sui Veneti Primi, lavoro che fu lodato dal Tiraboschi; questo stesso lavoro fu poi dall'Autore corretto ed ampliato fino ai tempi a noi più vicini e fu ristampato nel 1796, 1798 in Venezia dal Fenzo in otto volumi col titolo Memorie storiche dei Veneti primi e secondi; quest'opera venne ristampata a Padova nel 1811-1814 coi tipi del Seminario in tomi sette, e questa edizione venne arricchita come si disse dell'indice generale dell'opera compilato dal sacerdote Sante della Valentina, contenuto nel settimo tomo.

Il Filiasi in questo poderoso lavoro, comincia a dar ragione dello stato primitivo ed antichissimo delle pianure circumpadane, dell'origine dei Veneti, ed estensione dell'antica Venezia terrestre, delle vie, fiumi, monti, clima, prodotti: descrive dappoi tutte le città Venete antiche. Nel volume quarto l'autore fa la storia della Venezia dall'epoca favolosa e mitologica, e dalla invasione dei Galli in Italia, fino al regno di Comodo, Pertinace, Giuliano, Caracalla, Macrino ed Alessandro, dal memorabile assedio di Aquileja sotto il regno di Massimino, a Romolo Augustolo ed alla fine dell'Impero Romano.

Da quest'epoca prosegue l'Autore narrando i principii dei Veneti secondi, sotto il regno sul continente d'Italia, degli Eruli, Goti, Greci e Longobardi.

Nel sesto volume s'intrattiene il Filiasi in generale sulle lagune veneziane e su tutte le isole in esse contenute e sui diversi luoghi finitimi alle lagune stesse, indi tratta del commercio e della navigazione e dello stato delle arti dei Veneziani. Nell'ultimo volume riprende l'autore la storia politica dei Veneziani, interrotta dopo il ritiro dei Greci dal Continente, fino alla morte di Pietro Partecipazio secondo, e di Vitale Falier, narrando le prime spedizioni per la Terra santa.

Il Filiasi venne lodato dall'Aglietti, pelle indefesse ricerche pel profondo studio, pei confronti ed esami fatti con somma diligenza, ed imparzialità di critica. Fu l'autore di sua natura modesto, nè temeva la critica, che considerava come rischiaratrice dei propri pensamenti.

Gerolamo Dandolo trova che ad onta di alcune mende notate nell'opera del Filiasi, è senza dubbio il più maschio lavoro di storica erudizione da gran tempo uscito che sorse a grandissima rinomanza, e che valse all'autore le lodi di tutti in Italia. Ad onta di questo, diceva il Dandolo, che ai suoi tempi cioè nell'anno 1855 il nome del Filiasi era caduto quasi in dimenticanza ; prevedeva che sarebbe risorto più glorioso di prima, perchè i cultori degli studii storici avrebbero tenuto sempre in gran conto il libro dei Veneti primi e secondi.

Scrisse inoltre il Filiasi una memoria delle procelle che annualmente sogliono regnare nelle maremme veneziane, dissertazioni sulle annuali vicende dell'atmosfera a Venezia e sui paesi circonvicini, sulla introduzione di diverse piante esotiche nelle Provincie Venete ; ricerche storico critiche sulla opportunità delle lagune Venete ·per il Commercio ; riflessioni sopra i fiumi e lagune. Compose opuscoli sulla coltivazione del Mantovano e sulle vie romane che passano per la stessa provincia : alcune lettere astronomiche, una dissertazione sul diluvio universale, spiegando colle moderne teorie, l'universale cataclisma, e in oltre articoli pel giornale di Padova, e per il giornale astro-meteorologico. Scrisse: lettere astronomiche, facile corso astronomico, nelle quali diede il bando alle matematiche, per rendersi accessibile alle donne; sulle lagune, sulle meteore.

Le presenti notizie venni raccogliendo, oltre che dalle opere dell'autore, da quanto ne dissero Gio. Antonio Moschini, Gerolamo Dandolo, ed il necrologo della *Gazzetta di Venezia* del 21 febbraio 1829. Spero che il cenno da me fatto vorrà, provocare una migliore commemorazione ed elogio del Filiasi, tanto meritevole di servire di luminoso esempio da essere seguito ed imitato.

Del cardinale Placido Zurla diffusamente ne parla il Dandolo negli uomini illustri della provincia di Crema. Qui ci basta il ricordare che egli nacque a Legnago il primo aprile 1769, e che morì il 29 ottobre 1834 in Palermo. La *Gazzetta di Venezia* del 29 gennaio 1836 rammenta che quelli di Legnago avevano rivendicato lo Zurla come di famiglia legnaghese già ascritta a quella cittadinanza fino dall'anno 1634. Abate mitrato di S. Michele di Murano, fu professore nel Seminario patriarcale di Venezia: recatosi poi a Roma, ebbe posto in quelle Congregazioni, finchè fu creato cardinale da Pio VII, e Pio VIII gli affidava la prefettura degli studii

di tutto lo stato. Uomo di gran dottrina, lasció
uno splendido volume stampato nel 1806, l'illustrazione cioè del Mappamondo di Fra Mauro,
celebre frate camaldolese.

Illustrò inoltre le antiche Mappe lavorate in
Venezia che pubblicó in due volumi in quarto.
Nel novembre 1818 stampò due volumi coi
tipi del Picotti una dissertazione su Marco Polo
e gli altri viaggiatori più illustri, qnali sono
Nicoló e Antonio Zeno, Alvise da cà da Mosto,
Nicolò Conti, Caterino Zeno, Giosafatte Barbaro,
Ambrogio Contarini, Cesare dei Federici, Gasparo Balbi, Pietro Querini, Giovanni e Sebastiano Cabotto. Lo Zurla lasciò altri libri di
diversa indole, che lascieremo di ricordare,
avendo solo riportato quanto solo si attiene, allo
scopo di questo capitolo.

Nell'anno 1839 coi tipi del Gondoliere vede-
va la luce la storia dei veneziani dei secoli V,
VI, VII, VIII di Domenico Crivelli cittadino di
Venezia. Sventuratamente l'opera non potè
essere continuata, perchè l'autore mori dopo la
stampa di questo volume. Il Cicogna afferma
che la continuazione dell'opera era stata lasciata
inedita manoscritta. Sarebbe desiderabile che
chi la possiede la rendesse nota, a meno che in
tanto lasso di tempo non sia andata dispersa:
Il volume del Crivelli è ricco di notizie e di critica, ed è per di più scritto, il che non è facile
a trovarsi, con buono stile, e con lingua accurata.

Uno dei più cospicui posti fra gli eruditi di storia veneziana occupa il patrizio Giandomenico Tiepolo. — Trovasi la sua biografia nella raccolta del Tipaldo. Nacque desso il primo Agosto 1763, ed ebbe la sua educazione condotta con diligenti cure, presso la propria famiglia. Il padre suo Alvise copriva eminenti cariche nel suo governo, e mentre si recava ambasciadore a Roma, colà conduceva il figlio Domenico, dove soggiornava per ben quattro anni dal 1769. al 1773. — Cresciuto coll'età la patria affidava a Giandomenico importanti officii. Nel 1789 si recava a reggere la città di Chioggia, nel 1792 fu eletto magistrato alla sanità, salvando . dal contagio della peste la città di Venezia. confinando le navi infette nel Lazzaretto di Poveglia ; fu quindi savio di terra ferma e nel 1797 negli ultimi mesi dell'esistenza della sua patria, fu destinato aggiunto al cav. Giacomo Nani che era stato nominato provveditore alle lagune e lidi carica che era stata straordinariamente creata per la difesa militare delle lagune e della dominante. Morta la republica, il Tiepolo abbandonò del tutto ogni ingerenza nel governo politico del suo paese ; si restrinse nell'ambito della famiglia, e si dedicò agli studi storici, della sua patria. Compilò alcuni studii sui piombi e suggelli, monete, medaglie, armi e pergamene venete, e tradusse molto dall'inglese ; però nessuna opera pubblicò se non i discorsi sulla storia veneta, e cioè rettificazioni di alcuni equivoci riscontrati nella storia di Venezia del signor Daru pubblicati nel 1828, opera che rimase importante e che va necessariamente per la profondità di cognizioni, per la seria e valorosa critica, unita indispensabilmente ai volumi del Daru. Anche Leonardo Manin altro patrizio scrisse nel 1838 una memoria in confutazione allo storico francese, ma l'opera che restò più ricordata fu quella del Tiepolo. Lo stesso Bianchi Giovini, traduttore del Daru, si valse delle osservazioni del Tiepolo. Il Tiepolo, considerato come autorità competente nella storia veneta, fu consulato dal Botta, ed ebbe con questo letterato una importante corrispondenza, come sull'istesso soggetto della storia veneta, ebbe carteggio col Daru.

Moriva il Tiepolo ai 7 gennaio 1836, e socio dell'Ateneo vi aveva lasciato molte letture, l'ultima delle quali fatta nell'agosto nel 1835, dal titolo: sulla aristocrazia originaria di Venezia.

Di Jacopo Morelli scrisse a lungo Giannantonio Moschini nella vita che precede le opere del Morelli stampate a Venezia nel 1820, e così pure d'esso s'intrattennero Girolamo Dandolo, Villenave; e la Teotochi Albrizzi parlò del Morelli nei suoi ritratti. Pietro Bettio ne fece l'orazione funebre. Angelo Zendrini ne tessè l'elogio nel *Giornale delle scienze e lettere delle Provincie Venete*. Treviso 1822.

Nacque il Morelli il 13 aprile 1745, da padre nativo di Lugano, proto muratore. Abbracciata la carriera ecclesiastica, passava la sua vita nelle biblioteche private e dei sodalizii religiosi, essendo sua guida specialmente il dotto Domenico de Rubeis. Amicissimo a Tommaso Farsetti, lo seguiva costantemente, e contraeva le più illustri amicizie a Padova coi primi letterati del tempo. Ascritto alla chiesa di S. Giminiano, succedeva ad Anton Maria Zanetti nel 1778 nell'ufficio di custode della Marciana, essendone bibliotecario un nobile.

Per arrivare a quell'ufficio desiderato, aveva scritto quattro anni prima una dissertazione storica sulla pubblica libreria, che unitamente al favore di cui godeva presso i principali personaggi, gli valse la nomina. Divise le sue cure fra la biblioteca, i suoi studi ed una numerosa corrispondenza coi primarii letterati d'Europa. Il Dandolo annovera quarantacinque scritti del Morelli, che il Moschini fa ammontare a sessantaquattro. Al tempo del Morelli successero le rapine francesi, ed avvenne il trasporto della biblioteca dall'antica sua sede al palazzo ducale ove ora si trova. Moriva ai 9 maggio 1819. Osserva il Villenave che i due più celebri bibliografi di quel tempo, Mercier e Morelli, non avevano legato il loro nome ad alcuna opera considerevole, avendo pubblicato soltanto opuscoli. Le operette del Morelli vennero pubblicate in Venezia nel 1820 in tre volumi con una lunga biografia scritta dal Moschini ; sono lavori storici la *Dissertazione sulla libreria di Venezia* già menzionata, *Solennità e pompe nuziali presso i veneziani, Viaggiatori eruditi veneziani, Monumenti del principio della stampa.*

Al Morelli successe come bibliotecario alla Marciana monsignor Pietro Bettio. Scriveva i suoi cenni biografici Emanuele Cicogna nel 1846, e di quelli si valse Girolamo Dandolo nella sua opera. Il Bettio nacque a Venezia nel 2 luglio 1769. Nel 1794 fu eletto vicecustode della Marciana. Caduta la repubblica divenne vice bibliotecario. Alla morte del Morelli. nell'anno 1819, il Bettio fu scelto bibliotecario, nella qual carica continuò fino al 17 gennaio 1846. giorno della sua morte. — Il Dandolo osserva che per potenza d'ingegno e per profondità di studii il Bettio rimaneva indietro al Morelli, ma lo eguagliava però nell'amore verso la biblioteca, trovando poco tempo per raccomandare il suo nome alla posterità. Tuttavia piace ricordare come il Bettio scrivesse fra altre cose intorno ai Diarii Veneti di Marin Sanuto il giovane in 58 volumi, documenti per la prima volta pubblicati, Venezia 1828, e come egli si occupasse in una lettera discorsiva del palazzo ducale di Venezia nell'anno 1837 (Alvisopoli) mentre lo Zanotto pubblicava la sua ampia opera sull'istesso argomento nel 1842. Scriveva il Bettio l'orazione in morte del Morelli nel 1819 e la necrologia per D. Sante Della Valentina. E curiosa l'osservazione di Cicogna nei suoi Diarii : Moschini e Gamba, egli dice, hanno tolta l'impresa delle lettere, com'altri la prende del lotto e dei tabacchi. Vogliono scrivere, continua, una vita del cav. Morelli, e premetterla alle sue opere che si stampano dall'Alvisopoli, e vogliono così prevenire l'idea del Bettio.

Difatti la narrazione della vita ed opere del Morelli premessa ai suoi scritti, è stesa da Giannantonio Moschini, e il Bettio in tal modo venne messo da parte.

Tre letterati, il Gamba, lo Zendrini e Negri Francesco ebbero l'idea di formare una galleria di letterati ed artisti illustri delle Provincie Venete, e sortì essa alla luce nel 1824. Però avendosi ammesso il principio che ogni biografia non dovesse sorpassare la paginetta che accompagnava l'inciso ritratto, tali biografie riuscirono troppo compendiose, e perciò prive di notizie, quantunque dettate con sapore e con garbo.

Assai divertente riesce il soggiorno di Lundy a Venezia scritto da Pasquale Negri, con aggiunta di quattro leggende veneziane. E descritta con verità la vita veneziana della fine del settecento, rendendosi conto di usi e costumi, dei quali non restò ai nostri giorni nemmeno la traccia. Non tralascierò di ricordare

le iscrizioni latine per uomini veneziani, sparse
per la città, e fatte a cura dell'abate Zenier, e
i cenni storici sull'isola. di Poveglia nel 1837,
e intorno alla peste ed alla pubblica amministrazione sanitaria, Venezia 1840, di A. A.
Frari.

Giovanni Antonio Moschini nacque in Venezia nel 28 giugno 1773 da Jacopo e Margarita
Matti. Ebbe la sua prima educazione dai Gesuiti, e nel 20 gennaio 1791 entró nella religione
dei Somaschi; non ancora sacerdote fu prescelto
a dar lezione di grammatica superiore, nel seminario di S. Cipriano di Murano condotto allora
da quei religiosi. Dopo due anni insegnò umane
lettere, e si approfondì nello studio dei classici,
e nel raccogliere memorie di patria erudizione,
lettere ed arti.

Il Moschini cominciava la sua carriera letteraria nel 1797 colle Accademie poetiche alle
quali era obbligato nella sua qualità di professore di umane lettere.

Tradusse il poemetto sull'educazione della
prole, e tre satire di Gregorio Correr. — Nel
1800 scrisse una orazione latina pella morte
del patriarca Giovanelli, ne scrisse un'altra per
G. B. Galliciolli, dettó la vita del Coletti continuatore dell'Illirico sacro, e compose molte
iscrizioni latine interpretando in pari tempo
lapidi romane, per il qual fatto venne nominato
socio dell'Accademia degli archeologi in Roma.

Il Moschini di mente acuta, nobile e piacevole era di varia erudizione, estesa anche nei fatti domestici e negli aneddoti. Nel 1801 tradusse dal francese la storia della letteratura italiana, compilata su quella del Tiraboschi, dal Landi.

Soppressi nell'anno 1810 i somaschi, egli continuò tuttavia ad insegnare nel Seminario, e fu allora che per la sua storia della letteratura veneziana del secolo XVIII divenne in fama e si legò in rapporti coi più illustri letterati. Questa storia ebbe acerbe critiche, fu detta difettosa di notizie, di critica e di purità di lingua: fu all'incontro lodata perchè fu la prima in tale argomento. È un libro utile come quadro dello stato morale e intellettuale dello stato veneto nel suo ultimo secolo, perchè l'autore si occupa non solo della città, ma di tutte le provincie. Molti nomi e molte cose si conservano nel libro del Moschini che altrimenti sarebbero stati dimenticati. Anche la Guida di Venezia del Moschini pubblicata nel 1815 è giudicata interessante quantunque riscontrata piena di difetti, di poca diligenza, di poco estese e sicure notizie. Però anche nel compilare questa Guida il Moschini fu il primo a darne l'esempio, apparecchiando così la strada agli altri, ed in ogni modo fu lodato dal Selva, dal Cicognara, dal Diedo.

Nell'anno 1817 il Patriarca Milesi trasportò

il Seminario di S. Cipriano di Murano nella casa dei Somaschi alla Salute. Allora si distinse l'attività del Moschini nell'addattamento del nuovo locale. Fece collocare all'intorno delle pareti del Chiostro, iscrizioni sepolcrali, e monumentali e bassirilievi che dispersi per la città ed isole correvano pericolo di distruzione, rifornì la biblioteca con proprii doni, e in suo aiuto venivano il . Patriarca Milesi, e l'abate Pujati; così, diceva il Cicogna nelle Iscrizioni, il Moschini nel Seminario Patriarcale aveva eretto a sè un monumento di gloria.

Nel 1807 scriveva il Moschini la narrazione dell'isola di Murano, nel 1817 la guida di Padova, e nel 1825 trattava sulla origine e sulle vicende della pittura in quella città. Rifece la guida di Murano, e compì la guida del Seminario, che venne stampata dopo la sua morte. Un libro poco fortunato fu la sua traduzione della storia di Russia del Karamsin che dovette arrestarsi all'ottavo volume, nel 1820. Scriveva tre libretti sulle belle arti in Venezia nel 1825, 26 e 1827, sulla statua del Marco Agrippa nel 1829, ed una dilettevole passeggiata per Venezia nel 1833. Leggeva sulle lodi delle belle arti veneziane, sulla beneficenza nel 1829, e su Placido Zurla nel 1834. Come vedemmo scrisse la vita di G. B. Gallicioli nel 1806, poi la vita di tre uomini illustri di casa Gradenigo nel 1809, di Pietro Brandolese nell'istesso anno, di Bernardino Castelli pittore nel 1810, di Andrea Rizzato nel 1815, del beato Francesco Posados nel 1818, dell'abate Jacopo Morelli nel 1819, di Antonio de Solario nel 1828, le vite dei veneti Dogi del secolo XVIII, e molte altre biografie nella Biografia universale del Missiaglia. Lasciava inediti venti elogi di preti veneziani trenta panegirici, prediche morali, orazioni funebri ecc.

Tanta straordinaria attività, non impediva al Moschini di reggere la cattedra di religione, filosofia e teologia nel suo amato Seminario; creato canonico di S, Marco, e nel 1823 fabbriciere della Basilica, si prestò con ogni sollecitudine perchè fossero ristorati i mosaici di quella chiesa e per ottenere altri miglioramenti.

Moriva il Moschini, rimpianto, pieno di meriti all'8 luglio 1840, e fu sepolto nell'oratorio del Seminario del quale fu lustro e decoro, ed al quale lasciava, i libri, i manoscritti, le stampe, le medaglie e le monete.

Lesse le sue lodi nel quarantesimo della sua morte il prof. Antonio Visentini; il rettore e professori del Seminario scrissero nella Gazzetta privilegiata nel 18 luglio 1840, e un articolo fu pubblicato dal Gondoliere nel 15 luglio anno stesso. Giulio Cesare Parolari dettava la vita del Moschini, inserendola prima della sua opera postuma accennata, la Chiesa e il Seminario della Salute pubblicata dall'Antonelli nel 1842, e questo è il lavoro migliore fatto sul Moschini.

Girolamo Dandolo ne tessè un breve elogio nei suoi cinquant'anni. Forse il molto prodotto nocque alla qualità dei prodotti, per la fretta colla quale furono trattati. Ciò sommessamente fu fatto intravvedere dai suoi articolisti, che ebbi agio di consultare e che riassunsi in queste notizie ma molto chiaramente lo fa intendere l'articolo del Gondoliere, che rivela l'esperta penna del Carrer, la quale conclude il giudizio sul Moschini, che come letterato prevalse in lui la memoria, al gusto l'ansia del fare, più che l'amore del perfetto; nell'erudizione, preferì l'abbondanza, al buon ordine, ed al severo discernimento. Il Cicogna nel 1819 lo chiamava l'appaltatore delle belle lettere, e tale idea la ripeteva, come abbiamo veduto più sopra, ponendolo assieme in questo suo furore letterario col Gamba. Del resto è indiscutibile l'operosità del Moschini, sia negli scritti storici, che di belle arti. Il suo nome merita esser contemplato sia nella storia che fra gli scrittori d'arte ; ma prevalentemente va considerato come storico, specialmente per la sua storia della letteratura veneziana del secolo XVIII sia pure come vollero i critici monca e difettosa, ma che riempie un vuoto, che altrimenti si sarebbe lamentato. Del resto il suo lavoro dimostra il coraggio dell'autore di avere intrapreso una fatica, che non potrà mai essere completa, se non a costo di giunte e correzioni, che non avrebbero mai fine. Per quanto se ne sia detto nessuno però rifece od ampliò l'opera del Moschini; onore dunque a colui, che volle giovane e pel primo, ricordare l'ultimo secolo della sua republica veneta, in seno della quale egli nacque, sotto l'aspetto scientifico, letterario e artistico.

Il Museo Correr fra i manoscritti del Moschini provenienti da Murano, in gran parte inediti, possiede anche la sua storia dell'incisione a Venezia.

Qui ricordiamo sibbene straniero, Antonio Neu-Mayr, venuto ancor giovane nella Venezia, e dedicatosi a studii nostri d'arte e di storia. Esso nasceva a Vienna nel 1772, e fu colà educato al Teresiano, e giunse a Venezia all'epoca del trattato di Leoben, prendendo quindi a Padova la laurea in filosofia e in medicina. Prestò servizio militare, e fu quindi impiegato nella amministrazione e nella polizia. Scrisse molto e specialmente d'estetica. Fu socio d'onore della accademia di belle arti, membro della commissione per la conservazione degli oggetti d'arte sparsi per la città, e per il ristauro e la riparazione dei Templi della Madonna dell'orto, e dei SS. Giovanni e Paolo. Membro dell'Ateneo ebbe speciale cura per ordinare i suoi atti. Scrisse la sua necrologia G. M. Malvezzi. Fra gli scritti del Neu-Mayr primeggia, l'illustrazione del prato della Valle, stampato a Padova nel 1807. Volle l'autore con quest'opera dimostrare il suo affetto verso la città di Padova, nella quale dimorava da nove anni. La detta illustrazione, consiste in una serie di circa ottanta biografie, alcune delle quali, sono fatte con una certa larghezza di notizie, corrispondenti ai personaggi raffigurati nelle statue, che adornano il Prato della valle, risarcito sotto il provvido governo, di Andrea Memmo. Del Neu-Mayr è ricordata una lettura intorno agli autografi tenuta il 25 dicembre 1843.

Morolin Pietro Gaspare patrizio pubblicò nel 1841 in cinque volumi, Venezia, ovvero quadro storico della sua origine, dei suoi progressi e di tutte le sue circostanze. Viene dal Cicogna classificata fra le opere storiche, e tratta, sulla origine dei veneti, e loro governo delle isole e città costituenti lo stato dei veneziani antichi, delle isole realtine e di Venezia, dei Dogi, delle caccie, dei pubblici banchetti, degli ordini civili, della popolazione di Venezia, delle guerre e inquietezze civili in Venezia, del carnevale, maschere, costumi, del Bucintoro, della visita del Doge al mare, delle feste speciali, esercizii, ginnasti, teatri, dei mercati, della fiera dell'Ascensione, dei monasteri e costumi ecclesiastici dei commerci, arti, pompe funebri, e nuziali, Confraternite, ospitali, biografie dei dogi, marina; infine l'ultimo volume tratta della politica, dei costumi, della letteratura, pittura, educazione. Insomma c'é un po' di tutto, malamente assieme affastellato.

Eccellente è l'opera *Fiore di Venezia* ossia i quadri, i monumenti ed i costumi veneziani rappresentati in incisioni eseguite da abili artisti e illustrata da Ermolao Paoletti, stampata nel 1842 dal Fontana, in quattro volumi, opera la' più copiosa nel genere delle guide di notizie veneziane, specialmente artistiche, e sui costumi; è un libro copiosissimo di anneddoti storici interessantissimi, e sugli antichi usi veneziani. Vi abbondano notizie, descrizioni e apprezzamenti artistici; il libro è pieno di vita e di erudizione. Merita altresì il Paoletti d'essere ricordato come continuatore della storia di Venezia del Laugier che s'arresta al 1750 e che egli condusse fino al 1798. Il Paoletti era pittore e moriva nel 1872.

Antonio Meneghelli abate e professore nella facoltà politica legale nella università di Padova, e per aver dimorato quarant'anni a Venezia, e per aver trattato su molti personaggi veneziani non va certo lasciato da parte, fra i benemeriti della veneziana letteratura. Nato a Verona nel 16 agosto 1765, se ne venne quindi a Venezia avendo a suoi protettori Nicolò Tiepolo e Lauro Barbarigo patrizii. Lesse orazioni nelle Accademie e dal pergamo, fu dottore nell'eloquenza e nel diritto civile, professore di diritto commerciale e marittimo, moriva a Padova nel 1844, e nella stessa città furono stampate le sue opere nel 1843. Il Meneghelli dettava le seguenti biografie : di Silvio Martinengo, di Angelo Emo, di Isabella Teotochi Albrizzi, e gli elogii di Alfieri, Paruta, Navagero, Ortes, Gravina, Bernardino Renier, Antonio Donà, Francesco Gritti, Gaspare Gozzi nonchè le vite di Melchior Cesarotti, del Rosmini, del Canova ed altre.

Il Meneghelli tenne discorsi inaugurali al liceo Santa Catterina, e all'Università, scrisse sul canzoniere del Petrarca, sulla nomosofia veneziana argomento trattato da M. Foscarini, ed era pure valente nel trattare argomenti artistici. Parecchie delle biografie del Meneghelli venivano inserite nella raccolta fatta dal. Tipaldo.

Battaggia Michele, che per avvenuti matrimonii aveva cessato di appartenere al ceto patrizio, fu come dice il Cicogna assai versato nelle patrie storie. Nacque in Venezia nel 1768, e moriva il 5 maggio 1846. Il Battaggia è conosciuto specialmente pella sua dissertazione storica sulle Accademie veneziane, che Cicogna chiama la prima opera in questo genere copiosa, ed erudita. Altra diligente dissertazione del Battaggia è quella sulla nobiltà veneta che considera sotto diversi punti di vista, e cioè sulle sue origini, gesta militari, politico, letterarie, ecclesiastiche, e sul suo carattere nei diversi momenti della repubblica.

Il Battaggia scrisse gli elogii di Pietro Bembo,

del cardinal Bessarione e di Sebastiano Erizzo.
— Ha altri minori lavori ; è ricordato anche da
Girolamo Dandolo, ed è detto scrittore se non
elegante, corretto.

Di Angelo Zon scriveva Agostino Sagredo,
e particolarmente il Cicogna, nonchè Vincenzo
Lazzari nel 1848 intratteneva l'Ateneo Veneto
sugli studii del distinto cultore, specialmente di
nummografia veneziana quale era lo Zon. Nasceva questi in Venezia di famiglia nobile del-
l'ordine dei Segretarii nel 1800, e morì nel 23
settembre 1848. Di lui si hanno memorie intorno alla venuta di Alessandro III in Venezia
nel 1177, e molti documenti inseriti dal Cicogna
nel volume IV delle sue *Iscrizioni veneziane*.
Questo argomento che tratta della riconcilia-
zione di Alessandro III con Federico Barbarossa, è trattato in modo da renderlo spoglio
di tutte le inesatte tradizioni che lo rivestivano,
col solo intento di mettere in piena luce il vero.
Diede mano quindi lo Zon, alle sue osservazioni
sulla Cronaca di Martino da Canale, scoperta
nel 1839 nella Riccardiana da Filippo Polidori,
dimostrando come molto il da Canale si avesse
giovato della Cronaca Altinate. Questo lavoro
dello Zon, venne inserito nel tomo VIII dell'*Archivio storico italiano*. Fece poi conoscere un
inedito compendio della stessa Cronaca in lingua
latina. Ma la sua maggiore attività veniva dallo
Zon, dedicata allo studio della veneta nummo-

grafia. Fu perciò che ebbe l'incarico di illustrare le monete veneziane, per la celebre opera, *Venezia e le sue lagune.*

Questo lavoro a detta del Lazzari tanto competente in materia, diede un grande impulso agli studi della numismatica veneziana, dopo la bella monografia di Leonardo Manin, sulle oselle venete.

In occasione del Congresso degli scienziati italiani in Venezia nel 1847 leggeva lo Zon, sulla Zecca e Monte di Venezia.

Oltre che sulle monete egli s'occupò delle famiglie venete, dei cronisti veneziani, e sulle costumanze dei dogi.

Quadri Antonio nacque il 17 marzo 1776, di nobile famiglia vicentina, da Domenico e Teresa Meneghi, e morì di colera, in Venezia il 20 agosto 1849. Fu impiegato governativo per 45 anni ed era consigliere di governo. Socio di molte accademie, come rilevasi da una sua vita pubblicata il 10 ottobre 1887, ottenne premii per i suoi trattati di Economia politica e di statistica, ed ebbe onorificenze da varii governi. Ad onta dei suoi uffici si occupò sempre di scienze e di lettere, e specialmente di cose attinenti a Venezia, compilando ben dieciotto opere. Accennerò al suo compendio della Storia Veneta, tratto per lo più da quello che va sotto il nome di Apostolo Zeno, e con aggiunte, stampato più volte e tradotto in francese.

I suoi otto giorni a Venezia, sono una utilissima Guida che ebbe ben undici edizioni. Pubblicò la storia della statistica dalle sue origini fino alla fine del secolo decimottavo, e il prospetto statistico delle provincie venete, e alcuni scritti : su S. Giovanni e Paolo, sulla diga di Malamocco, i Murazzi, il Canal Grande, la piazza di S. Marco, ecc.

Qui finalmente noteremo la particolare importanza che ha la pubblicazione fatta per incarico del Consiglio comunale di Venezia, col titolo *Venezia e le sue lagune*, da offrirsi qual dono in occasione del nono Congresso degli scienziati italiani radunati in questa città nel settembre 1847. Alla compilazione di questa grande opera largamente contribuirono a ciò deputati, i più noti ingegni veneziani di quell'epoca; opera che riusciva per tal modo una viva dimostrazione della forza e del valore letterario della nostra città. Venezia, senza tema di poterci ingannare, si può affermare che in quel tempo aveva raggiunto l'apogeo della sua coltura e vitalità intellettuale del secolo decimonono quantunque sia vero che altri chiari nomi si sieno fatti conoscere anche in appresso. Ma la folla dei suoi ingegni, quasi tutta era contemporanea allo spirare della prima metà del secolo presente, e la lettura di queste pagine disadorne può consolidare il mio asserto.

Così per l'opposto puossi osservare, non da

conghietture ma dai fatti, che da indi in poi, quella lodevole attività andò declinando essendo che forse altre cure indussero gli ingegni a disertare gli studii, per ideali ritenuti più pratici, e di meta più pronta e più sicura.

È certo ad ogni modo che Venezia, pochi mesi dopo il settembre 1847, era in grado di intraprendere una lotta prima legale e colle parole, poi colle armi, contro un nemico già antico padrone ed agguerrito; potè in quella circostanza rinvenire ancora tanta forza in sè stessa, memore della antica possanza sua propria, e tante risorse di braccia e di mente, da poter annoverar uomini addatti a costituire un governo proprio, che se non fu fortunato quando già le sorti di tutta Italia erano disperate, serbava però intatto e splendido il vessillo dell' indipendenza e dell' eroico patriottismo.

Notato ciò incidentalmente, per significare quanto la Venezia e le sue lagune, fosse un sintomo del momento più bello della Veneziana letteratura del nostro secolo, diremo brevemente dell'opera essendo a tutti conosciuta.

Consta essa di due volumi, ciascuno dei quali va diviso in due parti. Primo si presenta a parlare della storia di Venezia, il patrizio Agostino Sagredo; lo segue Federico Zinelli per le notizie ecclesiastiche; per la Giurisprudenza Veneta, parla Daniele Manin, il futuro dittatore, per la Zecca e Moneta Angelo Zon, per le forze militari, Giovanni Casoni, pei viaggiatori e navigatori veneziani, Vincenzo Lazzari, per la pittura e la descrizione della città, Francesco Zanotto, per l'Architettura, scultura, calcografia, condizione civile e militare, statistica, ancora il Sagredo, pella letteratura e dialetto veneziano, delle isole e Chioggia, Luigi Carrer, pella musica Pietro Canal, pella cronologia e famiglie nobili veneziane Emanuele Cicogna, pella magistratura l'abate Giuseppe Cadorin, senza citare altri chiari nomi per altri diversi soggetti di discorso.

Nulla si trascurò dai chiarissimi compilatori dell'opera, affinchè la descrizione di Venezia antica e moderna non riuscisse completa.

Venezia e le sue lagune non è una delle solite guide più o meno diffuse, più o meno esatte, è un libro di polso da essere sempre profittevolmente esaminato e consultato. E' un libro prevalentemente storico e che a buon dritto va collocato fra le storie di Venezia scritte nel secolo decimonono.

CAPITOLO I.

PARTE II.

SOMMARIO — *Giovanni Rossi — Sua vita — Sua storia dei costumi e leggi veneziane — Pietro e Antonio Pasini — Benedetto Vollo — Nicolò Erizzo — Leonardo Manin — Suoi lavori storici e numismatici — Pier Alessandro Paravia — Giovanni Bellomo — Giovanni Casoni — Sua vita — Lavori scientifici storici e militari — Francesco Caffi — Storia della musica ecclesiastica — Pietro Canal — Della musica presso i veneziani — Samuele Romanin — Sua vita — Storia documentata — Altri lavori storici — Zanotto Francesco — Palazzo ducale — Suoi numerosi scritti — Storia di Venezia — Vincenzo Lazzari — Sue benemerenze pella pubblicazione delle relazioni degli ambasciadori veneziani — Lavori numismatici — Girolamo Dandolo — Sua vita — Caduta della Repubblica di Vene-*

zia ed i suoi ultimi cinquant'anni — Emanuele Cicogna — Sua vita ed opere numerose.

Benemerito della patria erudizione fu il consigliere Giovanni Rossi. Nacque desso in Venezia da Gerardo di famiglia cittadinesca e da Anna Maria neofita, che prese il nome di Mocenigo li 9 luglio 1770, e gli fu imposto il nome di Giovanni Alvise, e questo secondo nome perchè gli fu padrino, Mocenigo Alvise figlio del doge.

Il Rossi intraprese a Venezia privatamente i suoi studî compiendo il Ginnasio; nel 1796 prese la laurea all'Università di Padova, e nel 3 giugno dell'istesso anno fu approvato avvocato a Venezia. Ma il suo genio non mostrò inclinazione verso questa carriera; bensì l'incarico che ebbe nel 1806 del riordinamento degli antichi archivii, dell'inventario e della scelta dei libri delle soppresse Corporazioni religiose, che dovevano essere distribuiti ai varii istituti di educazione, fu quello che in lui accese un'inestinguibile e nobile passione per lo studio delle cose patrie, che lo seguì fino al sepolcro. Il Rossi però entrò nella carriera giudiziaria, da esso principiata nel 1807 e continuata fino al 1848, nel qual anno ottenne il riposo.

Emanuele Cicogna che tessè la vita del

Rossi attribuisce il suo amore per le cose patrie, dallo aver svolto innumerevoli carte, e
nell'aver formato i loro indici. Ebbe egli perciò l'opportunità di far estratti, di copiare documenti ecc. Esso era una enciclopedia di patria erudizione, come afferma il Cicogna, e colto
in ogni argomento letterario e scientifico. Temeva però assai la stampa, ed egli aveva questa massima : che uopo è scrivere da giovani e
stampare da vecchi. Morì il 14 gennaio 1852 socio dell'Ateneo Veneto e dei Concordi di Rovigo.

Pochi lavori editi lasciava, il Rossi enume-
rati dal Cicogna ; larga messe invece di scritti
inediti, quali memorie, novelle, poesie, rappresentazioni drammatiche, tutti lavori che legava
ad Andrea Giudici suo erede.

Ma l'opera sua importante, autografa ed
inedita intorno alla quale lavorò dall'anno 1806
al 1852 si é la storia dei costumi e delle leggi
dei veneziani, divisa in centoventi volumi in
4º piccolo. Alcuni brani di quest'opera in più
riprese l'autore lesse all'Ateneo ; esso la dispose
per testamento 18 agosto 1851, a vantaggio
della Biblioteca Marciana, statuendo che ne
fosse libera la lettura e l'esame, ma proibendo
qualunque estratto nonchè la stampa.

Il Cicogna incaricato dall'erede, a conse-
gnare l'opera alla Marciana, la ripassò tutta
facendovi brevi estratti, e sulla scorta degli
indici disordinati del Rossi compilò un nuovo

indice generale alfabetico, indispensabile pelle ricerche e che si trova manoscritto di mano dello stesso Cicogna, al Museo Correr. L'importanza del lavoro del Rossi è massima, specialmente per quanto riguarda i costumi, dal Rossi stesso veduti ed annotati. Il Cicogna paragona, gli svariati argomenti trattati a un magazzino ripieno di ottime e varie manifatture, ma confusamente disposte.

Le letture fatte dal Rossi all'Ateneo risguardano sulla veneta legislazione, e specialmente sulla criminale, sul come fossero costituiti a Venezia gli Alberghi, sulle maschere veneziane, i carnevali, il fasto dei grandi, sulla critica della tragedia, sulla difficoltà di rappresentare le sceniche declamazioni; tradusse i martiri di Chateaubriand, e fu il primo promotore della formazione del poema Esopo, e di cui si discorre in altra parte. Un aspro giudizio diede il Rossi sulle feste veneziane della Renier, in cui nulla trovò da lodare. Disse che non è bravura il pescare dove si trova il pesce a piene mani. La Renier Michiel tolse tutto dagli storici e nulla disse di nuovo. — Il Rossi, pella sua massima di non voler stampare, si era trovato prevenuto dalla Michiel, che trattò in gran parte di costumi veneziani. L'ultimo suo lavoro fu letto all'Ateneo, il giorno dopo la sua morte il 15 gennaio 1852.

L'Abate prof. Pietro Pasini, è specialmente

noto per i suoi fasti veneti illustrati, pubblicati nel 1841 e che diede certamente impulso a quell'altra pubblicazione più ricca scritta dallo Zanotto, ed illustrata con disegni magnifici del Gatteri. Il Pasini si occupò pure della numismatica veneta, e su questioni archeologiche, lasciando inedita l'Adriade e la traduzione in sciolti delle metamorfosi d'Ovidio. Il poema Adriades in esametri latini in sei libri, sulla fine della republica Veneta, fu edito a Venezia nel 1897, primo centenario della caduta per opera dei fratelli De Toni, pronipoti del Pasini. Membro dell'Ateneo, vi fece letture. Nacque in Venezia nel 25 maggio 1779 e vi morì il 15 settembre 1853. Il nipote suo abate Antonio Pasini scriveva nel 1881 una interessante memoria sul Tesoro di S. Marco, fino al 1797.

Degna di ricordo, perchè ricca di fatti che illustrano non solo una famiglia ascritta alla nobiltà veneziana, ma una vasta provincia e Venezia stessa, si è la storia dei Savorgnani dettata da Benedetto Vollo, già altrove menzionato, e stampata a Venezia nel 1857. La famiglia dei Savorgnani una delle più chiare d'Italia, presenta nell'avvicendarsi dei tempi, una schiera di prodi, difensori sempre in appresso dei diritti di Venezia contro i soprusi e gli attacchi violenti degli imperiali.

La storia ricorda Girolamo Savorgnano e la sua strenua difesa di Osopo contro di quelli.

Il conte Leonardo Manin patrizio veneto, nacque in Venezia nell'anno 1771 al primo maggio, e fu educato presso il Collegio dei barnabiti in Bologna. Nipote dell'ultimo doge di Venezia, ebbe la sventura di vedere la rovina della repubblica, e perciò non trovando altro modo di confortar l'animo, si dedicò con zelo ed efficacia allo studio della storia della sua patria. Diede molte letture all'Ateneo Veneto ed all'Istituto Veneto, d'ognuno dei quali sodalizii fu benemerito presidente, come pure era membro di molte Accademie in Italia. Moriva egli a Venezia li 7 aprile del 1853, e di lui scriveva brevemente Neumann–Rizzi nella *Gazzetta* di quell'anno. I lavori più importanti del Manin sono ritenuti, quello intorno alle relazioni degli ambasciatori veneti al Senato, pubblicato all'Ateneo Veneto del 1839, e l'illustrazione delle medaglie dei dogi di Venezia ed oselle pubblicato nel 1834 per nozze.

Però mi piace dare una completa idea della operosità del nostro autore, nell'intento di illustrare Venezia ; pare quasi da quella scorgersi in lui la tendenza di voler riabilitare il nome da esso portato, nome che va indissolubilmente legato alla fine della veneta republica. Ecco l'elenco dei suoi lavori.

Elogio di Bernardo Navagero, composto nel 1813. Memorie intorno a S. Marco Evangelista, nel 1815. Esame ragionato su di un libro delle monete dei veneziani dal principio al fine della loro republica, nel 1823. Come ogni genere di studio dai veneziani coltivavasi anche negli ultimi anni dell'antico governo, nel 1833. Sugli studii fatti dagli idraulici nazionali e forestieri sulla laguna in varii tempi, nel 1835. Confutazione della storia veneziana del Darù circa la mala amministrazione delle provincie governate dai veneziani, nel 1838. Sopra alcune figure simboliche, espresse in antiche fabbriche di Venezia, nel 1838, sul soggiorno di Federico re di Danimarca a Venezia, nel 1820, delle accoglienze fatte dai veneziani ai principi esteri, nel 1840, sopra un codice di marina, nel 1839, sulla soluzione degli oggetti scientifici e letterari, nel 1846, sulla antichità da attribuirsi secondo la storia alle veneziane monete, in confutazione di ciò che ne scrissero il co. Cordero di S. Quintino e il signor Angelo Zon, nel 18 febbraio 1848, e finalmente sulla prima ascensione aereostatica in Venezia, lettura tenuta all'Istituto nel 5 agosto 1850, mentre gli altri lavori furono letti all'Ateneo. In quest'ultima lettura l'autore dimostra come anche negli ultimi tempi del governo veneto, le scienze non venissero neglette, e perciò egli narra come nel 1784 in Venezia i fratelli Zanchi costruissero e mandassero in aria il primo globo, per secondare gli impulsi del cav. Francesco Pesaro, che volle una prova di tal genere anche in Venezia. Si descrive la fabbrica del globo, la sua discesa, il disegno, si narra degli applausi e dei versi fatti in quella occasione e della medaglia coniata.

Di Pier Alessandro Paravia e della sua vita parleremo fra i poeti. Ora specialmente accenneremo ed alcuni suoi lavori in prosa, che veramente hanno poca attinenza alla vita letteraria veneziana. Anche in questa parte mi valgo della vita scritta da monsignor Bernardi. Nei quattordici anni che fu impiegato a Venezia il Paravia produsse assai lavori, storici, biografici, artistici, volgarizzamenti ecc. Scrisse le vite del Bartoli, di Alfonso Varano, di Francesco Rezzano, di Onofrio Minzoni, di Antonio Canova, del prete veneziano Giovanni Riva, di Girolamo Tiraboschi, del canonico Giuseppe Marini. Nel 1824 lodò all'Accademia di belle arti, l'abate Filippo Farsetti, e per l'inaugurazione al monumento a Carlo Goldoni nell'atrio del gran teatro la Fenice lesse l'elogio del gran commediografo, il 26 ottobre 1830. Di questo elogio però non fu permessa la stampa dalla Censura. Come scritti artistici lasciò un viaggietto a Possagno, sui quadri della Concezione e di S. Pietro Martire del Tiziano, sul quadro del Rosario ritenuto del Pordenone, della cappella Grimani a S. Francesco della Vigna.

Nominato li 17 gennajo 1832 da Carlo Alberto professore di eloquenza italiana all' Università di Torino, s'occupò, come era naturale, delle cose che aveano riguardo alla nuova sede.

Nel 1836 tenne la sua prima orazione in elogio di quel Monarca, elogio che fece per altre sette volte, e ai 31 dicembre fu nominato professore di mitologia e storia all'Accademia Albertina ; nel 1843 fondò la società promotrice di belle arti, e vi pronunziò un discorso. Nel febbrajo 1845 ricevette l'incarico di dare all'università lezioni di storia patria. Nel 1850 stampava le sue lezioni sulla epigrafia volgare, nel 1852 pubblicava il suo primo volume di varia letteratura, cui teneva dietro un secondo nel 1856, e nel 1857 ne stava apparecchiando un terzo, quando lo colse la morte.

Pubblicò due volumi di storia patria o meglio subalpina nel 1851 e nel 1854. Nel 1850 stampava memorie veneziane di storia e letteratura, cui tenevano dietro nel 1853, altre memorie piemontesi. La copiosa bibliografia del nostro autore, di opere stampate e manoscritte, è raccolta da monsignor Jacopo Bernardi. Il Paravia donò ancora vivente la sua biblioteca alla città di Zara, e fu pubblicato un suo volume di lettere alla sorella. Torino, Tip. Salesiana. Nelle memorie veneziane, non è privo di interesse lo scritto : gli ultimi giorni della repubblica di Venezia, notizie tratte da un diario di Antonio Paravia antico militare veneto, che lasciò parecchi scritti fra i quali, notizie storiche dei capitani generali della Repubblica Veneta.

Il diario s' intitola : Indice del mio portafoglio di viaggi, osservazioni, memorie, e frammenti storici del mio tempo. — Dall' anno 1754 al 1798. Esiste al Museo Correr.

Monsignor Giovanni Bellomo nacque in Venezia nel 1783 e morì nel 1858 : fu professore di letteratura classica latina, filologia greca e storia universale al liceo S. Catterina, e membro di molti istituti. Pubblicò trattati di storia universale pei suoi allievi, e continuò la storia ecclesiastica in appendice a quella del Belcastel.

Fra i suoi altri numerosi scritti vengono specialmente ricordate, le sue notizie sull' Oratorio dei Crociferi, che dal Cicogna è detto eruditissimo libretto stampato nel 1846, e la pala d'oro della Basilica di S. Marco, stampata nel 1847. Membro dell' Ateneo vi tenne parecchie letture.

Va distinto come cultore delle patrie memorie, e come ingegnere specialmente occupatosi sulle questioni della economia delle Venete lagune il nome di Giovanni Casoni. Era desso di umili origini poichè suo padre Francesco originario Ferrarese era credenziere della famiglia patrizia Contarini a S. Trovaso. Nacque Giovanni nel 1783 ai 15 gennaio, e fu sua madre Laura Grisillini veneziana della famiglia del letterato e scienziato Francesco Grisillini. Morì al 31 gennaio 1857, e gli furono fatte le esequie nel 1 febbraio dell'istesso anno, a San Biagio, come Ingegnere superiore di Marina.

Giacinto Namias commemorò coi materiali fornitigli da Emanuele Cicogna, all'Istituto il Casoni, nel 15 febbraio 1857, e scrissero intorno allo stesso nelle Iscrizioni Veneziane, Filippo Scolari, e lo stesso Cicogna, e Nicola Barozzi nello Spettatore di Firenze 15 Febbraio 1857. Il Casoni istituì il Cicogna esecutore testamentario, lasciandogli tutti i suoi manoscritti, ossia minute, originali, le copie delle sue opere stampate e inedite, e i suoi lavori come ingegnere civile. Tutti questi scritti passarono poi al Museo Correr, quando il Comune acquistò la raccolta del Cicogna, e nella quale erano compenetrati anche gli scritti del Casoni. — La giovinezza del Casoni passò priva di scuole, ma raccomandato quindi all'ingegnere G. B. Manocchi e all'architetto Corbolin, ritrasse da questi le sue cognizioni. Essendo che il Manocchi era perito nelle cose idrauliche, così la materia della laguna, dei fiumi che vi immettevano foce, della profondità dei canali, del corso delle acque, diede soggetto agli studii svariati e molteplici del Casoni. Alle vaste sue cognizioni nell'idraulica, aggiungeva poi una vasta erudizione di antiquaria e di storia veneta. — La carriera professionale del Casoni

cominciava coll' essere perito agrimensore, poi
ingegnere nel 1812 sotto il governo italico che
si valse della sua opera, e così il governo austriaco lo nominò nel 1818 architetto per la
marina. Nel 1841 ebbe il titolo di ingegnere i-
draulico e nel 1852 la direzione delle fabbriche
marittime in Venezia.

Fra i suoi lavori idraulici vanno specialmente ricordati gli studii sul porto di Malamocco, che chiamava veicolo di vita e di prosperità per questa patria ; la sua erudita memoria sopra una contro corrente marina, che
si osserva lungo una parte dei lidi veneti, il
sunto storico delle discussioni avvenute sulle
questioni del fiume Brenta. L' ultimo suo lavoro sull' idraulica fu la lettura che fece al-
l' Istituto Veneto il 23 novembre 1856 sul taglio dell' istmo di Suez. Svariate sono le pubblicazioni storiche del Casoni che assieme alle
altre si trovano elencate infine della commemorazione fatta dal Namias e che trovano posto
nelle bibliografie pubblicate.

Ma qui basta ricordare il lavoro di polso e
interessante per le vaste ed erudite notizie e
per le riflessioni storiche, che è quello inserito
nella *Venezia e sue lagune* sotto la voce *Forze
militari*. Il lavoro incomincia colla storia del-
l' Arsenale di Venezia divisa in due parti. Questa stessa storia esso l' aveva pubblicata a parte
sotto il nome di Guida dell' Arsenale. Venezia,

Antonelli, 1829. Nella prima parte dopo aver brevemente trattato della storia veneta specialmente sotto l' aspetto marittimo e commerciale delle scoperte effettuate dai grandi navigatori veneziani, descrive il primo Arsenale di Venezia, fondato nel 1104 da Ordelafo Falier, ed i suoi ingrandimenti successivi. Nella seconda parte l' autore tratta del modo di reggimento che vigeva sotto la Serenissima Repubblica, dell' Arsenale stesso, del corpo tecnico meccanico, dell' amministrazione. Fa seguito alla storia dell' Arsenale, una lunga nota sull' artiglieria veneziana, con preziosi ragguagli fino dai tempi più antichi, nei quali i veneziani cominciarono ad adoperare la polvere da fuoco. Servirono a questo lavoro in parte, le notizie lasciate da Domenico Gasperoni ultimo sopraintendente ed ispettore generale della artiglieria della repubblica.

Ricorda l' autore come miracolosamente poteronsi salvare dalle ruberie dei francesi, la prima bombarda costruita ed adoperata dai veneziani nel 1380 nella guerra di Chioggia, ed il primo cannone di corda, fatto a guisa di un mortaro.

Alle note sull' artiglieria, fa seguito l' altra interessantissima sulle costruzioni navali e sulla marina dei veneziani, dal principio alla fine della repubblica. Dopo una breve prefazione in un diffuso quadro sinottico cronologico sono

descritti nome per nome, e secolo per secolo
tutte le diverse forme dei navigli veneti dal
secolo V al secolo XVIII, con infine una descrizione delle forze navali della repubblica, al
momento della sua caduta.

Il lavoro del Casoni, sulle forze militari di
Venezia si chiude con un' altra nota, sulle truppe terrestri e marittime nei diversi tempi.
Queste singole memorie aventi un intento comune, formano un tutto di una seria importanza, materia, che a mia conoscenza non venne
da alcun altro trattata con pari competenza, e
con tanto dettaglio come fece il Casoni. Dal-
l' arte militare all' arte musicale non è breve
il passo, ed anche quest'ultima ebbe a Venezia
il suo storico. Francesco Caffi figlio di Michele,
fu apprezzato cultore di musica. Datosi nello stesso tempo alla magistratura, fu consigliere d'appello a Milano indi presidente del Tribunale di
Rovigo, e morì quasi centenario in Padova nel
1874 ai 24 di gennaio. Felice compositore di
musica e storico celebrato, diede alla luce
molti lavori di letterario argomento, già accennati dalle bibliografie Cicogna e Soranzo ; e
noi qui ci occuperemo piuttosto dell' opera che
gli diè rinomanza, e che s' intitola Storia della
musica sacra nella già cappella di S. Marco a
Venezia dal 1318 al 1797. Venezia, Antonelli
1854-1855. L' autore però come egli stesso dice
avea concepito una idea più vasta quella cioè

di descrivere la storia di tutta la musica presso
i veneziani, dividendola cioè in storia della
musica ecclesiastica, teatrale, accademica, popolare, però egli si limitò a trattare la parte
specialmente ecclesiastica in due parti. Tratta
nella prima delle persone e degli officii risguardanti la scienza musicale, e perciò in appresso
dei maestri di cappella, vicemaestri e organisti,
e di seguito dei cantori, e suonatori di musicali istromenti ed Archivio musicale. Divide la
sua storia in quattro epoche, e cioè quando
v'era un solo organista dal 1318 al 1459, quando ve n'erano due dal 1459 al 20 agosto 1490,
quando v'erano un maestro e due organisti dal
1491 ol 1603, e quando infine v'erano un maestro, un vicemaestro e due organisti dal 1608
al 1785. Partita così la materia si danno copiose notizie sulla vita e sulle opere dei maestri, vicemaestri ed organisti fra i quali figurano i celebri nomi di Villaert, Zarlino, Monteverde, Lotti, Galuppi ecc. Con particolar
cura poi il Caffi in fine dell'opera si occupa
della vita e del comporre di Bonaventura Furlanetto detto Musin, nominato maestro dopo la
caduta della repubblica, e delle opere e della
vita di Benedetto Marcello, detto il Principe
della musica.

Sullo stesso argomento della storia della
musica, avea già prima dettato uno scritto l'a-
bate Pietro Canal ed inserito nel 1847 nella

Venezia e sue lagune. Egli s' intrattiene sulle
attitudini dei veneziani pella musica, sui canti
popolari, sulla musica accademica, ecclesiastica
teatrale, sugli oratorii, sulle scuole di musica.
Avea egli cosi svolto in più breve spazio, tutte
quelle parti della storia musicale che il Caffi
avrebbe avuto in animo di svolgere amplia-
mente, sviluppo che come vedemmo non diede,
che a quella parte che si riferiva alla musica
sacra.

Ei non v' ha dubbio che fra gli storici
di Venezia del nostro secolo · vanta il primato
Samuele Romanin, mentre egli dettava una
storia generale, non di singole epoche od episodii, lasciando indietro a sè le storie generali che lo precedettero, o che furono scritte
da poi.

Il Romanin nacque a Trieste nell' anno 1808
da parenti poveri ma civili ed ebrei, e morì a
Venezia il 9 settembre 1861, avendosi qui trasportato fino dal 1821, ed avendo imparato ad
amare questa sua nuova patria adottiva. Nel
1830 sposava la sorella di Angelo Dal Medico
raccoglitore dei canti popolari, e dei proverbî
veneziani. Dedicatosi ad impartire lezioni di
francese e di tedesco, delle quali lingue era e-
spertissimo conoscitore, tradusse appena ventenne la Tunisiade del Pyrker, che servì poi
alla versione fattane in versi da Troilo Malipiero. — Nello stesso tempo tradusse la Ro-

dolfiade dello stesso autore, come pure le due storie dell'Impero Osmano e della origine e potenza degli assassini di Giuseppe Hammer.

La sua prima storia originale la scrisse nel 1842-44, e fu la storia dei popoli europei dalla decadenza dell'Impero Romano, e nel 1845 tradusse, una storia del Düller, l'Arciduca Carlo.

Nel 1848 assunse gratuitamente la cattedra per la storia veneziana, impartitagli dal governo veneto nel 20 novembre, presso le scuole tecniche. Questa nomina assai gli giovó per il suo lavoro sulla storia di Venezia, quasi come studio preparatorio, avendo dovuto frequentare gli Archivii. Fatto sta che dopo sei anni di assiduo lavoro e di studii severi, nel 1853 cominció a pubblicare il primo tomo della Storia documentata di Venezia coi tipi di Pietro Naratovich, e la dedicò ai suoi concittadini. L'opera consta di dieci volumi, e l'ultimo fu pubblicato nel 1861 per cura del cognato Angelo Dal Medico, dopo la morte dell'autore, che aveva già potuto fortunatamente compiere il manoscritto. I più importanti giornali letterari d'Italia encomiarono l'opera del Romanin, come pure la lodarono accreditate riviste letterarie di Monaco, di Amburgo, di Berlino, di Vienna. F. L. Polidori in parecchi punti dell'Archivio storico italiano, fece la recensione dell'opera e così pure la fece Thomas Giorgio negli atti dell' Accademia di Baviera. Sarebbe portar vasi a Samo e nottole ad Atene, o colombi a S. Marco, il voler aggiungere alcun che sul merito di detta storia, che venne riassumendo quanto di migliore fu scritto sotto ogni aspetto di Venezia, valendosi della scorta della sana critica, e del corredo di numerosi documenti, stampati in fine ad ogni volume. Per chi ama Venezia e la sua storia, l'opera del Romanin è una fedele e cara guida e compagna.

Negli anni 1858 e 59 il Romanin nelle sale dell' Ateneo Veneto di cui era socio, compiva un intero corso di lezioni di Storia Veneta. Sedici lezioni impartiva nel 1858 ed altre sedici nell' anno seguente. Ottanta azionisti coll' esborso di un napoleone d'oro, intervenivano alle dette letture. Tali lezioni furono stampate dal Lemonnier di Firenze nel 1875 in due volumi. — F. L. Polidori scrisse il cenno necrologico del Romanin nel settembre 1861, inserito nell' Archivio storico italiano, e Michelangelo Asson scrisse il suo elogio, letto all' Ateneo Veneto il 5 dicembre 1861, e stampato dal Naratovich nell'anno appresso, e da cui trassi in parte le notizie qui inserite. Fra gli opuscoli pubblicati dal Romanin quello sugli inquisitori di Stato e l'altro su Venezia del 1789, non sono che estratti della sua storia documentata. Il Romanin ebbe elogii da Napoleone terzo, da Thiers, e specialmente da Thierry e da Mignet.

Zanotto Francesco va considerato preponderatamente come scrittore d'arte; lo ricorderemo però anche fra gli storici, perchè si vale della Storia per illustrare i soggetti artistici da esso trattati. Nato in Venezia nel 1794, moriva nel 3 dicembre 1863.

Di lui dirò solamente, traendo le notizie dai diarii del Cicogna, che nato di famiglia israelitica, di buon'ora fu posto nelle scuole cattoliche, anzi nelle sue opere fa pompa di erudizione biblica ed ecclesiastica. Addetto all'Arsenale, entrò poi all'Accademia di belle arti, come assistente, ed Antonio Diedo segretario lo aveva preso a proteggere, per modo che potè formare molte cognizioni sotto quell'uomo illustre. Il Cicogna dice, che lo scrivere dello Zanotto era brillante e concettoso, ma non molto purgato; lo dice colto in belle lettere e poesia. Esiste un completo elenco degli scritti dello Zanotto. Si enumerano ventisette opere artistiche, ventisette di varia letteratura, senza contare i lavori inediti. Scrisse più di ottocento articoli su soggetti artistici pubblicati nei giornali delle principali città d'Italia. Limitandoci qui a parlare dei lavori storici dello Zanotto, diremo che la sua opera principe, è il Palazzo Ducale di Venezia. Lo coadiuvava in questa fatica G. B. Lorenzi, som-

ministrandogli libri e documenti. Il Palazzo Ducale sortiva la prima volta alla luce nell' anno
1842 coi tipi dell' Antonelli, la seconda nel 1853,
1858. Prima dello Zanotto si erano occupati
abbastanza diffusamente del Palazzo Ducale, il
Moschini nella sua guida, il Cicognara nelle
Fabbriche Venete e nella Storia della scoltura.
Lo Zanotto diede amplio sviluppo ai lavori appena accennati da altri.

L'ammirazione per questo lavoro fece scrivere al Cicogna un epigramma, che qualunque esso
sia, serve però a manifestare il giudizio di un
uomo stimatissimo per la sua erudizione: ed è
questo: « Se un fogo, se un sion, o un terre-
moto, butasse zoso el Palazzo Ducal, un gran
mal el saria, e assae più mal, se no ghe fosse
el libro de Zanoto. »

L'Autore, accennati i palazzi eretti in Era-
clea e in Malamocco prime sedi della repubblica per l'abitazione dei dogi, passa alla edi-
ficazione di quello di Agnello Partecipazio, al
suo incendio al momento della uccisione di Pietro Candiano IV. all'altro incendio del 1105, e alle
riparazioni fattevi da Ordelafo Falier. Descrive
il suo ingrandimento sotto Sebastiano Ziani nel
1173, la continuazione dei lavori sotto Renier
Zeno, Lorenzo Tiepolo, Pietro Gradenigo, Giovanni Soranzo, Marin Falier, sotto il qual doge
si interrompeva il lavoro, e il palazzo veniva
compito con Tommaso Mocenigo e Francesco

Foscari. L'incendio lo colpiva verso il rivo nel 1483, dei danni del quale lo si ristorava completamente sotto Francesco Venier. Altri due incendi soffriva il palazzo nel 1574 e nel 1577, e durante i necessarii ristauri, i Consigli della repubblica si ragunarono in Arsenale. Dopo i lavori fatti di robustamento da Antonio Da Ponte del 1578 ai 30 settembre il Maggior Consiglio si radunò nuovamente in palazzo Ducale. È fatta memoria finalmente dallo Zanotto delle degradazioni avvenute e dei mutamenti nell'interno di esso dopo la caduta della repubblica. Questa storia del palazzo con notizie desunte da cronache, memorie inedite e documenti, e con critica confutante opinioni di altri autori, ed arricchita di abbondanti note, occupa buona parte del primo volume. Prosegue quindi il lavoro strettamente artistico, e cioè la descrizione dell'esterno della fabbrica, e delle piante generali, dei capitelli di tutte le colonne, della scala d'oro, delle sale, stanze, soffitti, camini, quadri, ecc. I soggetti dei quadri accennanti a fatti storici veneziani, danno argomento di scrivere all'Autore su quelli, con copiosa erudizione e chiarezza. Il quarto volume è consacrato alla vita dei Dogi, prendendosi occasione dai loro ritratti che sono nelle sale del Maggior Consiglio e dello scrutinio. Questo volume, come pure il sistema seguito, servirono di base alla storia della repubblica di Venezia dello stesso Zanotto, pubblicata nel 1864-65 dal Grimaldo, e che è in parte postuma.

Gli avvenimenti in essa sono narrati sotto la vita di ciascuno dei 120 dogi di Venezia, e il materiale è quello stesso che servì pel quarto volume del palazzo ducale, senonchè in qualche parte ampliato con nuove aggiunte. In fine dell'opera c'è la cronologia dei principali fatti della storia di Venezia. Lo Zanotto dettava nel 1837 la storia della pittura veneziana, lavoro che dieci anni dopo veniva inserito nella Venezia e sue lagune. Concorse pure lo Zanotto nell'opera la Storia di Venezia espressa in centocinquanta tavole designate da G. Gatteri, ed incise da Viviani ed altri, coll'illustrare i fatti ricordati. Se ne fecero due edizioni nel 1853 e nel 1863. Si ha, che per quest'opera lo Zanotto e il Gatteri consultarono storie e croniche, affine di dare ai fatti i colori della verità, e vestirli coi costumi dei tempi, nei quali accadevano, riuscendo ciò utile anche agli artisti.

Vincenzo Lazzari moriva in Venezia, dove era nato, di anni 42 nel 25 marzo 1864 ; commemorato dal Sagredo, ne tessè l'elogio Nicolò Barozzi. Fu archeologo dottissimo, numismatico profondo ed elegante scrittore ; successe nella direzione del Museo Civico Correr, a Luigi Carrer morto nel 1850. Primo direttore del Museo era stato Marco Antonio Corniani degli Algarotti preposto al Museo nel 1835. Successero al Lazzari, Soranzo Gírolamo, Nicolò Barozzi, Antonio Bertoldi, e l'attuale Angelo Scrinzi.

Fino dall'anno 1847 il Lazzari illustrava i viaggi di Marco Polo, pubblicati per cura di Ludovico Pasini, dettando una dotta prefazione, e ciò sotto l'impulso e direzione del Pasini stesso. Il Lazzari avea concepito un piano di lavoro ganerale sulle Zecche italiane ; ma ultimava soltanto la parte degli Abbruzzi ; illustrava il medagliere esistente in Casa Giustinian Recanati sulle Zattere, ma non ebbe tempo a pubblicare il suo lavoro perchè còlto dalla morte.

Largo merito si fece il Lazzari contribuendo efficacemente alla pubblicazione delle relazioni degli Ambasciadori veneziani nel secolo XVI, fatta dall'Albèri in Firenze, dal 1839 al 1863, in quindici volumi.

Nel corso dell'opera stessa è resa testimonianza all'attività ed al merito del Lazzari, specialmente al volume quinto ove è detto, che al solo Lazzari si deve se la raccolta che era stata intrapresa poteva raggiungere l'intento. La collezione comprende le relazioni degli ambasciatori del secolo XVI degli stati europei, tranne l'Italia, dell'Italia, e degli Stati ottomani. Le relazioni di Roma furono raccolte ed annotate da Tommaso Gar, ed altre da Emanuele Cicogna. È debito però di giustizia qui

ricordare, che Nicolò Tommaseo nell'anno
1838 stampava a Parigi, e cioè un anno prima
dell'Albèri di Firenze, le relazioni degli ambasciadori veneziani sugli affari di Francia del
Secolo XVI.

Guglielmo Berchet e Nicolò Barozzi seguirono in Venezia la pubblicazione delle relazioni degli stati europei lette al Senato dagli ambasciatori veneziani nel secolo XVII, princi-
piandone la pubblicazione nel 1856 coi tipi del
Naratovich, continuandola fino al 1878. Le relazioni di Spagna sono contenute in due volumi, in tre quelle di Francia, in un solo volume quelle di Inghilterra, in un volume quelle
del Piemonte, ed in un secondo quelle di Roma.

Importanti sono le biografie di ciascun ambasciatore autore delle relazioni, premesse a
ciascuna di queste. — L'opera non è ancora
completa mancando le relazioni dell'Impero
ottomano, col quale la Repubblica Veneta nel
secolo XVII sosteneva sanguinose lotte. Come
è risaputo da tutti, l'importanza dei dispacci e
delle relazioni degli ambasciadori veneziani, é
di primo ordine. Il Cecchetti nella sua Repubblica di Venezia e Corte di Roma, osserva, che
negli ambasciatori veneti era naturale la lealtà,
la franchezza, perchè come patrizii di Venezia,
ciascuno era parte integrante di un governo
nazionale; gli ambasciatori in servizio di principi, aveano particolare interesse a piaggiare e

a nascondere la verità. Vincenzo Lazzari nel 1859 stampava (Venezia, tipografia del Commercio). Notizie delle opere d'arte e d'antichità della Raccolta Correr di Venezia.

A questo lavoro precede la vita di Teodoro Correr nato nel 1750 morto nel 1830 benemerito raccoglitore di oggetti di antichità ed artistici, e memorie veneziane, da lui lasciate al municipio di Venezia. Il Catalogo del Lazzari contiene la descrizione di 1484 oggetti, non comprendendo naturalmente, la libreria, le incisioni, i sigilli, medaglie, ecc. Il diligentissimo lavoro è avuto in molta riputazione anche all'estero.

Girolamo Dandolo patrizio nacque in Venezia il 26 Luglio 1796 e fu figlio di Silvestro e di Apollonia Maria Diedo. — Silvestro aveva cominciato a servire nella marina veneta, poi sotto i governi che si succedettero fu contrammiraglio, e comandante la flottiglia austriaca nel Mediterraneo; ebbe molte onorificenze e la massima del Toson d'oro. Il figlio, compiti i suoi studii a Venezia, li continuò all'Università di Padova, dove ottenne la licenza per gli uffìcii civili, e fu nel 1821 segretario di governo, quindi aggiunto alla delegazioue di Treviso, poi nuovamente a Venezia come segretario.

Nel 1848 fu dal governo veneto mandato a reggere la provincia di Rovigo, ma occupata questa dagli austriaci, si ritirò e fu mandato a presiedere al Commissariato di Chioggia, e negli ultimi momenti del governo provvisorio, fu messo a capo della Giunta annonaria. Tornati gli austriaci a Venezia nel 1849, conservò il grado di segretario, poi dal Comune con due altri concittadini fu inviato a Vienna per ottenere la restituzione del Portofranco, ma poco dopo fu collocato a riposo a metà stipendio. L'arciduca Massimiliano gli restituì posto e stipendio, quindi veniva nominato Direttore dell'Archivio generale dei Frari.

Grave dolore lo colse, quando gli austriaci presaghi della loro ritirata dal Veneto, delegavano certo Beda Dudick nel 1866 a saccheggiare dei migliori documenti, l'Archivio. Il Dandolo ne sofferse in modo. da scapitare nella salute, la quale indebolita ancor più per una caduta da un gradino, mentre si era recato ad una votazione, dovette soccombere li 27 Marzo 1867. Colla morte di Gerolamo Dandolo si spense l'illustre patrizia famiglia che aveva dato uomini gloriosissimi, alla Repubblica Veneta; di piccola statura, ma di severissimo aspetto, anche quando era giovane, narra Agostino Sagredo, il chiamavano, il vecchio Dandolo. Come pubblico funzionario fu uomo integerrimo e giusto. Alla sua morte il Comune acquistava la sua biblioteca. Il Dandolo si fece conoscere giovanissimo nel mondo letterario sulla questione sorta sulla storia dei quattro cavalli di bronzo tolti da Parigi nel 1815, e restituiti a Venezia. Fu primo il Cicognara a prender la parola; Andrea Mustoxidi si oppose, il Dandolo allora rispose al Mustoxidi, e questi allora lo attaccò con gran violenza, e il Dandolo avendo replicato, il Mustoxidi si tacque e la questione fu finita. Il Mustoxidi avea tacciato il lavoro del Dandolo, farina del Cicognara, e per disprezzo lo chiamava la ditta Dandolo, Dandolo e C.

Fatto stà che il Dandolo fu tanto impressionato da questi attacchi, che per molto tempo non diede più alla luce suoi scritti. Il Dandolo fu encomiato da Agostino Sagredo nell'*Archivio storico italiano* del 1868, e il cenno che si legge nell'*Enciclopedia* di Torino del Pomba, non è che un riassunto dell'articolo del Sagredo. Fu il libro pubblicato da Fabio Mutinelli, allora direttore dell'Archivio dei Frari, gli ultimi cinquant'anni della Repubblica di Venezia, che diede occasione al Dandolo di pubblicare nel 1855–57 la sua opera di risposta dal titolo la caduta della repubblica di Venezia e i suoi ultimi cinquant'anni. Il primo volume è quasi di settecento pagine, il secondo la metà, e l'opera è dedicata ad Agostino Sagredo.

Assunto dell'autore è far rilevare mendaci le espressioni del Mutinelli, che la decrepita repubblica vegetasse e non vivesse, e che fosse sparita dal mondo per mancanza di fede, di educazione, di costumi, di armi, di tesoro, di consiglio. Il Dandolo vuol dimostrare che la caduta di Venezia era divenuta inevitabile, quantunque non dignitosa, che la sua agonia forse sarebbe stata prorogata da altri uomini, ma che la sua fine era voluta dalle circostanze esterne, dagli avvenimenti generali e dagli esterni interessi.

Precede l'opera, un sunto storico dalla caduta di Costantinopoli all'abdicazione del 12 Maggio 1797, e seguita un'altra parte di varie considerazioni; il terzo libro contiene una lunga serie di nomi di uomini illustri che fiorirono nel secolo XVIII. Questa raccolta è preziosa e dimostra chiaramente, e pel numero ragguardevole, e pel valore degli uomini ricordati, quanto fosse Venezia ricca in quell'epoca di chiari ingegni, e tutt'altro che decrepita.

Il libro quarto tratta del governo della Repubblica, e cioè finanze, commercio, agricoltura, studii, opere pubbliche, riforme ecclesiastiche, agitazioni e riforme nel governo, forze di terra e di mare, popolazione. Il secondo volume è un appendice al primo, e dopo una nota su una loggia massonica a Venezia, la cui esistenza non può negare, censurando il Mutinelli dell'aver resi pubblici i nomi a quella appartenuti su documenti non sicuri, illustra gli uomini che avevano fiorito nelle provincie dello stato. — I due libri del Mutinelli e del Dandolo, fatta la debita parte alla passione in ambedue gli autori, possono servire a rischiarare la situazione dell'epoca. In alcune delle cose dette dal Mutinelli ci sarà esagerazione e sopratutto ci manca una spiegazione fondata, ma qualche verità da quel, sia pure, libello, scritto con leggerezza, scatta fuori, e ci vuol gran carità di patria, per oppugnarla. Il Mutinelli ad ogni piè sospinto è sempre preso di mira dal Dandolo, e fatto oggetto di sarcasmi e dileggi. Però il libro del Dandolo resta uno dei migliori documenti, sulla condizione della Venezia repubblicana; molti pregiudizii che corsero nel volgo toglie, le cose mette a posto basandosi non sulle ciarle, ma sui fatti.

D'altronde ammesse le condizioni di Venezia, come chiaramente rilevate dal Dandolo, resta ancora più inesplicabile il suo dissolvimento, e il suo disonorevole suicidio. Perchè, se ancora vitalità correva nelle sue vene, se v'aveano ingegni di primo ordine, se armi, se finanze, se consiglio, chi dunque la perdette?

Il Sagredo giudicò l'opera del Dandolo, lavoro massiccio, nella quale si mostra il processo discendente dalla grandezza alla quale Venezia era giunta, se ne indagano le origini, se ne misurano i fatti, e si viene a dimostrare che l'impeto del grande cataclisma della civiltà del 1789, fu tale al quale la Repubblica Veneta stremata di forze, non avrebbe potuto resistere. Questi sono ragionamenti in contraddizione

alla dimostrata vitalità dello stato della repubblica del Dandolo, e all'affetto che i popoli da
essa governati le portavano. Puossi piuttosto
dire che le cause della famosa caduta, sono
sempre avvolte nel mistero, e che non si sa-
pranno mai.

Ultimamente il Dandolo avea ideato un lavoro
sulla costituzione della Repubblica Veneta, ma
non furono impressi che pochi fogli, e lasciate
poche note. Altri opuscoli scriveva in varie
epoche il Dandolo come si possono vedere elencati in calce all'articolo del Sagredo, e nelle
Bibliografie del Cicogna e del Soranzo.

Però non posso tralasciare di citare quello:
alcune parole al Lloyd di Vienna ed ai suoi
corrispondenti; stampate prima a parte nel giornale il *Lombardo Veneto*. Venezia 1850 e dedi-
cate al conte Giovanni Correr Podestà di Venezia.

È una difesa di Venezia contro i suoi detrat-
tori che l'accusavano di città che aveva fatto
il suo tempo per le speciali condizioni sue, che
la bandivano dal consorzio del mondo; è una
confutazione dei loro argomenti, desunta da fatti
e documenti. Tratta della condizione del gran
canale interno di navigazione militare e mercantile, della condizione del porto di Malamocco,
delle navi da guerra uscite dal porto di Malamocco dall'anno 1806 al 1842, degli ancoraggi
di Pelo Rosso, Sacca di Piave, e Chioggia, del-

l' uso che poteva farsi ancora dall' arsenale di Venezia, della posizione di Venezia, e della sua opportunità commerciale, e del ponte della ferrovia, che la congiunge alla terraferma.

Il tempo diè ragione al Dandolo, perchè la profetata prossima fine della città di Venezia, non avvenne ancora.

Restò inimitabile esempio in Venezia di maravigliosa attività tutta dedicata alla storia della sua patria, Emanuele Cicogna. Non c'è argomento patrio dove ei non si sia addentrato, avendosi famigliarizzato con innumerevoli codici, e libri, avendo attinto informazioni verbali, tutto annotando, tutto ordinando.

Nacque Emanuele Cicogna da Giovanni Antonio e da Elisabetta Bortolucci nell'anno 1788 ai 17 di gennaio anno e mese memorabili pel ghiaccio che copriva la laguna veneta.

L'avolo Emanuele Cicogna, v'ha chi lo dice venuto di Candia. Rinaldo Fulin, nel suo discorso letterario sul Cicogna tenuto il 17 marzo 1872, fa la famiglia del Cicogna, proveniente dalla Morea, perduta da Venezia pel trattato di Passarovitz.

Ad ogni modo il padre Antonio potè ottenere dalla Repubblica, il diritto di cittadinanza, onde poter essere abilitato a coprire delle cariche, e distinguersi dal volgo e dal ceto dei mercanti. Non regnava il gusto letterario nella famiglia Cicogna, però Emanuele fu avviato nella carriera dei buoni studii. Collocato nel Collegio dei nobili dei Barnabiti in Udine vi stette otto anni dal 1796 al 1804 : avendo compiti i soli studii filosofici, non potè per questa ragione· salire agli alti gradi nella magistratura, e arrivò solamente ad essere segretario del tribunale d'appello in Venezia. Diffatti nel 1808 entrò come alunno presso la Corte d'appello di Venezia, quindi nel 1811 fu nominato scrittore ad Udine; quivi frequentò la compagnia di letterati ed accademie letterarie.

Fino dal suo diciasettesimo anno d'età avea scritto e pubblicato una novella, e un'altra nel 1810 dal titolo Dioneo e Lisetta. Nel 12 maggio 1810 avea pure compilato un discorso sul Boccaccio, e lo avea dimostrato superiore agli autori di lingua antichi e moderni, ed ebbe elogii nell'Accademia. Innamorato del Boccaccio avea intrapreso su questo autore un lungo lavoro, che si riprometteva sarebbe riuscito utile e piacevole agli amatori della lingua, ma la gigantesca sua opera delle Iscrizioni Veneziane, gli tolse il tempo, e il lavoro sul Boccaccio restò incompleto, e fu questa una vera fortuna per la storia veneta. Nel 20 febbraio 1818 da Udine, ove era scrittore alla Procura, tornò a Venezia quale commesso al Tribunale d'appello. Narra il Fulin, che amico il Cicogna del libraio Adolfo Cesaro, catalogava le centinaia di libri razzolati dalle librarie veneziane, facendo appunti e memorie : e frutto di questa sua fatica fu la Dissertazione storica da esso pubblicata sullo scoprimento del corpo di S. Marco. Il Cicogna scriveva versi italiani e latini, che nessuno però, scrive il Fulin, vorrà rammaricarsi che egli non abbia moltiplicati. — Però il suo epigramma sui quattro cavalli di bronzo restituiti a Venezia, venne ristampato anche oltr'alpe, e il Cicogna confessa che fu uno dei suoi lucidi intervalli in poesia. In quella occasione s'ebbero molte composizioni, iscrizioni, poesie, oltre che del Cicogna, di Girolamo Perucchini, di Paolo Pola, Leopoldo Cicognara, Caffi, Mondini ecc.

Chiamato il Cicogna a far parte con Bartolommeo Gamba alla formazione della Biblioteca italiana antica assieme ad altri letterati italiani, impresa che non ebbe luogo, correggeva invece le stampe per incarico del Gamba stesso, della raccolta di lettere descrittive, tratte dai più accreditati autori antichi e moderni italiani.

Nell'anno 1816 compilava il Cicogna, gli ammaestramenti tratti dagli antichi e dai moderni, e circa in quel tempo nel giornale trevigiano, esponeva la sua critica sui volumi delle chiese venete del Soravia. Al 1. agosto 1815, scrittore alla Corte di giustizia, ebbe le funzioni di attuario criminale. Commemorò il Cicogna, Agostino Sagredo all'Istituto, ed una nota sul Cicogna ancora vivente, si trova nell'Enciclopedia Torinese nel 1853. Ricordarono pure il Cicogna l'accennato Rinaldo Fulin e Bartolomeo Cecchetti. Il primo disse che il Cicogna non era un uomo di grande ingegno, ma per l'ostinata perseveranza nel suo proposito, riuscì altamente benemerito della patria e in Europa divenne meritamente famoso. Anche il Cecchetti, rincalza la frase che il Cicogna non era un grand'uomo, nè raccoglitore fornito di fina critica e di giusta economia negli studii. — L'opera principe d'Emanuele Cicogna sono le Iscrizioni Veneziane. Armand Baschet le chiama un monumento di erudizione, mentre i dotti e le Accademie d'Europa le accolsero col più gran favore.

Fu cominciata manoscritta quest'opera nell'anno 1816, e fu cominciata a stamparsi, nell'anno 1824. Dapprincipio il Cicogna teneva 300 associati alla sua opera, mentre che nell'anno 1853 erano ridotti a soli 120. Quanto all'origine di detta opera la si deve indirettamente all'abate Pietro Bettio il quale mostrò al Cicogna delle illustrazioni di alcune iscrizioni che si trovavano in una cappella della chiesa di S. Zaccaria, e ciò diede impulso al Cicogna di seguitare il lavoro. Difatti pare che egli cominciasse la sua opera dalla chiesa di S. Zaccaria, e in ciò come egli stesso confessa fu ajutato e suggerito dal predetto abate Bettio. Il Cicogna come egli stesso scrive, seguiva il seguente metodo nel suo lavoro.

Copiava prima le iscrizioni dal Sansovino,

dallo Zucchini, dal Palfero, poi andava a riscontrarle in Chiesa, onde porle collo stesso ordine di versi con cui furono scritte e scolpite, e faceva annotazioni a margine del sito ove giacevano principiando a parte dritta delle pareti della chiesa, e poscia a parte dritta nel pavimento laterale all'intorno della chiesa. Raccoglieva le iscrizioni sepolcrali e non sepolcrali, encomiastiche, dedicatorie. Nell'opera di raccogliere le Iscrizioni il Cicogna fu prevenuto da un Tedesco, Gio. Giorgio Palfer che le dedicava a Domenico Molin, morto nel 1635, raccolta esistente nella Biblioteca Marciana, ed altra raccolta è quella di Domenico Coletti morto nel 1798, ora al Museo Correr.

Delle *Iscrizioni* si disse, che sono una miniera inesauribile di Storia Veneta, un tesoro immenso di notizie intorno a persone, fatti, luoghi, istituti. Tutto ciò che si riferiva a Venezia, il Cicogna lo aveva raccolto in schede, ordinato, estratto per nomi proprii. Di queste notizie approfittava, coordinandole con quelle delle persone di cui parlava l' epigrafe. Privati cittadini venivano in ajuto del Cicogna, fra cui il Conte Benedetto Valmarana, contribuì a saldare le spese delle Iscrizioni. Il Cicogna oltre che dagli accennati, era lodato da Alfredo di Reumont.

Utile grandemente riusciva l' opera del Cicogna, nella dispersione di antiche memorie,

specialmente delle lapidi delle chiese atterrate
o rivolte ad altri usi come osserva il Fulin,
imperocchè il Cicogna, a questo lavoro dedicò
i suoi ultimi cinquant' anni della sua vita, for-
mandosi inoltre una biblioteca di quarantamila
volumi e quattromila manoscritti. Il Cicogna
raccolse diarii e memorie, su scrittori, generali,
donne illustri, sul commercio, industria, corporazioni, feste e costumi ; non essendo permesso
ai suoi tempi l' accesso all' Archivio di Stato,
raccoglieva dai privati parti, capitolari, statuti,
dispacci, documenti diplomatici ecc. Alcuni dei
quali documenti poi non esistevano nemmeno
all' Archivio ; così narra il Fulin, il quale prosegue dicendo che il Cicogna notava tutto in
indici o in piccoli pezzi di carta in serie alfa-
betiche in centoquarantasette custodie. Per tema
che tanta preziosa suppellettile andasse perduta
il Cicogna prima di morire la donava al Comune a differenza di Leopoldo Cicognara che
la propria biblioteca vendette al papa Leone XII.

Però il Comune di Venezia volle per tal fatto
mostrare la sua gratitudine, e le sorelle del Cicogna ebbero una pensione vitalizia. Sorprende
che il Cicogna abbia potuto raccogliere tanta
massa di libri e manoscritti, mentre viveva dei
limitatissimi mezzi che gli offriva il suo stipendio.

Un lavoro, che non ho veduto ricordato dai
lodatori del Cicogna sono i suoi diarii mano-

scritti. Lavoro fatto senza alcuna pretesa, ma in cui vengono raccolte quasi giornalmente notizie in parte curiose, in parte interessanti. Sono essi diarii contenuti in quattro volumi in foglio divisi in scartabelli; i tre primi comprendono il periodo dall' anno 1808 al luglio 1866. Il quarto comprende notizie venete politiche dal 16 marzo 1848 al 30 agosto 1849. In questi manoscritti c'è un po' di tutto: impressioni, conversazioni novelle, cronache, e cose puerili come dice il Cicogna: pettegolezzi, motti burleschi, iscrizioni, poesie.

Nell'anno 1865 il Cicogna aveva intrapresa la copia in fascicoli separati delle iscrizioni latine ed italiane e delle poesie, avendo intenzione di farne una edizione a parte. Così voleva fare delle facezie, novellette, motti e burle, ma anche questo progetto non ebbe seguito. I primi due volumi sono i più interessanti, specialmente per abbondanti notizie letterarie; non così il terzo volume che è piuttosto arido e con molte lacune. Il quarto che riflette gli anni 1848-49 contiene a fascio molte notizie, e molti stampati, ma in generale nulla aggiunge a quanto si sa. Il Cicogna in questi diarii espone sempre le sue impressioni letterarie, sulle diverse opere che leggeva, dà notizie degli uomini di lettere del suo tempo, fa il rendiconto delle letture accademiche che si tenevano all' Ateneo, e fa i suoi apprezzamenti su Luigi Pezzoli, sul

Gambara, Moschini, Giovanni Battista Pezzoli, fratello di Luigi, Giovanni Rossi. sull' abate Pietro Pasini, sul Tazzoli, sul Perotti, sull' abate Bernardi, sull' abate Driuzzo, sul conte Filiasi ecc. ecc. Si hanno i titoli e i sunti delle letture, che troppo lungo sarebbe riportare, ma che forse saranno custodite dagli atti dell' Ateneo. Particolare menzione fa poi il Cicogna in questi diarii di Girolamo Perrucchini che nell' anno 1810 era presidente della Corto d' Appello di Venezia, scrittore di molte poesie, anzi ritenuto per un gran poeta, quantunque per umiltà e disprezzo di sè medesimo, dice il Cicogna, non volle darle alla stampa. Era il Perrucchini altresì valente musicista, come suo figlio Giovanni Battista, che fu amico di Gioacchino Rossini.

Molto importante è il saggio di Bibliografia veneziana, che il Cicogna pubblicava nel principio del 1849, e che prima era destinato per l' opera *Venezia e le sue lagune*, ma che essendo stato presentato agli editori in ritardo venne rifiutato, per cui fu stampato a parte, a spese del conte Benedetto Valmarana. Però l' edizione porta la data del 1847. Quest' opera fu seguita nel 1886 da altro saggio del patrizio Girolamo Soranzo benemerito presidente del Consiglio Direttivo del Museo Civico e Raccolta Correr. Sono queste due opere indispensabili pello studioso di Venezia, ed a vicenda si completano.

Il Cicogna, come altrove vedemmo, prestava la sua opera pella collezione delle Relazioni degli ambasciadori veneziani fatta dall'Albèri di Firenze, così pell' *Archivio storico Italiano* concorreva alla pubblicazione della Cronaca di Martino da Canale, degli annali del Malipiero, cui aggiunse i dispacci di Francesco Foscari. Pella Venezia e sue lagune compilava il quadro cronologico di Storia Veneta, e stampava molte altre pubblicazioni ed opuscoli. Fu membro dell'Istituto Veneto e consigliere straordinario dell'Accademia di belle arti. Morì il 22 febbraio 1868 ed ebbe esequie per cura del Comune. Un esatto catalogo dei suoi scritti fu pubblicato per cura di Rinaldo Fulin ed esiste nell'Archivio Veneto del 1873, e si estende per ben diecisette pagine. La prima pubblicazione data dal 1805, l'ultima dal 1868. Con sommo compiacimento, sia pure indegnamente, ho ricordato in queste pagine il nome di Emanuele Cicogna. — Il suo spirito vive sempre, egli è la guida, il conforto, il maestro, l'amico dello studioso di cose veneziane. Il suo nome lo si incontra sempre. Il Cicogna colla sua assiduità, colla sua diligenza, col suo amore s'impossessò degli elementi della veneta storia, e li dichiara e li mette alla portata dei profani. Onoriamo adunque l'uomo benemerito delle patrie memorie.

CAPITOLO I.

PARTE III.

Sommario — *Agostino Sagredo — Sua vita — Sue letture — Sommario di Storia Veneta — Consorterie — Tommaso Gar — Nicolò Tommaseo — Relazioni degli ambasciatori veneziani — Altri scritti — Giuseppe Valentinelli — Sua vita — Sue opere bibliografiche — Federico Federigo — Giuseppe Cappelletti — Chiese d' Italia — Storia della repubblica di Venezia — Opere minori — Polemiche — Fabio Mutinelli — Annali Urbani — Storia del Regno d' Italia — Memorie storiche — Storia arcana d' Italia — Opere minori — Emilio Tipaldo — Giovanni Veludo — Nicolò Battaglini — Antonio Salvatore Minotto — Cesare Billiotti — Vincenzo Zanetti — Emilio Morpurgo — Dissertazioni su Marco Foscarini — Altri lavori — G. B. Lorenzi — Sue raccolte di documenti — Francesco Berlan — Sui due Foscari — Sul Carma-*

Uno dei primi posti nella letteratura veneziana del nostro secolo appartiene ad Agostino
Sagredo, patrizio. Commemorò la sua vita e le
sue opere Tommaso Gar all'Istituto ai 18 Giugno del 1871. Agostino era figlio di Gerardo,
Senatore e inquisitore di Stato al cadere della
repubblica, e di Eleonora Elisabetta Renier;
nacque nel 1798 e morì nel 1871, e fu l'ultimo
di sua illustre famiglia.

Pier Antonio Zorzi patrizio autore di uno
dei primi romanzi storici in Italia la Cecilia di
Baone, fu quegli che ispirò l'amore agli studii
nel Sagredo, il quale a 22 anni lesse un elogio

a Melchior Cesarotti. Di sentimenti antiaustriaci non volle mai prestar allo straniero, servizio, dedicando invece la sua opera al Comune, agli istituti pii ed agli studii.

Una prova di questi suoi sentimenti la si ha, da un aneddoto che trovo ricordato dal Cicogna, e che parmi non privo di interesse. Era l'anno 1821, anno celebre per la congiura contro la dominazione straniera, dei carbonari, ed il Sagredo andato a visitare la tomba del Petrarca ad Arquà, segnò sul libro dei visitatori, il principio della canzone del Petrarca: *Italia, Italia benchè il parlar sia indarno*, e marcò specialmente, *ben provvide natura al nostro Stato, quando dall' Alpe schermo pose fra noi, e la tedesca rabbia ecc. ecc.*, quindi si firmò nome e cognome. Tornò altra volta alla famosa casa del gran poeta, e scrisse sotto a quanto avea già scritto, *confermo quanto sopra*, senza firma. Il Delegato di Udine barone Torresani, andò anch'esso ad Arquà, vide e lesse i versi del Sagredo, e da zelante austriaco, staccò dal libro la carta incriminata, la mandò al Commissario distrettuale, onde la rassegnasse alla polizia di Venezia, e si procedesse contro il Sagredo come ribelle di stato. Il Torresani a pranzo del consigliere Renier a Padova, narrò il fatto come una novelletta, ma Pietro Zorzi, presente al racconto, balzò dal Commissario per impedire che la

lettera partisse, scusando in qualche modo il
Sagredo, e volendo dare alla cosa l'aspetto più
di una leggerezza, che di fellonia.

Ma il Commissario avea spedita la lettera,
cosìochè fu avvertito il Sagredo dallo Zorzi,
eccitandolo a portarsi a Venezia e consegnarsi
alla polizia. Si costituì esso infatti, rendette
ragione della cosa, e trattato economicamente
l'affare, ebbe due o tre giorni d'arresto in casa;
non pertanto questa gran cosa venne assoggettata anche al Governo e a Vienna.

Il Sagredo era stato consigliere straordinario
all'Accademia di belle arti, e vi insegnò anche
estetica, ma per tutelare la propria dignità nel
26 luglio 1852 rinunciava al posto. In quelle
solenni dispense annuali dei premî all'Accademia, che erano vere e splendide feste dell'arte,
leggeva più volte il Sagredo. — Quindi trattò
di Iacopo Sansovino, di alcune idee intorno all'arte, del pittore Iacopo Contarini, dello stato
dell'architettura, e del benemerito Antonio Diedo.
Redigeva uno studio storico critico intorno al
monumento a Tiziano, e dettava la biografia di
Lattanzio Querena da Bergamo.

Nel 1832 fece l'elogio della Renier all'Ateneo, e nel 1834 vi leggeva sugli studii e sulle
opere di Leopoldo Cicognara; nel 1840 dettava
uno scritto sul nuovo alveo del Brenta. Rinomanza s'acquistava il Sagredo negli studii
storici, dacchè fino dal 1842 fu uno dei più

assidui collaboratori dell'Archivio storico italiano di Firenze del Viesseux.

Nella prefazione che scrisse agli annali di Domenico Malipiero dal 1457 al 1500, pubblicati nell'Archivio storico italiano, preannunciava il suo sommario della storia civile e politica di Venezia, che fu poi stampato nel 1847 nella Venezia e sue lagune, assieme alla Storia dell'Architettura e scoltura in Venezia.

Dopo quarant'anni, il sommario accennato veniva ristampato in elegante edizione a Padova da Drucker e Tedeschi e fu giudicato lavoro di larghe vedute, di buona lingua, erudito, imparziale, diligente, accennando però alle questioni senza addentrarvisi. Così Vincenzo Marchesi nell'Ateneo. Scriveva ancora il Sagredo l'apologia di Filippo Scolari fiorentino, e altre memorie presentate all'Istituto.

Opera rimarchevole fu la storia sulle consorterie delle arti edificatorie di Venezia, pubblicate coi tipi del Naratovich nel 1857 con abbondanti documenti. Si disse che il Sagredo in questo volume, rivendica a Venezia, la derivazione delle sue arti dal ceppo latino, e la loro permanenza mai interrotta anche nei secoli di barbarie, nella nostra città.

È un libro che si diffonde talora in qualche soverchio particolare, con qualche non indispensabile divagazione, però ricco di notizie, e interessante per la storia intima di Venezia, dove

le arti edificatorie furono in tutte le epoche e
sono ancora in fiore.

Il Sagredo prestossi assieme ad altri pel ricupero avvenuto nel 1868 dei documenti trasportati a Vienna · dall'Archivio di stato dei
Frari nel 1866. Ebbero commemorazioni dal
Sagredo : Emanuele Cicogna, Francesco Balbi,
Vincenzo Lazzari, Pietro Chevalier, Girolamo
Dandolo, Giovanni Querini, commemorazioni che
egli leggeva all'Istituto Veneto, e che si trovano in quegli atti.

Di Tommaso Gar, sebbene non veneziano,
torna opportuno far breve ricordo, perchè non
solo si occupò di storia veneziana, ma perchè
altresì coperse alti uffici in Venezia. Nacque
desso a Trento nel 22 febbraio del 1808 e morì
a Venezia nel 28 luglio 1871. Fu commendato
da Giovanni Cittadella, che gli successe come
preside dell'Istituto Veneto. — Da Trento ove
il Gar aveva compìti i suoi studii passò alla
Università di Padova e nel 1835 si recò a Vienna per imparare la lingua e la letteratura tedesca, e per esaminere i manoscritti italiani,
che si trovano nella Biblioteca imperiale, e
specialmente i codici appartenuti al doge Marco
Foscarini, dei quali il Gar compilò il catalogo
assieme ad altri suoi scritti inediti. Ordinò ed
annotò le relazioni degli ambasciadori veneziani
presso la Corte di Roma, nella raccolta dell'Albèri nel 1846.

Intorno a quest' epoca fu bibliotecario dell' Università di Padova, e professore di storia presso la stessa Università. Ebbe incarichi dal governo di Venezia nell' aprile 1848 quale suo rappresentante a Parigi e in Toscana, pel qual motivo al ritorno degli austriaci fu dimesso dall' ufficio di bibliotecario dell' Università, e fu confinato a Trento. Là fu nominato direttore della Biblioteca del Museo Comunale, e dal 1850 al 1860 publicò otto volumi di materiali per la storia trentina.

Nel 1862 si recò a Milano, ottenendo lo svincolo dalla sudditanza austriaca, e fu rettore di un Convitto nazionale; ebbe indi il posto di bibliotecario della Università di Napoli, e finalmente nel 28 marzo 1867, quello di direttore dell' Archivio Generale di Stato in Venezia.

L' elenco delle sue opere sta scritto in calce ai cenni della sua carriera politico-letteraria, estesi da esso stesso, a corredo, per la sua ammissione, quale membro dell' Istituto Veneto.

Importante è il volume pubblicato dal Gar in Firenze nel 1843. Storia arcana ed altri manoscritti di Marco Foscarini, aggiuntovi un catalogo dei manoscritti storici della sua collezione. Tradusse in fine ed annotò la vita di Cola di Rienzi del Pappencorde.

Parleremo di Nicolò Tommaseo anche nella parte che riguarda la poesia, ricordando alcun che della sua vita. Commemorarono il Tommaseo in Venezia Giuseppe De Leva nel 1874 ed A. S. de Kiriaki nell' anno istesso. Vincenzo Mikelli dieci anni dopo ne fece un altro elogio che stampò nell' Ateneo, aggiungendovi un elenco completo degli scritti del dalmata illustre.

Sono annoverati, come scritti di cose civili e storiche, ben settantanove lavori, però attenendoci a quelli che hanno riferimento alla Storia Veneta, verremo qui a ricordare : les Relations des ambassadeurs venitiens sur les affaires de France au XVI siècle recueillies et traduites par M. N. Tommaseo. Paris, Imprimerie Royal, 1838. Questa pubblicazione che precedette quella dell' Albèri in Firenze nello scopo di far note le relazioni degli Ambasciadori veneziani, fu suggerita dal Ministro Guizot, per soccorrere il Tommaseo nelle sue strettezze economiche, e il Mikelli dice che questi rifiutava di farlo, perchè aveva scritto degli articoli contro quel Ministro. È certo però che i dispacci furono pubblicati, il che farebbe supporre che in seguito il Tommaseo si sarà persuaso a seguire l' invito del Ministro. I dispacci accennati fanno parte della collezione di documenti inediti per l' istoria di Francia, pubblicata per ordine del re, e per cura del Ministro della pubblica istruzione. La ricordata opera ha il testo italiano a fronte della traduzione francese, e v' ha corredo abbondante di note. Il primo volume contiene il viaggio di Andrea Navagero in Spagna nel 1528, la relazione di Marcantonio Giustinian del 1535, le negoziazioni della pace, e lega fra Carlo V e Francesco I, le relazioni di Francesco Giustiniani del 1527, di Nicola Tiepolo dopo il Congresso di Nizza, di Marin Cavalli del 1546, di G. Cappello del 1554, di Michiel del 1561, e i commentarii pel regno di Francia di Michele Soriano del 1561.

Nel secondo volume si leggono le relazioni di M. A. Barbaro del 1563, di Giovanni Correr del 1554, di Giovanni Michiel del 1575, il viaggio di Girolamo Lippomano da Venezia in Francia nel 1577, e i commentarii delle azioni del regno di Francia cominciando dall'anno 1556 senza nome d'autore.

Il Tommaseo scrisse inoltre specialmente intorno alla Dalmazia, ed al governo veneto in quella regione, ed a fatti e circostanze riflettenti il moto nazionale italiano.

Anche sotto questo aspetto è importante un appendice storica, sull'Italia, Grecia e Illiria per il compendio di Geografia, stampato a Milano nel 1865.

L'abate Giuseppe Valentinelli nato a Ferrara il 22 maggio 1805, morì in Villa Estense il 17 dicembre 1874. Scrissero di lui Giuseppe de Leva nell'Archivio Veneto del 1875, Giorgio Martino Thomas stampò un articolo nella Gazzetta Universale di Augusta, indi pubblicato nello stesso Archivio, Rinaldo Fulin nell'Archivio medesimo, e Occioni Bonafons G. nell'Archivio storico italiano del 1875.

Trasferitosi il Valentinelli col padre da Ferrara a Padova, quivi compiè la sua educazione al seminario ed alla Università. Passò poi quale professore di filosofia al Seminario di Belluno, e vi diresse e riordinò quella biblioteca vescovile. Nel 1839 viaggiò la Dalmazia e il Montenegro, e nel 1842 pubblicò un saggio bibliografico di quei paesi dal titolo : *Specimen bibliographicum de Dalmatia ed agro Labeatium.* Nell'anno istesto venne nominato vicebibliotecario della Marciana, e nel 1845 Bibliotecario. Dopo un suo viaggio in Spagna stampava nel 1859 pell' Accademia imperiale di Vienna, un'opera sulle antichità spagnuole in generale, e su quelle in particolare di alcune provincie. Nel 1861 pubblicava una stupenda e copiosissima, a detta del De Leva, Bibliografia del Friuli, nonchè un commentario sulle biblioteche neerlandesi da esso visitate.

Tralasciando di qui riportare i titoli di altri scritti, che facilmente si possono rinvenire nelle bibliografie veneziane, e nelle stesse vite accennate del Valentinelli, mi sembra però qui opportuno ricordare la sua opera storica archeologica, sui marmi scolpiti del Museo della Marciana, stampata a Prato nel 1866 con 54 tavole. — L' opera massima del Valentinelli che ha perpetuato il suo nome, come lo stesso De Leva dice, si è la descrizione illustrata dei codici manoscritti latini della Marciana, arrivata al sesto volume dal 1868 al 1873. L'opera scritta in lingua latina, è preceduta da un istorico commento di circa dugento pagine, dove si narrano le origini e le vicende della Marciana. Dai doni fatti dal Petrarca nel 1362 e dal cardinale Bessarione, ai successivi incrementi avvenuti per opera del cardinale Domenico Grimani nel 1523, di Melchiorre Guilandino nel 1589, di Aldo Manuzio nel 1597, e fino ai cospicui doni di Tommaso Giuseppe Farsetti nel 1792, e di Giacomo Nani nel 1797.

Prosegue l'autore ricordando altri doni fra i quali quelli di Girolamo Ascanio Molin avvenuto nel 1813, di Giacomo Morelli nel 1819, di Giovani Rossi nel 1852, di Carlo Ghega nel 1860, e degli aumenti della biblioteca avvenuti per la soppressione di parecchi monasteri, da cui si ritirarono molte migliaia di codici e volumi. Narra altresì l'autore le dolorose vicende del 1797, e quelle del 1866 quando per opera del moravo frate Beda Dudick si asportarono a Vienna codici preziosi che poi in seguito all'operosità di altre persone in altro luogo ricordate, vennero restituiti. I codici manoscritti latini della Marciana sono dal Valentinelli divisi, secondo la materia da essi trattata in ventidue classi, e sono uno per uno minuziosamente descritti. In fine d'ognuno dei sei volumi, copiosi indici di persone, di luoghi e di cose, agevolano allo studioso ogni ricerca.

Ultima fatica del Valentinelli si fu l' illustrazione dei 101 codici manoscritti d' opere del Petrarca o a lui riferentisi, posseduti dalla Biblioteca Marciana; poichè compiuto il lavoro, moriva.

Questa raccolta fu destinata a contribuire all' omaggio che fu reso al Petrarca in Venezia, in occasione del suo centenario.

Federico Federigo trattò svariati argomenti, ed ecco quanto mi veniva comunicato sul suo conto. Mentre nell' anno 1851 applicavasi allo studio sul più acconcio perimetro pel caso che fosse ristabilito il porto franco a Venezia, esponendo le sue idee coi tipi della *Gazzetta*, nel 1853 imprese la continuazione del supplemento al Dizionario universale tecnologico dell' Antonelli. Trasse da questo un manuale pel sorvegliante delle pubbliche costruzioni e un altro per la costruzione delle strade comunali e ferrovie.

Nel 1853 scriveva sulla mendicità e beneficenza, specialmente in applicazione a Venezia. Nel 1869 si occupava del Veneto Estuario e specialmente del litorale di Malamocco, poi sulle antiche e nuove saline di Venezia. Nel 1865 scriveva di Napoleone primo in Italia, giudicato da sè medesimo, nel 1866 pubblicava il processo criminale e politico di Daniele Manin, con annotazioni storiche, nel 1868, il periodo politico e della vita di Daniele Manin, nel 1871 le deliberazioni del Consiglio comunale di Venezia dal 1808 al 1866, premessi alcuni ragguagli sulla caduta della Repubblica Veneta. Finalmente nel 1874, rispondendo ad un quesito proposto dall'Istituto Veneto, imprese la pubblicazione di un quadro storico critico dell'italiana letteratura dall'origine del volgente secolo fino ai giorni nostri, ma non potè compirlo perchè poco appresso moriva.

Fecondissimo scrittore di cose storiche fu il prete veneziano Giuseppe Cappelletti che ai suoi tempi ebbe molta popolarità dovuta in parte a vive polemiche su diversi argomenti da esso sostenute. — Dimenticato però dai suoi concittadini, strascinò gli ultimi anni della sua vita nella assoluta miseria, sussidiato di poche lire al mese dalla Congregazione di carità, come povero vergognoso. Moriva di anni settantatrè nel 1876, dopo aver pubblicato col suo nome, volumi e volumi di storia ecclesiastica, politica, e di svariati argomenti. Secondo informazioni che gentilmente mi forniva monsignor Jacopo Bernardi, il Cappelletti cominciò le sue fatiche storico, letterarie presso la Congregazione dei Padri armeni Mechitaristi di S. Lazzaro, e col mezzo della famosa tipografia di quell'isola, pubblicò alcune versioni dall'Armeno.

Accolto sotto la protezione dell'abate Pianton, questi di lui si valse come segretario, massime per le sue controversie sull'Abbazia della Misericordia. Il Cappelletti negli anni 1848-49 seguì una parte assai viva nella riscossa di Venezia dal dominio austriaco, ed alcuni scritti, e la foggia del vestire lo misero in contrasto col cardinale Jacopo Monico. — In quell'emergente monsignor Bernardi mi narra, di essersi esso stesso interposto per una conciliazione, allorchè il Patriarca, dopo l'assalto datosi alla sua dimora, che era il palazzo Querini a Santa Maria Formosa, dalla ciurmaglia, erasi raccolto nell'isola degli Armeni ; conciliazione che fu conseguita.

Il Bernardi stesso mi soggiungeva che le opere del Cappelletti palesano la sua foga nello scrivere, l'erudizione, lo studio tenacissimo ma non però discernimento critico pari alla instancabile perseveranza del lavoro. Gli scritti del Cappelletti, concludeva il Bernardi, possono considerarsi come una larga ricca miniera, ma tutto non è oro, e non di rado ciò che afferma richiede che sia vagliato.

Il Cappelletti non cessava mai da questioni letterarie, storiche, ecclesiastiche, e ne fanno fede le molte pubblicazioni registrate nelle bibliografie. Contemporaneamente a queste penose occupazioni, coltivava con successo la predicazione.

La vera opera di merito del Cappelletti e di polso, è quella delle Chiese d'Italia dalla loro origine fino ai giorni nostri. Quest'opera fu dedicata nel 1844 a Carlo Alberto, al quale pure era stata dedicata l'altra opera sull'Armenia tomi tre. Firenze 1841. Le Chiese d'Italia Venezia Antonelli 1853, sono una continuazione dei lavori già fatti dall'Ughelli, dal Coletti, dal Muratori.

In questa grande opera il Cappelletti si valse delle storie particolari di ciascuna Chiesa, e si recò nei diversi luoghi, per visitare gli Archivii. Le chiese da illustrarsi erano 474, che altrettante sedi vescovili si annoverano in Italia. Il Cappelletti stampava eziandio a parte la storia della Chiesa di Venezia dalla sua fondazione ai giorni nostri. Venezia S. Lazzaro 1849-1855. L'autore avea già parlato della Chiesa metropolitana di Venezia e sue suffraganee nel volume IX della cennata grande opera le Chiese d'Italia.

Per importanza di mole viene seconda la storia della Repubblica di Venezia dal suo principio fino alla sua fine. Volumi 13. Venezia in 8. 1848-1855, opera che godette per un certo tempo favore, sia per la persona conosciutissima che la dettava, sia per la scarsità che si lamentava di buone storie veneziane, specialmente di scrittori veneziani, eccetto ben inteso, gli antichi, e per le epoche di cui si intrattengono. Il Cicogna stesso sperava, che si avrebbe avuto una nuova veneta storia degna del Cappelletti e della patria. — Ad ogni modo stà il fatto che non ci volle che la storia documentata del Romanin per cacciare nel dimenticatoio la storia del Cappelletti. Però il Francesco Berlan, feroce e violento polemizzatore, diceva: non chiameremo mai storia quell'indigesta e biliosa materia che il Cappelletti nel 1848 cominciò ad impastare a fascicoli. Altra volta il Berlan chiama il Cappelletti, raffazzonatore di brani di cronache inedite, voltate in barbaro italiano, e tinte di passione e d'ira; nè meno crudamente tratta il povero Cappelletti, anche Girolamo Dandolo nel suo libro sulla caduta della Repubblica veneta.

Per quanto specialmente riguarda alle polemiche ecclesiastiche sostenute dal Cappelletti, basta dare un'occhiata, ripeteremo, alle bibliografie del Cicogna e del Soranzo. Si vedrà che in quelle circostanze furono adoperate frasi e modi tutt'altro che evangelici, ma anzi scurrili e violenti. Gli ultimi lavori storici del Cappelletti sono: Breve corso di storia di Venezia. Venezia 1872. I Gesuiti e la Repubblica di Venezia, e storia delle magistrature venete. Venezia 1873. Sul libro dei gesuiti scrisse una acerba critica Rinaldo Fulin, nell'Archivio Veneto volume VI. Dice che il Cappelletti non aveva dimestichezza cogli Archivii, sibbene colle biblioteche, dalle quali trasse le ponderose pubblicazioni. Il Cappelletti veduto il libro all'Archivio, perchè manoscritto, lo credette inedito tanto che nel frontespizio disse che i documenti si pubblicavano per la prima volta. Il Fulin. dimostra col saggio della Bibliografia del Cicogna e coi documenti già stampati un secolo prima, citandoli ad uno ad uno che il Cappelletti, avea asserita cosa non vera. Del resto lo stesso Fulin, nell'Archivio Veneto, tomo XI ricorda la morte del Cappelletti e ne cita le qualità e i difetti. Lo dice di ottimo cuore, di vivace ingegno ed irritabile. Astretto dal bisogno doveva scrivere per vivere e mantenere molti suoi parenti. Il Cappelletti mostrando il calamaio diceva : questi sono i miei poderi. Egli sarebbe stato più fortunato nella sua vita, se non si avesse lasciato trascinare nella polemica, creandosi numerosi nemici. Le sue polemiche sulla chiesa di S. Simone Profeta, sul Sinodo Provinciale Veneto del 1859, sul breve tre luglio 1860 di Pio IX a favore del capitolo metropolitano di Venezia, e su altre questioni, destarono tutte gravi pettegolezzi, che originarono opuscoli e libelli pro e contro alle diverse opinioni. Il Cappelletti nel 1848 fece anche il giornalista. Scrisse da prima la Rivista assieme a S. Bandarini, poi la Formica, foglio settimanale politico-storico ecc. assieme a F. Zanotto.

Era Fabio Mutinelli, figlio di Giovanni Battista distinto avvocato veneto, poi consigliere d'appello in Venezia, e di Ludovica Antonia Bonvicini ; nacque in Venezia li 3 gennaio 1797 ; e fu sua moglie Isabella Cromer. Vice-segretario di governo, ebbe poi la nomina di Direttore generale dell'Archivio dei Frari. Pensionato, ebbe a successore Girolamo Dandolo, e morì a Padova li 27 agosto 1876 dove erasi ritirato. Amico del Cicogna, questi gli dedicò le correzioni e giunte dei primi cinque volumi delle sue Iscrizioni, e in altri luoghi lo chiama uomo colto e distinto ed amantissimo delle patrie memorie, accennando poi come fosse per suo merito e solerzia conservate all' Archivio di Stato una quantità di carte intorno a fra' Paolo Sarpi e all'Interdetto, parte autentiche, parte in copia trovate nell'eredità di monsignor Giovanni Giacchetti morto nel 15 maggio 1853. Il Mutinelli esercitossi fino dai suoi primi anni nello studio delle patrie memorie ; dettava perciò una memoria sui costumi ed un'altra sul commercio dei veneziani, Venezia 1835, dove si passano in rassegna i principali personaggi, e i costumi privati e pubblici dei passati tempi. È libro di piacevole ed utile lettura. Traccia in esso lo stato politico e commerciale specialmente dell'Italia del medio evo, della vita cavalleresca, del lusso dei veneziani, che vi supplivano colle loro industrie ; delle loro flotte mercantili, delle fiere e mercati da essi istituiti, della magnificenza e ricchezza loro e dei magistrati. Il libro si termina, colla scoperta del Capo di Buona Speranza e dell'America, epoca dalla quale datò il decadimento del Commercio dei veneziani, e cessò il loro mònopolio, ed invece si avvantaggiarono delle nuove vie, il Portogallo, la Spagna, l'Inghilterra, la Francia e l'Olanda.

Il lavoro del Mutinelli è desunto specialmente dal Marin, dal Filiasi, dal Laugier, dal Tentori, dal Denina, dall'Hallam. Pubblicò nel 1834 Tip. del Gondoliere, Annali urbani del secolo XVI diviso in tre libri con disegni intercalati nel testo.

Opera di maggior mole sono gli Annali Urbani dall'anno 810 al 12 maggio 1797. Venezia 1841 in 4.º grande di pagine 750 dedicata ai fedeli dalmati, divisa in nove libri.

L'autore si limita a parlare degli avvenimenti succeduti nell'interno della città, descrive le feste ed i costumi, narra notizie, aneddoti, particolari curiosi, e a corredo vi sono aggiunte molte note illustrative e documenti. Un libro scritto con arte magistrale, si è la storia del regno d'Italia, Venezia, Cecchini 1848; diviso in quattro parti, le cause, le leggi, gli avvenimenti, gli uomini; a larghi tocchi, descrive quei tempi fortunosi. Riuscito è il quadro che l'autore fa dei diversi governi dell'Italia, al cadere del secolo XVIII, e fra gli altri dipinge con sfavorevoli colori quello di Venezia, citando particolarmente il libro del Mengotti, Commercio dei Romani dalla prima guerra Punica a Costantino; e mostrandosi in generale favorevole agli ordinamenti portati da Napoleone nel regno italico. Di questo fa desso nella seconda parte una chiara esposizione, parlando della costituzione politica, degli uffici amministrativi e della loro divisione, dei giudiziarii, dell'armata di terra e di mare, delle scienze, delle arti, dei pubblici lavori, delle strade, della letteratura, della soppressione degli antichi abusi, dei nuovi titoli nobiliari, il tutto con abbondante chiarezza; deplora in fine di questa parte che il re d'Italia incapace a contenersi per sazietà d'Impero, non potè · esser costituito dal cielo, che a seminare, per lasciare altrui a miglior tempo a raccogliere. Fa nella terza parte la narrazione degli avvenimenti dall'anno 1806 alla caduta del regno. Nella quarta parte descrive gli uomini del novennio italico che ebbero fama nelle scienze, nelle lettere, nelle arti, nella milizia, e questo libro si chiude con questo brano che mi piace riportare, parlando dell'esercito italico ;, esso provò, dice l'autore, che gli italiani non erano quei vili e quei poltroni quali rappresentati venivano da alcuni forestieri, e scorta di quell'esercito fu un vessillo verde bianco rosso, il quale adolescente ancora astrinse russi ed austriaci ad affogar nei pantani di Austerlitz, e fatto adulto, sventolò dal Manzanarez alla Moscova, dagli spalti di Tarragona, ai campi memorabili di Raab, di Lutzen, di Dresda, di Kulm; ecc.

Già nelle prime pagine della prima parte di questa istoria, l'autore aveva mostrato un gran disprezzo per le condizioni della repubblica veneta nei suoi ultimi anni, e là vi si trova il germe latente che fu poi spiegato più chiaramente e velenosamente dall'autore, nell'altra sua pubblicazione che intitolò: Memorie storiche degli ultimi cinquant'anni della Repubblica Veneta, tratta da scritti e monumenti contemporanei, Venezia, 1854.

L'assunto dell'autore è di dimostrare che Venezia nell'ultimo suo secolo vegetava e non viveva, perchè decrepita; s'appoggia specialmente alle commedie del Goldoni, alle memorie del Casanova e alle lettere di certo Ballerini, agente di casa Patrizia. Divide il volume in due parti e quattro libri. Due libri li dedica alle cause, due agli effetti. Questo lavoro se meno affrettatamente pensato, o meno parzialmente redatto, avrebbe forse portata qualche luce sull'epoca, ma in complesso data la vacuità e la poca importanza in linea storica delle fonti, il Mutinelli non riuscì che a comporre un libello diffamatorio contro la già morta e sepolta republica; libello che anzi forse sarebbe caduto in perfetto obblìo, se non dava occasione ad uno sfogo di magnanima ira da parte di un colto patrizio, Girolamo Dandolo, che imprese solidamente a confutarlo. Pubblicava finalmente il Mutinelli nel 1854, 1856 in sei volumi la storia arcana ed anedottica d'Italia raccontata dai Veneti ambasciadori, con note. E' un lavoro formato di brani tolti dai dispacci e relazioni degli ambasciadori veneziani, e riportati in ordine di tempo, e di stati, cui si riferiscono. Comprendono i secoli XVI, XVII e XVIII, e riguardano Roma e gli altri Stati d'Italia. Il Mutinelli ha anche un lessico veneto, ed altri opuscoli accennati dalle bibliografie. Il Mutinelli stampò pure gli Annali delle Provincie Venete dall'anno 1801 al 1840. Vi si trovano i fatti occorsi in quel tempo e si ricordano le persone illustri d'allora. È libro ingrossato di molti documenti e scritto con uno stile di indigesta ampollosità, pieno di smaccata adulazione e cortigianeria verso i governi stranieri.

Tipaldo Emilio, Cefaleno, figlio di Costantino, venuto dalla sua isola a Venezia nel 1810, compì i suoi studii all'Università di Padova, ma scelse contro l'opinione del padre la carriera della letteratura, e specialmente applicossi allo studio della storia. Il Tipaldo era nato nel settembre 1795 e moriva a Mirano il 31 marzo 1878, e ne leggeva una commemorazione in quel paese Giuseppe Ghirardi. Molti lavori trovo notati del Tipaldo, quale un disegno di storia generale fatto nel 1825, una descrizione della villa di Sala nel 1833, vita e opere di Francesco Negri, elogio di Fra Giocondo, discorsi su Ugo Foscolo, Spiridione Veludo ecc., ma ciò che gli assicurò

la riputazione si fu la Biografia degli italiani
illustri del secolo XVIII e contemporanei compilata da letterati italiani, da esso diretta e pubblicata in Venezia nel 1834-35 e contenuta in
varii volumi. Utile fonte e materiale necessario
per la storia letteraria italiana. Nell'anno 1826
ebbe la cattedra di storia, geografia e polizia
marittima nel collegio di Marina di Venezia;
nel 1848 gli fu affidato un ufficio nel governo
della pubblica istruzione. Appresso ritiravasi a
vita privata. Fu sua moglie Maria Carta, che
come ricorda il Bernardi, ebbe il genitore in
Cipro nel 1821 decapitato dagli ottomani.

Altro greco-italiano era Giovanni Veludo figlio di Giuseppe e di Anna Calogeropulo corcirese, appartenuto alla Colonia greca in Venezia,
nato in questa città il 15 Dicembre 1811 mortovi il 25 dicembre 1889. Monsignor Bernardi
commemorava la vita e le opere del Veludo
presso l'Istituto Veneto nell'agosto 1890, con
quella molta abbondanza d'affetto che lo distingueva, ed arricchendo il suo dire con svariati particolari della vita privata e letteraria del defunto. In occasione dei suoi primi lavori archeo-
logici il Veludo fu fatto segno ad acerbissime
critiche, il che però non lo distolse dall'occu-
parsi seriamente e proficuamente dei suoi studii
storici letterarii, valendosi specialmente del greco idioma, del quale era peritissimo. Raccoglitore delle opere del Dal Mistro, ne estese la

vita, e collaborò nel. *Gondoliere.* Scrisse pella Venezia e sue lagune, sulle accademie, sulle biblioteche, sulla colonia greca in Venezia. Con altri collaborando, stendeva alcune vite nella serie dei dogi, e biografie di altri personaggi, e specialmente sull' ingegno e sugli scritti di Luigi Carrer, nonchè sulla letteratura ed antichità greche.

Nel 14 marzo 1850 il Veludo entrava, assistente, nella Biblioteca Marciana, e nel 1852 vi era nominato vicebibliotecario ; nel 24 luglio 1873 successe al bibliotecario Valentinelli, e nel febbraio 1875 veniva nominato Prefetto alla Marciana stessa. Gli scritti del Veludo sono elencati dal Bernardi. Il Veludo uomo erudito, riuniva in sè l'amore dell'Italia e della Grecia, essendo perfetto conoscitore e scrittore delle due lingue, nonchè cultore dell'estetica e della letteratura delle due nazioni sorelle. Spiridione Veludo, fratello del precedente, a detta del Tipaldo avea unito materiali per la storia della rigenerazione della Grecia, e Veludo Costantino parente dei nominati pubblicava nel 1864 cenni storici sull' Arsenale di Venezia. Fu pure amantissimo della nostra città Nicolò Battaglini di origine côrso, nato in Dalmazia nel 1824 morto a Venezia nel 1877. Il suo lavoro sulle costruzioni navali nel Veneto Estuario pubblicato nel 1870, venne premiato dall'Istituto.

Illustrò il palazzo del Consiglio di Torcello

nel 1873, e nell' anno seguente, il suo consiglio e lo Statuto. Pubblicò ancora la corografia della Dalmazia, Erzègovìna. Fondò assieme ad altri e specialmente al Torelli prefetto di Venezia il Museo di Torcello, e ne fu il Direttore. Nel 1880 stampava, prima a parte nel giornale *Il Tempo*, poi da questo raccolti, fogli volanti di Storia veneta. L'Ateneo, che ricorda il Battaglini, scorge in questi fogli brevità concettosa ed esattezza di fatti. Antonio Salvatore Minotto patrizio, cultore di storici studii morì il 14 marzo 1887 poco più che quarantenne a Bobbio, direttore di quel Ginnasio. Di lui si hanno, documenta ad Belunum, Cenetam, Feltria, Tarvisium, spectantia, Venezia 1871. Lavoro pubblicato a spese delle provincie interessate, lodato dal Bartoli nell' Archivio Veneto. Fece oggetto dei suoi studii, i commemoriali dell' Archivio generale di Venezia, di cui rese conto negli atti dell' Ateneo del 1867. Tradusse dal tedesco, da Giorgio Martino Thomas, la posizione di Venezia nella Storia universale, nel 1865.

Ricorderemo qui pure Cesare Biliotti professore a Venezia e morto in giovane età. Nel 1868 s'. intratteneva di Tunisi e della sua storia, nel 1870 del Ridotto di Venezia, nel 1872 sui rapporti della repubblica veneta con la casa di Savoja.

. L'abate Vincenzo Zanetti fu specialmente

benemerito pella sua Murano ove morì sessantenne nel 1883. Infaticabile cultore delle memorie del sno paese, coadiuvò potentemente al
risveglio dell' arte vetraria ; promosse l'istituzione del Museo vetrario, di cui fu direttore.
Dello Zanetti scrisse degnamente A. S. Kiriaki.
Si ricordano di lui, la guida di Murano e l'importante volume sulle medaglie di Murano de-
nominate *oselle*, con l' aggiunta di una specie
di blasone muranese tratto dalle oselle, e infine il Museo civico vetrario di Murano, tutto
stampato nell' anno 1881, senza contare altri
scritti minori.

Emilio Morpurgo, nato a Padova nel 1838,
morto poco più che quarantenne pubblicava a
Firenze coi tipi del Lemonnier, un volume che
contiene alcune dissertazioni, dall' autore fatte
in più occasioni. — Esse sono piene di fine discernimento, e di sana critica, e trattano intorno
Marco Foscarini, ai suoi studi, ai viaggiatori,
alla corruzione elettorale nell' elezione del doge, al principe veneziano, al suo potere e lista
civile, alla società veneziana verso la fine del secolo passato ; si leggono in fine in appendice,
alcune orazioni di Marco Foscarini, ed altri documenti. Tali scritti avevano visto la luce nella
Rassegna settimanale, od erano stati letti all'I-
stituto veneto.

Nel 19 marzo 1890 finiva la sua lunga vita
G. B. Lorenzi vicebibliotecario della Marciana

nato a Venezia l' 11 settembre 1804. Agostino Sagredo lo lodava nel 17 luglio 1869 all' Istituto, in occasione del libro dal Lorenzi pubblicato : monumenti per servire alla storia del palazzo ducale e sarebbe la prima parte comprendendo i documenti dal 1258 al 1600 : i materiali pel secondo volume sarebbero stati raccolti ma non pubblicati, ed esisterebbero presso la Deputazione di storia patria. Il Lorenzi dedicò il suo lavoro a John Rusckin, coll'aiuto del quale fu stampato e serve di complemento a quello del Zanotto, sul palazzo ducale. Il Sagredo ricorda come il Lorenzi fosse stato addetto per otto anni all'arsenale sotto la direzione del Casoni, e come questi lo incoraggiasse nelle sue inclinazioni allo studio di cose veneziane, che entrato poi come distributore alla Marciana, quantunque protetto dal Bettio, non poteva esser nominato coadiutore che sotto il Valentinelli nel 1856, dopo aver servito vent'anni, per mancanza di certi studii percorsi. L'accennato volume contiene trascritti ben 1117 documenti, con varie annotazioni.

Il Lorenzi prestava la sua opera volonterosa agli stranieri studiosi di storia veneta, in prova di che il conte d'Oxford lo ajutava a pubblicare nel 1870 in soli 150 esemplari una importantissima raccolta di leggi venete sui costumi, fino alla caduta della repubblica, con molti curiosi particolari ; edizione magnifica e fuori commercio. Ai funerali del De Lorenzi ne leggeva l' elogio, il nobile Camillo Soranzo, suo compagno d' ufficio.

Francesco Berlan nato a Venezia il 2 luglio 1821, morì a Torino nel 1885, già preside di più licei collocato a riposo nel 1879. Di lui scriveva largamente Bartolomeo Cecchetti nell' Ateneo Veneto, pubblicando il completo elenco dei suoi scritti.

Allievo del liceo di S. Catterina, si diede con fervore allo studio dei classici, tantochè nell' anno 1844 alla testa di una schiera di giovani assieme a Federico Vulten, volendo ricorrere alle primitive fonti della lingua, rendendole popolari, formò, la società dei bibliofili, cominciando a fare qualche pubblicazione di classici.

Ma la società fu osteggiata dalla polizia, e dovette interrompere il lavoro. Il Berlan pure coltivando la letteratura, s' era dato alla politica, e s' addentrò con successo negli studii storici, occupandosi specialmente degli statuti municipali italiani, di geografia e di araldica. Ma due lavori lasciò specialmente importanti per la storia veneta. L' uno riguarda i Foscari, l' altro il Carmagnola. Ricercò negli archivii la storia dei Foscari, e difese contro gli altrui pregiudizii, l' operato della Repubblica Veneta, nelle condanne di Jacopo Foscari, dimostrandone la reità. Tutt' altro che partigiano il Berlan, dell' antica forma del governo veneto, pure egli dice nel libro dei Foscari, che la repubblica di Venezia era aristocratica, ma che la sua aristocrazia era soggetta alle leggi, al pari degli altri cittadini, più che in verun altro paese. Essa stava inginocchiata davanti al codice, come l'immagine del suo doge, dinanzi al leone di S. Marco.

Dopo dei casi del figlio, il Berlan si occupa della deposizióne del padre Francesco Foscari, avvenuta un anno dopo la morte del figlio alla Canea, nel 1457.

Così nel libro sul Carmagnola, che il Berlan cominciò a lavorare fino dal 1847, pubblicandone un saggio nel 1852, ebbe lo scopo di provare che la Repubblica veneta, era stata ingiustamente accusata. Anche in questa occasione, l'autore dichiarandosi contrario alla forma di governo della Repubblica veneta, pure la chiama republica da fatti e non da ciarle, non di ciarlatani ed erbolarii politici. Questo lavoro, fu specialmente indirizzato a rispondere all' altro sullo istesso argomento, scritto, da Luigi Cibrario ed edito a Torino dal Pomba, nel 1834. Nell' edizione della storia della letteratura veneziana di Marco Foscarini fatta a Venezia nel 1854, il Berlan scrisse la vita del Doge, e pubblicò gli scritti del medesimo, sui viaggiatori veneziani, sui raccoglitori di codici veneziani, e sulla letteratura della nobiltà veneziana, scritti però che aveano veduto ancora la luce, benchè in campo assai ristretto.

Del resto per più ampie notizie su Francesco Berlan sia sul suo carattere, sia sulla sua operosità, la monografia del Cecchetti può dare completa contezza. Ed ora parleremo del Cecchetti stesso, uno dei più assidui indagatori della storia veneziana, e zelante ed indefesso custode ed ordinatore dell'Archivio veneto. Bartolomeo Cecchetti nacque in Venezia il 2 settembre 1838 da Pietro e Rosa Pancrazio, e morì a Venezia li 16 marzo 1889. Grave fu la sua perdita, perchè non altro egli era preoccupato che dell'Archivio di cui era sovrintendente; e molti frutti avrebbe ancora potuto lasciare dei suoi studii e della sua esperienza, alla sua città natale, se non fosse stato rapito dalla morte, ancora nel vigore dell'età.

Scrisse di lui diffusamente, fra gli altri, Giuseppe Giomo ufficiale dell'Archivio, nell'*Archivio Veneto*. In oltre comunicavami gentilmente notizie del compianto marito, la desolata consorte Anna Mander, nome altrettanto chiaro ed illustre nella letteraria repubblica. Bartolomeo Cecchetti compiva il corso dei suoi studii al liceo ginnasio S. Catterina, e quantunque scrittore spigliato e corretto, era inclinato alle scienze positive, e non ancora ventenne collaborava nei giornali redatti da Jan Jacopo Pezzi, e nella Gazzetta chimica del Della Torre, anzi per la chímica ebbe un speciale amore, come fino dai suoi primi anni sentì una forte inclinazione per gli studii storici, e difatti terminato il liceo, di anni 17, entrava come apprendista nell'Archivio di Stato, indi per due anni un pò suo malgrado, fu impiegato alla Contabilità di Stato. Ma nel 1856, si iscrisse alla scuola di paleografia, tenuta da Cesare Foucard, ottenendo due anni dopo l'abilitazione all'insegnamento, e la nomina a perito paleografico giudiziario. Ebbe in fine il posto di docente la paleografia, pubblicando dopo un biennio di insegnamento, interessanti monografie paleografiche storiche.

Nel 1863, ritornava all'archivio, quale ricercatore di prima classe, ed ebbe la dirigenza della sezione storico diplomatica, l'insegnamento della paleografia, e della storia veneta, e ciò pel desiderio del direttore Girolamo Dandolo.

Fu bella e patriottica la resistenza mostrata dal Cecchetti nel 1866, allorchè il governo austriaco inviava all'Archivio, scortato da soldati, il frate già in altra parte ricordato Beda Dudick, ad impadronirsi di tutti i migliori documenti, per trasportarli, a Vienna.

Per tal fatto veniva il Cecchetti arrestato, e condotto nell'isola di S. Giorgio, indi a Trieste, dove stette in carcere fino al 28 settembre 1866. Però il suo nobile animo, ebbe il conforto e l'o-

nore di poter in appresso assieme al Gar direttore
dell' Archivio, succeduto al Dandolo, e al deputato Giuseppe Giacomelli, riportare a Venezia,
i tesori rapiti dal Dudick non solo, ma quanto
anche prima al 1866, era stato trasportato da
Venezia e Lombardia, in fatto d' archivii e d'arti
belle, nella capitale austriaca.

Nell' anno 1876, succedeva il Cecchetti come
sovrintendente agli Archivii veneti a Teodoro
Toderini morto in quell' anno. Il Toderini pure
benemerito dell'Archivio dove passò tutti i gradi,
era nato nel 26 luglio 1819; di lui scrisse Rinaldo Fulin nell' Archivio Veneto, ed è commendato per le sue memorie, ceremoniali, e feste in occasione di avvenimenti e passaggi negli
stati della repubblica di principi, pella genea-
logia delle famiglie originarie di Venezia, e pello
suo schedario di cinquemila schede con indicazioni di documenti dell' archivio relativi a svariati argomenti.

Il Cecchetti chiamato alla sua nuova carica
vi attese con grandissimo zelo. Presiedette alla
organizzazione degli uffìcii, all' addattamento dei
locali, alla classificazione dei documenti.

Il Cecchettti viveva unicamente pel decoro
del suo ufficio, non approffittava di alcun svago,
di nessun permesso, e la sua vita era così com-
pendiata; casa e ufficio, ufficio e casa.

Era di natura malinconico, si presentava
piuttosto poco favorevolmente, per le sue ma-

niere non molto affabili, ma invece nel fatto era altrimenti, ed era premuróso e servizie-vole.

Negli ultimi tempi della sua vita fu scelto dal Ministero a membro della Commissione Colombiana, per raccogliere monumenti e memorie da pubblicarsi, pel centenario di Colombo. Egli vi attese colla consueta sua attività da vincere persino la sua ripugnanza di allontanarsi da Venezia, per trovarsi assieme agli altri commissarii ; ma Roma gli fu fatale, e là contrasse il germe di quella febbre che lo trasse al sepolcro dopo dieci giorni di decubito. Fin qui della sua vita. Per dimostrare poi quanta fosse la sua attività letteraria basta il ricordare l'elenco dei suoi scritti raccolto dal Giomo che ne comprende quarantasei di materia archivistica e paleografica, e centodieci di erudizione storica e varia.

Libro degno d'esser specialmente ricordato, ed utile ad essere consultato si è quello intitolato : il Doge di Venezia, Venezia 1864 dedicato ad Agostino Sagredo. Fu desso il frutto delle lezioni che su quel soggetto tenne il Cecchetti, all'Archivio, e consigliere ed amico in questa sua opera fu Girolamo Dandolo assieme ad Emanuele Cicogna, a Girolamo Soranzo ed a Federico Stefani.

Questo lavoro illustra completamente la istituzione del doge dai suoi inizii, alla sua fine.

Trattasi in esso dell'aspetto esterno del doge, dei cerimoniali, dei suoi obblighi, delle sue rappresentanze, dei suoi rapporti col governo e delle sue elezioni. Il tutto corredato di abbondanti documenti che accrescono l'interesse dell'opera, e ne completano lo scopo.

Nell'anno 1871 la fondazione Querini Stampalia, prometteva un premio pel seguente tema: Studii storici e critici intorno alle leggi della repubblica di Venezia risguardanti la Religione e alla condotta di essa republica verso la Corte di Roma. Questo amplissimo e delicato argomento fu svolto degnamente dal Cecchetti, di modo che venne stampato a spese della Fondazione, in due volumi di quasi 500 pagine cadauno nell' anno 1874. Nel primo volume si dimostra la condotta della Republica Veneta nei riguardi della materia religiosa, e nei suoi rapporti colla Corte di Roma.

La seconda parte del primo volume informa in genere dei rapporti del Governo veneto colle altre religioni, greci, protestanti, ebrei armeni.

Il secondo volume è dedicato per intero alla riproduzione di importantissimi documenti.

Ricorderemo ancora il lavoro · del Cecchetti intorno alla costituzione degli Archivii veneti antichi, opera ripubblicata in occasione dell'Esposizione di Vienna nel 1873, e la statistica degli Archivii della regione veneta nel 1880. Così nel 1866 assieme a Vincenzo Padovan, avea pubblicato un sommario della numismografia veneziana, fino alla caduta della Republica. Nell'anno 1884 il Cecchetti dopo la deplorata perdita di Rinaldo Fulin, assunse le direzione dell'Archivio Veneto, e in questa effemeride pubblicava i suoi importanti scritti sulla vita dei Veneziani del 1300, e ragunava molti documenti per l'opera sul S. Marco di Ferdinando Ongania. Socio all'Ateneo, vi dava parecchie letture.

A Bartolomeo Cecchetti per opera di alcuni egregi ammiratori fu dedicato un busto, opera di Augusto Benvenuti, che venne collocato in una sala dell'Archivio di Stato ai Frari. Federico Stefani noto per parecchi lavori, specialmente genealogici, successe al compianto Cecchetti, nella Sovrintendenza degli Archivii.

L'abate professor Rinaldo Fulin fu rapito agli studii li 24 novembre 1884 ; e fu la sua morte vero lutto cittadino. Ragionò a lungo dell'illustre estinto nell'Archivio Veneto del 1886, Bartolomeo Cecchetti, e ne aveano prima parlato Giovanni Bizio per l'Istituto, Guglielmo Berchet per la Deputazione di storia patria. Ebbe commemorazioni il Fulin al Liceo Marco Polo, ed alla Scuola superiore di commercio, dove e nell'uno e nell'altra era professore, e le lodi del prete Giovanni Moro, della parrocchia di S. Cassiano, e di lui parlò Giuseppe Da Leva nell'istituto Veneto li 14 marzo 1886.

Il Fulin era nato in Venezia ai 30 aprile 1824 da Andrea e Osvalda Carlon, di modestissima origine. Compìti lodevolmente i suoi studii al Ginnasio di S. Provolo, ed al Liceo S. Catterina, fu poi ordinato sacerdote, ed addetto alla Parrocchia di S. Cassiano, nella cui chiesa ora trovasi il suo medaglione, accanto a quelli di G. B. Galliciolli e Simeone Marinoni. Dedicatosi da prima all'insegnamento privato, fu nominato professore supplente di storia nelle classi superiori, e da poi nel 1863 effettivo, per tutti i Ginnasii del Lombardo-Veneto. Il suo saggio storico da esso in quella occasione presentato all'Università di Padova, volevasi dal collegio di quei professori, venisse senz'altro stampato, esimendo dall'esame a voce il candidato, il che non fu dal governo d'allora, acconsentito. Solo nel 1863 il nostro Fulin avea cominciato a frequentare l'Archivio per istudiare i dispacci di Paolo Paruta, e in questo ventennio di vita che gli rimase, si gettò a corpo perduto specialmente allo studio della storia veneta. Iniziò e pubblicò la collezione di opere storiche edite dall'Antonelli e proseguite in venti volumi, e fu uno dei promotori dell'importante pubblicazione periodica l'Archivio Veneto, che dirigeva fino alla sua morte, continuando così l'opera ideata da Nicolò Barozzi nel 1866 colla sua Raccolta di archeologia numismatica ecc. Lunga serie di lavori lasciava il Fulin, filosofici, sacri, letterarii e storici, i cui titoli si trovano tutti riprodotti nell'elenco che ne fece il Cecchetti, in appendice alla memoria sull'illustre estinto. Il Fulin fu professore al Liceo Marco Polo.

All'Istituto Veneto, di cui era membro, leggeva su Soranzo Soranzo, su Giacomo Casanova, sugli inquisitori di Stato, sopra una pubblicazione del Conte Mas Lattrie, e vi leggeva in adunanza solenne nel 1881, in occasione del Congresso geografico; dell'attitudine di Venezia dinnanzi ai grandi viaggi marittimi del secolo XV.

Altri studii del Fulin sono: il Consiglio dei X e gli inquisitori di Stato; antichi tentativi, del taglio dell'Istmo di Suez, e Petrarca dinnanzi alla Signoria di Venezia, pubblicato nella solennità del V Centenario del gran poeta. Così merita particolare riflesso la memoria stampata nell'Archivio Veneto del 1875 dal titolo Venezia e Daniele Manin, ricordi. È studiata e difesa l'opera politica del Manin negli anni 1848-49. È un lavoro che si legge con molto interesse; vivo e appassionato.

Nei suoi giovani anni il Fulin stampava i dispacci di Alvise Contarini inviato veneto a Münster per la pace di Westfalia, e nel 1873 per la grande opera l'Italia sotto l'aspetto fisico, storico, artistico, e statistico del Vallardi, compendiava la storia di Venezia in un breve riassunto, che venne poi riprodotto nella guida di Venezia pubblicata nel 1881 pel Congresso geografico.

L' opera cui attese il Fulin con massimo impegno fino ai suoi ultimi giorni, e di cui era molto preoccupato, si era la legazione di Roma di Paolo Paruta, edita in tre grandi volumi dalla Deputazione di Storia patria,. con copiosissime ed importantissime note. Attesa la morte del Fulin, gli ultimi dispacci furono editi a cura di Federico Stefani e dallo stesso annotati. Assieme ai colleghi Barozzi, Berchet, Stefani, il Fulin curava l'edizione dei diarii di M. Sanudo. Quantunque i molteplici lavori mandati a compimento dal Fulin dimostrassero quanto varia, erudita profonda fosse la sua coltura nella storia patria; pure è a deplorarsi, che ossia per le sue molteplici occupazioni, o per la sua logorata salute, non abbia dato al suo paese, un lavoro di gran mole, che avesse potuto abbracciare, tutto il passato di Venezia.

La valentia del Fulin, la potenza del suo ingegno, e la sua memoria di ferro, erano argomenti per poter attendersi da esso, assai di più di quello che ha fatto.

Una dote speciale, tutta sua di cui andava fornito il Fulin, si era una abbondanza di eloquio, meravigliosa, che unita a un certo modo di esporre casalingo e alla portata di tutti, con fioriture, di aneddoti, di descrizioni di tempi e di costumi, riusciva di una evidenza singolare. Tali sue prerogative ebbe campo di mostrarle al pubblico, nelle lezioni di Storia Veneta, che egli diede nel 1867 al Marco Foscarini, nel 1871 all'ateneo, e più ancora in quelle ultime dieci lezioni che egli tenne nel 1884 all'Ateneo dinnanzi a un pubblico colto ed affollato, e che egli seppe trascinare a vero entusiasmo. Quelle memorabili dieci lezioni furono pel Fulin un vero-trionfo ma fu pur troppo l'ultimo, perchè in quell'anno istesso il Fulin moriva. Nessuno, che abbia assistito a quelle lezioni, potrà mai dimenticarle, tanto era l'amore per Venezia che il Fulin sentiva e che trasfondeva nei suoi uditori, tale era la sua tavolozza nel descrivere gli antichi tempi, degna dei più potenti pennelli, tale la sua fervida ed inesauribile fantasia.

Egli era dallo studio degli antichi documenti che il Fulin, si era addentrato nella vita intima dei veneziani, e perciò poteva con tanta sicurezza ed evidenza descriverla. Nel qual proposito compiacendosi della pubblicazione del capitolare dei Signori di notte da me fatta, notava come quel codice fosse uno specchio ove si contemplava viva spirante e quasi in atto di muoversi la Società veneziana del secolo XIII e XIV. Il Fulin ebbe anche parte assieme allo Stefani, al Barozzi ed al Cecchetti, in commissioni municipali, come quella per la nomenclatura stradale, per le iscrizioni ecc. I suoi funerali furono splendidi, ed ebbe tomba a spese del Comune.

Molti parlarono sul suo feretro, e la commozione e il dolore erano dipinti sul volto di tutti.

La morte del Fulin lasciò un gran vuoto per gli amanti della Storia di Venezia, perchè la sua facondia e la simpatia di cui godeva, l'avevano reso popolare.

La conoscenza della storia di Venezia era entrata nel desiderio del pubblico, perchè narrata dal Fulin, era affascinante. Se non v'ha chi tenga alto l'insegnamento degli antichi ricordi, questi, purtroppo, passano nell' obblìo del popolo, per essere solo e, forse, nella memoria di pochi.

Altro sacerdote, versatissimo nella storia generale fu Antonio Matscheg. Era professore al Liceo Marco Foscarini. Morì nel 1890 di anni 65. Scrisse : Cesare e il suo tempo, Venezia Fontana 1862. Lezioni compendiate di storia universale 1865. La storia politica d'Europa dal chiudersi del regno di Carlo VI, al trattato di Aquisgrana, illustrata con dispacci degli ambasciatori Veneziani, Grimaldo 1874. Fece un discorso su Paolo Paruta nel 1869, altro sulla repubblica Veneta all' ateneo ; e stampò un lavoro sull' origine e progresso della costituzione inglese, Venezia 1867. Era storico coscienzioso di cognizioni vaste e profonde, sebbene dotato di una eccessiva modestia.

Soranzo Girolamo patrizio Veneto morì a Venezia nel 1895 di anni ottanta. Appassionato bibliofilo e presidente del Consiglio del Museo Correr.

Nel 1885 pubblicò la sua Bibliografia in continuazione a quella di Emanuele Cicogna. Contiene diecimila cinquecento numeri di libri e opuscoli, quasi il doppio di quelli elencati dal Cicogna, e ne teneva pronti altri cinquemila.

Le bibliografie del Cicogna e del Soranzo sono indispensabili, pegli studiosi di cose veneziane, e perciò il buon Soranzo fece opera utile e meritoria, nel pubblicare la sua copiosa bibliografia.

Augusto Buzzati, che fu pure presidente del Museo Correr e che attese alla sua riorganizzazione nel 1880, e che alla riapertara d'esso leggeva un discorso, pubblicava nel 1890 una bibliografia Bellunese che fu molto lodata.

Il Buzzati che avea percorso la carriera giudiziaria moriva nel 1891 varcati i settant'anni. Ebbe lodi da Cesare Musatti e da Occioni Bonafons.

G. B. Sardagna era nato a Trento il 27 Marzo 1828 e morì nel 1888 a Venezia dove dimorava. Scrisse di lui con molto affetto l'abate Giuseppe Nicoletti nell'Archivio Veneto. Il Sardagna fu di gusto e di attitudini militari, e di conseguenza le sue pubblicazioni in numero di quindici sono preferibilmente attinenti all'arte militare.

Trattò della milizia veneziana nel medio

Evo Trento 1856, sui mililari trentini, illustrò documenti militari veneziani riguardanti l'Istria, Trento ecc. Era socio effettivo della Deputazione di storìa patria, franco e deciso nei modi, sebbene molto cortese.

Bibliofilo competente ed erudito, facile e vigoroso oratore era Andrea Tessier nato a Venezia il 18 marzo 1819 e morto l'11 Gennaio 1896; scrisse nell'Archivio Veneto sui stampatori veneziani del secolo XV; su Francesco Maggiotto pittore veneziano, lesse nel 1875 all'Ateneo su Cesare Vecellio e stampò molte altre pubblicazioni storiche. Fu lodato da Cesare Musatti nell' Ateneo.

Fapanni Francesco Scipione era figlio di Agostino autore di apprezzati scritti sull'agricoltura. Il Fapanni scrisse iscrizioni pella provincia e città di Treviso per onorare trivigiani illustri ed altre iscrizioni italiane su vario argomento. Illustrò la terra di Mestre e di Noale, e scrisse alcune vite delle biografie del Tipaldo ed oltre a ciò, articoli di amena letteratura. Pubblicò pure un lavoro sulle denominazioni delle strade di Venezia e lapidi sul 1877 e le facezie di un certo Piacentini, Venezia Cecchini 1873.

Cesare Foucard fu Professore di Paleografia all'Archivio di Stato Veneto. Detta scuola di paleografia fu istituita nell'aprile del 1855, e Cesare Foucard la diresse fino al 1860, nel qual anno passò alla direzione di Bartolomeo Cecchetti. Si hanno del Foucard fra altro, studii sui carteggi di Marino Faliero e la republica, quando era podestà a Treviso, e promissione del doge M. Morosini.

Ricordiamo pure il Prof. Dall'Acqua Giusti Antonio scrittore d'arte, di storia e di drammi. Abbiamo di lui una memoria sulle monete, tessere e monete dei Carraresi ed altri scritti ricordati. Giuriato Gio. Antonio ha pregiati scritti storici, fra i quali notevole quello su Lepanto : Moroni Gaetano scrisse su Venezia e quanto appartiene alla sua storia politica e religiosa, arti, industrie, dogi, vescovi e patriarchi. Venezia tip. Emiliana 1859 in due volumi di circa 700 pagine, edizione di 50 esemplari distinti e 18 in carta comune. L'opera fa parte del grande dizionario di erudizione storica ecclesiastica da S. Pietro sino ai giorni nostri, ma fu stampata a parte con frontispizio, indici ecc.

Di Alessandro Orsoni abbiamo la cronologia storica dei vescovi olivolensi e dei patriarchi di Venezia illustranti la storia veneta civile ed ecclesiatica, opera importante stampata nel 1828 in un volume di più che 500 pagine. Così si ricorda l'opera di Enrico Cornet Paolo V e la repubblica Veneta, vertente sull'interdetto, e recante copiosi estratti e documenti stampati a Vienna nel 1859. Fu il fondatore della Scuola di Paleografia all'Archivio.

Jacopo Bernardi nato a Follina nel 1813 e

morto a Follina nel 1897 visse a lungo a Venezia dove fu presidente della Congregazione di carità per oltre un decennio. Scrissero di lui, Guido Dezan e Ferdinando Galanti, Alberto Kiriaki ed altri. Trattò materie diverse e compose versi, su moltissimi argomenti. Quali opere attinenti alla storia citerò : Recensione sulle prediche del Savonarola, un discorso sul pavimento della Scuola di S. Rocco, la Scuola di S. Rocco il suo ordinamento e i suoi monumenti, sul diario inedito del Conte di Cavour, su Cison e la Vallata Venezia 1851, sui Congressi d'Italia Venezia 1846, sulla vita e scritti del Paravia 1846, sulla civica aula cenedese 1845, sulla pubblica beneficeuza e i suoi soccorsi 1845, discorsi, panegirici, com-memorazioni.

Pier Luigi Bembo patrizio veneto fu podestà di Venezia dal 1860 ai primi mesi del 1866, quindi deputato e senatore, morì nel 1882 in gennaio di 58 anni.

Nel 1880 era stato scelto a presidente della Congregazione di carità dopo la avvenuta con-centrazione dalla beneficenza veneziana in una sola amministrazione, a lui successe il Bernardi nel 1881.

Resta un suo lavoro : delle istituzioni di Be-neficenza della città e Provincia di Venezia. Venezia Naratovich 1859. Primo saggio del ge-nere, per l'ampiezza della trattazione che avesse visto la luce in Venezia. È il punto di partenza dal quale nacquero tutti gli altri lavori sulla beneficenza negli anni seguenti.

E quantunque alcuni di questi, partitamenté presi sieno più ricchi di notizie e di fatti statistici, resta però sempre il libro del Bembo, il più importante perchè il più comprensivo. Il Bembo ha il merito di aver posta la base dell'edificio, gli altri non furono che continuatori. Il Bembo divise la sua opera in tre parti, l'una pegli istituti preventivi, l'altra pegli istituti sovventori, la terza pegli istituti sparsi pella provincia; descrisse ben ottanta istituzioni tenendo conto della parte storica, dello scopo, dell'organamento del patrimonio, delle rendite. Il tutto in una giusta proporzione di parti, e senza irragionevole esagerazione di formato che è un peccato sia pure veniale, delle successive pubblicazioni.

Nel luglio 1863 il Bembo fu nominato membro della Società di Economia caritativa di Parigi. Il Bembo lesse l'elogio di Nicolò Priuli nel 1855, e pubblicò il Comune nel triennio 1860 1861, 1862 Venezia Naratovich 1863. Anche con questa pubblicazione il Bembo fu il primo ad aprire la serie ad altri libri, fatti sull'istesso modello, che seguirono negli anni successivi. Il Bembo ha pure : De l'aptitude des habitants de la Venetie et du Mantouan du service militaire etudes sur les levées des années, 1862, 1863, 1864 presenté au sixieme Congrès international de statistique a Florence.

Nell' anno 1897 ai 2 aprile moriva di 69 anni Federico Stefani, nato a Cittadella, sovrintendente agli archivii veneti. Furono suoi predecessori nell' importante officio della direzione dell' Archivio di Stato ai Frari, C. A. Marin, Chiodo, Ninfa Priuli, Mutinelli, Dandolo, Gar, Toderini, Cecchetti.

Parlò di lui Nicolò Barozzi; e Pompeo Molmenti, ne scrisse nell' Archivio storico italiano. Lo Stefani stampò nel 1857 Le antichità dei Buonaparte con uno studio della Marca Trivigiana, presentò il libro nel 1858 a Napoleone III, e fu da esso incaricato di una missione in Italia. Dopo il 1859 pella raccolta del Litta scrisse le genealogie delle famiglie Mocenigo, Barbo, Condulmer, Lando, Steno. Con Rinaldo Fulin promosse l' istituzioni della Deputazione di storia patria, e unitamente al Fulin stesso, a Guglielmo Berchet, a Nicolò Barozzi promosse ed iniziò la grande pubblicazione dei Diarii di Marin Sanudo. Diresse il Nuovo Archivio Veneto. Scrisse pure Dell' origine dei conti di San Bonifazio. Cecchini 1873. Le fonti e il culto della storia nella Venezia, e l'indirizzo che intende dare ai suoi studii la deputazione veneta di storia patria. Venezia Visentini 1876 — Rapporto sulla verificazione del legato del N. N. Girolamo Ascanio Molin di proprietà del Comune presso la Biblioteca marciana. Venezia 1879. Lo Stefani fu anche presidene della Deputazione di storia patria e membro dell' Istituto Veneto. Incoraggiava gli studiosi, e suggeriva fonti e materiali, a chi a lui ricorreva per consiglio.

Ernesto Volpi vissuto circa 50 anni e morto nel 1898, pubblicava nel 1893 un volume di storia intima di Venezia republica, libro di aneddoti, e di costumi; ma che non soddisfa alla promessa, nè all' aspettazione del lettore.

Pubblicò il Volpi parecchi opuscoli. Ricordo, il Distretto e podesteria di Noale 1893, e le lapidi murate in Venezia nel secolo XIX, Venezia 1890 — divisa in parte I. Uomini illustri. Parte II. Eroica difesa di Venezia. Parte III. Lapidi diverse. Parte IV. Allargamenti stradali, interni canali vivi ecc., con indice cronologico e nominativo.

È un lavoro che presenta un certo interesse e che il Volpi avea in animo di proseguire.

Sarfatti Attilio morì nel 1900 a 35 anni. Scrisse intorno a lui un diffuso articolo Arturo Calza sulla nuova antologia.

Pubblicò nel 1886 le memorie del dogado di Lodovico Manin, scritte dallo stesso, e vi mise innanzi una dettagliata prefazione, e corredò il libro di note. — Si leggono con interesse e con pietà le memorie del Manin, che descrivono le angustie di quell'infelice che dovette assistere impossente alla caduta della sua Venezia.

Il Sarfatti pubblicò i Codici Veneti nella Biblioteca di Parigi, tenne una conferenza sulla Basilica d'oro. Trattò la drammatica col Minueto, la mamma vera, scrisse articoli critici su Gallina, e pubblicò delle apprezzate rime veneziane.

Cultore competente di cose veneziane fu Tassini Giuseppe morto a Venezia il 21 dicembre 1899 di anni 72.

Il padre del Tassini Carlo era nato a Costantinopoli nel 1781, e prestava servizio presso il Bailo veneto.

Caduta la repubblica il nonno del Tassini tornò a Venezia, e il figlio fu accolto nell'arsenale, e diventò commissario maggiore della marina austriaca. La madre del Tassini era figlia di un colonello austriaco.

Il Tassini aveva studiato legge ed era laureato, ma morto il padre, ed erede di una buona fortuna, abbandonò i codici, e si diede allo studio della storia veneziana. Era perfetto latinista, anzi il miglior allievo del Filippi.

Si affermò come storico colle *curiosità veneziane*, ovvero origini, delle denominazioni stradali di Venezia che ebbero quattro edizioni ; Venezia 1872-1887, miniera di notizie utilissima. Oltre a ciò stampava: 1. Alcune delle più clamorose condanne capitali eseguite in Venezia sotto la republica, Venezia 1892 Edizione corretta ed ampliata. Le condanne sono novanta e vi è aggiunto l'elenco generale dei giustiziati dal principio alla fine della repubblica; 2. Alcuni palazzi e antichi edifizii di Venezia storicamente illustrati, Venezia 1879 con indice ; 3. Edifizii di Venezia distrutti o volti ad uso diverso da quello a cui furono in origine destinati con indice, Venezia 1885; 4. Iscrizioni Chiesa e Convento S. Salvatore 1895; 5. Sei caffè di Venezia; 6. Lido 1889; 7. Veronica Franco 1874; 8. Coll'anagramma Nissati. Aneddoti storici veneziani Venezia 1897. Sono 156 aneddoti, brevemente descritti, e riguardano persone, usi e costumi.

Dò termine al presente capitolo col ricordare uno straniero, affezionatissimo a Venezia.

Moriva in questa citta il dì 27 agosto dell'anno 1883, nella tarda età di anni 77, Rawdon Brown, inglese di nascita domiciliato da moltissimi anni, anzi dalla sua giovinezza, fra noi. Pel lungo soggiorno aveva adottato Venezia come una seconda sua patria. Era stato desso spedito dal suo governo alla nostra città coll'incarico di compilare una storia delle relazioni degli ambasciadori Veneziani colla nazione inglese. Ispirato da un grande amore per Venezia e il suo antico governo, fece oggetto accuratissimo delle sue indagini e dei suoi studii, ciò che alla storia riferivasi di questa illustre città, raccogliendo altresì oggetti d'arte e d'antichità. Ai funerali della Chiesa evangelica dei S.S. Apostoli lesse affettuose parole Bartolomeo Cecchetti, sovrintendente agli Archivi Ve-

neti, e così pure il Cav. Pasini, addetto all'Archivio. Il Cecehetti chiamava il Brown, non
straniero, ma veneziano, e più veneziano di
tanti. Il Brown entrava fino dal 1850 fra i primi
studiosi dell'Archivio, e avea mandato al suo
governo oltre 100 volumi di copie di documenti
storici relativi all'Inghilterra. Curioso particolare che dinota lo straordinario affetto che aveva
il Brown per Venezia, si è che volle essere
sepolto nella sua tomba, già da tempo appa-
recchiata, avvolto in una bandiera di Venezia,
bandiera che venne fornita dal Municipio, il
quale però per un deplorevole equivoco, non
intervenne ai funerali. I lavori del Brown sono
i seguenti : Calendar of state papers and ma-
nuscripts relatings to english affairs existing in
the Archives and Collections of Venice, and in
other libraries of Northern Italy. Vol. I (1202-1509)
Londra 1864, Vol. II (1509-1515) Londra 1867,
Vol. III (1520-1526) Londra 1869, Vol. IV
(1527-1533) Londra 1871 Agostino Sagredo parlava dei due primi volumi nell'archivio storico
italiano, e negli atti dell'istituto Veneto nell'anno 1865.

Four years in England at the court of Henry
VIII. Questa è una scelta di dispacci scritti da
Sebastiano Giustinian, e diretti alla Signoria di
Venezia dal 12 Gennaio 1515 al 20 Luglio 1519,
tradotti e pubblicati dal Brown Vol. 2, Londra
1854. Precede l'opera, un cenno sulla famiglia

Giustinian, e sull'ambasciadore Sebastiano. Anche questo lavoro fu commendato dall'Archivio storico italiano.

Lettere diplomatiche inedite. Venezia Alvisopoli 1840. Editore Rawdon Brown, e contengono lettere di Alvise Mocenigo doge ad Enrico III re di Francia, e ai suoi congiunti 1575. Dispacci dell'ambasciadore Giovanni Mocenigo al Doge Pasquale Cicogna 1589-1593. Lettere di Enrico III re di Francia all'ambasciadore di.Venezia Giovanni Mocenigo ecc.

Descrizione di uno scudo e sigillo sepolcrale già collocato nella Chiesa di S. Marco nel 1397 sopra la salma dell'Inglese Tommaso Mowbray duca di Norfolk, pubblicato in inglese con tavola incisa nel tomo XXIX dall'Archeologia pubblicata dalla società di antichità di Londra nell'aprile 1842.

Itinerario di *Marin Sanudo* per la terraferma Veneziana nell'anno 1483. Pubblicato sopra un manoscritto autografo della Biblioteca di Padova somministrato da Tommaso Gar a Rawdon Brown che lo illustrò.

Importante è il lavoro, ragguagli sulla vita e sulle opere di Marino Sanudo detto il juniore Veneto Patrizio, e cronista pregevolissimo dei secoli XV e XVI, intitolati dall'Amicizia di uno straniero al nobile Jacopo Vincenzo Foscarini divisa in tre parti, Venezia Alvisopoli 1837: Sonvi in esso copiose annotazioni e spiegazioni.

Il Brown parla della vita del Sanuto e degli avvenimenti di quei tempi, riportando copiosi brani dei suddetti diarii. Questo si deve considerare come libro di merito perchè fu il primo che pose in molta evidenza l'importanza dei diarii Sanudiani, e accumulò importanti notizie, riflettenti la Storia Veneta. Questi famosi diarii alla caduta della republica Veneta furono recati a Vienna dallo Archivio segreto di Venezia da dove il Morelli Bibliotecario della Marciana, secondo Agostino Sagredo ne acquistò una fedelissima copia, fatta trarre da Francesco Donà ultimo istoriografo della repubblica. I Diarii suddetti, erano così gelosamente custoditi che il Foscarini nella sua letteratura Veneziana non osò farne parola, quantunque fosse sovrintendente agli archivii segreti del suo governo.

Nell'anno 1866 per il trattato di pace fra l'Italia e l'Austria i Diarii originali tornarono a Venezia, e la copia fu mandata a Vienna. Il Bettio, Bibliotecario della Marciana fu il primo che diede contezza in un opuscolo d'occasione, di questi Diarii, e fu primo il Brown, nell'accennata opera, che mostrò estesamente la grande loro importanza.

Fu in questi ultimi anni che a merito della Deputazione Veneta di Storia patria, si affrontò l'impresa della stampa integrale di tutti i 58 volumi in foglio dei Diarii Sanutiani; cominciano i diarii nel gennaio 1496, teminano col giugno

1532 in 58 volumi, opera invero colossale arrivata già oramai quasi al suo termine, e che tornerà di sommo onore ai benemeriti propugnatori ed iniziatori della pubblicazione.

Finalmente abbiamo del Brown: L'Archivio di Venezia con riguardo speciale alla storia inglese; Antonelli e Basadonna 1865. Prima versione italiana di V. Ceresole, e R. Fulin. Quest' opera ha una nota preliminare di Agostino Sagredo ed è uno dei volumi della raccolta dei storici stampata da Antonelli a cura di Rinaldo Fulin.

Il Sagredo nella sua nota parla delle opere del Brown, convenientemente commendandole, e si intrattiene specialmente, dell'opera sui diarii di Marin Sanuto.

Lo scopo del libro sull'archivio di Venezia, è quello di far specialmente conoscere i documenti relativi alla storia inglese, in quell' archivio custoditi, ed in altre collezioni in Venezia. Il Brown fà un'accurata storia dell'Archivio di Venezia; si occupa degli archivii delle singole magistrature, dei documenti risguardanti specialmente fatti clamorosi della Storia Veneta, la diplomazia, il commercio, le armi, avuto riguardo alle relazioni della republica veneta coll'Inghilterra, ed alla storia di questa.

Se si considera che tutti questi lavori sulle Cose Venete, partirono da uno straniero, fattosi volontariamente nostro concittadino, si riempie l'animo di riconoscenza e di meraviglia. Ed è

perciò che ho voluto, nulla ommettere quì, raccogliendo tutto che al Brown si riferisce quantunque si trovi altrove registrato. Tanto più
ammirevole è il culto professato da uno straniero alle cose veneziane, quando queste dai
veneziani ora sembrano o per malvolere o per
incuria, direi quasi, dimenticate.

Il Brown più veneziano di tanti veneziani
come dice il Cecchetti, volle farsi seppellire colla
bandiera di Venezia ; quanti veneziani si cure-
rebbero ormai della bandiera di Venezia, mentre
forse non ricordano nemmeno quasi, che abbia
esistito la gloriosa Republica ?

Vicissitudine dei tempi. Il Brown era socio
corrispondente delle Province Venete dell'Istituto Veneto di scienze lettere ed arti.

CAPITOLO II.

Scrittori e critici d' arte

SOMMARIO : *Leopoldo Cicognara — Sua vita — Suoi ragionamenti intorno il Bello — Presidente dell'Accademia di Belle arti in Venezia— Suoi discorsi — Storia della Scoltura — Opere minori — Monumento a Canova — Antonio Diedo — Sua vita — Suoi studi sull' Architettura — Segretario perpetuo all'Accademia di Belle arti — Sue celebri letture annuali — Le fabbriche più cospicue di Venezia — Pietro Selvatico — Suo educazione artistica — Segretario e professore d'estetica all'Accademia — Promuove riforme nell'insegnamento artistico — L'architettura e la scoltura a Venezia — Guida di Venezia e di Padova — Storia estetica critica delle arti del disegno — Scritti minori — Francesco Zanotto — Storia della pittura veneziana — Pinacoteca dell'Accademia e Pinacoteca Veneta — G. A. Moschini — Guida di Venezia e Murano — Dissertazioni sullo stato delle Belle arti nel*

secolo XVIII.— Andrea Mustoxidi — Giu-
seppe Cadorin — Francesco Beltrame —
Andrea Mayer — Pietro Chevalier — Ago-
stino Sagredo — Professore d'estetica al-
l'Accademia — Letture e scritti diversi —
Francesco dell'Ongaro — Filippo De Boni
Giuseppe Valentinelli — Cesare Foucard
Lodovico Cadorin — Cattaneo Raffaele —
Altri nomi di scrittori d'arte — Antonio
dall'Acqua Giusti.

Come scrittori d'arte nel secolo decimonono a
Venezia, additiamo prima di tutti perchè uniti
quasi direi con indissolubile nodo, i due illustri
nomi di Leopoldo Cicognara, e di Antonio Diedo.

Ambedue legati all'epoca della istituzione
dell'Accademia di Belle arti in Venezia, ne furono durante la loro vita, lustro e decoro, e
quasi i pontefici massimi di quel tempio del-
l'arte. Cultori di questa, amendue, scrittori
ed oratori forbitissimi, diffusero colle loro parole
e coi loro insegnamenti l'amore del bello ed il
buon gusto.

Se Leopoldo Cicognara non era veneziano,
era divenuto tale per l'amore che portava a
questa ammirabile città, e per i legami contrat-
tivi. Nato in Ferrara dal conte Filippo il 26
novembre 1767 morì a Venezia il 15 marzo 1834.
Ampiamente scrisse della sua vita, Vittorio Ma-
lamani, nelle sue memorie tratte da documenti

originali (Venezia 1888), forniti dal Marchese Nicolò Bentivoglio, figliastro del Cicognara. In esso sono studiate le diverse fasi politiche, e le opere artistico letterarie del Cicognara. Leggeva il discorso funebre in sua lode, Antonio Diedo, nell' anno 1834.

Il Cicognara dagli anni 1796 al 1808 visse nella politica ; membro della Giunta in Modena, del corpo legislativo a Milano, ministro plenipotenziario a Torino, deputato ai Comizii di Lione e consigliere di stato; ma invano avrebbe ottenuto una fama pari a quella che ebbe, se alla sola politica si fosse dedicato, e se non si fosse invece rivolto a spirare miglior aere nel mondo delle lettere e delle arti, imperocchè è molto probabile che la sua individualità si sarebbe perduta fra una folla numerosa di ambiziosi insoddisfatti destinata all' oblìo.

Il soggiorno di Roma accese il Cicognara d'amore per le arti belle verso le quali si sentiva attratto irresistibilmente, e ne diede un saggio manifesto, pubblicando in Firenze nell' anno 1808 sette ragionamenti intorno al bello, dedicandoli a Napoleone ; essi versano intorno alla natura, all'arte, al bello ed agli scrittori di tal materia, alla forza ed alla misura del bello assoluto, al bello relativo e agli effetti delle arti di imitazione, alla grazia, al semplice, al bello ideale ed alle cause che possono svilupparlo. Nello stesso anno 1808 veniva il Cicognara nominato

Presidente dell' Accademia di belle arti in Venezia in luogo dell'Almorò Alvise Pisani, e vi
recitava il suo primo discorso inaugurale sulle
accademie, discorsi che negli anni seguenti pro-
feriva in lode del Vecellio, del Palladio, del
Giorgione, e che poi si seguirono col solo titolo
di Prolusioni. Fu detto da un contemporaneo,
che il Cicognara nel recitare i suoi discorsi avea
gesto, forza, a differenza di Antonio Diedo che
recitava male. L' opera principe del Cicognara
si è la storia della scultura dal suo risorgimento
in Italia fino al secolo di Napoleone, in continuazione al Winkelmann, e al d'Azincourt, Venezia Picotti 1813; ne mise poi alla luce una
seconda edizione riveduta e corretta coi tipi del
Giacchetti in Prato negli anni 1822, 1825.

Il Cicognara osserva, come la storia civile legata alla storia delle arti, dimostri il grado di
civiltà e felicità delle nazioni. Per questo venne
aggradita l'opera di Giovanni Winkelmann, che
rimonta alle più antiche origini delle arti in
Egitto, annoverandone i progressi fino ai tempi
della Grecia, fino al declinare dell'Impero romano; così pure fu bene accolta, l'opera del
d'Azincourt che prendendo le mosse dall'ab-
bassamento dell'Impero romano prosegue fino
al rinascimento in Italia.

Il Cicognara narra i successi dell'arte rin-
novata in Italia, dei templi principali e della
scultura precedentemente a Nicoló Pisano, e

da Donatello al Buonarotti, al Bernini, al Canova.

Nel Maggio 1814 il Cicognara scriveva : lettera di un italiano al sig. Chateaubriand autore dell' operetta, Bonaparte e i Borboni. Nel 1817 compilava un estratto intitolato : il Giove Olimpico ossia l'arte della scultura antica del signor Quatremere de Quincy, dedicata ad Antonio Canova, del quale amicissimo, nel 1823, ne scriveva la vita, aggiungendo un elenco di tutte le sue opere.

Quindi il Cicognara persuadeva l'Europa, ad erigere un monumento al Canova, nella Chiesa dei Frari a Venezia. Si ha pure del Cicognara, sulla ricerca del vero ritratto di Laura.

Il Cicognara nel 1827 scriveva in Venezia ; sull'origine composizione, e decomposizione dei nielli, del quale scritto si legge una recensione fatta da Sebastiano Ciampi nella Antologia di Firenze dell' anno appresso, e stampata a Prato nel 1831, memorie spettanti alla storia della calcografia, di cui si legge una recensione di G. B. Zennoni, nell'antologia dell' anno seguente. L'opera va divisa in tre parti : sulla origine composizione e decomposizione dei nielli, che evidentemente è lo stesso lavoro stampato a Venezia nel 1827, sulle carte da gioco, sulla litografia e siderografia.

Si espongono pensieri, e materiali sull' arte dell' intaglio e sui nielli, sull'arte cioè di associare metalli nei vasellami ed in altre opere di minuta orificeria, rimontando fino ai tempi più remoti. Il Cicognara si intrattenne più volte sull' Antologia sopra vari argomenti. Egli possedeva una preziosissima biblioteca artistica, della quale esiste un catalogo ragionato fino al numero 4800, diviso in due volumi stampati a Pisa nel 1827.

A questo catalogo Andrea Tessier di Venezia fece una aggiunta, che nel 1883 donò al Museo Correr, in schede manoscritte legate in un volume, di opere che non erano possedute dal Cicognara.

Di Antonio Diedo colto patrizio, e scrittore elegantissimo, parlava Agostino Sagredo nel 1847, Girolamo Dandolo ne scriveva negli ultumi suoi cinquant' anni, lo Zanotto nell' Emporio e nel Gondoliere, ed altri molti.

Antonio Diedo nacque a Venezia ai 15 novembre del 1772 da Girolamo Diedo e Alba Maria Priuli, e morì in Venezia nel 1 gennaio 1847. Giovinetto, ebbe la sua educazione prima al Seminario di Padova, e prendeva contemporaneamente lezioni di Architettura, apprendendone i primi elementi da Jacopo Albertelli riuscendo del pari fiorito scrittore sì d' italiano che di latino. Nel 1795 sposava Lugrezia Nani. Dopo aver vestita la toga patrizia, caduta poco stante la patria, si diede a conforto dell' animo esulcerato agli studii, e riusciva, come si esprime

Agostino Sagredo, onore d'Italia, amore di quanti l'avevano conosciuto. Perfezionossi il Diedo nell'Architettura mercè i consigli del Selva, e del Davide Rossi, professore di prospettiva. Primo lavoro del Diedo fu: notizia intorno l'architetto padovano G. B. Novello pubblicata nel 1799. Nell'anno 1805 apertasi, come riferisco in altro luogo, l'accademia dei Filareti in casa del Conte Francesco Cattaneo, il Diedo vi lesse una memoria sull'architettura, che gli procurò molta lode, talchè Pietro Zaguri, lo destinava a compire la fabbrica della chiesa di S. Maurizio di Venezia.

Al momento della istituzione napoleonica della Accademia di Belle Arti ebbe la nomina di segretario perpetuo, sostituendo il Cicognara presidente sia nelle sue assenze, e dopo che era cessato dall'ufficio. Ebbe il Diedo la cattedra di estetica, per la quale dettava le sue lezioni ai giovani alunni, e pelle annuali solennità della dispensa dei premii, leggeva i suoi celebrati discorsi, raccolta preziosissima di precetti d'arte e di stile.

La sua lunga non interrotta serie di letture pubbliche annuali, comprende quasi un quarantennio. Dalla lettura sulla proporzione fatta nel 1808, all'Elogio di Odorico Politi, ultimo suo discorso, nel 1846.

Il linguaggio del Diedo era di una purezza tutta sua e di una ricercata eleganza. Agostino

Sagredo, lo giudica artista ed architetto valente, uomo di lettere, elegante fornito di soda dottrina, e cita come esempio la stupenda lezione sulle piccole differenze dell' ornato.

Opera assai utile sarebbe il riunire le letture del Diedo stampate negli atti dell' accademia, e così pure le sue lezioni d' arte e di estetica agli alunni, che pure erano dette di stile terso e leggiadro, dato però che ancora esistano, e che non siano andate disperse.

Il Cicogna nei suoi diarii dicendo che il Diedo scriveva assai elegantemente, e con nitidezza di idee, soggiunge che se lo si sentiva parlare lo si credeva un insensato, mendicava le parole, faceva gesti colle mani per esprimere le sue idee, replicava le cose istesse, era incerto nei vocaboli, metteva prima ciò che andava dopo, e dopo ciò che stava prima; e il Dandolo pure lo disse nelle parole e nei modi, inceppato. Però il Diedo vive nei suoi scritti, e forse se fosse stato facile parlatore, non sarebbe riuscito tanto accurato scrittore. Il Diedo per eccessiva modestia era sempre peritoso di sè, e molto inclinato alla lode nelle sue critiche artistiche. Scrisse sulle *vere* o sponde dei pozzi nelle esercitazioni dell'Ateneo del 1841, memoria letta dieci anni avanti.

Col Cicognara, col Selva, col Bartolommeo Gamba, illustrò le fabbriche più cospicue di Venezia, opera stampata a Venezia nel 1815-1820, e di cui si fece una seconda edizione nel 1840, con un suo discorso preliminare. La maggior parte dell'opera dice il Sagredo, la si deve al Diedo. Copiosissima fu la corrispondenza del Diedo coi primi uomini d'Italia, che nel 1847 era posseduta da Francesco Zanotto, e che ammontava a trentamila lettere. Ricorderemo, come in altro luogo ho accennato, che il Diedo era avverso alla demolizione della Chiesa di S. Geminiano in piazza S. Marco, e che in questo senso avea scritto all'Intendente Costabili. Di questo caro artista e uomo di lettere, basterà soggiungere, che quando gli si presentò prossima la sua fine, egli era soltanto affannato e impensierito, perchè aveva ancora tante cose da fare e da ultimare.

Pietro Selvatico successe al Diedo nel governo dell'Accademia, dopo una breve reggenza avuta da Agostino Sagredo; puossi dire che fu di tempera, di carattete e di principii, opposti al Diedo. Il Selvatico nacque a Padova nel 27 aprile 1803, e morì a Piacenza nel 30 settembre 1879.

Scrissero di lui fra gli altri Domenico Fadiga, e Gino Cittadella Vigodarzere, per incarico dell'Istituto di Belle Arti.

Il Selvatico datosi dapprima agli studii letterari, avendo per maestro Lodovico Menin, si innamorò in seguito dell'arte, ma non solo s'accontentò di apprendere i principii d'essa,

ma volleanche metterli in esecuzione : o prima
apprese pittura da Giovanni Demin. poi architettura da Giuseppe Jappelli, tantochè dipinse
qualche quadro e architettò la chiesa di S. Pietro in Trento, ed altre fabbriche, ville e giardini.

Dove il Selvatico era chiamato ad emergere
si era nella critica dell'arte, e in questa è
chiamato innovatore e principe. Odiava e com-
batteva le accademie, creandosi antipatie ed ini-
micizie. Nell'anno 1850 il governo austriaco lo
nominava reggente dell'Accademia, e insegnante
estetica, poi architettura per un solo anno, e
cioè coi titoli di segretario e professore d'estetica
e facente funzioni di Presidente. Narra il Fadiga
che il Selvatico produsse una rivoluzione nel
movimento e nei sistemi di educazione all'Accademia, annunziata già nella sua lettura del
1851, promovendo e iniziando sistemi, trent'anni
prima che venissero abbracciati e sanciti dai
più moderni regolamenti.

· Il discorso avea per titolo : Riforme nell'insegnamento all'Accademia. Così nella sua prima
lettura tenuta all'Accademia nel 1850, il Selvatico, sulla convenienza di trattare anche soggetti contemporanei dell'arte, avea dato un
passo innanzi nella riforma. Suo assunto fu di
dimostrare che tutti i prodotti dell'intelligenza,
dell'arte, delle lettere, delle opere della immaginazione, portano in se stessi una impronta

che rivela l' epoca a cui appartengono, adonta della varietà delle fisonomie individuali.

Perciò l' arte diventa una rappresentante delle idee del tempo, un sacerdozio, una manifestazione dello spirito, dell' indole dei tempi, e nel ciò asserire il Selvatico, appoggiavasi alla esperienza insegnata dalla storia.

Il Selvatico non indietreggiava nei suoi apprezzamenti e si metteva in lotta cogli artisti; ma quantunque conoscesse il disegno, si disse che come artista, non aveva valore. Lo si chiamò tecnico e dottrinario, e fu scritto che Diedo conosceva la filosofia dell'arte, egli la tecnica; come che il Diedo nella forma, nello stile, nella erudizione era miglior letterato del Selvatico. Nel 1858 pubblicava questi un' altra carica a fondo contro le accademie col titolo: sull' insegnamento libero sulle arti del disegno, surrogato alle accademie, e tornava alla tranquilla vita dei campi.

Ricorderemo gli scritti del Selvatico, cominciando dalle sue annuali letture che si trovano negli atti dell' Accademia. Quindi diremo della sua opera l' Architettura e la scultura in Venezia, edita nel 1842 1847, lodata da Alfredo Di Reumont nel 1849, nel Kunstblatt, da Antonio Berti nell' Euganeo nel 1849, dal Cicogna nella sua bibliografia; la Guida di Venezia fatta colla cooperazione di Vincenzo Lazzari nel 1852, è una delle migliori. Il Selvatico fece pure la

Guida di Padova nel 1869, e collaborò in quella
del 1842. La storia estetica critica delle arti, del
disegno stampata nel 1855, formata dalle lezioni
impartite agli alunni, è un libro indispensabile
ed utilissimo ad ogni colta persona. Scritti d'arte
del Selvatico, pubblicò il Barbera nel 1859, e
l'arte nella vita degli artisti pure edita dal
Barbera nel 1870. Giovanni Cittadella di Padova
presentava all'Istituto Veneto un suo scritto:
Pietro Selvatico nell'arte stampato a Venezia
nel 1884.

È un sommario ragionato delle opere del
Selvatico. Il Cittadella stesso confessa, che non
ci è proprio nulla di suo, ma che si limitò a
restringere molti ed importanti volumi, in un
libro solo, allo scopo di diffondere i principii del
Selvatico, anche fra chi non si occupa in modo
speciale dell'arte. Ha in fine l'elenco degli scritti
del Selvatico, e delle fabbriche da esso dirette.
Il Cittadella non citò lo scritto potente e vigoroso del Selvatico del 1858 che noi abbiamo
sopra riferito, contro le Accademie.

Gonfio ed enfatico scrittore di cose artistiche
fu Francesco Zanotto. La sua opera principale
è la storia della pittura veneziana, Antonelli
1837. Questa puossi chiamare la prima storia
della pittura veneziana, dai primi secoli fino
agli inizii del secolo XIX; mentre altri scrittori
trattarono lo stesso soggetto in parte o per in-
cidenza non mai così estesamente e compiuta-

mente come lo Zanotto. Per la storia delle arti belle in Venezia, essa va congiunta alla storia della Architettura e della scultura del Selvatico.

Ricorderemo ancora dello Zanotto la sua Pinacoteca dell'Accademia del 1832, la sua Pinacoteca Veneta, Venezia 1858, 1860 ossia raccolta dei migliori dipinti delle Chiese di Venezia, Tralascio indicare altri scritti dello Zanotto minori, che facilmente possono essere veduti, nelle Bibliografie.

Di G. A. Moschini assai dicemmo nel capitolo degli storici però riparleremo di lui. Ricorderemo la sua Guida per la città di Venezia Alvisopoli 1815, la miglior Guida del suo tempo, seguita soltanto da quella del Quadri nel 1822, così la sua Guida per l'isola di Murano, di cui una seconda edizione fu fatta nel 1818. Additeremo la sua dissertaziane sullo stato delle Belle Arti in Venezia nel secolo XVIII, e che forma un capitolo della storia della letteratura veneziana del secolo XVIII nel tomo III dalla pagina 44 alla 126, dissertazione che venne anche stampata a parte.

Il Moschini lasciò incompleto un manoscritto sulla incisione a Venezia, di cui se ne trova una copia al Museo Correr a Venezia: lesse nel 1820 all'Accademia sulle belle arti veneziane. Altri scritti minori videro la luce, non smentendo così la sua proverbiale attività, ed il suo amore che portava verso le memorie storico artistiche della città delle lagune.

Andrea Mustoxidi da Corfù, si rese noto pèr un suo lavoro sui quattro cavalli della Basilica di S. Marco, Padova Bettoni 1816. Fu lavoro lodatissimo dalla *Gazzetta*, perchè essa assicurò che nessuno avea così detto, e detto tanto bene sulla origine e provenienza dei cavalli. Il Conte Girolamo Dandolo, stampò delle osservazioni su tale soggetto nell'anno 1817 ; egli era ancora alunno del liceo e venne posto in ridicolo, dicendosi che egli avrebbe potuto fare il suo debutto letterario con qualche composizioncella per nozze. Il Mustoxidi fece anche una dissertazione, sui leoni che si trovano all'arsenale, portati a Venezia dal Morosini, e ricordata dall'antologia di Firenze.

Di storia e d'arte s'occupava a Venezia, dove si intrattenne per un trentennio, venuto dal nativo Cadore l'abate Giuseppe Cadorin, morto a S. Fior di Conegliano nel 1851. Fece accuratissime ricerche nell'Archivio dei Frari, frutto delle quali furono le notizie storiche sulla fabbrica del palazzo ducale del secolo XIV, e XV, Venezia Picotti 1837, i pareri di XV Architetti sul palazzo ducale, Venezia Milesi 1838 ; dell'amore di Tiziano Vecellio ai Veneziani, un quadro degli archivii pubblici e privati inserito nell'opera Venezia e le sue lagune e un discorso all'ateneo nel 1846, sugli archivii.

Scrisse del Cadorin il Meneguzzi sulla gazzetta dell'11. Gennaio 1852, e ne fece un elogio Alfredo di Reumont.

Sul Tiziano, sulla sua vita, sul monumento erettogli ai Frari scriveva Francesco Beltrame, che nel 1832 altresì elogiava all'accademia, Cima da Conegliano.

Majer Andrea nato in Venezia nel 1765, morto in Padova nel 1838, scriveva sulla eccellenza delle opere del Tiziano, e sulla vita di Tiziano scritta da Stefano Ticozzi. Scriveva pure sulla imitazione pittorica, sull'origine, progresso, e stato della musica italiana.

Critico d'arte fu Pietro Chevalier, di cui si ha, dello stato a Venezia delle arti del disegno, 1841, sul professore Borsato 1834, e polemiche sulle annuali esposizioni artistiche.

Sagredo Agostino fu per un tempo professore faciente funzioni di estetica all'accademia dal 1847 al 1850; e vi lesse intorno al Sansovino nel 1830, sull'arte e sul pittore Giovanni Contarini nel 1841, sulla condizione presente dell'architettura nel 1840, e nel 1830 pubblicò uno studio storico critico intorno al monumento da innalzarsi al Tiziano. Pella Venezia e sue lagune scrisse i capitoli sulla architettura, scultura, calcografia in Venezia.

Francesco dall'Ongaro morto nel 1872 ebbe i suoi scritti d'arte riuniti in una edizione postuma del 1873. Gli ultimi suoi anni li dedicò all'arte ; trattò della esposizione nazionale di Milano, sull'arte e l'industria artistica in Italia, e sull'arte italiana a Venezia.

De Boni Filippo pubblicava nel 1840 le biografie degli artisti coi tipi del Gondoliere. È una continuazione, come dice l'autore, anzi un completamento dal libro del Ticozzi mancante ed inesatto. Il lavoro del De Boni è una compilazione fatta coll'aiuto delle storie e dizionarii di altre nazioni, e specialmente di quelli italiani. Dei pittori viventi a quell'epoca il De Boni non si occupa, e in generale degli altri dà notizie poco abbondanti. Tra gli artisti comprende tutti, dal comico al cantante, al suonatore, al musicista, al pittore, all'architetto ecc.

Giuseppe Valentinelli, bibliotecario della Marciana illustrò i marmi di quel Museo ; Cesare Foucard tenne una importante lettura sulla pittura sui manoscritti di Venezia, esistente negli atti dell'accademia del 1857, Ludovico Cadorin morto nel 1893, pubblicò alcuni studii teorici e pratici di architettura ed ornato per la erezione delle fabbriche, specialmente in terracotta ; il Cadorin era professore d'ornato all'accademia di Belle Arti.

Cattaneo Raffaele morto il 12 dicembre 1889 di soli anni 28, fece l'illustrazione della Chiesa di S. Marco edita dall'Ongania, disegnò il monumento a Pio IX a Roma, scrisse rapporti al governo sui restauri di S. Apollinare a Ravenna, e stampò un'opera sulla architettura medio evale.

Il Cattaneo era allievo della Accademia, e assistente alla cattedra di estetica, tenuta dal professor dall'Acqua Giusti Antonio.

Lunga enumerazione sarebbe quella di tutti coloro che lessero nella occasione delle aperture annuali delle esposizioni artistiche della Accademia; vi troveremmo far essi chiari nomi quali: Francesco Aglietti, Giuseppe Barbieri, Giuseppe Bianchetti, Bartolomeo Gamba, Tommaso Locatelli, Leonardo Manin, Luigi Pezzoli, Filippo Scolari, Carrer Luigi, Antonio Neumann Rizzi, Berti Antonio, Lazzari Vincenzo, Jacopo Cabianca, Dall'Acqua Giusti Antonio, Giacomo Zanella, Aleardo Aleardi, ed altri. Così molti furono i critici d'arte che su pei giornali e in altro modo si fecero conoscere a Venezia nel secolo decimonono, quali l'abate Bastian Barozzi, Passeri Bragadin, l'abate Filippo Draghi scrittore di garbo e chiarezza non comune, di giudizii giusti ed assennati, l'abate Giuseppe Defendi, Alessandro Zanetti, Pietro dall'Oca, Pietro Zandomeneghi lo scultore, felicissimo anche come scrittore, Federico Odorici, J. Jacopo Pezzi, Tommaso Locatelli ed altri.

Ricorderò infine Antonio Dall'Acqua Giusti, professore di storia all'Accademia di Belle arti, e d'estetica.

Fece i seguenti lavori di critica d'arte: La

loggia del doge Ziani 1880. Cenni sul pittore
Ludovico Lipparini 1869, I poemi omerici. 1890.
Icaro e Dedulo del Canova 1877, L'arco acuto
e i Guelfi 1885. Morì nel 1896 più che settantenne.

CAPITOLO III.

Accademie

SOMMARIO: *Accademie antiche — Ateneo Veneto — Sua origine — Istituto di lettere scienze ed arti — Accademia dei Sibilloni — Collegio Faloppiano — Ab. Antonio Traversi — Ab. Giovanni Piva — Gabinetto di lettura di G. B. Missiaglia — Società veneta dei bibliofili — Ab. Prof. G. B. Piamonte — Società Ugo Foscolo — Deputazione di storia patria — Antica accademia di pittura e scultura — Filippo e Daniele Farsetti — Nuova Accademia di Belle Arti — Alunnato di Roma — Società promotrice di Belle Arti.*

Per completare l' esposizione del movimento intellettuale specialmente letterario artistico nel secolo decimonono a Venezia, renderemo altresì sommario conto, di quelle accolte di uomini di vaglia che posero a contributo comune il loro sapere, affine di dar lustro maggiore, coi loro lavori, alla nostra città.

Era di già tradizionale in Venezia, nei tempi della sua passata grandezza, la formazione di letterarii sodalizii, che sotto varii nomi si erano resi famosi, per i servizii resi alle umane lettere. Essi per lo più erano sorti sotto il patronato o la cooperazione di chiari patrizii, e chiamati col nome di Accademie, vennero come tali lodate e conosciute; quali la celebrata Accademia Aldina, l'accademia della Fama ed altre. Ma sopra tale argomento, espressamente si intratteneva, nella sua dissertazione sulle Venete Accademie, Michele Battaggia. Quanto poi alle ragunanze scientifico letterarie nel secolo decimonono, ne diceva qualchecosa, compendiando quanto si sapeva, Giovanni Veludo, nella Venezia e sue lagune; sicchè a noi resterà in parte il compito, di ripetere ciò che da altri fu detto, salvo d'aggiungere qualche circostanza, o notizia, non ancora ricordata.

Cominciammo intanto dall'additare come nel principio del secolo decimo nono, venisse formata la società letteraria dell'Ateneo; Società eminentemente veneziana, nel suo intendimento, e nel suo scopo.

Società benemerita sopratutto, per aver fra le sue mura aperto il campo a lotte legali, incruente ma efficaci, contro lo straniero, sia nell'epoca che precesse l'insurrezione del quarantotto, sia coll'aver conservato in appresso, lo spirito nazionale, ad onta di una sospettosa vigilanza, che esercitavasi sia nelle sue letture, che nelle sue riunioni.

L'Ateneo Veneto ebbe vita in virtù di un decreto napoleonico, del 25 dicembre 1810, e venne formato dallo scioglimento di altri tre corpi, cioè della Società Veneta di Medicina istituita nel 1789, della Accademia dei Filareti, e dell'Accademia Veneta di Belle lettere. L'incorporazione di queste tre diverse associazioni avvenne di fatto nell'anno 1812, e la prima sessione fu tenuta nello stesso anno, presieduta da Francesco Aglietti. Dell'Ateneo si hanno regolamenti del 1822, statuti del 1825, e del 1841. Ricordi storici furono scritti sull'Ateneo da Gaetano Ruggieri nel 1827, da Luigi Casarini 1838–1846, e stanno nei cinque volumi delle esercitazioni.

Diremo partitamente delle tre associazioni.

L'Accademia Veneta letteraria secondo il Moschini ebbe principio nell'anno 1803, e secondo il Cicogna ed il Battaggia nell'anno 1802; ne fu fondatore il Consigliere Giovanni Rossi, in unione ad altri letterati.

Questa accademia nell'anno 1809 e seguenti, si ragunava in alcune stanze del Primiceriato, ossia nel Monastero di Santa Apollonia, che apparteneva ai primicerii; e prima secondo il Battaggia avea tenuto le sue sessioni nel gennaio 1802, in una stanza del parroco di S. Germiniano, ove convenivano gli accademici

fino al 1808, poi passò in casa Marini a S. M.
Formosa, quindi, come si disse, nelle stanze del
primiceriato.

L' accademia dei Filareti, era stata aperta
nell' anno 1804, ed istitutore ne era stato il
conte cavalier Francesco Cattaneo, nella propria
casa, a vantaggio sopratutto dei suoi figliuoli ;
si radunava ogni giovedì, e durò fino al tempo che come la Società Veneta sopra descritta
di belle lettere, venne a far parte dell' Ateneo.
L' accademia dei Filareti aveva per impresa,
Pallade armata, col motto : *virtutem posuère
dii, sudore parandam*.

La società veneta di medicina era la più
vecchia, perchè istituita nel 1789, dal Dottor
Andrea Valatelli nella propria casa col concorso
di 24 medici. Confermata questa associazione
con decreto del Senato del 10 dicembre 1791,
veniva nello stesso tempo innalzata alla dignità
di pubblico stabilimento con promesse di protezione. Era sorvegliata dal Magistrato di Sanità, per gli oggetti di salute, e quanto al resto
dai riformatori dello studio di Padova.

La società di medicina, dalla casa Valatelli,
dove era stata fondata, era passata in un altra
casa a pigione a S. Fantin, poi per decreto 28
febbraio 1793 dei riformatori dello studio di Padova, passò nel convento degli ex Gesuiti. La
società quindi per qualche tempo si sciolse, poi
per decreto della Prefettura 5 settembre 1807,

le venne concesso di ripigliare le sue sessioni. Un decreto Vicereale del 25 Gennaio 1808 le accordó per residenza la scuola di S. Girolamo, a S. Fantino ; allora la Società era composta di 36 medici, con segretario perpetuo il Dr Francesco Aglietti. In appresso la residenza della Società di medicina, diventò residenza dell'Ateneo Veneto, la cui prima sessione inaugurale, come si disse avvenne il 12 gennaio dell'anno 1812.

D'origine puramente napoleonica, si fu l'Istituto di lettere scienze ed arti, che dapprima risiedeva unicamente a Milano, con sezioni a Venezia, Padova, Verona e Bologna ; esso venne ristabilito nell'anno 1838, con sedi a Milano e Venezia, ad oggetto di promuovere gli studii che hanno immediato e principale potere sulla prosperità e sulla coltura scientifica generale delle province.

L'istituto è dotato dal governo, ed è composto di socii onorarii effettivi e corrispondenti, nè è duopo dirne di più, notoria essendo la sua importanza.

Per la sua originalità, accenneremo ad una società di letterati, che sotto il nome di accademia dei *sibilloni* si era riunita in Venezia nei primi anni del secolo decimonono, precisamente nell'anno 1803 secondo il Battaggia ed il Cicogna, che poi disciolta si ricostituì negli anni 1813–1814.

Iniziatore ne era stato un padre Grossi, au‐
tore delle rime piacevoli di un Lombardo, il
quale venuto a predicare a Venezia, frequen‐
tava la casa Mondini in contrada S. Angelo in
calle degli avvocati.

Univansi i socii accademici per comporre
sonetti con rime obbligate, ma colla condizione
che venissero composti, in meno di un quarto
d'ora. A tale effetto stava appositamente collo‐
cata una Clessidra nel tavolo, che misurava il
tempo stabilito.

Questa privata accademia dei sibillenisti, die‐
de maggior segno di vita di se, nell'anno 1813,
all'epoca del blocco di Venezia.

I sonetti composti dagli accademici furono
impressi nel 1815 in numero di trecento, a cura
specialmente del poeta Gaetano Fiaschi, in 600
esemplari in 8,° e il Fracasso ne assumeva a
sue spese l'edizione ; a proposito della quale
pubblicazione, è curioso ciò che ingenuamente
confessa il Cicogna, di aver cioè adoperato sei
risme di carta del governo, per darla al Segre‐
tario pella stampa dei Sibilloni.

Fondatore dell'accademia oltre il padre Grossi
fu il notajo Ruggero Mondini e l'accademia durò
fino alla sua morte avvenuta a Padova nel 1821.

Si annoveravano fra i socii, Ruggero e Mo‐
rando Mondini, Giovanni Dolfin, Francesco Caffi,
Emanuele Cicogna, Vettore Benzon, Gaetano
Fiaschi, segretario ed altri.

Noteremo àltresì un così detto collegio Fal-
loppiano, istituito a Venezia nella bottega da
caffè del Gobbo in calle dei Fuseri, nel 1797,
poi passato in una privata abitazione. Ogni
socio dovea esser chiamato, dal nome di un
fiore, di un erba, di una pianta. Il Collegio
coltivava la poesia seria e bernesca, di cui fu
stampato un saggio nel 1824, e in appresso diede
alla luce altre due pubblicazioni. La società
visse, riformata fino ai nostri giorni, col solo
scopo del piacevole ritrovo e del giuoco.

Il fondatore della società, si diè il nome di
dottor Falloppa, alludendo alle falloppe o pan-
zane o favole che correvano per quei giorni di
mutamenti politici, a Venezia, e falloppiani furono detti i socii. Ogni tre mesi, si rinnovava
la direzione, o come dicevasi la Banca, e in
quella occasione si dava un desinare, e si reci-
tavano delle poesie, che venivano raccolte, e
delle quali si scrisse, che ve n'erano tre buoni
volumi.

Il Michele Battaggia ricorda l'abate Antonio
Traversi provveditore del Liceo convitto a santa
Catterina, che nel 1808 istituiva una accademia
che durò solo due anni, composta di giovani,
che tenevano sessione, il giovedì. Si ricorda
pure l'abate Giovanni Piva che nell'anno 1811
istituiva una accademia di giovanetti chiamati
gli *Invulnerabili* durata fino all'anno 1818, in
cui morì il Piva, elogiato da P. A. Paravia,

che conservò la memoria di questa accademia. Nell'anno 1830 Gio. Batta Missiaglia, istituiva un gabinetto di lettura con settanta giornali ed una biblioteca circolante, il che tutto nel 1838 passava in possesso di una privata Società; nell'anno 1844 stampava il suo programma, la Società veneta dei bibliofili, della quale uno dei primi fondatori fu Francesco Berlan.

Si prefiggeva per scopo la restaurazione della lingua italiana, mercè la pubblicazione dei classici, rendendone popolare la lettura.

Il prof. abate G. B. Piamonte, fino dall'anno 1834 raccoglieva settimanalmente in sua casa, alcuni giovani studenti, che leggevano lavori d'arte, letteratura, filosofia, conservando però il proprio carattere di associazione privata.

Alla morte del Piamonte fu chiamato alla direzione il sacerdote Leonardo Perosa. Non sottacceremo la società *Ugo Foscolo* fondata nel 1868, che avea per scopo la istruzione vicendevole, per mezzo di letture, discorsi e discussioni, durata solo tre anni.

La Deputazione di storia patria ebbe origine dietro l'impulso dato dal ministro Scialoja, con sua lettera del 5 Marzo 1873. Convocati parecchi personaggi si nominò una commissione per redigere lo statuto e per le altre pratiche preliminari; della commissione formavano parte Rinaldo Fulin, Federico Stefani, Giuseppe Valentinelli, Teodoro Toderini. Nicolò Barozzi. Il

17 maggio 1873 l'abate Rinaldo Fulin presentava la relazione, proponendo la costituzione della Società, ed altri provvedimenti. Nel 20 Maggio 1874 la società veniva formalmente costituita, e nel 3 Giugno 1875 sopra relazione dell'abate Fulin, si approvava l'intero statuto, dichiaravasi cessata la Giunta provvisoria e si passava alla elezione delle cariche sociali nelle persone del Conte Giovanni Cittadella, presidente, del prof. Giuseppe De Leva, e Fulin prof. Rinaldo vicepresidenti, e i sei consiglieri Nicolò Barozzi, Guglielmo Berchet, Antonio Caccianiga, Joppi Vincenzo, Martinati Pietro Paolo, e Stefani Federico. Il Conte Giovanni Cittadella di Padova, noto pella sua storia della dominazione Carrarese in Padova (Padova 1842, coi tipi del Seminario) fu anche Presidente dell'Istituto Veneto. La Deputazione di storia veneta continua ad esistere ed ha per organo il Nuovo Archivio Veneto, e pubblica importanti lavori separati sulla storia Veneta.

Ed ora accennato alli collegii letterarii e scientifici diremo alcuna cosa per quanto si riflette all'arte.

Fino dall'anno 1755, il governo veneto avea regolato una pubblica accademia di pittura e scultura ed architettura, con Statuti approvati dal Senato il 20 dicembre 1771, e che ebbero vigore fino alla fine della Republica. Alla mancanza di gessi, tratti dai capolavori antichi avea provveduto Filippo Farsetti, radunandone gran numero nel suo palazzo, a servizio degli studiosi. Daniele Farsetti, succeduto al cugino Filippo, continuò a tenere aperta la galleria ; ma alla caduta del governo, dal di lui figlio venne dispersa, meno pochi pezzi rimasti, che comperati dal governo austriaco, restarono a profitto dell'Accademia.

Questa, prima aveva la sua sede nel cosidetto Fonteghetto, cioè dove ora si trova la capitaneria del Porto, quindi passò nel palazzo Farsetti, nel quale anche si diedero le prime lezioni dell'accademia, istituita dal governo Napoleonico, finchè nell'anno 1807 essendo stato destinato l'edifizio di S. M. della Carità, per collocarvi i migliori quadri ritirati dalle Chiese, e corporazioni soppresse, vi fu allora collocata dal governo napoleonico la nuova Accademia di Belle arti.

Non voglio qui dimenticare incidentalmente, una privata accademia di disegno e di intaglio, istituita da Almorò Pisani, morto a 26 anni l'undici Gennajo 1766, essendone maestro e direttore Pietro Longhi, e lavorandovi lo stesso Pisani, come narra il G. A. Moschini nella sua inedita incompleta storia dell'Incisione a Venezia.

Ma ora tornando a parlare dell'Accademia di Belle Arti, ricorderemo la bella memoria intorno a questa del professore Antonio Dall'Aqua Giusti, dettata per l'Esposizione di Vienna del 1873 e che sarà utile cosa, il consultare per avere notizie estese e dettagliate. Ricorderemo intanto, che ai primi locali destinati per l'Accademia, vi furono aggiunte altre due sale e più tardi altre tre, chiamate nuovissime finchè nell'anno 1885 si costrusse l'apposita sala per l'Assunta del Tiziano, e per altri capolavori di altri sommi pittori della scuola veneziana.

Dall'anno 1807 all'anno 1838, l'accademia venne governata da uno Statuto provvisorio, al quale fece seguito altro che · ebbe vigore fino all'anno 1850, finchè nell'anno 1878 furono applicate altre norme.

Importante istituzione annessa alla Accademia di Belle arti, si era quella dell'alunnato di Roma fondato dal principe Eugenio Beauharnais con decreto 5 Luglio 1804 per le Accademie di Milano e di Bologna, privilegio che poi venne esteso all'Accademia di Venezia con decreto 19 Marzo 1808.

Per esso venivano mandati alternativamente a Roma e mantenuti per tre anni quattro alunni fra i più distinti, uno nella pittura, uno nella scultura, uno nella architettura, e uno in quella di queste tre arti che avesse avuto maggior numero di concorrenti in parità o approssimazione di merito. La prima Accademia che . doveva usufruire di questo vantaggio per turno si era quella di Milano, poi Venezia, poi Bologna. Gli allievi studiavano a Roma, nel palazzo di Venezia.

Questo alunnato anche al cadere del governo napoleonico, veniva conservato alle accademie di Venezia e di Milano ; di fatto a Venezia durava fino al 1866, e di diritto veniva soppresso come mi comunicava gentilmente il D.r Domenico Fadiga nel 1877, mentre in quello stesso anno, venivano invece istituiti premii di incoraggiamento di primo e di secondo grado, i quali però, poco durarono, perchè fecero cattiva prova.

Nel 1891 furono repristinati i pensionati di Roma sotto il nome di pensionati artistici, dichiarandosi che cessava la necessità dei concorsi, per composizione, ai premii di incoraggiamento. Tali notizie mi favoriva il sullodato Domenico Fadiga segretario dell'Accademia.

L'Accademia di Belle Arti di Venezia veniva organizzata nel 12 febbraio 1807, e suo primo presidente fu Almorò Alvise Pisani, e segretario Antonio Diedo, con G. A. Selva professore di architettura Galgano Cipriani per l'incisione, Teodoro Matteini per la pittura, Luigi Pizzi per la scultura.

Nell'anno 1808 fu eletto presidente il conte Leopoldo Cicognara di Ferrara, e l'Accademia fu aperta per la prima volta alla Carità, della cui Chiesa, deplorasi, come non venisse conservato il Mausoleo dei dogi Marco ed Agostino

Barbarigo mentre non fu salvata che la statua di Agostino che trovò rifugio nel Seminario. All' Accademia, ai gessi Farsettiani si aggiunsero nei 1823, quelli del Partenone e del tempio di Egina.

Andavano poi annessi all' Accademia per incoraggiamento dei giovani, alcuni concorsi istituiti da privati, quali Treves, Reali, ed altri.

Nulla dirò dell' organizzazione interna dell' Accademia, riflettendo questa più il concetto amministrativo, ma mi intrattengo in altro capitolo sui benefici effetti da essa esercitati, per l' arte, che ebbe in Venezia a suo impulso, una epoca di vita vigorosa, e feconda.

Ricorderò da ultimo la privata società promotrice di Belle Arti, che in embrione esisteva a Venezia precedentemente al 1864 la cui opera si restringeva soltanto a raccogliere un dato numero di azioni con una parte delle quali venivano acquistati dipinti ed altri oggetti d' arte che si cavavano a sorte tra i Socii, coll' altra veniva litografato od inciso un ricordo annuale per i Socii. Nel 1864 alcuni volenterosi si proposero di riformare l'istituzione dandole per scopo l'incoraggiamento ed il progresso degli artisti, unendovi una esposizione permanente.

Nel primo Luglio 1865 venne aperta l'esposizione nel palazzo Mocenigo a S. Benedetto, e in cinque mesi vi furono esposti più di 300 oggetti d' arte.

Vi figurarono i principali artisti quali Rota Antonio, Borro Luigi, Zandomeneghi Pietro, Ferrari Luigi, Giacomelli Vincenzo, Blaas Eugenio, Nani Napoleone, Viviani Luigi, Paoletti Antonio, Moretti Larese Eugenio, Zanin Francesco, Stella Guglielmo, Ghedina Giuseppe, Caffi Ippolito, Moja Federico, Benvenuti Augusto, Boscolo Luigi, Carlini Giulio, Querena Luigi, Dalla Libera G. B., Grigoletti Michelangelo, Nerly Federico, Rossi Giovanni, Podio Enrico, Castellazzi Giuseppe, Cecchini Eugenio, Lavezzari Giovanni, Toso Francesco, Giannetti Raffaele, Micheli Giuseppe, Ciardi Guglielmo, Prosdocimi Germano.

Oltre gli artisti suindicati esposero dal 1865 al 1876 Albrizzi Conte Alessandro, Alessandri Angelo, Allegri Carlo, Barlaffa Pio, Bedini Alessandro e Policarpo, Blaas Carlo e Giulio, Bordignon Noè, Brandeis Antonietta, Canella Giuseppe, Cecchini Giulio, Da Rios Luigi, Della Valentina Silvio, Favretto Giacomo, Felici Augusto, Ferruzzi Luigi, Galter Pietro, Gavagnin Natale, Hayez Vincenzo, Kirchmayr Cherubino, Lancerotto Egisto, Levorati Ernesto, Matscheg Carlo, Mion Luigi, Molmenti Pompeo, Pajetta Pietro, Roi Pietro, Rosa Luigi, Squarcina Giovanni, Zezzos Alessandro, Zona Antonio.

L' esposizione permanente passò nel palazzo Vianello alla Carità nel 1873, poi in una casa in Piazza Manin, quindi nel palazzo Rota alla

Carità, e finalmente nel 13 marzo 1892, nel cortile numero otto del palazzo reale, dove rimase fino al 1897.

I dati esposti mi furono favoriti dal Conte Filippo Grimani come pure quelli in altra parte riferiti sul Liceo musicale Benedetto Marcello.

CAPITOLO IV.

PARTE I.

Arte ed Artisti

Il sentimento del bello è innato in ognuno, e l'arte nel suo più largo significato comprende tutto ciò che sotto diversi aspetti è manifestazione di quello ; perciò questa inclinazione verso il bello, verso l'arte, è universale.

Il bello vince e soggioga il cuore più indurito, dà origine alle concezioni di spiriti eminenti, avvicina l'uomo a quell'agognato ideale, cui sempre tende nelle sue segrete aspirazioni, e tradotto in atto si manifesta colla nobiltà e colla elevatezza dei concetti, colla correttezza e col bagliore della forma.

Quando noi siamo alla presenza delle opere di qualche genio dell'arte, ci sentiamo sorpresi, sgomenti, pella novità e pella potenza del pensiero, per esse rivelato.

I nomi dei grandi poeti e dei grandi artisti, sono quelli che avendo segnato nel mondo un orma incancellabile, risplendono, come soli, a guida e conforto della umanità ; sempre intatti, sempre vittoriosi di fronte a qualsiasi politico o sociale cataclisma. Chi dalle passioni conturbato vuol fuggirne le amarezze, si rivolge a questa dea, che si libra in una regione serena, all'arte, nella cui azione rigeneratrice tutte le genti si accordano.

·Che se si vuole parlare in ispecie dell'arte figurativa, essa trova la sua costante guida nella forma esteriore, nell'insegnamento che le impartisce l'eterna maestra, la natura. Essa do—

vrebbe ripugnare da ciò che in questa vi è di deforme e di turpe, e accogliere quanto vi è di bello ed ineffabile : così, il ridente verde dei prati, tempestati di fiori variopinti, e i monti selvosi, e le roccie scoscese, e il corso dei fiumi, e i rapidi torrenti, e il mare sterminato, e il limpido azzurro dei cieli, e l' infinita varietà degli esseri viventi, e infine quella stessa struttura dell' uomo, la più perfetta delle creature, il più corretto tipo del bello sensibile.

Pure il genio dell' uomo non si circoscrive a solo quanto la natura gli fa cadere sotto i sensi, non limita l' opera sua alla sola imitazione, ma animato dalla ispirazione, novello Prometeo, rapisce al cielo una scintilla di fuoco, creatore, e si fa creatore egli stesso, trasfondendosi ed immedesimandosi nei suoi lavori.

Attraverso le umane istituzioni, che sorgono, s' ingrandiscono, muoiono, l' una all' altra sovrapponendosi, senza che talora resti vestigia dell' esser loro, l' arte la vediamo correre imperterrita lo spazio dei secoli, trionfante fra le universali rovine.

È l' arte che ricorda in forma duratura la vita dei popoli. Sono i vetusti monumenti, gli antichi poemi che trasportano le nostre fantasie ad epoche remote facendole rivivere in mezzo a popoli e costumi obliati.

L' arte da umili principii, sale ad epoche di splendore, decade quasi all' annientamento, ma si risveglia e si rinnova più bella più potente di prima.

Non evochiamo esempii ; ci basta ricordare Venezia nostra, dove avviene il più sublime assorellamento della natura e dell' arte.

Non vogliamo descrivere i monumenti che restano, non i sontuosi templi, non le immani fabbriche pubbliche e private ; non accenneremo alla nostra pittura veneziana ricca, varia, degna emula della pittura delle altre scuole d'Italia, non ripeterò nomi che corrono sulle bocche di tutti ; basti affermare una cosa sola, che l' arte fu a Venezia grande in tutte le sue manifestazioni, e ancora alla metà dell' ultimo secolo quantunque lo stato della città e la floridezza sua non fossero paragonabili, a quelli dei tempi più fortunati, pure Venezia annoverava ancora nel suo seno artisti degni d' encomio, ed alcuni, eminenti.

All' istante della caduta della republica però l' arte si può dire fosse in Venezia in un periodo di dejezione.

Travolti dal tempo erano spariti omai il Liberi, il Lazzarini, il Piazzetta, il Tiepolo, il Canaletto, il Guardi, la Carriera, e per essi si era chiusa degnamente la vita dell' arte nel settecento.

L'attenzione pubblica limitavasi allora soltanto verso il padre e figlio Guarana, pittori certo non di primo ordine, Longhi Alessandro ritrattista, i pittori Francesco Maggiotto, Pietro Novelli e il figlio Novelli Francesco incisore, Maccarucci Bernardino, e Gio. Antonio Selva architetti, Bussoni Bernardino buon pittore e arazzista, Cumano Costantino incisore, Antonio d'Este scultore, amico del Canova, Morlaiter Michelangelo pittore, Zucchi Antonio pittore.

Valeva però per tutti, unica eccezione, il lampo del genio canoviano, avviato e protetto nel sentiero della gloria dall'opera, divinatrice e intelligente dei benemeriti patrizii Zulian e Falier.

Che se scarsa e relativamente di poco valore era la schiera degli artisti all'epoca della caduta, devesi oltreciò deplorare, quanto in generale, meno rare eccezioni, fosse venuto meno anche l'amore per l'arte e per gli antichi capolavori in Venezia verso la sua fine. Difatti basta leggere il Moschini, e si potrà vedere quanto l'oro forestiero, anche nel settecento avesse rapito a Venezia, in fatto di quadri, di stampe e cammei.

Triste presagio di ciò che sarebbe avvenuto più tardi, sia per l'opera dello straniero invasore, sia per volontà degli stessi cittadini, costretti dal bisogno, o per mero amore di lucro, pronti a disfarsi di gallerie, e di musei che andarono ad arricchire le raccolte oltremontane e oltremarine.

Il rinnovamento dell'arte a Venezia già iniziato dal forte genio del Canova, si raffermava al principio dell'ottocento mercè l'istituzione napoleonica dell'Accademia.

Teodoro Matteini chiamato in seno a qnella, a coprire la cattedra di pittura, non tanto valse per il sapere proprio, quanto per la impartita educazione artistica, ai suoi allievi, ai quali seppe imprimere il proprio impulso. Quegli allievi, fu detto, divennero artisti, che si staccarono dal manierismo del settecento, e seppero dare una singolare fisonomia alle loro opere attenendosi più al vero che non al verosimile.

Il Lattanzio Querena, siccome dice lo Zanotto, pittore della vecchia scuola, approfittò degli insegnamenti della nuova, ed è guardato quale anello che congiunge la storia pittorica del passato col presente secolo, e . Natal Schiavoni e Liberal Cozza e gli allievi loro concorsero in questo movimento. L'Hayez eccedendo sopratutti per la moltiplicità ed importanza dei soggetti e per la loro impronta caratteristica, personificava in sè il rinnovamento dell'arte nella sua epoca. Nella seconda metà del secolo, essa cominciava un po' a declinare quantunque Venezia potesse ancora presentare lo Zona, il Molmenti, il Nani pittori ispirati alla grande arte veneziana.

·Le annuali esposizioni dell'accademia, andavano a poco a poco intisichendo, fino a ridursi a vere miserie artistiche sia perchè i pittori di vaglia lavoravano, senza esporre i loro quadri mandandoli alla loro destinazione, sia per le esposizioni nazionali o internazionali che, venute di moda, toglievano ogni importanza alle modeste esposizioni locali.

Nel campo dell'arte frattanto iniziavasi dai giovani una nuova scuola che si disse realistica, da contrapporsi agli accademici ed a quelli che lavoravano con troppa cura o finezza, o come dicevasi, leccavano troppo i quadri.

Parmi si possa affermare che l'arte moderna o meglio contemporanea, ha preso un nuovo airè, tutto suo proprio. Bandite di regola le grandi composizioni, e i quadri di sentimento, le scene vengono tolte dal vero, dal reale, quindi, la gran folla di quadri di paese e prospettici, dove si ha per soggetto la copia della natura. Notato ció non é raro altresì il vedersi, una sprezzatura di tocco, che in alcuni casi confina assolutamente colla esagerazione. È però vero che il bello avvince sempre il cuore umano, ed anche la nuovissima scuola, ottiene effetti mirabili quando si conduce con moderazione e misura.

Dopo tutto, l'arte contemporanea a Venezia ha preso un forte slancio, e l'esposizione italiana del 1887, e le di già istituite esposizioni biennali d'arte internazionale, cominciate nel

1895, vi contribuirono in molta parte, e il secolo decimonono chiuse molto onoratamente la
sua fine.

Al principio di quello, restava dei tempi di
Venezia republica, vivente ancora, Francesco
Maggiotto, figlio di Domenico pittore pur esso
morto nel 1794, e scolare del Piazzetta. Così fu
pure scolare del Piazzetta, Antonio Marinotti
morto nel 1803 ricordato dal Longo, dal De Boni
ecc. Dicesi superasse qualche volta il Maestro.

Visse in casa Emo e Fanzolo. Era nato a
Chioggia nel 1720, e perciò era detto il Chiozzotto.

Francesco Maggiotto moriva nel 1805 avendo
educati diversi allievi ed avendo lavorato molto
nella sua città. Era stato insegnante all'Accademia veneta. Leggesi la sua biografia nell'Archivio veneto estesa da Andrea Tessier. Nel 1806
moriva a Venezia Michelangelo Morlaiter, figlio
dello scultore Giammaria morto nel 1781, ma
che da molti anni avea lasciato di dipingere; però
non ebbe certa fama..

Jacopo Guarana nato nel 1727 morto nel
1808 fu scolare del Tiepolo, dipinse nel palazzo
ducale e in altri luoghi di Venezia, e la cupola
di S. Vitale a Ravenna. Il suo figlio e scolaro
Vincenzo nato nel 1750 morì nel 1815, non rag-
giungendo però la celebrità del padre e lasciando i suoi lavori nelle chiese e nei palazzi
di Venezia.

Longhi Alessandro figliò di Pietro nacque nel 1735 e morì nel 1815 (1813 ?). Fu specialmente ritrattista ed incisore all' acqua forte. Dipinse i ritratti del doge Paolo Renier, del doge Alvise IV Mocenigo, del doge Francesco Loredan, è l'autore delle biografie dei pittori veneziani del secolo XVIII, e colorì *la pittura e il merito*. Vanno anche ricordati, Zanchi Antonio pittore 1726-1806, Bussoni Bernardino 1746-1817, buon pittore e arazzista.

Molto operava allo spirare del XVIII secolo ed al principio del XIX G. B. Canal, figlio di Antonio.

Dipinse specialmente a fresco ed aveva a suoi emuli contemporanei il Guarana, il Costantino Cedini, il Mingardi, il Maggiotto, il Fazioli, che erano però, si disse, tutti vinti da esso per merito di colorito.

Dipinse settanta soffitti, e fra gli altri lavori si ricorda dal Cicogna, l' immenso quadro circolare che è nel soffitto della nuova scala del palazzo, eretto dove era la chiesa di S. Geminiano, rappresentante la caduta dei giganti eseguita in soli 12 giorni nell' anno 1815. Il Canal moriva il 3 Dicembre 1825 e sue notizie si trovano nel giornale delle provincie venete, dello stesso anno.

Liberale Cozza nato nel 1768 morì nel 1820. Membro dell'Accademia, ebbe elogi da Giovanni Bellomo. È ricordato come principalmente studiatore della natura, ed è anzi accusato di troppo naturalista. Erano meravigliosi gli effetti di rilievo nei suoi quadri; il Bellomo ne descrive i migliori.

Nella mostra del 1813, il quadro più ammirato era, il suo Rinaldo ed Armida.

Molto fu lodato Lattanzio Querena di Predella in Valle di Scalva nel territorio bergamasco ; nato il 1 Novembre 1768, morto in Venezia nel Luglio 1853. Pregiavansi in lui, la forza del colorito, e il tocco facile e finito.

Trattava specialmente soggetti religiosi. Portatosi da prima a Verona, recavasi poi a Venezia, e studiava alla antica Accademia sotto la direzione del Maggiotto, e in quella sala Farsetti, dove stavano riuniti i gessi delle migliori statue. Allontanatosi per qualche tempo dalla città delle lagune, vi fece ritorno ai tempi napoleonici, per mai più abbandonarla.

Del suo merito artistico discorse, Agostino Sagredo ; nella pittura religiosa, lo chiama immaginoso e potente, nella profana, convenzionale ; però nelle grandi composizioni, valente ; si distingueva nelle copie e copiò la famiglia di Dario ai piedi di Alessandro, di Paolo, e rifece la figura di S. Pietro, nel quadro dell'Assunta del Tiziano.

Come suoi lavori originali sono ricordati fra i migliori, il martirio di S. Apollinare, la resurrezione, il Trionfo della Croce, Mosè chiedente a Faraone la libertà ed altri.

Teodoro Matteini morì a Venezia nel 1831 di anni 78 ed era nato a Pistoia. Antonio Diedo nel 1841 ne intessè l'elogio. Recatosi il Matteini, da Pistoia a Roma, passò quindi a Milano e Bergamo finchè nel 1802 venne a Venezia, dove fu eletto professore di pittura, poi nel 1804 accademico scelto e maestro di disegno ai giovani ; nell'aprile 1807 fu chiamato professore nella nuova Accademia in quell'anno istituita. Lo Zanotto commenda il Matteini perchè per lui restavano a Venezia i gessi del Farsetti, e perchè la pittura veneziana deve in gran parte a lui il suo risorgimento. Furono allievi del Matteini, Darif di Udine, Ferracina di Bassano, Busato di Vicenza, Murari di Firenze, Santi di Murano, Hayez, Dusi di Venezia, De Min di Belluno, Fanolli di Cittadella, Lipparini di Bologna,

Il Matteini, si distinse nella pittura storica, ed il suo capolavoro è l'Angelica e Medoro, scolpito dal Morghen. Il Diedo encomia il Matteini per la correttezza del disegno, e nella copia di capilavori di grandi artisti italiani, lo dice più interprete che copiatore, quasi indovino dello stesso modello. Oltre al Morghen anche Felice Zuliani incideva i suoi lavori.

Natale Schiavoni nato a Chioggia il 25 aprile 1777 morì il 16 aprile 1858. Scrisse di lui e di Felice Schiavoni, Luigi Sernagiotto in un grosso volume pubblicato nel 1881. Nel maggio 1858

avea parlato di Natale Schiavoni, Nicolò Barozzi,
nello Spettatore di Firenze. Il libro del Sernagiotto è abbondante di particolari molto eruditi,
e copioso di osservazioni, improntato a franchezza di sensi e di parole. Il Sernagiotto non si limita a far cenno dei suoi artisti, come è detto
anche nel titolo, ma contempla le vite, le opere,
i tempi loro, e descrive Venezia sotto l'aspetto
artistico letterario e politico. Ci limiteremo per
tanto a dire che Natale Schiavoni scopriva e
salvava la tela dell'Assunta del Tiziano; e che
nei suoi primi anni fu anche valente incisore,
specialmente nella Maddalena, e nell'Assunta.
Dopo questi lavori si dedicò esclusivamente alla
pittura, specialmente scegliendo a trattare le
donne. Studiò i bei tipi di donne veneziane e
ne fece delle Veneri e delle Maddalene. Dicesi
il suo nudo non fosse turpe, però le sue donne
molto seducenti. Studiò il vero ed imitò la natura, e riuscì nel disegno, nella espressione, nel
colorito specialmente delle carni. Perciò fu detto
il pittor delle Grazie. Trattò il disegno a penna,
e la miniatura sopra avorio. Primo suo tipo di
femmina che dipinse pello Czar fu una Ebe, da
quella condusse ben tremila tele di donne, facendone il più gran numero dal 1828, al 1835.
Altri suoi quadri furono, il Bacio d'Amore e
Psiche, Santa Cecilia, Io, Santa famiglia, la pala
dell'Assunta ed altri. Ultimo suo quadro fu il
giudizio di Paride, e la riproduzione della Ninfa

al Bagno nel 1855, e un Addolorata per la moglie. Fino dai suoi primi anni il Natale Schiavoni avea provato forte inclinazione per l'arte, a dodici anni mostrava la sua valentia nell' incisione. A Venezia frequentò l'accademia del palazzo Farsetti, studiò disegno, prospettiva, ornato sotto la disciplina di Francesco Maggiotto. Dal 1798 al 1807 dimorò a Trieste quindi a Milano fino al 1815, incontrando quivi l'amicizia dell' Appiani e dell'incisore Giuseppe Longhi. Non cominciò a dipingere ad olio che nel suo quarantacinquesimo anno.

Molto fu lodato Giovanni Servi che nel 1822 era alunno pensionato all'Accademia. Lavorò due grandi cartoni: Teseo all'ingresso del Labirinto e un S. Giovanni Evangelista. Nel 1826 condusse un gran quadro ad olio d'invenzione, Attilio Regolo che esce dal tempio di Bellona per tornare a Cartagine. Nel 1835 è lodato da Tommaso Locatelli pel suo quadro storico Niceta e la sua famiglia salvato da un veneziano, alla presa di Costantinopoli. I casi di Jacopo Foscari e di Marino Falier, gli diedero soggetto a due altre tele. Da Venezia si recò a lavorare a Milano; dallo Zanotto fu detto pittore originale di grazia non comune, che seguiva il modo veneto di colorire.

Gaetano Astolfoni membro dell'Accademia, esponeva nel 1819 una Maddalena, nel 1821 delle copie apprezzate, nel 1822 una copia d'altare, e nel 1825 copia dal Rembrandt. Nel 1840 si loda il suo S. Giorgio Illuminatore che battezza il Re d'Armenia, e nell'anno successivo Gesù che disputa nel tempio. Si disse dell'Astolfoni che il suo merito principale fu quello di ottenere la verace imitazione dei quadri antichi. Si lodò l'armonia di tinte che sapeva ottenere, e la sua conoscenza del tono della tinta veneta.

Operosissimo artista fu Giuseppe Borsato morto di anni 79 il 19 ottobre 1849. Fu lodato da P. Chevalier, da P. Zandomeneghi e molte volte lodato da Tommaso Locatelli.

Studioso degli antichi e dei suoi contemporanei, andò sempre migliorando i suoi quadri, l'ultimo dei quali fu l'interno della chiesa dei Frari.

Lo Zandomeneghi dice che al Borsato si deve il ristauro dell'arte decorativa, che era prima guerreggiata dal gusto barrocco, e che le sue vedute prospettiche brillavano di vivissima luce. Pelle sue prospettive gli venivano commissioni da ogni parte d'Europa. Le prospettive di Venezia erano da lui preferite, e coglieva l'occasione per rappresentarvi avvenimenti cittadini, e tali quadri di Venezia, ammontavano secondo lo Zanotto, a cento. Il Borsato lavorò in tal genere di pittura per quasi tutta la metà del secolo. Pittore ornatista decorò stanze di palazzi, e ben sette teatri, fra i quali quello della Fenice, e fu anche pittore scenografo. Pubblicò una sua opera classica ornamentale, Venezia e Milano 1831.

Vedutista stimato fu anche Vincenzo Chilone che diede parecchie prospettive di Venezia. Il Locatelli lo disse semplice e vero. Chilone fu poco favorito dalla fortuna, nacque in Venezia l'anno 1758, e morì nel 1839. Fu di origine greca. Nel 1824 fu consigliere dell'Accademia, e parecchi dei suoi lavori prospettici passarono all'estero. Coltivò i talenti del Borsato, prevedendone i successi.

Francesco Canella fu pittore prospettico e così pure Giuseppe e Carlo fratelli Canella di Verona, fecero stimati quadri di genere e paesaggi. Gilio Carlo di Trieste fu pittore vedutista e visse a Milano, a Venezia e a Parigi.

Discepolo di Francesco Maggiotto, e membro dell'Accademia fu il pittore storico Carlo Bevilacqua che nel 1825 dipingeva una sacra famiglia. Esso ottenne maggior lode nel dipingere a fresco, nella qual arte dicevasi erede della bravura dei veneti.

Di lui si ha la risurrezione, pella chiesa di Fanna, una pala di colossale composizione, l'Immacolata per la chiesa di Spilimbergo fatta nel 1839, e un soffitto per una cappella di Castelfranco.

Paoletti Pietro di Belluno ivi morì il 23 ottobre 1847 di anni 46. Fu autore dei grandi

affreschi nelle sale del Pedrocchi, e del teatro
nuovo di Padova, nel 1846 condusse gli affreschi
sulle pareti dell'altar maggiore della chiesa di
S. M. Formosa, nella quale doveva farne degli
altri. Fu ricordato da F. M. Piave nella Gazzetta.
Paoletti Giuseppe fratello del precedente è ricordato per alcune vedute e per una Flora nel 1836
e nel 1839. Alynovich Anna è citata per paesi
lodati dal Locatelli nel 1835, e così Abbati Vincenzo è ricordato come pittore napoletano al
servizio della duchessa di Bery. Fece, nel 1844,
il sepolcro di Pietro Toledo vicerè di Napoli,
Cappella Minutolo a Napoli, Cappella Palatina
a Palermo, Veduta di Capri nel 1848, Coro di
Cappuccini in Napoli, ed altri quadri minori.

- Fu detto dell'Abbati che predileggeva gli
effetti straordinari. Fabio Gerardi era pensionato a Roma nel 1820. Si ricorda di lui Cefalo
e Procri. Nel 1838 si hanno lavori di Gerardi
Marietta È fatto cenno nel 1829 di Antonio
Sasso, alunno del Santi per alcuni ritratti, e di
Francesco Stiore, nel 1825 per miniature su
pergamena. Si ricorda una pala nel 1829 di
Giustiniano Vanzo da Bassano.

Tranquillo Orsi fu pittore prospettico. Nacque in Mantova nel 1771 e morì a Venezia il
9 febbraio 1844. Professore di prospettiva all'Accademia, era genero di Giuseppe Borsato, e dipinse il teatro la Fenice dopo l'incendio.

Allievo di Giovanni Migliara, dipinse molte

vedute di Venezia e d'altre città. Di lui si disse che conosceva a fondo le regole e le risorse dell'arte sua.

Sono ricordati come vedutisti Roberto Roberti che operava nel 1818, Zanardini Pietro lodato pelle vedute di Venezia che dipingeva fra il 1832 e il 1843, e Roberti Antonio vedutista di nome, già morto nel 1847.

Bagnara Francesco professore di paesaggio all'Accademia, acquistò fama pelle sue scene di teatro, e pel disegno del giardino Papadopoli. Migliara Giovanni fu distinto prospettico e professore all'Accademia 1835. Giovanni Darif riportava premi nel 1819 dall'Accademia, e dipinse negli anni successivi pale e ritratti e un quadro storico, Ovidio esiliato che parte per il Ponto, lavorato nel 1822. Ebbe lodi da Tommaso Locatelli, e da Venezia passò a Milano.

Michele Fanolli di Cittadella operava intorno agli anni 1832 e in appresso, pingendo pale e ritratti, fra i quali quello del Japelli. Disegnava le opere del Canova dalle statue e dai modelli, non dalle incisioni, ottenendo nel 1841 le lodi della stampa parigina. Odorico Politi fu professore all'Accademia, ed ebbe in lode, l'estremo dettato di Antonio Diedo nel 1847. Pinse quadri storici, pale e ritratti. Fra i primi ottenne plauso, e rimase celebre, l'Elena giocata a dadi fra Teseo e Piritoo, con figure grandi al vero; fece i ritratti di Dalmistro, di Borsato. Venne pure lodato nella prima metà del secolo Vincenzo Podesti per prospettive, quadri storici e ritratti. Molto operava Marianna Pascoli Angeli morta nel 1846 di Monfalcone, pittrice a pastello e ad olio, diretta dal Canova, e di essa e dei suoi dipinti si intratteneva Antonio Meneghelli Padova 1832. Pinse delle pale, lodate per l'invenzione, e per la finita esecuzione, e diversi soggetti profani e ritratti, e fece diversi lavori in miniatura ed intaglio. È ricordata pure la sorella Luigia Pascoli, che lavorava nell'istesso tempo.

Ricordo alcuni paesaggi del conte Leopoldo Cicognara e del figlio Francesco, negli anni 1825-1831. Antonio Baruffaldi pensionato del Cicognara esponeva nel 1822 Tancredi che dà il battesimo a Clorinda.

Il marchese Pietro Selvatico esponeva nel 1825 un suo primo lavoro ad olio e nel 1824 un progetto per un pubblico Museo. Antonibon Francesco operava intorno all'anno 1840 e successivi con quadri storici e ritratti. Fra i primi si ricorda, il ripudio di Agar, Tiziano in atto di ritrarre Lugrezia Borgia, Nicolò dei Lapi, Anna Erizzo.

Bosa Antonio, membro dell'Accademia, scultore Bassanese ebbe i figli Eugenio e Francesco suoi allievi.

Eugenio fino dai suoi 14 anni esponeva dei bassorilievi ma poichè emerse principalmente nella pittura, parleremo di lui solo in questa parte. Bosa Eugenio nacque in Venezia il 15 Settembre 1807 e morì il 3 agosto 1875. Dapprima scultore, indi fu pittore storico e di costumi, ed incisore. Giulio Pullè lo chiamò ingegno vasto e versatile. Preferì la pittura di genere, e lo si disse il primo ad introdurla in Italia. Ritrasse tipi e scene popolari, e costumi veneziani, e chioggiotti: perciò fu chiamato il Goldoni della pittura veneziana.

Venne celebrato il suo quadro, l' estrazione del lotto in piazza S. Marco, vasta tela condotta nel 1847. Le portatrici d' acqua, il vecchio suonatore, la pescheria sono lodati da Tommaso Locatelli. Nel 1838 espose, le perlere, e il pranzo sulla tolda, tela lodata da Dall'Ongaro, che notava i progressi ammirabili del Bosa.

Nel 1845 dipinse la benedizione, la prima pesca, e un vecchio che con due figli affamati attende un passeggiero caritatevole; anche queste composizioni vennero encomiate. Nel 1841 dipinse, mercato di rivendugliole, e un baccanale al Lido.

Del Bosa sono commendate alcune pale d' altare, quale una per la chiesa del ricovero di Padova, altra per l' oratorio dei SS. Pietro e Paolo a Castello, ed altra lodatissima per l' abate Daniele Canal. Dopo il quadro l' estrazione del lotto, il Bosa abbandonò l' arte, ed a soli quarant' anni si contentò degli allòri ottenuti. Fu

·precursore del Favretto, nell' intento di cogliere e rappresentare le scene popolari.

Carrer Gio. Batta era alunno dell' Accademia nell' anno 1832, e dipingeva la deposizione di Cristo. Nel 1835 fece un S. Giovanni Battista per Padova e parecchi ritratti, lodato per il suo bell' ingegno. La sua Carità era una delle più belle opere esposte nel 1835 e nel 1840 fu detto opera vaghissima, un suo San Giorgio cavaliere. Non avea troppo vigore nelle tinte, ma era pittore di sentimento.

Massimiliano Lodi di Ferrara nel 1839 è commendato dal De Boni pel suo Missolungi, e per l' ultimo giorno di Ercolano nel 1841, è chiamato potente per ingegno e fantasia; così nel 1843 espose un S. Marco, lodato da G. Casoretti pei panneggiamenti, e per la vivace tavolozza. Altri quadri dipinse, sempre lodati e parecchi se ne vedono esposti alla Pinacoteca di Ferrara. Nel 1840 e in appresso operava Pietro Menegatti da Bassano. Dipingeva, Alessandro e il medico Filippo, la morte di Bice, ritratti e soggetti religiosi. Il suo giuramento del primo doge esposto nel 1846 nel battistero di S. Marco, ebbe fama di bellissimo, e si chiamava l'autore, di non comune talento.

Autore di molte speranze fu Giovanni Marchesi trentino morto a 29 anni nel 1835 lodato e compianto da Pietro Chevalier ; scelse soggetti religiosi, e furono ricordati una pala di S. Antonio, ed una di S. Cecilia.

Intorno al 1822 operava Cecilio Rizzardini. Per una sua pala per la Chiesa della Libera di Vicenza, e per altri quadri, fu detto ricco e gagliardo e di corretto disegno.

Nel 1844 si ricorda Zennaro Francesco, scolare di Natale Schiavoni, per un suo sposalizio della Madonna e nel 1839 Masutti Antonio di Aviano per una sua conversione di S. Paolo: altri nomi che si fecero conoscere nella prima metà del secolo sono, Barbini Angelo nel 1839 per vedute, Baldissini Giuseppe ripulitore, Bonato Elisabetta da Padova pel suo incontro di Petrarca con Laura fatto nel 1839, ed Attala nel 1839, De Bonis Martino che viveva a Roma, Comirato Marco ornatista prospettico e bravissimo pittore all'acquarello, che pingeva specialmente vedute di Venezia, ricordato nel 1836, Kandler Giovanni Triestino intorno al 1830 allievo dell'Accademia, Karlz Raffaele, Lorenzi Giuseppe citato dallo Zanotto, Lippich Teresa lodata dal Locatelli nel 1835, Pedrini Giuseppe discepolo del Maggiotto, Zanotti Calisto professore d'ornato, morto nel 1857, Zecchini Gio. Batta ed altri.

Continuiamo la serie di nomi di pittori educati alla scuola veneziana del nostro secolo facendo posto prima di tutti a Francesco Hayez. Nacque esso in Venezia il 10 febbraio 1791 da una famiglia proveniente da Valenciennes ; ebbe a maestri lo Zanotti ed il Maggiotto, e più tardi

Lattanzio Querena, ed ei pure studiò all'Accademia nel palazzo Farsetti, dal rilievo dei modelli, che vi si trovavano. A soli diciasette anni vinse presso la nuova accademia il concorso per l'alunnato di Roma dove dimorò tre anni, studiandovi le statue del Vaticano e compiendo il suo Laocoonte, presentato al gran concorso di Milano nell'anno 1812, e che gli valse la medaglia d'oro. Hayez a quanto narra il Chirtani avea comperato dei serpenti vivi, onde valersene come modelli, per il suo Laocoonte.

Recossi quindi a Firenze col Canova, che gli era amico ; passò poi a Venezia e vi dipinse affreschi, fra gli altri, tutte le mezzelune nelle due stanze nuove a pian terreno nel cortile del palazzo ducale ad uso dei mercanti, e che erano prima gli atrii per via d'acqua del palazzo stesso ; affreschi che non sono lodati, nè per disegno nè per invenzione. Di quadri restò celebre, il Pietro Rossi, che invitato dal doge ad assumere il comando delle armi, lascia in Pontremoli la famiglia.

Questo quadro è chiamato dal Chirtani, quadro di rivolta contro il classicismo, dominante in quell'epoca. L'Hayez fu operosissimo e di lui si hanno trecento quadri e cento ritratti dei quali quello di sé stesso, fatto ad 88 anni. Cito alcuni delle sue tele : Rinaldo ed Armida fatta per l'alunnato di Roma, Aristide, la pietà di Ezechia, Bersabea, Francesco Carmagnola in prigione nell'atto che viene la compagnia di S. Fantino, a levarlo per condurlo a morte, e che raccomonda ad un amico la sua famiglia, quadro fatto nel 1841, Bonaventura Fenaroli, Gentile Bellino, uscita dei Greci da Missolungi, papa Urbano II sulla piazza di Clermont, che predica la prima crociata, nel 1835 Maria Stuarda, Valenzia Gradenigo, ecc. Seguace dell' antica scuola Veneta ne studiò il colorito, conservandone le tradizioni.

Il dall'Ongaro osserva che l'Hayez stampò sulle tele le impressioni e le idee che tenevano il campo, nella letteratura e nella poesia. L'Hayez nella storia di Venezia vi trovò gran numero di soggetti, e della scuola veneta studiò il colore, l'espressione dei volti, e l'ambiente.

Nel 1869 dipinse il bacio di Giulietta e Romeo con tocco ed espressione del tutto giovanile. L'Hayez moriva e Milano, dove risiedeva, l'11 febbraio 1882.

Artista di valore fu Michelangelo Grigoletti nato a Pordenone nel 1800, morto nel 1870. Scrisse di lui Filippo Draghi, Thiene 1870. Allievo e professore dell'Accademia di Venezia, secondo lo Zanotto, fu artista che arrivò ad alta meta per maschio stile, disegno puro, colorito robusto, seguendo l'orme dei grandi. Erminia che si slancia dal cavallo alla vista del ferito Tancredi, fu il più bel quadro dell'esposizione del 1863. Nel 1842 dipinse la famiglia Foscari.

Autore di molte pale d'altare, due ne condusse di proporzioni gigantesche.

La prima, l'Assunta, esposta nella chiesa di S. Margherita in Venezia nel 1854, per la chiesa di Gran in Ungheria, di grandezza quadrupla dell' Assunta del Tiziano, l'altra esposta nella stessa chiesa nel 1864, la Crocefissione, parimenti per la Chiesa di Gran. In ambedue mostrossì pittore sommo per fantasia, disegno e colorito, avendo superato come disse J. Jacopo Pezzi, enormi difficoltà.

Santi Sebastiano, membro dell' Accademia, nacque in Murano e morì di anni 78 il 18 aprile 1866. A Murano trovasi a quel museo la raccolta dei suoi schizzi. Lavorò moltissimo specialmente affreschi per soffitti, compiendone un centinaio. L'ultimo suo affresco fu quello per la chiesa di Adria, nel 1832 dipinse il soffitto delle chiese di Canda e di Castelguglielmo in Polesine, nel 1835 fece il soffitto della chiesa di S. Luca in Venezia, che è detto uno dei suoi dipinti capitali, per fantasia e colorito, e dal Locatelli chiamato, forse il miglior lavoro della scuola dell' epoca. Nel 1836 lavorò un affresco per la chiesa di S. Antonio a Trieste, cioè l'ingresso di Cristo a Gerusalemme, e nel 1845 il soffitto di S. M. del Pianto a Venezia. Fra le sue pale fu ammiratissima la deposizione della croce dipinta nel 1840 lodata per semplice sentimento di composizione, per studio di disegno nelle fi-

gure e nelle pieghe, essendovi in tutto il quadro
il sapore di vecchia scuola veneziana.

Ludovico Lipparini nativo di Bologna venne
a Venezia a studiarvi specialmente sotto la disciplina di Liberal Cozza, e fu come lo chiama
lo Zanotto, gran colorista e disegnatore profondo. Ne scrissero la biografia Nicolò Barozzi, e Antonio dall'Acqua Giusti. Suo primo lavoro fu, Ma-
rio assalito dal Cimbro. Molti suoi quadri sono lodati da Locatelli e da Defendente Sacchi. Nel 1822
dipingeva il giuramento degli Orazii, nel 1825 faceva il ritratto del Cicognara, nel 1835 Marino Faliero, nel 1836 Caino, Madonna Lia, il Tasso a
S. Anna; preferì in appresso i soggetti dell'insurrezione greca, quali la morte di Marco Botzaris
condotta nel 1841, citata come modello di perfetta
composizione. Il Lipparini fu maestro di molti
buoni pittori contemporanei. Morì nel 1847, e fu
sua moglie Anna Matteini figlia di Teodoro, di-
stinta pittrice di paesi, quali Attendolo Sforza
con paesaggio fatto nel 1822, Ercole che scaglia
Lica nel mare nel 1826; essa morì nell'anno
1878 a Venezia.

Cosroe Dusi fu pittore storico; nacque a Venezia nel 1808 e morì nel 1859. Intorno a lui
estese una memoria Filippo Draghi, letta nel-
l'Ateneo di Bassano, il 28 Maggio 1865. Il Dusi
fu lodato da P. Antonibon e da F. M. Piave.
Pensionato del governo fu scolare del Matteini.
Nel 1827 espose il suo primo quadro d'inven-

zione, la morte di Alcibiade. Nel 1825 avea fatti i suoi primi quadri ad olio, ritratti. Nel 1831 lavorò una pala per Sesto, in Tirolo, che gli procurò delle ordinazioni. Nel 1835 espose a Venezia la vestizione di S. Gertrude, e quattro vedute encomiate dal Locatelli. Nel 1836 S. Catterina, S. Evaldo. Nel 1839, 1840 si ricordano Socrate che rimprovera Alcibiade, Giulietta e Romeo, S. Martino Vescovo di Tours. Nel 1838 dipinse un sipario pella Fenice. Il Dusi lavorò a Monaco ai tempi di Re Luigi nel 1838, e vi dipinse un sipario, e fece pure delle vedute delle alpi cadorine. Tornato in Italia per poco tempo andò a stabilirsi in Germania e in Russia, dove era pittore al servizio di quell' imperatore, e dipinse fra altro, il sipario del teatro di Mosca. Molta fama gli creò, la deposizione della Croce, lavoro, si disse, che nulla aveva a invidiare a Rubens ed ai fiamminghi. Nell' Agosto 1857 espose in Venezia, un concerto in casa di Tintoretto, quadro che piacque assai.

In esso v' erano ritratti del Tiziano, del Tintoretto, la figlia del Tintoretto ecc. ; dopo breve soggiorno in Venezia, il Dusi molestato come dice l' articolista, dalle invidie paesane, tornava in Russia, ma da questa regione tornava nel 1859 alle lagune per curarsi la salute malferma, ma soccombette, e in suo luogo andava in Russia il pittore Giovanni Busato.

L' Antonibon disse che il Dusi aveva un far

largo, presto e risoluto, che la sua fantasia era giovane ed audace, che aveva tavolozza squisita veramente veneziana, che avea concetti vasti come quelli degli antichi, e che amava l'arte per l' arte, non per il guadagno.

Nell' istesso anno 1859 moriva in Tarso di 74 anni, Giovanni De Min nativo di Belluno. Lesse la sua orazione funebre, il 22 dicembre G. B. Zannini, nella cattedrale di Belluno.

Educato all' Accademia di Venezia visse in questa città e a Roma, e la sua fama la deve come pittore affrescante.

I suoi ultimi vent' anni li passò a Ceneda. È celebre il suo affresco, la lotta delle Spartane nella villa dei Patt, descritta nel 1840, da Bastiano Barozzi, e cantate in versi nel 1837 da Pietro Beltrame.

Nel 1825 fece anche grandi quadri ad olio, la resurrezione di Lazzaro, per la chiesa di Auronzo, l' eccidio degli Ezzelini. Nel 1830 la profanazione del tempio, per la chiesa di Auronzo.

Nel 1830 pinse gli apostoli, affresco pella chiesa di Possagno, un giudizio finale per Paderno; molti lavori fece a Padova; e per la casa Gera a Conegliano, dipinse la Regina Saba, innanzi a Salomone, e nel 1846 lo sbarco di S. Saba a Costantinopoli; altri affreschi; Cesare che fuga gli Elvezii, la caduta degli angeli pella chiesa di Caneva; pel palazzo municipale di Belluno, patto d' alleanza del Vescovo Giovanni colla repubblica veneta, e la sortita dei bellunesi contro Ezzelino, affreschi lodati da Bastiano Barozzi ; nel 1850 pella chiesa di Campo, fece degli affreschi lodati dal Bernardi ; lavorò pel Treves a Venezia, assieme ad Hayez, Lipparini, Borsato, Cicognara ed altri. Cito pochi dei lavori del De Min, mentre molti altri ne fece. Fu detto, di gran fantasia, forte e vigoroso il colorito nei suoi affreschi.

Felice Schiavoni figlio di Natale morì a Venezia di anni 78 nell' anno 1881 li 30 Gennaio, e fu sepolto assieme alla propria moglie, Regina Sfrizo che moriva poche ore dopo il marito. Lavorò moltissimo, specialmente nel decennio 1836-1847, per commissione dei sigg. Russi, ed a Venezia non espose il suo ultimo quadro, che nel 1841 avendo gran ripugnanza di far vedere i propri lavori. Anche per ciò che riguarda il Felice Schiavoni, è detto tutto, nell' interessante libro del Sernagiotto, su Natale e Felice Schiavoni ; nella tinta delle carni lo dice più vero del padre, ma questo era più morbido, e trasparente, così chiama Felice più corretto nel disegno, mentre Natale è ritenuto pittore di maggior merito. Felice lavorò a preferenza soggetti sacri e religiosi ; per esempio, molte madonne, la presentazione al tempio per Trieste. Nel 1859 compì dopo 15 anni di lavoro un gran quadro per ordine dell' Imperatore delle Russie.

la desolazione per la morte di Raffaello, con sedici ritratti di personaggi ed artisti italiani, quali Pierin del Vago, la Formarina, Giulio Romano, Andrea Navagero, il Cardinal Bembo, Ludovico Ariosto, Michelangelo Buonarotti, Benvenuto Cellini ecc. Questo quadro lodato da F. M. Piave pel disegno e pel colorito fu pagato sessantamila lire. Felice pinse pure tre fanciullini che riposano e scherzano sotto alcune fronde. Suo ultimo lavoro fu il ritratto di Dora d'Istria. Nell' ultimo decennio di sua vita, era morto all' arte.

Era buon pittore anche Giovanni Schiavoni altro figlio di Natale, e va celebre la gara che apersero, padre e figliuoli nel 1830, dipingendo tre grandi quadri. Natale pinse, Visita dei pastori al bambino Gesù, Felice, la deposizione della Croce, Giovanni, la Trasfigurazione, superando il padre. Giovanni visse molto all' estero, e passò otto anni a Jassy, ma non amava affaticarsi.

Giovanni Busato da Vicenza fu allievo dello Schiavoni, e i suoi primi lavori rimontano al 1826, 27.

Nel 1837 lavoró nell' opera, quaranta quadri della scuola veneziana pubblicati dalla litografia Gaspari, con illustrazioni di Leopoldo Cicognara e Francesco Zanotto, e disegnò a matita le opere degli insigni maestri.

Nel 1839 dipinse, la gioventù di Maria. Nel

1843 espose due gran quadri, la Notte, e la Carità.

Fu detto, castigato disegnatore e buon pittore.

Nel 1838 dipinse, la tendina per la Fenice: Dandolo, che rifiuta la Corona di Costantinopoli ; nel 1839 dipinse il sipario per il teatro di Sinigallia, dal soggetto : la fondazione di quella città ; nel 1851 dipinse il sipario del Teatro di Ravenna ; l'entrata trionfale di Teodorico.

Nel 1867, ornò il coro della Colleggiata di Schio, di quattro gran quadri tratti dalla vita di S. Pietro, col metodo stereo cromico, lodati da Filippo Draghi nell'anno stesso.

Querena Luigi nacque in Venezia li 30 Maggio 1834 e morì in Venezia li 3 Aprile 1887. Era figlio di Lattanzio, già da noi ricordato. Fu principalmente prospettico, avendo studiato sotto Federico Moja, e disseminò, come fu detto, i suoi quadri, per le diverse gallerie d'Europa. Arrivò anzi a tal punto di perfezione, nella prospettiva di Venezia, che il Sagredo disse, che faceva rivivere il Canaletto, e il Selvatico affermò che il Querena, era uno dei più valenti prospettici di cui potesse onorarsi l'Italia. Le sue vedute di Venezia erano altrettanto splendide, quanto vere, e a lui piaceva popolarle ed animarle con scene antiche veneziane di avveninenti storici, di feste, di trionfi, il tutto lussureggiante di colori, di costumi, di navigli, di popolo, di armi e di patrizii. Ricorderemo, una regata veneziana del secolo XVIII, la chiesa di San Marco, il Moló, la Riva, · l' Abbazia, l' interno di San Zaccaria, la scuola del Carmine, la sala dell' Assunta, i Murazzi, il coro dei Frari e mille altri. Nel 1850 fece un Cosmorama pittorico, composto di otto tavole coi casi più ragguardevoli dell' assedio del 1849, lodato per verità storica ed esattezza nel disegno; altre sue vedute per panorama esposte nel 1853, vennero elogiate. Commemorò il Querena, Domenico Fadiga, negli atti della Accademia.

· Federico Moja fu prospettico; nato a Milano il 20 ottobre 1802, morì a Dolo il 29 Marzo 1885; studiò all'Accademia di Milano sotto Antonio Migliara, prospetticodi fama, ed architetto torinese.

Nel 1845 divenne professore dell'Accademia di Venezia, succedendo a Tranquillo Orsi, e continuando nella sua carica, fino all'anno 1875.

Nella prospettiva fu apprezzatissimo. Dipinse chiari di luna, nevicate, alte maree, S. Marco, il cortile del palazzo ducale, l' interno della chiesa di San Germano a Parigi, la facciata della certosa di Pavia, l' interno della Chiesa di S. Zaccaria, la sacrestia della certosa di Pavia ecc. ecc.

Domenico Fadiga negli atti dell' accademia, commemorò il Moja, dicendolo per la sua epoca, pittore eccellente, e che le sue prospettive vennero combattute dalla fotografia; disgrazia questa comune al Moja e a tutti i prospettici.

Francesco Milani morì a Torino il 1868 di 45 anni essendo nato a Venezia, di famiglia bellunese.

Ebbe a maestro il Bagnara, ma più dovette al suo genio. Fu paesista di grido, e si disse che la natura nei suoi dipinti era rappresentata con tale magistero, da produrre una illusione meravigliosa.

Si hanno di lui, paesi, vedute, Cecilia di Baone, il castello dell'Innominato, scena del Bellunese, encomiati dal Locatelli. Antonio dalla Libera trattava specialmente prospettiva dell'interno del palazzo ducale. In un quadro rappresentò il voto dell'assemblea veneta del 2 Aprile 1849.

Bertoja Giuseppe fu valente scenografo e prospettico. Francesco Zanin prospettico imitante dapprima il Canaletto, poi cambiò sistema. Operava nel 1868 e in quel torno. Dipinse la scuola dei strozzai, vedute del Molo ecc.

Caffi Ippolito nacque a Belluno il 17 Ottobre 1809. Fu pittore prospettico, di tramonti, e di cose orientali. Dipinse vedute di Roma, di Venezia di Firenze, di Napoli, fatte con franchezza e sprezzo.

Lo si disse ingegno potente, che talora esagerava gli effetti. Ebbe tavolozza vivace e fantastica, e fu pittore di una fisonomia caratteristica tutta sua propria. Moriva a Lissa il 20 Luglio 1866, a bordo del Re d'Italia, per amore dell'arte, e colla speranza, di poter dare al suo pennello un soggetto che rappresentasse, una vittoria italiana.

Placido Fabris nacque a Pieve d'Alpago il 28 agosto 1802 e morì in Venezia il 7 dicembre 1859. Allievo dell'accademia, fu specialmente celebre ritrattista e perito nella miniatura. Primo quadro di sua invenzione fu, Sansone e Dalila dipinto nel 1822. Nello stesso anno fece la copia in grande della sola figura dell'Assunta, meritando lodi, per la vivacità delle tinte, e pei suoi animosi tocchi di pennello. Ebbe buon successo un suo Amore e Psiche nel 1845. Abilissimo come si disse nel fare ritratti, furono celebratissimi quello del prete già frate Germanico, pittura somigliantissima con incantevole verità di accessorii, e quelli dei suoi genitori. Il Fabris ebbe grandi ammiratori; e fu detto più unico che raro, vero e grande artista ma infelice. Suo fratello Paolo morto a Venezia nel 1888 fu specialmente pittore ristauratore distinto nell'imitare gli antichi.

Ristaurò la pala della Concezione del Tiziano ai Frari, e un S. Tommaso del Cima a Portogruaro ed altri. Era conservatore del palazzo ducale.

Locatello Gio. Francesco moriva a Venezia di 70 anni il 22 gennaio 1882. Fu pittore storico e ritrattista. Fece molte mezze figure, odalische, veneri, e giovani nude, ma sembra, con poca varietà di tipi. Educato a eletta scuola, fu osservato, traesse al convenzionale.

Eugenio Moretti Larese, nacque a Venezia il 1822 e morì il 1874. Allievo dell'accademia fu affreschista assai lodato, e lavorò a Venezia e fuori. Il suo capolavoro, restó il Torquato Tasso nell'ospedale di S. Anna in Ferrara, dipinto nel 1864, inciso dal Boscolo. Quadro vero e di gran effetto, sia nella espressione della figura, sia nella riproduzione dell'ambiente e degli accessorii. Nel 1865 pinse il Camoens, ma non riuscì l'effetto voluto ; colpa, si disse, l'uniformità della luce mandata da un fanale, che rischiarava allo stesso modo, tutti gli oggetti.

Paoletti Ermolao pinse quadri storici e pale d'altare fra i quali nel 1861 Paolo Sarpi che sul letto di morte detta alcune risposte a dimande fattegli dalla Repubblica Veneta. Paoletti Antonio di Ermolao morto nel 1872 autore del Fiore di Venezia, espose nel 1863, lo scrivano alla porta della carta, Marco Polo alle carceri di Genova nel 1864, la scelta di una sposa in un ospizio. Quadri commendati per varii titoli.

Paoletti Antonio di Giovanni nato nel 1834 compì un suo quadro sul 1861, l'arrivo di Enrico III a Venezia, lodatissimo.

Gatteri Giuseppe nacque a Trieste. Fino da bambino datogli un soggetto, in poche ore, schizzava a penna delle magnifiche composizioni, senza alcun studio. All'età di nove anni svolgeva colla matita in tre ore, l'espugnazione di Corioli...

Nel 1862 espose: la Regina Cornaro arrivata al lido, cede il regno di Cipro ad Agostino Barbarigo. Allievo dell'accademia compose altri buoni quadri, ma non quali si era in diritto di attendersi dal suo straordinario ingegno, mostrato nella sua gioventù. Restano però celebri i suoi cento disegni ad illustrazione della storia Veneta, ricchi di fantasia e di immaginazione, pittura di avvenimenti e di costumi.

Giovanni Squarcina nato a Zara l'11 settembre 1825, morì a Venezia il 29 dicembre 1891. Di lui scrisse l'abate Bernardi nel giornale *Arte e Storia* di Firenze. Lo Squarcina condusse sempre in Venezia, la sua vita artistica. Nel 1854 dipinse la fuga dell'amante di Giorgione. Nel 1870 espose una gran tela, Galileo davanti l'Inquisizione, quadro ricco di espressione, e largamente trattato, con sedici figure a grandezza naturale, che dimostrano sentimenti ed atteggiamenti diversi. Scrisse di questo lavoro Vincenzo Mikelli, da cui ritraggo le impressioni. L'autore lavorò senza aiuti di modelli, creò di maniera, e superò le difficoltà delle poche tinte innanzi ai personaggi del soggetto, perchè tutti abbigliati da frati. Questa tela appena compita, destò entusiasmo nel pubblico, ma restò invenduta, e poscia dimenticata, l'autore ebbe fine misera e desolata.

Fu detto insuperabile restauratore Policarpo Bedini nato a Piove nel 1818, morto a Venezia nel 1883. Dipinse nel 1851 Antonio Veniero che condanna il figlio. Ferdinando Bassi morto nel 1880, venne nel 1842 lodato dal Gazzoletti, e si distinse specialmente per ritratti. Di Bortolan Rosa di Treviso sono ricordati diversi dipinti. Una sua Maddalena nel 1846, un S. Luigi esposto nel Battistero di S. Marco nel 1851, una addolorata nel 1853, pella quale il Gastaldis scrisse un sonetto, due ritratti a pastello nel 1863 e infine nel 1871 Buonaparte a Treviso. Nel 1855, fu lodatissimo Fortunato Bello da Benedetto Vollo, per una sua Fiducia in Dio, e la Carità. Fortunato Bello, fu pittore di gran merito; morì nel 1859, anno nel quale morirono pure Cosroe Dusi, Giovanni Demin e Placido Fabris.

Appiani Tito, è ricordato nel 1865 per una sua Isabella Orsini. Carlo Blaas tirolese venuto a Venezia nel 1834, fu allievo dell'accademia, studiò sotto il Lipparini, poi dimorò a Roma.

Nel 1836 dipinse copie e ritratti. Nel 1845 Rebecca che porge da bere al messo d'Abramo, fece quindi molti e molti lavori di merito e si insediò poi a Vienna. Erico Bon nel 1879 lavorava a Vienna. Barison lavorava un messale nel 1857 per la chiesa votiva di Vienna, Cesare dall'Acqua trattava nel 1850 dei soggetti storici, come i crociati a Costantinopoli e nel 1867 un episodio della strage di Costantinopoli.

Tommaselli Albano fu pittore tenuto in altissima stima. Nacque nel 23 marzo 1830 a Sbrigno, e intorno a lui fu scritto da Guido Suster. Trento 1887. Inclinato verso l'arte fino dai suoi dieci anni, andò per qualche anno a Padova, e nel 1847 venne a Venezia, reggendo l'accademia il Selvatico. Questi intravvide nel Tommaselli il sommo artista da lungo tempo vagheggiato.

Lo applicò allo studio della statuaria, della pittura e del disegno.

Il Tommaselli nel 1851 presentò l'Unzione di Davide fu lodatissimo, ed ebbe un premio straordinario.

Nel 1852-53, compose Pietro dei Rossi, e altri soggetti tutti commendati, nel 1856, restò celebre per colorito e composizione il suo quadro, la dogaressa Nani che respinge i messi del Senato che si presentano per dimandare il corpo del marito Francesco Foscari, onde tributargli le esequie decretate dal governo. Il Tommaselli fu premiato coll'obbligo di recarsi a Roma. Morì a Firenze il 10 dicembre 1856 mentre stava recandosi alla eterna città.

Caracristi Ferdinando nel 1868 espose Galileo davanti l'Inquisizione, il Mercante di Venezia, la visita dell'Innominato al Cardinale Borromeo, quadro che ottenne largo favore nel pubblico.

Casa Giacomo fu valente frescante. Lavorò negli ornati di S. M. Formosa, sotto la direzione di Giovanni Pividor; fece i freschi del teatro Verdi a Padova, un soffitto a Fossò, dipinse una casa a Venezia a S. Simon piccolo, ma non vi restarono dopo un trentennio quasi più traccie di pitture. Nella chiesa S. Moisè pinse i pinnacoli e la mezzaluna che stanno sopra gli altari, che altra volta erano ad olio.

Nel 1862 dipinse dei quadri di vita domestica e le stanze del caffè Florian, e nel 1868 un quadro: la Fioraia. Si disse però che nei suoi dipinti ad olio, v'era la maniera scenica del frescante.

Antonio Fornari pittore prospettico, morì nel 1876 a 73 anni. Allievo dell'accademia, fu chiamato il genio della decorazione e della prospettiva.

Lavorò assieme al Bagnara, e viene asserito che in gran parte i trionfi di questo, sono dovutt ai concetti ed alla esecuzione del Fornari. Da Venezia si trasferì all'estero. Decorò il teatro di Atene, lavorò a Costantinopoli, a Mosca, a Pietroburgo, a Roma. Nei suoi ultimi anni fece ritorno a Venezia, solamente ricordato da pochi amici.

Molto dipinse nella prima metà del secolo, Vincenzo Giacomelli, e fu chiamato pittore storico di fecondità meravigliosa. Fu pittore di Corte a Torino, e dipinse molte battaglie della indipendenza; si hanno di lui nel decennio 1839-1849: Diomede che cerca nascondere l'involato Palladio, all' accademia, Bocaccio che spiega la Commedia di Dante, i profughi Montemuliani, Marin Faliero che scorge dopo la festa la scritta ingiuriosa, Buondelmonte che si innamora della Donati, l'ultimo addio di Catterina Cornaro ai cittadini di Famagosta, Marin Faliero che ode la sentenza di morte, Elisabetta Gray ; i quadri esposti dal Giacomelli in tempi a noi più vicini, sono ritenuti inferiori di merito ai precedenti, come attesta il Mikelli, nelle sue riviste degli anni 1873, 1874.

Bernardo Gavagnin fu pittore storico ; dipinse nel 1839 Parisina che prega Nicolò per Ugo, nel 1843 i profughi di Parga, Alì pascià di Giannina e soggetti sacri. Napoleone Gavagnin figlio di Leonardo dipinse Nicolò dei Lapi che offre il proprio figlio per difendere la patria, e Marco Visconti ; Giuseppe Gavagnin altro figlio di Leonardo, trattò vedute prospettiche.

Tagliapietra Marietta, allieva dello Schiavoni, fece ritratti ; fu lodata dal Locatelli.

Antonio Pastega è ricordato per il quadro fatto nel 1862, Jacopo da Carrara al cospetto del doge, e nell' anno successivo, Margherita Pusterla.

Rota Cesare di Verona morto nel 1884, è ricordato da Fadiga ; è chiamato robusto ingegno in lotta colla miseria. Di lui si hanno, Bice al castello di Rosate, fatto nel 1869, e Veronica Franco nel 1870. Fu altresì pittore decorativo.

Molmenti Pompeo nacque alla Motta presso Oderzo nel 1822. Professore di disegno, e pittore storico. Nel 1841 dipinse S. Paolo, nel 1852 fu lodato il Cristo, che dà a S. Pietro la potestà delle chiavi, nel 1850 S. Orsola, la Concezione, nel 1881 la benedizione dei fanciulli, lodata da Filippo Draghi. Il suo gran quadro, l' Otello, è lavorato con molta finitezza, e con verità di particolari meravigliosa. Il capolavoro del Molmenti è il suo, arresto di Filippo Calendario, esposto nell' anno 1855. I critici dell' epoca dicono che l' impressione destata da questo quadro fu indicibile, il popolo s' accalcava entusiasta davanti a questa tela. Gli artisti ammiravano le più ardue difficoltà vinte, specialmente quella del contrasto della luce di un fanale, e di quella del giorno che stà nascendo.

Ghedina Giuseppe di Cortina d' Ampezzo allievo dell' accademia, pinse Lady Macbet, Amleto, Ofelia, nel 1863, un passatempo villereccio, nel 1872 una addolorata, lodata dal letterato Molmenti.

Da Rios Luigi fu Domenico, nacque a Vittorio nel 1843 e morì nel 1892. Allievo dell' accademia si dedicó alla pittura di genere, studiando costumi popolari veneziani. Dipinse le donne al pozzo, la tombola, il mercato di zucche, l' arrivo della sposa. Le sue opere trovarono acquirenti specialmente in Inghilterra. Faceva molte teste di ragazze e popolani veneziani e Chioggiotti condotti con singolare maestria e verità. Predilesse anche l'acquarello e trattò gli affreschi, di cui ornò la Chiesa di Chirignago.

Giacomo Favretto morì a soli 38 anni nel 1887 ai 12 di giugno. Era a tutti riuscito superiore nell'Esposizione artistica italiana tenuta in quell'anno a Venezia ai Giardini pubblici.

Allievo dell'accademia, fu scolare di Molmenti. Era figlio a Domenico, falegname rimessaio in relazione con Francesco Vason pittore, morto nel 1899 di 80 anni, pel quale aggiustava mobili.

Domenico un dì gli disse che aveva un figlio che aveva tendenza pel disegno, e glielo condusse a far conoscere, portando ei una sporta coi ferri del mestiere di falegname.

Da quel momento Giacomo cominciò a disegnare coi figli di Vason. La figlia del Vason gli insegnò a leggere, quando aveva già oltrepassati i quindici anni, ed egli per compenso la ritrasse.

Entrato all'accademia con raccomandazione del Vason, fece subito progressi; studiò i grandi artisti e principiò a interpretare e indovinare la splendida tavolozza veneta. Fra tutti gli autori apprezzava il Tiepolo. Queste notizie ce le trascriveva il Molmenti. Il primo quadro che fece

salire in fama il Favretto fu quello : In attesa
degli sposi. Col sorcio esposto a Milano nel 1878
dice il Munaro che manifestò la sua nuova maniera. Si infervorò e perseverò in essa, colle
stampe e libri, vandalismo, el difeto xe nel ma-
nego, mercato in campo San Polo, Soli, una calle
a Venezia ; a Torino espose, dopo il bagno, Venezia, Susanna. Il Munaro racconta, che Favretto diceva che per dipinger bene un quadro,
ci vuol luce, luce, e luce ; e desso metteva in
pratica questo principio. Sue ultime opere esposte in Venezia furono il Traghetto, il Ponte di
Rialto, El liston.

L' inattesa morte del Favretto assunse l'importanza di sventura pubblica, perchè inoltratosi
nel sentiero della gloria, egli avrebbe prodotto
grandi cose.

Scrissero e parlarono di lui, il Molmenti, il
Munaro, il Morelli, il Chirtani, Lorenzo Tiepolo,
Camillo Boito ed altri.

Favretto traeva i soggetti dei suoi quadri dal
popolo ; erano li stessi soggetti che aveva trattati il Bosa, il Rotta, ma il Favretto, vi metteva un sapore tutto suo, e una certa lepidezza
nel soggetto che rendeva i suoi quadri, molto
animati.

Sprezzante della vecchia tecnica, ei si mise
di sua iniziativa a ribellarsi, e con tocchi ar-
diti, otteneva effetti mirabili. Nei suoi ultimi
quadri, avea frenato la sua nuova maniera, ed

era vero e vigoroso. Prediligeva oltre che le scene popolari, la vita del settecento, e ne fan fede, il suo Goldoni in traccia di un soggetto per commedia, il Liston, Soli. Non è prevedibile a quale altezza sarebbe giunto il Favretto, se non avesse avuto la vita troncata dalla morte.

È innegabile però che egli diede nuovo indirizzo e nuovo movimento nell'arte veneziana.

Nello stesso anno 1887, moriva Giulio Carlini, nato nel 1827. Allievo all' Accademia, fece suo studio gli antichi, e li ricordò imitandoli nella robustezza del colorito. Fu anche affreschista.

Copiò il quadro, Giunone che versa i tesori a Venezia, di Paolo Veronese, che è a Brusselles. Ciò fu per commissione dell'Arciduca Massimiliano data nel 1859 pella sala del Consiglio dei dieci. Come al pittore d' Andrea dallo stesso Arciduca fu dato incarico di copiare i due quadri di Paolo che sono al Louvre e che erano nella stessa sala del Consiglio dei dieci. Primo lavoro del Carlini nel 1846 fu Cecilia di Baone. Nel 1852 espose un episodio della sete, patita dai crocjati lombardi.

Nel 1854 dipinse un episodio ariostesco, tre donne lasciate seminude da un villano, una testa di Marino Faliero, nel 1868 una barca veneziana, con costumi del secolo XIV, quadro lodatissimo; nel 1867 Commercio orientale, nel 1869 l'Istmo di Suez, cioè la proposta del taglio, presentata da un veneziano.

Fece Napoleone III e Vittorio Emanuele II a cavallo nel 1854, nel 1863 Amore e Psiche. Nel 1862 la sua tela, Anna Erizzo e Maometto II, ottenne la medaglia d'oro all'Accademia.

Di questo gran quadro fu detto che ricordava la scuola Veneta, e che emergeva la splendida figura del Maometto in confronto della donna, che troppi frastagli aveva nelle pieghe, e poco convenientemente lumeggiata nella parte superiore.

Esso però restó un gran quadro. Nel 1868, fece Ferruccio ferito sotto le mura di Volterra, quadro di ampie dimensioni, e di poco successo.

Il Carlini era più felice nel trattare soggetti veneti, verso i quali si sentiva condotto pella sua educazione e pel suo sentimento.

Pinse l'ultimo addio di Jacopo Foscari, le ultime ore di Marino Faliero, il matrimonio di Jacopo Foscari, ritratti di uomini veneti pel caffè Florian, nel 1882 la sagra di santa Marta, e nel 1887 pella esposizione di Venezia, un episodio di inondazione, Venezia nel 1579, e la pace di Torino.

Il forte ingegno del Carlini in questa sua ultima opera fu contrariato, e trovò, egli classico, avversarii, i così detti realisti, e molto ne sofferse. La sua pace di Torino, non era quadro indovinato, vi lasciava trapelare troppo studio, sia negli atteggiamenti delle figure, come negli effetti di colorito e di luce, non consentanei al vero.

Bellissimo, era invece Venezia nel 1570, piccolo di dimensione ma prezioso per verità d'aria e di luce.

Il Carlini pinse a fresco il soffittto del teatro S. Benedetto o Rossini, e nel 1885 pella chiesa di Vigodarzere il soffitto della navata e i due lati della cappella Maggiore, colle nozze di Canaan, la resurrezione di Lazzaro.

Zona Antonio nacque a Mira presso Venezia e morì a Roma nel 1892 di 79 anni. Abbandonò Venezia dopo il sessanta, ove avea già fissata la sua rinomanza, coi suoi lavori magistrali. Scosse il giogo del fare ammanierato dei suoi contemporanei e si mise sulla via dei grandi pittori veneziani, pel fare grandioso delle composizioni, e pel suo metodo vigoroso del colorire. Fu uomo sviato dai politici avvenimenti dalla sua natural sede a Venezia, dove si era ispirato pei suoi trionfi artistici.

Il primo suo quadro colorito fu nel 1838, Imelda dei Lambertazzi, e fin d'allora si disse, che da quell'aurora, era da attendersi uno splendido meriggio. Nel 1842 fece una donna dormiente e nel 1846, Foscari nell'atto di udire la campana annunziatrice l'elezione del suo successore. Nel 1844 espose pel grande concorso, la partenza di Tobia e di Sara sua sposa dalla

casa di Raguello. Tela premiata con medaglia d'oro.

Pietro Selvatico lodò questo quadro, perchè
i personaggi aveano l'impronta dei tempi e dei
luoghi, scorgendosi una riforma che auguravasi
francasse il vero, dal convenzionale.

Nel 1843 lo Zona dipinse la discesa dello Spirito Santo sulla Dalmazia, nel 1846 S. Gottardo,
nel 1850 la liberazione di Vittor Pisani.

Nel 1842 la Madonna della Carità che libera
Jesi dalla peste, commissione pel conte Rocchi
di Ancona. Nel 1854 l'Angelo custode, esposto
nel battisterio di S. Marco, lodato dal Selvatico
ed altri quadri in appresso.

Nel 1858, il 20 agosto, secondo narra il Cicogna,
persona venne incaricata dall'arciduca Massimiliano di fare eseguire da uno dei migliori artisti un quadro emblematico. Questo dovea rappresentare la venuta degli austriaci in Venezia, come
padroni, non come viaggiatori, come venivano ai
tempi republicani. La persona si recò dallo Zona,
gli espose la cosa e malgrado l'offerta fosse gene-
rosa cioè, dalle trenta alle quaranta mila lire austriache, lo Zona si scusò col dire, che non era soggetto che gli potesse svegliare un bel punto,
mentre era addatto più ad un pittore prospettico,
che non di figura, e suggerì il Querena. La persona insistette, e disse che poteva esser rappresentata la venuta di Giuseppe 2º che veniva
come ospite non come reggitore, ma nemmeno

questo assunse lo Zona. Si aggiunsero altre preghiere ed incitamenti di alti personaggi, ma lo Zona stette duro. Il quadro fu allogato ad altri ; non si sa però che fine abbia avuta la Commissione.

Due quadri lasciarono vivo il nome di Zona a Venezia e sono : Tiziano che incontra il giovane Paolo Caliari, esistente all' accademia e fatto nel 1861.

Argomento di poco interesse, ma svolto magistralmente, tale a farlo avvicinare alle tele del cinquecento, per grandiosità di composizione e per colorito.

L'altra tela vastissima fu condotta nel 1869 ; le donne veneziane che recano in dono alla repubblica ori, gemme ed altri oggetti per le spese della guerra di Chioggia. Questo quadro, quantunque fosse rilevato qualche diffetto, pure per composizione, disegno e colorito fu trovato impareggiabile.

Lo Zona andò celebrato altresì per i suoi nudi femminili, e fu uno degli ultimi artisti che seguirono le antiche tradizioni. È da augurarsi che altri quadri come i due ultimi accennati, vengano ad accrescere la ricchezza della produzione artistica del secolo. Stella Guglielmo, direttore della scuolo di arte applicata all'industria, morto sessantenne, negli ultimi anni fu pittore di genere, e i suoi quadri ebbero sempre un concetto filosofico.

Recente è la morte di Roi Pietro pittore distinto, ma che lavorò poco.

Fece un bellisimo cartone della morte di Manfredi.

Nel 28 Gennaio 1899 moriva il prof. cav. Napoleone Nani a Venezia, dove da un solo anno era tornato, Professore aggiunto alla scuola di pittura dell'accademia. Da 25 anni dirigeva a Verona l'accademia di belle arti e la scuola d'arte, e lasciò in quella città molti amici e discepoli. Artista distinto. condusse opere pregiate fra cui la scarcerazione di Manin e Tommaso nella Pinacoteca della fond. Querini Stampalia. Ebbe a discepoli Giacomo Favretto e Alessandro Milesi. Visse 58 anni.

Domenico Bresolin morì nel 23 marzo 1900 di anni 86.

Fu pittore paesista, e professore all'Accademia. Il Lecomte nel 1844 avea detto che il Bresolin studiava assiduo sui sommi, e che avea dato saggi dei frutti rittrattine. Il Ciardi fu suo allievo.

CAPITOLO IV.

PARTE II.

SOMMARIO : *Spogliazioni artistiche a Venezia — Vendite — S. Pietro Martire distrutto dal fuoco — altre perdite — Scultori — Antonio Canova — Angelo Pizzi — Rinaldo Rinaldi — Luigi, Pietro ed Andrea Zandomeneghi — altri scultori — Borro Luigi — Luigi Ferrari — Augusto Benvenuti.*

Prima di cominciare a parlare degli scultori veneti, mi piace qui aprire una parentesi, e fare una breve sosta per ricordare quanti oggetti d'arte furono asportati da Venezia, o in qual siasi modo, ne fu resa priva la nostra città. Oggetti d'arte furono venduti nel settecento, ma ciò non bastò; s'aggiunsero le depredazioni fatte dai francesi all'epoca della caduta della repubblica, in parte solo riparate colle restituzioni praticate nel 1815 dalle potenze alleate, mentre alcuni quadri non fecero più ritorno, alla loro natural sede. L'enorme spoglio dei quadri avvenne durante la seconda occupazione francese, e se volessi dare qualche informazione, non avrei che ripetere quanto si trova registrato nel mio libro del dominio napoleonico a Venezia. (1).

Pietro Edwards incaricato dal governo, esaminava, settemila quadri, dei quali duemila nella sola Venezia. L' Appiani da Milano, ordinava quali dovevano essere là mandati. I quadri di Venezia andavano a Milano a frotte per barca fino a Padova, poi per via fluviale fino a Cremona, poi a Milano. (Vedi Catalogo della Pinacoteca del Brera 1896), e fra essi il S. Marco che predica in Alessandria di Gentile Bellini, proveniente dalla scuola di S. Marco, La Cena in casa del Fariseo di Paolo proveniente dal convento di S. Sebastiano, il rinvenimento del corpo di S. Marco del Tintoretto, proveniente dalla scuola di S. Marco, S. Gerolamo nel deserto di Tiziano, proveniente dalla chiesa di S. M. Nuova, S. Gerolamo nel deserto di Cima da Conegliano, dalla Chiesa di S. Daniele in Venezia, sposalizio di M. V. di Vettore Carpaccio; dalla scuola dei pittori di Venezia ecc. ecc. Dopo questa enorme spogliazione fatta per arricchire la Galleria ed il palazzo reale della capitale del regno italico, per volontà del governo, il patrimonio artistico storico della città andò sempre

(1) Del dominio napoleonico a Venezia (1806-1814) Venezia, 1896.

man mano diminuendo anche per opera dei privati. Prima del 1810 era stata venduta all'asta la libreria Pisani per ventiduemila lire italiane, comperato da Cesare Adolfo libraio e tipografo, senza che nessun altro vi concorresse, comprese le scansie di noce assai bene lavorate e architettate.

Assieme alla libreria fu venduto un Ercole in bronzo, con altri pezzi in bronzo, un medaglione ecc. Lo stesso Cesare nel 1811 comperava la libreria Mocenigo a S. Stae, che era chiamata famosissima.

V' era un famoso messale miniato, di cui un tempo la famiglia pretendeva ventimila ducati.

Queste cose narra il Cicogna. Nel 1821 veniva disperso il Museo Naniano, citato dal Winkelman per alcuni rari pezzi, e da molti altri rinomati autori.

Non si salvarono che i codici, italiani, latini, greci, orientali ed egizi e le serie di monete cufiche, che il cav. Giacomo Nani avea legato nel 1797 alla Marciana.

I marmi e i bronzi furono ceduti alla casa Tiepolo, e Luigi Zandomeneghi presiedette al trasporto del museo dal palazzo Barbarigo, ora Nani a S. Trovaso, al palazzo Tiepolo, ora Papadopoli a S. Aponal.

Gli oggetti vennero in parte venduti a Pietro Busenello, per una sua villa nel Padovano, alcuni pezzi passarono alla casa Giustinian sulle Zattere, altri a Berlino e altrove.

Il Museo delle medaglie Pesaro ricorda Cicogna, di quattordicimila pezzi, andava venduto circa la stessa epoca per quindici mila lire.

Nel 1831 la famiglia Grimani a S. M. Formosa, che possedeva un famoso Museo istituito da Antonio Grimani doge e da Domenico Grimani Cardinale, vendeva molti oggetti preziosi; lasciava però al Comune la statua di Marco Agrippa, che stava un dì al Pantheon a Roma. Si ricorda un Museo venduto dal baron Galvagna ad un francese per sessantamila lire. Nel 1855 veniva venduta una parte della Galleria Manfrin, famiglia dalmata, aggregata al patriziato, ed alcuni quadri della suddetta Galleria passarono all' Accademia di belle arti, donati dall' Imperatore.

Ora la Galleria fu interamente liquidata.

Nell' istesso anno 1852 furono venduti dalla Chiesa di S. Silvestro a Parigi dei quadri preziosissimi, uno dei quali di Paolo, l' adorazione dei Magi.

Dagli eredi di Benedetto Valmarana furono nel 1864 venduti molti oggetti al signor Eugenio Piot di Parigi, e così molti altri oggetti artistici e quadri si vennero vendendo alla spicciolata.

Le due più gravi perdite che fece Venezia avvennero nel 1857 e nel 1867. La prima fu perdita per

Venezia ma non per l'arte, la seconda per Venezia e per l'arte.

La prima riguarda la gran tela di Paolo Veronese. La famiglia di Dario alla tenda di Alessandro.

Fu venduta per trecentomila franchi per il Museo Britannico.

Il quadro era stato ristaurato prima del 1800 da Lattanzio Querena, e viene ricordata una copia fatta dallo stesso Querena.

Esisteva pure una copia del detto quadro nel palazzo Pisani in Este, condotta da Francesco Minorelli di Este, ricordato dal De Boni, e che viveva cinquant'anni dopo Paolo Veronese. Gentilmente mi si riferisce che questa copia era ad Este bucata e stracciata ma che fu accomodata da Paolo Fabris, e trovasi ora in Venezia in Palazzo Pisani. Tale ristauro fu fatto dopo la vendita dell'originale, e la copia è delle precise dimensioni dello stesso. Massima sventura fu quella dell'incendio della cappella del Rosario, ove erano provvisoriamente ricoverate una tela del Bellini e la pala del S. Pietro martire. Questo era considerato come il capolavoro del gran Tiziano. Trasportata a Parigi, era stata restituita a Venezia nel 1815. Le due tele perirono miseramente.

Altre perdite lamentate nel nostro secolo furono quelle del Museo Tiepolo che passò a Vienna e del Museo Gradenigo, che col mezzo di P. A. Paravia, passò a Torino.

Altri oggetti che varcarono le classiche lagune, furono un quadro di Vittore Capaccio rappresentante il doge Giovanni Mocenigo e Santi, dei celebri bronzi venduti nel 1875 a Roschild, i Tiepolo del palazzo Renier a S. Pantaleone, una raccolta numismatica Artelli, la Galleria Barbarigo passata all'Hermitage a Pietroburgo nel 1847, di cui il catalogo fu redatto da Gian Carlo Bevilacqua, e stampato dall'Antonelli nel 1845; la collezione Barbini-Breganze passata a Stuttgard, quella del Barone Biela dispersa in varie epoche, e così le collezioni Del Bon, Buratti, Celotti, Cicognara, Croglietto, Benfatto, Grubissich, e varii quadri di Casa da Mula. Debbo alla cortesia di Nicolò Barozzi queste indicazioni, e da ultimo ricorderemo la vendita degli oggetti della casa che fu di F. Morosini avvenuta nel 1894, e che riempì di disgusto ogni anima sensibile.

Chiudo la parentesi e dò principio a numerare gli scultori.

Di Antonio Canova nato a Possagno nel 1757 e morto a Venezia nell'ottobre 1822, troppo parlano i suoi altissimi meriti, le opere sue immortali; basta solo ripetere quì il suo nome. Ultimo guizzo di luce potente che mandava l'antica Venezia, prima di passare fra il novero delle memorie. Il genio Canoviano comparve sulla scena del mondo, onorato da principi e da popoli, tutti vinti dal magistero dell'arte sua.

Parlar del Canova, descriverne la vita, le o-
pere, mentre su tal soggetto versarono scrittori
insigni, sarebbe direi quasi irreverente, per cui
passeremo senz' altro al nostro officio di raccoglitori di notizie, degli altri scultori del secolo
decimonono.

Legato al nome del grande Canova, si è quello
di Ferrari-Torretti Giovanni; nato in Crespano,
morto a Venezia il 2 novembre 1826; figlio di
un Gaetano tagliapietra; di undici anni entró
nello studio di Giuseppe Bernardi-Torretti suo
zio; morto questi, Giovanni aggiunse al proprio
cognome quello del Torretti, come a sua volta
il Bernardi lo aveva aggiunto dallo zio Giuseppe
Torretti, che lo aveva istruito nell'arte. Lavorò
due statue, la Prudenza ed il Consiglio pel giardino di Casa Tiepolo a Carbonera, avendo con
sè il Canova, che dalla scuola del Bernardi, era
passato alla sua. Visitò quindi per sette anni
l'Italia. Tornato a Venezia ebbe in commissione
da due famiglie patrizie di Venezia, un monumento per Angelo Emo, mentre in Roma il Canova per ordine del Veneto Senato, dovea fare
altro monumento allo stesso Emo. Il monumento
del Ferrari venne collocato nella chiesa dei Servi,
e di là, demolita la chiesa, fu trasportato prima
nella chiesa di S. Martino, poi a quella di San
Biagio, dove attualmente si trova. Quello del
Canova, venne collocato all'arsenale. Molte statue lavorò il Ferrari, pel Prato della Valle. Della

stessa famiglia era Bartolomeo, padre di Luigi Ferrari valente scultore. Di lui si ricordano Calipso che dà permesso ad Ulisse di ritornare in patria, condotto per Papafava in Padova nel 1821. Il giuramento di Annibale, gruppo immaginato ed abbozzato da Angelo Pizzi, e compito dal Ferrari. Nel 1830 fonde in bronzo il gruppo della pietà, modellato da Canova, lodato da Leopoldo Cicognara nell'« Antologia » di quell'anno. Il gruppo della pietà fu uno degli ultimi concetti del Canova ideato pel tempio di Possagno, dove venne inviato. Ferrari Bartolomeo moriva l'8 febbraio 1844.

Il più caro amico e confidente di Canova, dice il De Boni, fu Antonio d'Este, nato in Venezia nel 1754, morto a Roma il 1837. Fu direttore delle Gallerie Vaticane, e suppliva nell'ufficio il Canova, quando questi era assente quale ispettore generale delle antichità e belle arti nello Stato Pontificio. Angelo Pizzi milanese nato nel 1775 ai 22 dicembre, morì il 23 marzo 1819. Il De Boni erroneamente lo fa nato nel 1760 e lo chiama Luigi. Il Diedo ne scrisse l'elogio nel 1842. Passò la prima giovinezza a Milano e vi studiò coll'Appiani, poi col Pacetti, lavorando pel Duomo e per l'Arco della Pace. Nel 1805, cioè a trent'anni, venne nominato professore di scultura nell'Accademia di Carrara. Nel 1807 venne professore di scultura all'Accademia di Venezia.

Lavorò i busti di Napoleone e dell'Imperatore Francesco I, e secondo il Cicogna, avea fatto il busto il Francesco Gritti. Scolpiva altresì una statua gigantesca di Napoleone da porsi in Alvisopoli pei Mocenigo, ma mutate le cose politiche, la famiglia non seppe che farne.

Fece per Vienna l'accennato gruppo del giuramento d'Annibale, compito da Bortolomeo Ferrari.

Rinaldo Rinaldi nacque a Padova nel 1793; fu detto artista sommo, maggiore della sua fama. Cicognara e Canova aveano preconizzato favorevolmente del suo avvenire. Figlio di un intagliatore in legno, a 14 anni scolpiva un Sant'Antonio in legno, fatto più per istinto che per studio. A 15 anni cominciò a lavorare in marmo. Fece la statua di Adone, Chirone che Ammazza Achille. Canova lo diceva lavoratore di spirito e intelligenza. Rinaldi contribuì coll'opera sua all'erezione del monumento a Canova ai Frari.

Anche Jacopo Demartini nato nel 1863 lavorò per il monumento a Canova, lasciando alcuni busti e statue all'Accademia. Giaccarelli Antonio nato in Venezia nel 1799 morì miseramente in Milano il 25 agosto 1838. E' ricordato dal De Boni, e lodato da P. A. Paravia. Allievo di Angelo Pizzi, venne premiato parecchie volte. Il suo Achille che si cava il dardo dal piede, opera colossale, fu creduto un capolavoro. Condusse inoltre, Pantasilea balzata da cavallo e ferita da Achille, Enea, Saffo; un bassorilievo, Erminia fra i pastori; Priamo, chiedente il corpo del figlio, lavoro giudicato stupendo; per Feltre fece un bassorilievo sepolcrale, nel 1830 lavorò per l'attico dell'esteriore facciata dell'Accademia, Minerva seduta sopra il leone. L'Hayez lo ritrasse, nel suo Carmagnola.

A Milano nel 1838 inviò i suoi lavori per l'esposizione, ma avvilitosi e datosi in preda alla malinconia pella mancanza di commissioni, cessò di vivere.

Innocente Fraccaroli di Verona riportò nel 1829 il gran premio di scultura nei grandi concorsi di Milano. Allievo dell'Accademia di Venezia fu scolare di Luigi Zandomeneghi. Nel 1847 è lodato un suo episodio della strage degli innocenti, scolpì un Achille, una Ciparisso, e nel 1869 una Cammilla ed altri lavori.

Angelo Cameroni fece un monumento per Trieste, una Madonna per Parenzo, nel 1847 un S. Rocco, un S. Giovanni per Gorizia, una preghiera nel 1861, lavori tutti lodati. Pel Pantheon del palazzo ducale scolpì i busti di Fra Paolo, di Francesco Morosini e del Cardinal Bembo.

Di Vincenzo Luccardi da Udine, discepolo di Luigi Zandomeneghi, è lodatissimo un gesso colossale, Ajace d'Oileo, fatto nel 1839. Nel 1840 scolpì una statua, il primo pensiero d'amore, nel 1843 il genio della scultura. Cessò di vivere in giovane età.

Luigi Zandomeneghi nacque a Colognola su quel di Verona da Pietro e Catterina Gonzati nel 1778 ai 20 febbrajo. Morì in Venezia nel 15 Maggio 1850. All'età di diciotto anni fu condotto a Venezia, e fu messo sotto le discipline di Giovanni Ferrari Torretti, e lavorò nei suoi principii col veneziano Giacomo Gabardi. Ottenne il suo primo successo nell'anno 1804, modellando un genio delle arti belle, che scende a coronare il genio di Canova. Una sua najade fatta nel 1817 pel Marchese Manfrin fu encomiata, come pure un vaso in marmo con bassorilievo delle nozze aldobrandine. Nel 1819 nominato Professore all'Accademia, scolpiva il monumento a Carlo Goldoni nell'atrio della Fenice, nel 1826 un gruppo, la Carità, per Conegliano, il genio Canoviano dell'invenzione stretto alla scultura. Nel 1842 gli fu commessa l'erezione del Monumento a Tiziano ai Frari, insieme al figlio Pietro, che non potè veder compiuto. Nel 1825 fece il busto della Giustina Renier Michiel per commissione di Paolo Zannini. Lesse nel 1827 all'Accademia, dei Lombardi.

Zandomeneghi Luigi educò nell'arte i figli Pietro ed Andrea, Pietro fu scultore e letterato. Condusse nel 1826 un trionfo di Bacco, bassorilievo in gesso. Nel 1851 fu molto lodata una sua statua. l'aurora perchè soggetto mai stato trattato, nella scultura, e condotto con molta finezza.

Il monumento di Tiziano ai Frari, ideato dal padre con esso lo eseguiva, e lo compiva dopo la di lui morte. Il fratello Andrea nato nel 1814 e morto nel 1864, lavorò anch'esso nel monumento a Tiziano, poscia operò all'estero in Ungheria, a Vienna, a Erlau. Pietro Zandomeneghi leggeva all'Accademia nel 1858 l'elogio di Alessandro Leopardo. Di Pietro Zandomeneghi stendeva una memoria, Filippo Draghi nel 1867.

Luigi Zandomeneghi oltre che i propri figli ebbe a scolari il Rinaldi, il De Martini, il Giacarelli, Ferrari, Casagrande ecc. Fu suo scolaro anche Luigi Armellini giovane di belle speranze morto a 25 anni nel 1842 e che nel 1850 aveva vinto il gran concorso e medaglia d'oro col gruppo Ettore ed Andromaca e che lasciò un Abele, Attala.

Antonio Bosa Bassanese, scolpì un'ara con baccanti e fauni. Era membro dell'Accademia. Fu lodato il suo monumento a Winkelman nel 1820 da collocarsi nella chiesa di S. Giusto a Trieste, il cui disegno fu encomiato da Canova. Bosa Francesco figlio di Antonio è lodato per un bassorilievo sepolcrale, pel busto di Enrico Dandolo ed altri lavori. Fratello a Francesco era Eugenio già ricordato fra i pittori, ma che trattò anche la scultura.

Borro Luigi figlio di Camillo pure scultore di altissimo merito nacque in Venezia il 29 luglio 1826 e morì il 6 febbraio 1886. Fino da fanciullo dimostrò inclinazione per l'arte. Nel 1846 fece un bassorilievo, Alcibiade, fu quindi pensionato a Roma, e diè per saggio, Gesù che scaccia il demoniaco, lavoro che si disse, pittura scultoria. Fece una statua, la Concezione, molto encomiata, pel principe Giovanelli. Scolpì i ritratti di Giambellino, del Doge Loredan, e a Venezia lasciò il monumento a Daniele Manin. Per più larghe notizie, leggasi la sua biografia, estesa da Marco Orio.

Lorenzo Moretti Larese fu fratello di Eugenio. Valente pittore già da noi ricordato, fu scolaro dello Zandomeneghi e di lui si ricordano i busti del doge Morosini, e Dante. Ricordiamo Luigi Piccoli per un bassorilievo, l'amicizia conjugale, fatto nel 1837, e una statua dell'Immacolata, lodata nel 1864. Passerini Domenico Bassanese, nel 1861 aveva compiuti tre busti, uno dei quali rappresentava Gasperino Barziza, bergamasco filologo e professore a Padova nel secolo XIV, ordinato da Vincenzo Barziza; fu donato al Pantheon del Palazzo Ducale, fondato dall'istituto nel 1847.

L'Imperatore d'Austria voleva comperare dal Barziza il busto; questi si rifiutò di venderglielo, dicendo che non era più suo, ma del Pantheon, e per conseguenza dell'Istituto.

Allora l' Imperatore lo fece chiedere all' I-
stituto ; questo rispose che il busto non gli era
ancora stato consegnato e che quindi non era
sua proprietà, allora si risolse la questione nel
senso, che il busto essendo in possesso dell'artista, questi lo potesse cedere all' Imperatore,
facendone un altro di eguale, pel Pantheon.
L' Imperatore lo comperò e lo diede all' Università di Padova. Luigi Ferrari professore di
scultura e presidente dell' Accademia di Belle
Arti morì ottantenne nel 1895. Fu autore del
celebre gruppo del Laocoonte esistente al Museo
a Brescia, autore dell' Angelo della risurrezione
nel cimitero di Trieste e di quello sulla tomba
di Papadopoli a Venezia. Scolpì una bellissima
najade e moltissime opere lodatissime, lasciando
la tradizione e il gusto Canoviano. Nel 1854
scolpì il busto dell' Imperatore d' Austria per
l' Accademia e nel 1855 d' Angelo della Carità,
gruppo in marmo.

Ricorderò infine Domenico Fadiga celebre
scalpellino ornamentale. Di lui si hanno altari
a S. Zaccaria, a S. Giovanni novo, gli ornati
di un cenotafio pella figlia della signora Fanti-
nati Foscarini in Roma. I primi lavori che fece
il Canova a Venezia, li eseguì nel laboratorio
del Domenico Fadiga, che era posto al traghetto
di S. Maurizio. Mutata ad altro uso quell' area,
un' apposita lapide ricorda questo fatto nel giardino del palazzo Corner.

Non voglio dimenticare Osvaldo Mazzoran, nato in Belluno il 24 dicembre 1825, morto a Venezia nel 1888, ornatista e figurista stimato. Allievo dei Lucchesi Bortoluzzi, lavorò di stucco in molti cospicui palazzi di Venezia.

Ai 7 Febbraio 1899 moriva Augusto Benvenuti scultore, nato a Venezia l' 8 Gennaio 1839. Fu mite e modesto, facile a scoraggiarsi. Si rivelò coll' Innominato. Scolpì il Giorgione, a Castelfranco, ritenuta la sua migliore opera. Per Vicenza fece il monumento a Vittorio Emanuele, per Venezia il monumento a Garibaldi e il monumento in onore dell' esercito in campo S. Biagio assai apprezzato nel 1887 ed eseguì l' angelo ribelle — fece parecchi busti e scolpì una filatrice nel 1886. — Morì poverissimo, sebbene artista stimato e valente.

CAPITOLO IV.

PARTE III.

Nella città, dove, l' architettura aveva trovato modo di sfoggiare tutto il lusso e la varietà
degli stili 'che si successero nell' avvicendarsi
dei tempi, dall' epoca romanza, araba bizanti-
na, al suntuoso rinascimento, e al delirante ba-
roccume, sembrò, alla fine del settecento, venir
meno ogni fonte di architettonica ispirazione; i
concetti svolti nelle ultime fabbriche, furon me-
schini e stentati. Ai Lombardo, ai Sanmicheli,
ai Palladii, agli Scamozzi, erano succeduti i
Massari, i Temanza, i Maccarucci, il Tirali, lo
Scalfarotto.

Ultimo ad operare nel settecento fu il Selva
e vide esso quasi un ventennio dell' ottocento. È l' architetto veneziano che assiste alla
mutazione politica e materiale della patria. Del
Selva scrissero Antonio Diedo, e il marchese
Selvatico ; copiose notizie fornì al De Boni il
Lazzari, pelle sue biografie degli artisti. Il Selva
nacque nel 1753 e morì nel 1819. Fu ammae-
strato nel disegno dal pittore Pier Antonio Novelli, ma si dedicò più all' architettura e fu discepolo di Tommaso Temanza. Per oggetto di
studio, visitò le principali città d' Italia e del-
l' estero e specialmente, Parigi. A Roma, ebbe
l' appoggio e commissioni dal cavalier Zulian
ambasciatore di Venezia, che aveva protetto il
Canova, assieme all' altro patrizio Falier. Tornato il Selva a Venezia, ebbe l' incarico di rior-
dinare alcuni palazzi, rendendoli più pratici alla

vita comune e consentanei ai mutati costumi, ispirandosi al gusto delle grandi capitali, da esso visitate. L'opera più importante fu il teatro, commessogli dalla Società del teatro S. Benedetto. Aperta la gara furono ventinove i concorrenti, e venne prescelto il progetto presentato dal Selva. Il Selvatico censura la facciata che chiama una miseria, un complesso di brutte e sconvenienti forme, ed anche il Diedo vi trova delle mende.

Tanto però il Selvatico che il Diedo convengono che il teatro della Fenice è uno dei più splendidi e più leggiadri. Dalla parola Societas che sta scritta sulla facciata del teatro erasi fatto il seguente acrostico: Sine ordine, cum irregularitate erexit theatrum, Antonius Selva. Il Selva delineava i teatri di Adria e di Trieste, ridusse la ex scuola della Carità per l'Accademia di belle arti. Nel 1810 gli fu commesso di disegnare i giardini pubblici, che il Selvatico, al quale s'unisce il Cantù, censura per la troppa loro regolarità.

Sta l'elenco delle opere del Selva, in fine al discorso, del Diedo.

Il Selva aveva letto all'Accademia, nel 1814 l'elogio del San Micheli, ed altri scritti si trovano citati nella sua biografia, dal De Boni. Al momento della sua morte, ricorda il Cicogna, che aveva quasi compiuta la traduzione del Sabellico, de situ urbis venetae, e aveva preparati i disegni di Venezia, quale era al tempo del Sabellico, volendo fare un confronto coi suoi tempi. Il Selva moriva il 22 gennaio 1819 improvvisamente, mentre passeggiava sulla riva degli Schiavoni presso S. Zaccaria, in compagnia dello scalpellino Domenico Fadiga. Così ricorda il Cicogna. Nell'anno 1828 il Selva ebbe un monumento all'Accademia. Il busto venne fatto da Giacomo Martini, membro dell'Accademia e la parte ornamentale fu eseguita da Giacomo Spiera.

Il nome di Giuseppe Soli si lega alla trasformazione subita dalla Piazza S. Marco, dalla parte dove s'ergeva S. Giminiano. Il Soli nacque a Vignola nel modenese nel 1842, e morì a Modena nel 1823. Non si deve però al Soli il fatto della demolizione della chiesa, mentre fu chiamato a Venezia dal governo italico, dopo che la chiesa era sparita, per suggestione secondo il De Boni, di un architetto veneziano.

Il Soli drizzò la fabbrica del palazzo reale, di cui il Selvatico loda specialmente l'interno scalone, censurando però l'attico troppo alto della facciata, che rimpicciolisce il secondo ordine. Il Diedo era avverso alla demolizione della chiesa di S. Geminiano, come vedemmo in altro luogo. Il Soli per essere assistito nella nuova fabbrica del palazzo reale chiamò a sè Lorenzo Santi, nato a Siena il 1783 e morto a Venezia il 1839. Disse le sue lodi il Diedo nel 1842.

Professore di disegno nel collegio di marina e aggiunto alle pubbliche costruzioni, murò il padiglione del giardinetto reale e il corpo di guardia, ora ufficio telegrafico, che il Diedo ritiene esempio di buon gusto, ma che il Selvatico non crede tale. Il lavoro principale del Santi fu il palazzo patriarcale, che venne acerbamente censurato ; però egli aveva presentato chi assevera diciotto, chi venticinque progetti ; il Selvatico dice che fu scelto il peggiore perchè meno dispendioso. Altra sfavorevole circostanza per il Santi fu quella che dovè serbare dimensioni, forme e fori dell'edificio antecedente.

Di Giuseppe Salvadori ingegnere del Comune, ricordo il ponte della Veneta Marina e un progetto di un ponte in pietra attraverso il Canal grande, presentato all'Accademia il 1823.

Antonio Diedo lavorò nella chiesa di S. Maurizio a Venezia nel 1808, operava assieme al Selva nel duomo di Cologna ed edificava il tempio di Schio che fu detto, lavoro dei più bei secoli dell'arte. E fece pure nel suo interno, la chiesa della Canda in Polesine, condotta nel 1823.

Dal Cicogna è ricordato un disegno del Diedo del catafalco pella chiesa di S. Marco con pitture del Borsato fatto nel 1820, e il disegno di un monumento al Selva pella chiesa di S. Croce. Il Selvatico nella Storia dell'architettura, non ricorda il Diedo, perchè nulla aveva murato in Venezia.

Le fabbriche e disegni di Antonio Diedo furono pubblicate a Venezia, Antonelli, nel 1846 e una seconda edizione si fece nel 1852.

Sono disegni di edifici sacri, famigliari e profani, con illustrazioni in italiano e francese.

Jappelli Giuseppe nacque a Venezia nel 1783 e morì nel 1852. Educato all'Accademia Clementina in Bologna, tornò a 17 anni in patria. Sotto la direzione del Selva divenne ingegnere di riparto e fu accetto al Viceré Eugenio. Fu ufficiale del genio nello stato maggiore; caduto il governo francese, il Jappelli si ritirò e si diede all'esercizio privato della sua professione. A Padova eresse il celebre Caffè Pedrocchi, il macello ed altri edifizii. Disegnò con molto ingegno dei giardini, detti all'inglese.

Pigazzi Giovanni Alvise nacque in Venezia nel 1792 e morì nel 24 settembre 1859. Incominciò la sua carriera come ingegnere nel 1814 e coltivò l'architettura facendo molti stimati studii e progetti. Membro dell'Accademia di belle arti, ridusse l'antica Accademia Fonteghetto, ad uso del magistrato di sanità marittima, nel 1829 fece un ponte sul Danubio, costrusse a Venezia i magazzini del sale a continuazione della dogana, e un nuovo fabbricato della Casa di Ricovero, murò le chiese di Tambre, Alpago, Venas, Villabona, Badia, edificò il palazzo del Comune di Chioggia, il cimitero di Rovigo, la sala Malfatti a Verona, il tribunale di Treviso, e infine fece il progetto di una facciata pella Università di Padova.

Tommaso Meduna nacque a Venezia nel 1798 e morì nel 1880. Nel 1820 entró in carriera e fu specialmente valente ingegnere idraulico, custode delle antiche tradizioni venete del magistrato delle acque. Costruì il teatro di **Ravenna**, dopo l'incendio, quello della Fenice, ristaurò la chiesa di S. Nicolò a Treviso, diresse i lavori d'ampliamento del palazzo reale e della nuova dogana della Salute.

· Meduna G. B. fratello del precedente, fu del pari architetto e cooperò con esso in alcuni lavori, come nella costruzione della Fenice. Si hanno di lui disegni architettonici pubblicati nel 1836.

Francesco Lazzari (Vucovich Lazzari) fu professore di architettura all'Accademia. Era fratello del sacerdote Giuseppe, pievano di S. Luca, altrove ricordato, professore di belle lettere nel ginnasio di S. Luca, e nel Liceo di Venezia, dell'abate Giovanni e di Michele. Francesco Lazzari, lavorò nella collezione delle fabbriche venete, e nel compendio delle più interessanti regole di architettura teorico-pratiche ricavate dai migliori autori per uso ed istruzione dei giovani che si dedicano a questo studio. Venezia Picotti 1830. Scrisse una memoria sopra un passo oscurissimo di Vitruvio, e fece l'elogio di Giuseppe Benoni autore della dogana. Disegnò la chiesa atterrata degli Incurabili, e comunicò alcune memorie attinenti agli Incurabili stessi, pelle Iscrizioni del Cicogna.

Giovanni Pividor morto nel 1872 fu disegnatore prospettico ed architetto; presentava progetti architettonici fino dal 1825 e fece bellissime miniature. È suo, il disegno della cappella in campo S. Vio e quello del monumento eretto nella chiesa dei Ss. Apostoli alla memoria del conte Benedetto Valmarana; vari progetti fece di lavori in Venezia, come la decorazione della base del campanile di S. Marco, della cappella di S. Lucia, ecc. Invigilò alle pitture d'ornato fatte nella chiesa di S. Maria Formosa. Disegnò i siti storici e munumenti di Venezia. Nel declinare della sua vita il Pividor abbandonò Venezia e recossi a Ferrara, dove morì quale professore di architettura in quella Università, e di ornato nel Museo Civico.

Giuseppe Segusini architetto di Feltre, disegnò nel 1827 il cimitero di Gorizia, e nel 1834 il teatro di Belluno che venne assai lodato. Lavorò alcune case in Feltre, il Municipio di Belluno, e fece importanti costruzioni in Agordo, Mel, dove costruì la chiesa, Oderzo, Seravalle dove costruì il teatro.

È lodato perchè nel 1844 aveva trovato un modulo certo, per la costruzione della curva teatrale. Angelo Seguso fu buon disegnatore, e di lui si ricordano il manicomio di S. Clemente, e il monumento dei caduti a Marghera.

Disegnò le vere o sponde marmoree dei pozzi con illustrazioni del figlio Lorenzo, pubblicate nel 1859. Così lo stesso Lorenzo scrisse sulla importanza delle vere da pozzi per la storia veneziana. Raccolta Veneta, Venezia 1856 e sopra altri argomenti di storia patria.

Cecchini G. B. architetto paesista, consigliere dell'Accademia, padre di due pittori, Giulio ed Eugenio. Fu secretario dell'Accademia dal 1861 al 1878. Lesse nel settanta l'elogio di Antonio Da Ponte.

Combatti Gaetano fu ingegnere prospettico e si hanno alcuni suoi progetti architettonici.

Cadorin Lodovico professore di ornato e prospettiva, membro dell'Accademia, morto in marzo 1892 di anni 68. Di lui si ricorda in altro luogo una pubblicazione artistica e fu suo lavoro la casa sul canal grande, all'angolo del rivo di S. Trovaso con ornati in terra cotta; ridusse la villa Labia alla Fratta, e fece altri lavori.

Castellazzi Giuseppe di Verona, architetto, premiato al concorso del 1860, all'Accademia di Venezia. Pubblicò un volume di ricordi orientali, da esso disegnati ed illustrati ed un progetto di Orsan Michele di Firenze per accogliere la cattedra dantesca. Morì nel 1888 professore di architettura a Firenze poco più che cinquantenne. A Venezia propugnò la demolizione delle botteghe che contornavano il campanile di S. Marco, e lavorò in restauri di alcuni palazzi.

Forcellini Annibale nacque a Treviso e vi
mori nel 1891 nell'agosto di anni 65.

Fu ingegnere governativo, e quindi del Comune di Venezia. È suo il cimitero di Venezia,
modificato però dal primitivo progetto, essendo
stato soppresso il porticato all'ingiro del cimitero, e sostituito da uno scaglione.

Forcellini legò la sua fama al ristauro del
palazzo ducale, avendo superato enormi difficoltà, assistito dal sig. Vendrasco. Provvide alla
sostituzione di gran parte di colonne e capitelli,
specialmente la sostituzione del capitello d'angolo menò rumore, avendosi dovuto sostenere
interinalmente con armature, l'enorme peso
della fabbrica che incombeva da quella parte.
Il Forcellini ebbe la soddisfazione di vedere
aperti gli ultimi cinque archi del palazzo verso
il ponte della paglia, e che erano stati chiusi
dal governo veneto per robustamento dell'edificio per opera di Antonio da Ponte nel 1578,
dopo l'avvenuto incendio.

Assicura Cicogna che, ai primi di gennaio
del 1865, il governo austriaco avea ordinato a
decoro del palazzo ducale di rifare i leoni stati
smantellati dal furore democratico e cioè di faccia alla scala dei giganti, sopra la porta della
carta ecc. Andarono finora a posto il leone sulla
Scala dei giganti di Luigi Borro, quello sulla
porta della carta col simulacro di Francesco
Foscari, di Luigi Ferrari, e quello sulla piaz-

zetta del Bottazzo andato su, il 1898. Ricorderemo pure il ristauro avvenuto del leone di bronzo, che venne rialzato sulla sua colonna sul molo, nell'aprile 1892, ristauro che venne universalmente lodato. Il sarcofago che chiude le ceneri di Daniele Manin, nella piazzetta dei leoncini, fu disegnato da Ludovico Cadorin citato, e i leoni di bronzo che sostengono il sarcofago furono fusi dal Micheli nel 1871. I lavori di ripristino della cripta di S. Marco furono fatti nel 1898 e di essi s'intrattenne G. Berchet. Fra le case private di una certa importanza ricorderemo il palazzo Sernagiotto ai Ss. Apostoli, dell'architetto Benvenuti, il casino Barocci sull'area dell'antico teatro di S. Angelo disegnato dall'Orefice Pellegrino.

Così compievasi nel 1893 il palazzo Mazzaroli Genovesi a S. Gregorio sul canal grande, magnifico edificio archiacuto dell' architetto Edoardo Trigomi-Mattei. Ricorderemo pure il palazzo della Banca Veneta a S. Gallo e la Casa Barbaro a S. Bortolomio dell' architetto Pelanda Enrico, costruzioni recentissime; il Palazzo della Cassa di risparmio dell' architetto Trevisanato ecc.

Giacomo Franco veronese professore d'architettura all'Accademia, morto da poco tempo più che settantenne, fu assai lodato specialmente per il suo tempio di Lonigo.

L'arte della riproduzione dei capolavori tratti dalla pittura o dalla scoltura, nonchè la copia dalla natura stessa, riceveva dopo la metà del secolo decimonono, un colpo mortale dalle nuove invenzioni, ma specialmente dalla fotografia. Perciò l'arte dell'incisione venne sempre decadendo, dovendo sostenere una concorrenza impossibile a vincersi.

Al chiudersi del settecento e all'aprirsi dell'ottocento i più bei nomi degli incisori bisognava venirli trovare a Venezia.

Bartolozzi Francesco era nato a Firenze nel 1739, ma nella sua giovine età, cioè di 19 anni, venne a Venezia a farsi scolare di Giuseppe Wagner (dal Moschini chiamato Francesco) morto a Venezia nel 1780.

Il Bartolozzi visse molto in Inghilterra e morì a Lisbona nel 1813. Fece un numero grande d'incisioni, alcune delle quali sono citate dal De Boni, e in genere trattò soggetti sacri, favole, caricature, paesaggi, ritratti. Nota il Moschini nella sua inedita ed incompleta storia dell'incisione che il Bartolozzi dovette al Wagner la franchezza del maneggio del bulino e che era eccellente specialmente nelle vignette, e che un libro che ne avesse avuta una sola, veniva ricercatissimo da chi aveva gusto artistico.

Il Bartolozzi in Venezia ebbe allievi fra gli altri, Teodoro Viaro nato in Bassano nel 1740. Il Viaro fu dapprima scolaro di Marco Pitteri, poi del Bartolozzi. Incise delle teste capricciose del Piazzetta, che era ai suoi tempi pittore di

moda, le vedute di Venezia del Canal, i paesi
di Marco Ricci, fatti sacri e profani, vedute
del palazzo ducale, gli abiti di tutte le nazioni
del mondo, le cerimonie religiose dei popoli
del Picard ; il Viaro non fece allievi ; così il
Moschini.

. Altri scolari del Bartolozzi furono Innocente
Alessandri e Pietro Scattaglia, ma stettero assai
lungi dal maestro (Moschini). Di Bartolozzi
scrisse Melchiorre Missirini, e sta la sua vita
nelle biografie del Tipaldo.

. Volpato Giovanni nacque come il. Viaro in
Bassano l'anno 1730, l'anno stesso in cui nasceva in Firenze il Bartolozzi.

Istruito da questo nell'incisione, si recò poi
a Roma, ed incise fra le molte sue opere, le
loggie del vaticano. A Roma protesse Canova
ed educò il primo incisore dell'epoca, Raffaelo
Morghen che sposò una sua figlia, avendolo essa
scelto a preferenza del Canova, che aspirava
alla sua mano.

Condottosi a Londra trasse con se, Luigi
Schiavonetti, che poi fu raggiunto anche dal
fratello Nicolò. Moriva il Volpato a Londra il
7 giugno 1810, secondo il Moschini. Il De Boni
lo fa vivere fino al 1823. Altri tre Bassanesi,
dice il Moschini, allettati dall'esempio del Volpato si recarono ad incidere a Roma, Pietro
Bonato, Pietro Fontana e Giovanni Folo. Altri
Bassanesi ricordati sono Jacopo Aliprandi e

Francesco Ambrosi che lavorò per quindici anni a Venezia, morto in vecchia età l'anno 1831.

Novelli Francesco nacque in Venezia nel 1776 e vi morì il 1836; era figlio di Pier Antonio Novelli pittore. Passò i suoi primi anni a Roma, condottovi dal padre, e studiò pittura, ma ritornato a Venezia si diede all'intaglio. Assieme a Costantino Cumano, nato il 1760 e morto il 1805 incise le opere di Rembrandt, del Mantegna. Adornò di incisioni le commedie del Goldoni, e le gesta di Don Chisciotte. La vita di Francesco Novelli è estesa dallo Zanotto.

Giaconi Vincenzo secondo il Moschini nacque in Trevignano, secondo altri in Padova nel 3 febbraio 1760, morì a Venezia il 17 luglio 1828. Venne a Venezia e fu allevato nell'incisione da Marco Pitteri. Il Moschini osserva che Giaconi condusse trecento incisioni sopra soggetti sacri, quaranta ritratti ed altri soggetti varii.

Il suo capolavoro è il ritratto di Cosimo dei Medici su disegno di Giuseppe Longhi, fu lodato anche il suo ritratto di Fra Paolo Sarpi. Era stato pregato d'incidere il ritratto di Martino Lutero, ma si dispensò dal farlo, per non contribuire a promulgare il ritratto d'un eretico. Il ritratto del Lutero fu poi inciso da Felice Zuliani. Incise i ritratti dell'abate Meneghelli, del Canova, di Jacopo Monico, Dante e Beatrice. Si ricorda dal Moschini come scolare del Giaconi, Zorzi Gaspare nato nel 1783.

Martens Luigi incise, fra altro, le prospettive del Borsato nell'omaggio delle provincie venete all'Imperatrice nel 1818 e fece quadri di paesi a tempera. Incisero pure nell'omaggio suddetto Giovanni Balestra e Pietro Fontana.

Nel 1833 si ricorda Goldmann Giovanni di Trieste, Podiani Carlo incisore in rame e Petracchin Ignazio professore di ornato, cesellatore.

Fusinati Giuseppe, incisore allievo del Longhi, nato ad Arsiè, lodato da Francesco Zanotto; nel 1830 incide la Madonna col bambino del Garofolo, il ritratto del Barbieri, la donna chiamata la Musica del Giorgione, e nel 1834 incise la Maddalena del Tiziano.

Nani Antonio di Alano condusse nel 1825 i suoi primi intagli, disegnò ed incise la cappella della Madonna della Scarpa di S. Marco in Venezia, tratta nel 1827 da un gran quadro del Borsato, e fece la serie dei ritratti dei dogi, stampata nel 1835, poi riprodotta in altra edizione.

Parleremo ora della famiglia Zuliani non ricordata dal De Boni. Attinsi notizie fra altro dai ricordati Moschini e Cicogna. Lo Zuliani Antonio fu a capo di una famiglia di intagliatori e passò da Oliero nei sette comuni di Venezia.

Era suo figlio Zulian Zuliani, allievo di Pietro Monaco di Belluno, ed ebbe i seguenti figli: Gio. Antonio, Pietro, Felice, Giuseppe.

Giovanni Antonio nacque nel 1760. Nel 1805 incideva i rami della storia naturale del Pezzana. Antonio era più vecchio di Felice di 20 anni, ma aveva minor genio e minori doti naturali. Tutto fece a forza di diligenza e di studio, e perciò non fu capace di fare cose importanti. Si occupava di piccole cose, vedute, paesaggi ed immagini di Santi.

Pietro e Giuseppe poco si distinsero.

Felice sorpassò tutti i fratelli. Avea studiato meno del fratello Antonio ma aveva più genio e più disegno, più gusto, più morbidezza nel taglio. Così il Cicogna.

Il padre Zuliani fu l'istitutore dei figli, che studiavano le incisioni del Bartolozzi e del Morghen.

Il Cicogna aggiunse che Antonio tremava quando prendeva in mano il bulino, mentre invece Felice lo maneggiava intrepido. Felice incise il Napoleone che era in piazzetta, mentre in appresso la maggior parte delle satire contro Napoleone, erano sue, nè si sottoscriveva. Copiò un San Giuseppe dal Longhi, Moise ed Assuero di Lattanzio Querena nel 1818. Nell'istesso anno incise ripeteremo il ritratto di Martino Lutero disegnato da Teodoro Matteini.

La sua opera principale fu l'incisione della Cena in Emaus di Giovanni Bellini, fatta sopra disegno del Matteini, e stampata nel 1829 e che gli costò sei anni di fatica per completarla.

. . Bozza Gaetano nato a Venezia nel 1779 fu compagno a Felice Zuliani nei suoi lavori. Di lui si hanno la Madonna della Seggiola, S. Giovanni Battista di Guido Reni. San Pietro Martire di Tiziano. Divenne cieco fino dal 1835.

. Natale Schiavoni nella prima fase della sua vita artistica fu valente incisore. Incise la Maddalena e l' Assunta del Tiziano.

. Antonio Fabris da Udine moriva a Venezia nel 1865, consigliere accademico, incisore alla Zecca e valente incisore in rame. Intorno a lui scrisse nel 1831 Leopoldo Cicognara nell' Antologia di Firenze, lodandolo.

Lasciò medaglie pel monumento Canova, pel Patriarca Pyrker, pel tempio di Possagno, per Dante. Incideva pure pietre dure.

. Cipriani Galgano professore d' incisione all' Accademia era nato a Siena nel 1775; si condusse poi a Roma presso il Matteini per studiare il disegno, e apprese l' incisione dal Morghen, si portò poi a Firenze dove fece molti lavori. Si ricorda di lui un S. Giovanni Battista nel deserto, tratto dal dipinto del Tiziano fatto nel 1825, e nel 1835 Violante, di Palma il vecchio.

. Allievo del Cipriani fu l' incisore Giuseppe Dala nato in Venezia il 25 aprile 1788, morto il 22 aprile 1850. Suo primo lavoro fu l' incisione della Madonna del Sasso ferrato fatta nel 1818. Nello stesso anno scolpì due are, con fauni e un tavolo di invenzione del Borsato. Nel 1824 incideva il ritratto di Goldoni, nel 1826 la Sibilla del Giorgione, nel 1827 Gesù nell' atto di benedire, nel 1832 il ritratto di Gregorio XVI disegnato da Giovanni Busato e il ritratto di un armeno, nel 1835 la Beata Vergine col bambino, nel 1841 i Santi Martiri Marco e Marcellino incoraggiati al martirio da S. Sebastiano, quadro di Paolo Veronese. Incise inoltre il convitto in casa di Levi, il Redentore in gloria disegnato da Busato e lo sposalizio di S. Catterina.

Nel 1852 sortì un Pantheon veneto, le cui biografie sono dettate dall' abate Giuseppe Veronese.

Il Dala vi incise 55 ritratti, ma ne furono pubblicati solo 52, e dovevano essere in tutto 60.

Filippo Draghi lodava il Dala per i suoi intagli, vera traduzione degli originali, conservando il carattere e l' espressione dei volti, in modo di fornire una esatta idea dei dipinti.

Viviani Antonio nacque a Cassano nel 1792, ed ebbe per prima moglie la figlia di Felice Zuliani già da noi ricordato, quindi sposò la figlia dello scultore Bosa e poi per terza moglie la figlia del tipografo Tasso. Morì nel 1854. Ebbe un figlio Luigi che riuscì modesto pittore di genere e che operava intorno al 1865, e si ricorda anche Viviani Maria che pingeva nel 1867, una mezza figura di donna ed una Madonna col Bambino.

Antonio Viviani studiò all' Accademia ; la prima sua incisione la fece a 18 anni incidendo a contorno la cena di Emaus di Gian Bellino. La stessa cena la incise Felice Zuliani, che aveva inciso il S. Pietro martire di Tiziano. Il Viviani nel 1832 incise la testa dell' Assunta poi il ritratto del Ramusio, la Violante di Paris Bordone, la Lavinia di Tiziano, la Samaritana al Pozzo, di Matteini.

Nel 1851 disegnava la Maddalena del Tiziano che era in casa Barbarigo, la Pala della Concezione di Tiziano, i ritratti del prof. Zabeo, del Pyrker, copia di S. Barbara ecc. L' ultima opera del Viviani fu l' incisione delle tavole disegnate da Gatteri per la Storia Veneta espressa in 150 tavole. Venezia, Grimaldo 1852.

Nel 1848 cura l' incisione « Grazia ricevuta da Maria Vergine in Venezia il 22 marzo 1848 » alla guardia civica dedicata. È un' allegoria, e rappresenta Venezia che ringrazia la Vergine pella ricuperata libertà, al di sotto c' è un disegno della piazza piena di popolo e guardie civiche.

Sostiene da ultimo con decoro l' arte dell' incisione Luigi Boscolo da Rovigo, autore di pregevoli e numerosi lavori.

Parmi non inutile chiudere la lunga recensione di nomi fatta, col ricordo di alcuni, che si distinsero a Venezia nel passato secolo nell' arte musicale : e comincierò da Bonaventura

Furlanetto. Esso nacque in Venezia il 27 Maggio 1738 e vi morì il 6 aprile 1817. Fu l' ultimo dell' antica tradizione Veneziana, uno degli ultimi che scrisse pei famosi oratorii degli spedali, e pella ducale cappella di S. Marco, senza contare le sue opere per canto e musica che si eseguirono nei teatri della città. Di diciasette anni compose la prima messa, che ebbe esito felice, di trent' anni fu maestro nella cappella della pietà; dove scrisse oratorii, messe, e vesperi, successe quindi alla cappella ducale di S. Marco al salodiano Bertoni, superandolo nei meriti. Fra le sue opere emergono gli oratorii, e scrisse un trattato di musica. Nella cappella marciana succedeva al Furlanetto, il maestro Perotti Gio. Agostino, che venne più volte lodato dai suoi contemporanei, per le sue composizioni di musica sacra. Nel 1775 nasceva a Venezia Camerra Antonio e vi moriva nel 1855. Fu distinto violinista, dando concerti all' estero; e in patria fu primo violino alla Fenice e alla cappella di S. Marco. Si ricorda Catterino Cavos compositore drammatico nato a venezia nel 1775, e morto a Pietroburgo nel 1840.

Mélchiorre Balbi nasceva in Venezia da famiglia patrizia nel 1796 ai 4 Giugno. Di seguito alla caduta della repubblica, la famiglia di Melchiorre, emigrava dalla città natale, trasferendosi prima in Valpolicella, poi a Padova. Dedicatosi con passione alla musica, dando saggio dell'alto suo valore, nel 1854 venne nominato maestro della cappella nella basilica di S. Antonio. Scrisse messe e salmi. Pell'anniversario della morte di Rossini il 28 Gennaio 1868 scrisse una messa di requiem, con note stesse del Gran Pesarese, tratte dalle diverse opere, che intitolò, memoriale di Rossini. All'Istituto musicale di Firenze presentò e sviluppò in alcune memorie un nuovo sistema armonico, base del quale era la divisione dell'ottava in dodici semitoni ecc. Il Balbi moriva in Padova il 21 Giugno 1879.

Antonio Miari compositore melodrammatico e da Chiesa nacque a Belluno nel Giugno 1787, e vi morì nel 1854. Le sue opere sacre vennero eseguite in molte Chiese di Venezia, nel periodo di tempo in cui esso trovavasi in questa città, nella carica di Deputato centrale.

Un altro Miari Antonio, bali dell'ordine gerosolimitano, vien ricordato, e che morì nel 1823 a Venezia. Scriveva musica, e teneva concerti nella sua casa. Perucchini Gio. Batta pianista e compositore di canzonette in dialetto Veneziano nacque a Bergamo nel 1784 e morì a Venezia nel 1870.

Nel 1824 diede alle stampe una collezione di 24 fra le più gradite sue canzonette. Luigi Sernagiotto lo dice autore della musica della Biondina in gondoletta, e di molte altre canzonette,

le quali erano scritte, per lo più, da Pietro
Buratti.

Pietro Tonassi nato a Venezia l'anno 1800
e mortovi il 1877, ebbe fama di forte maestro
e contrappuntista. Allievo del Camerra, era
primo violoncello alla Fenice, diresse per quat-
tr' anni quell' orchestra e fu poi maestro della
banda militare della marina. Si narra, che dopo
aver udito un opera di Mercadante, una sola
volta, ne fé eseguire dalla sua banda un finale,
senza aver mai veduto lo spartito. Scrisse molti
lavori Sacri, e di fattura classica. Di lui scrisse
specialmente il Prof. Giovanni Masutto nei suoi
maestri di musica italiani del nostro secolo, dal
qual libro, in parte mi sono valso, per i presenti
appunti. Antonio Buzzolla venne a Venezia da
Adria ove era nato nel 1815, e morì a Venezia
il 20 Marzo 1871. Scrisse quattro opere, Ferra-
mondo, Mastino, Amleto, ed Elisabetta di Valois,
e al momento della sua fine stava componendo
un opera semiseria in dialetto Veneziano. Il
Buzzolla deve la sua popolarità e la sua fama,
alle svariate sue canzonette in dialetto Veneziano, da esso poste in musica e lodate per brio,
varietà, e spontaneità. Scrissero del Buzzola G.
Costantini, e P. Faustini. Prese parte ai suoi
funebri colla sua voce portentosa, il celebre ba-
ritono Cotogni.

G. B. Ferrari nacque in Venezia nel 1805 e
morì di 37 anni. Allievo di Antonio Camerra fu

incoraggiato nell'arte, dai maestri Mercadante e Pacini. Scrisse tre opere: Maria d'Inghilterra, Gli ultimi giorni di Suli, e Pietro Candiano IV, su libretto del Peruzzini nel 1842. Questa opera incontrò assai, ed anche gli ultimi giorni di Suli, ispirati da argomento patriottico, piacquero per lungo tempo, Se la morte non lo rapiva troppo presto forse l'Italia avrebbe avuto nel Ferrari un gran maestro di più. Di alte speranze era anche stato l'abate Luigi Sartori nato a Spresiano il 1817 e morto a Dresda il 1844. Fu sopratutto celebre pianista ; si fece conoscere e stimare a Parigi, a Monaco, a Trieste, e fu avvicinato pei suoi meriti da Listz e Thalberg.

Antonio Fanna fu distinto suonatore di pianoforte, e compositore per quell'istrumento.

Fu suo allievo Francesco Malipiero nato a Rovigo nel 1821 morto a Venezia di sessantacinque anni. Perfezionatosi nello studio coll'aiuto di G. B. Ferrari e Melchiorre Balbi, a vent'anni scrisse la sua prima opera Giovanna di Napoli, che piacque a Padova e a Bologna. Nel 1834 scrisse Ester d'Engaddi, nel 1845 Attila, o Ildegonda di Borgogna, e nel 1846 pella Fenice, l'Alberigo da Romano, che restò il suo miglior lavoro: Scrisse ancora dopo pel teatro, ma con minor alacrità e con minor successo. Trombini Cesare fu Antonio, morto di anni 63 a Venezia nell'Agosto 1898, era da 17 anni direttore d'orchestra a Varsavia. Fu distinto violinista e compositore.

Potremmo qui nominare ancora sebbene non nati a Venezia, o non domiciliati in questa città, ma nelle provincie venete, l'Appolloni di Vicenza, Alberto Mazzucato di Udine, Filippo Filippi di Vicenza, Carlo Pedrotti di Verona, Iacopo Tomadini di Cividale, Franco Faccio di Verona ecc.

Ritrovi musicali all'infuori dei teatri in private società, se ne contarono pochi. Si ricorda il già citato conte Antonio Miari verso l'anno 1821 che raccoglieva presso di sè il fiore degli amatori della Musica.

Nel 1827 una società dell'Armonia dava dei concerti ed aveva la sua residenza presso la piazza di S. Marco.

Il pianista Antonio Fanna, circa lo stesso tempo dava dei concerti nella sua casa, e Giuseppe Camploy nel 1838 fondava un istituto privato musicale artistico, e nel 1851 apriva una sala dedicata al Donizetti, allo scopo di trattenimenti musicali.

Ben più importante ed utile istituzione veniva iniziata nel I. Settembre 1876, dalla società che prese il nome del sommo musicista Veneziano, Benedetto Marcello. Vanno ricordati come principali promotori assieme ad altri cittadini Giuseppe Contin, e Ugo Errera distinti musicisti e concertisti, il primo di violino l'altro di pianoforte.

Prima sede della società fu nel palazzo Da Ponte a S. Maurizio, e nel 1880 passò nei locali superiori annessi al Teatro della Fenice, ed ora è nel Palazzo Pisani a San Stefano. L'istituto impartisce l'insegnamento teorico pratico della musica, e diffonde il buon gusto musicale colla esecuzione delle migliori composizioni antiche e moderne. Inutile estendersi a parlare di questo istituto, divenuto municipale, mentre basta ricordare che valenti personalità diressero l'istituto, ch'ebbe numerosi e distinti allievi. Altra società dal nome dell'istesso Benedetto Marcello ha per solo scopo di dare concerti e trattenimenti musicali pei socii.

CAPITOLO V.

PARTE I.

Poesia

SOMMARIO — *Poesia italiana — Ugo Foscolo — Giuseppe Avelloni — Suoi poemi epici — Suoi canti sacri — Capitoli — Sonetti politici — Michele Caffi — Sue poesie maccheroniche — Ermolao Barbaro — Suo poema; La morte d'Orlando — Satire contro il Buonaparte — Vittore Benzon — Sua vita — Nella — Epistole — Luigi Pezzoli — Sua vita — Sermoni — Francesco Negri — Girolamo Ascanio Molin — Sue liriche e poemi — La Venezia tradita — Andrea Rubbi — Giuseppe Pujati — Angelo Dal Mistro — Suoi sermoni — Paolo Bernardi — Corner Luca Andrea — Marco Antonio Corniani degli Algarotti — Suo fratello Lauro — Malipiero Troilo — Gambara Carlo Antonio — Morosini Domenico —*

Altri minori — Poema l' Esopo — Scrittori di esso poema — Jacopo Monico — Sua vita — Sue opere.

La parte che ci accingiamo a trattare in questo capitolo della veneziana letteratura del passato secolo, presenta dei serii ostacoli, che proveremo di superare, se sarà possibile. Noi ci troveremo dinanzi a molti nomi dei quali e delle opere loro dovremo rendere conto. Ma ciò che maggiormente ci sgomenta, si è l'alta fama di cui alcuno di quelli è rivestito, onde dovremo limitarci a pronunciarlo o poco più.

Tuttavia tratteremo di quei poeti che morti nell'ottocento videro non piccola parte del settecento; quindi parleremo di coloro che nati all'ultimo scorcio del settecento, o nell'ottocento, vissero fino ai giorni nostri. Avendo riserbato ad un capitolo a parte quanto in generale si riferisce alla drammatica, e cioè, tragedia, dramma, melodramma, commedia, qui ricorderemo soltanto gli altri generi di poesia trattati dai nostri Autori. Quindi vi troverà la sua massima parte la lirica, in piccolissima l'epica e la didascalica per le quali voci non vi sarebbe stato materia da redigere un articolo speciale.

Eccoci intanto di fronte, uno dei nomi grandi e più celebri della patria letteratura, che per non mancare all'ufficio che ci siamo imposti dovremo almeno trascrivere. Imperocchè l'at-

tentarci a parlare di lui, dopo che per più di
tre quarti di secolo, Europa e il mondo civile
decantarono le sue lodi, sarebbe stata per noi
opera temeraria. Eppure in una raccolta di nomi
veneziani, come potrebbe mancare il nome di
Ugo Foscolo, per quella parte almeno che egli
ebbe nella vita letteraria e politica di Venezia?

Nato a Zante nel 1778 da padre veneziano,
chiama egli stesso però Venezia sua patria, alla
quale più volte si portò nella sua giovinezza,
per poi nel 1793 fissarvi residenza per ragione
di studii, che presso l'Univessità di Padova proseguiva.

Di spirito insofferente, e portato ad ardi-
menti ed idee nuove, si fu nemico agli ordini
politici che reggevano la patria, e si gettò nel
turbine rivoluzionario che la distrusse. Trovò
in essa i primi applausi, pel suo *Tieste* recitato
al teatro S. Angelo nel 1797, come da Venezia
alzò il primo inno a Bonaparte *liberatore*. Nella
Municipalità provvisoria fu uno dei segretarii,
ed uno dei più focosi declamatori, ed essendo
prossima ed inevitabile l'occupazione austriaca
nel 1798, proponeva egli di attaccar fuoco ai
quattro canti della città, piuttostochè cedere
alla nuova signoria straniera, ma dovette egli
rifugiarsi a Milano. Come poi in quel momento
continuasse la sua vita inquieta e avventurosa,
diffusamente ne trattò Luigi Carrer, nè qui ripeterò cose notissime. Io non so se a Venezia,

dall'epoca della sua partenza vi facesse pur per brevi tratti ritorno, quantunque è risaputo che colla Renier Michiel teneva corrispondenza, e la Teotochi Albrizzi, lo celebrava nella collezione dei suoi ritratti.

Innanzi alle liriche foscoliane noi serberemo il silenzio poichè esse sono uno dei prodotti più splendidi della italiana letteratura del secolo decimonono.

Presentiamo al lettore invece il modesto nome di Giuseppe Avelloni. Scrisse di lui una sola riga di ricordo biografico, Gian Antonio Moschini nel tomo IV della Biografia Universale di Missiaglia, senza render conto della sua vita e delle sue opere. Lo trascurò affatto Girolamo Dandolo nei suoi ultimi Cinquant'anni della Repubblica Veneta, mentre avrebbe potuto trovarvi posto, e così non è citato nella raccolta delle biografie di italiani illustri del Tipaldo, mentre invece vi si trova la vita dell'altro Avelloni appartenuto per intero al settecento e chiamato il Poetino.

Quanto alla vita di Giuseppe Avelloni sappiamo che nacque in Venezia nel giugno 1761, e fu educato dai Gesuiti, e che in seguito ai suoi meriti letterarii, fu aggregato in qualità di membro alle accademie di Venezia, di Zara e di Rovigo.

Poeta di facile vena, l'Avelloni toccò qualche volta non facili cime, trattando parecchi generi di poesia. Diede egli però la preferenza alla poesia epica ed alla religiosa o biblica. Poco diede alle stampe in relazione al molto che lasciò inedito. Due poemi epici pubblicò in ottava rima. *Padova riacquistata*, Venezia, Fenzo in due volumi, ed *Isabella Ravignana*, Venezia, Fracasso, 1795. Il soggetto del primo poema, che è diviso in dodici Canti, si è il ricupero di Padova da parte dei veneziani all'epoca della famosa lega di Cambray, contro le truppe tedesche. L'autore, immagina come principale motore della impresa Pietro d'Abano, fa che esso inventi l'artiglieria, della quale si valgono i veneziani per impossessarsi della città. Il duce supremo dei veneziani ed eroe del poema è il celebre Andrea Gritti; il nemico è Brunoro Serego, combattente per gli imperiali contro i Veneti. Gli altri personaggi secondarii e di contorno sono tutti favolosi.

Il secondo poema *Isabella Ravignana*, puossi dire quasi continuazione del primo : va diviso in otto canti e s'aggira intorno alle avventure di una fanciulla volontariamente annegatasi, per isfuggire alle insidie di Osmondo soldato massimilianeo. Degna di nota è la descrizione del castello del Cattajo che era degli Obizzi, ad un membro della qual famiglia è dedicato il poema.

Altro poema compose l'Avelloni in terza rima e in quattro Canti sulla *Passione di Gesù*

Cristo, con aggiuntovi un altro canto sulla *Risurrezione*. L' istesso soggetto l'autore aveva svolto in ottava rima, dedicandolo e inviandolo fino dal 1794 a Monsignor Turchi, Vescovo di Parma. Il poema in terza rima è più recente perchè fu scritto nel 1803. Altro poema scrisse l'Avelloni in ottava rima sulla *Natività di Gesù Cristo*. Parte cospicua delle sue composizioni poetiche sono i Capitoli scritturali in terza rima, e ricorderò i seguenti: La morte di Abele — Agar — L'incendio di Sodoma — La morte dei primogeniti — Il passaggio del Mar Rosso — Mosè sul Sinai — Il serpente di bronzo — Sansone — Golia — L'angelo sterminatore — Giona — Le visioni di Ezechiello — Eleazaro — Eliodoro — La morte di Rasia — Il figliuol prodigo — Prodigii che precedettero la rovina di Gerusalemme.

Parafrasò i canti di Mosè e di Giuditta, cantò l'assunzione di Maria, e infine tradusse liberamente in terza rima alcuni salmi.

L'Avelloni dettò inoltre capitoli scherzosi in terza rima, non pochi, pieni di arguzia e di facile stile, dirigendone alcuni all'abate prof. Antonio Meneghelli da Padova. Uno dei predetti capitoli tratta con brio del ghiaccio dell'anno 1788, nel qual anno scrive il poeta:

Il ghiaccio erasi reso sì possente
Che superò l'altrui credulitate
　　Poiche la cittadina e bassa gente
Per suo diporto andava indi veniva
Da Mestre e da Venezia allegramente.

Il nostro poeta dettava inoltre molte poesie pastorali ed idilli, ed una ventina circa di novelle in ottava rima.

Giuseppe Avelloni scrisse una rilevante quantità di Sonetti politici, di vivo interesse. Tutti sono illustrati da note copiose e diffuse dello stesso autore. Molti riguardano naturalmente Venezia, e sono preceduti da una prefazione nella quale l'autore invano rintracciando i beni che si sono goduti dopo la caduta di Venezia, soggiunge che da una fabbrica si possono togliere i difetti, senza abbatterla dalle fondamenta, volendo con ciò alludere al governo veneto del quale si potevano supprimere i malanni, senza distruggerlo.

Attribuisce l'intera colpa della rovina di Venezia al corpo dei nobili, e la decisiva poi ai soli ventiuno, cioè al Collegio. Conclude l'Avelloni esser sempre minor male il restare nel natìo sistema reso difettoso che adattarsi prima ad uno poi ad un altro straniero, astruso ed iniquo. Parlando poi di sè, dice esser veneziano alla vecchia, cioè nè tedesco, nè francese.

Sentimenti in vero generosi, che erano divisi in quei tempi da rarissimi individui, impotenti perchè isolati. Degno di speciale menzione è un sonetto dettato dall'Avelloni per la morte di Angelo Emo.

Scritto cinque anni prima della vergognosa caduta presagiva quale sarebbe stata la viltà di Venezia o meglio dei suoi governanti.

L'Autore notava in calce a questo Sonetto, che questo non si stampò nè si poteva stampare, perchè egli non seppe meglio encomiare l'Emo, se non contrapponendo alla di lui attività, l'infingardaggine dei suoi concittadini. Ecco pertanto il Sonetto pel giorno dei funerali di Angelo Emo Nobile Veneto :

Giace l'Emo sepolto, e a l'urna accanto
  Sta scritto ; della patria il difensore
  Quel che ai traci apportò stragi e terrore
  Morì ; ti struggi o passeggiero in pianto,
Pur se ai vivi mancò, nacque all'onore
  Nè il tempo struggerà le glorie e il vanto
  Che pugnando acquistò col suo valore
  Dai lidi di Cartago, infino al Xanto.
Ecco il leon ch'egli spiegava in guerra,
  Ecco che vinto dall'affanno atroce
  L'artiglio vincitor spinge sotterra.
E par che volto ai cittadini suoi
  Sclami ruggendo con orrenda voce
  E fino a quando avrò rossor di voi ?

Prima di lasciare il nostro autore, scelgo un altro Sonetto indirizzato alla addormentata Venezia, mentre le sue città di terraferma erano senz'armi, senza soldati, e senza libertà di difendersi dalle orde e dalle istigazioni francesi :

Fu memorando, amata patria, il giorno
  Che dall'ira fuggendo a questo lido
  Il Veneto piantò sì bel soggiorno
  Ad onta ancor dell'elemento infido.
Degli tiranni e dell'invidia a scorno
  Cadde ogni ardire, di tuo nome al grido,
  Nè replicar s'udiva altro d'intorno
  Che in te la pace avea formato il nido.

Ma tu indurita dei tuoi figli al pianto
Barbaramente esposti alle rapine
Perder volesti d'incorrotta il vanto.
Alza la testa sulle tue ruine
E poi rifletti dei tuoi giorni quanto
Fu memorando, ingrata Patria, il fine.

Giuseppe Avelloni morì in Venezia l'anno 1817 nella età di anni cinquantasei.

Limitata stima aveva di esso l'Abate Dal Mistro, mentre trovo registrato nei Diarii del Cicogna, che non lo credeva addatto a scrivere l'ultimo canto del poema Esopo, che fu poi composto da Ruggero Mondini. Il Dal Mistro credeva l'Avelloni capace di fare cento poemi in una settimana, gli riconosceva facilità di verso, ma non pensieri, e molto meno soavità di lingua.

Un altro poeta che si occupò alla sua maniera di politica, si fu l'avvocato veneto Michele Caffi, seguace nel poetare a Teofilo Folengo. Scrisse egli maccheronicamente in lode del gran Napoleone nell'anno 1807, Venezia apud Alexandrum Garbum, e nell'anno 1814, Venezia Parolari, compose un lamento d'un veneziano prima dell'ingresso delle vittoriose armi austriache. Questo lavoro che si trova fra le carte lasciate dal cav. Emanuele Cicogna al Museo Civico Correr, come nota lo stesso cavaliere, volevasi ripubblicare nell'anno 1854, con opportune modificazioni, ma non si sa poi per quali ragioni si pensò altrimenti. Essa poesia è

in complesso un rimpianto dei passati tempi,
quando regnavano *abbondanza di danaro e be-
nessere nei barcaiuoli ;* lo scrittore fa ritornare
alla mente, i diversi costumi veneziani, *il doge
in pozzetto portato in giro per la piazza, la
fiera della Sensa, lo sposalizio del mare, la
venuta dei principi, il commercio fiorente.*
Ecco come l'autore dà principio alla sua mac-
cheronica lamentazione :

Cum mihi est præsens illud fatale momentum
In quo crolavit Venetum memorabile regnum
Quasi costructum de magna puina fuisset,
Aut esset pecudum de tristo stercore factum
Ex oculis cascant lacrimae torrentis ad instar.

Oltre a ciò venimmo informati che l'avvocato Michele Caffi sul cadere della Repubblica
Veneta scrisse in versi anche il Credo repub-
blicano, e che scrittore forbito in versi e in
prosa dettava alcune delle vite dei Cesari, che
vennero stampate sulla fine del Veneto dominio. Il Caffi fu uno dei più chiari giureconsulti
del suo tempo, molte delle sue arringhe vennero date alla luce, specialmente quelle nella
causa Testa Viezzoli che levò molto romore.
Francesco Caffi figlio di Michele, autore del
confronto testuale del Codice napoleonico col
diritto romano, e della Storia della Musica presso
i veneziani, raccolse i lavori del padre, e li
depose alla Marciana, alla quale donò tutta la
raccolta degli statuti veneti, che era stata

unita con gran spesa e diligenza dall' avvocato Michele.

Buon verseggiatore fu Ermolao Barbaro patrizio, noto sotto l'anagramma Laromeo Rabarbo. Nato nell' anno 1770, era già entrato nelle cariche del suo Governo quale Savio agli ordini. Ebbe sempre inclinazione per la poesia, ma succeduta la fatale caduta della sua patria, a quella si dedicò con maggior lena per ritrovarvi conforto, e procurò distrarre l'animo suo afflitto, con viaggi in Germania, in Inghilterra, in Francia, in Olanda.

Scrisse varie poesie, alcune delle quali in vernacolo veneziano e che in altra parte ricordo, ed un poema in ottava rima in quindici canti dal titolo *La morte d' Orlando*, opera giudicata dal Dandolo, un bel saggio del suo non poco valore. Tutte le poesie del Barbaro videro la luce in due volumi a Venezia nell' anno 1815 coi tipi Alvisopoli. Nell' anno 1828 stampavasi un' altra poesia del Barbaro in ottava rima, per il ballo dato alla Fenice *La Vestale*, del Viganò. Le poesie del Barbaro s'aggirano per lo più su argomenti amorosi, ed alcune sopra politici avvenimenti, ma come lingua e come stile non si elevano al disopra della mediocrità. Però il seguente sonetto mi parve degno di una speciale menzione, perchè da esso traspira una nobile quanto dolorosa melanconia, presaga della fine della patria.

L'autore lo indirizzava ad un suo amico che lo invitava a scrivere in versi nell' anno 1796.

> Or che fumar di cittadino sangue
> Miriamo invan de l' Adige le sponde
> Felice un tempo, e vinto il popol langue
> Da la celtica possa, e il ferro asconde.
> Or che al vecchio leon che rugge esangue
> Sordo il ciel punitor più non risponde
> E il rio veleno di pestiferi angue
> Letal veleno, il suolo infetta e l' onde,
> Or che tutto spavento, e orror rinserra
> Lo scorso affligge e l' avvenir minaccia,
> Temiam la pace e più temiam la guerra,
> D h! come o Pietro con gioconda faccia
> Trattar la cetra, e de la cipria terra
> Cantar la diva, e Amor che l' alme allaccia!

Il Barbaro moriva nell' anno 1831.

All' epoca napoleonica corsero in Venezia parecchi versi contro il Buonaparte, e molti ne esistono manoscritti nella raccolta Cicogna al Museo Correr. Dei primi alcuni se ne stamparono in una raccolta datata da Ispahan 1814, o altrove, come il seguente grazioso epigramma:

> Tanta guerra, tanto male,
> Per cambiare una vocale,
> Un borbone in un birbone
> Un birbone in un borbone.

Ma il seguente sonetto bellissimo scritto da Pietro Buratti, e che credo inedito, merita di essere riprodotto. Alludesi in esso, alla subdola occupazione della Spagna *ottenuta* da Napoleone:

A che infingi pietà, Còrso rapace,
  Del soglio ispano sull'iniquo fato ?
  Se per insidia tua prosteso giace
  Se a tumulto la reggia hai tu destato ?
Maligno reso dal tuo labbro audace,
  L'onta sigilli al vecchio re fugato.
  E tripudii di gioia al cor mendace
  Sul borbonico trono fulminato.
Eroe di colpe, cui l'Erinni in una
  Porser latte nefando, or va temuto
  Sul carro affondator della fortuna.
Freme l'orbe per te, messo a tributo
  E tristi auguri sul tuo capo aduna
  Finchè risorga a vendicarlo un Bruto.

A proposito poi delle satire contro Napoleone datate da Ispahan 1814, dalle informazioni che ci fornisce Emanuele Cicogna nei suoi diarii, si ha che egli stesso ne fu l'editore, e che fu l'autore del cantico a pag. 19 della iscrizione a pagina 37 e dei sonetti alla pag. 40 e 41. Così l'abate Buttacalice, che stampò anche alcuni opuscoli sulla demolizione della Chiesa di S. Giminiano, fu l'autore dei sonetti a pagine 11, 45, 46, 47, e Ruggero Mondini capo dell'Accademia dei Sibillonisti, scrisse i sonetti a pagina 12, 13, 15, 39, 43. Il sonetto più bello della raccolta, pag. 42, è di Francesco Caffi. Il sonetto a pagina 44 è di Morando Mondini figlio di Ruggero. Curiosa la circostanza, che queste satire, vennero nel maggio del 1814 proibite dai tedeschi, ma lo spaccio conclude il Cicogna era grande per la gran ragione che *nitimur in vetitum.*

Uno fra i più simpatici e lodati poeti veneziani del principio dell' ottocento, sia per nobiltà di natali, per prestanza di forme, per spirito colto, fu Vittore Benzon patrizio, nato a
Venezia nel 1780. Si ha da testimoni del tempo
che bellissimo di corpo, avea biondi e inanellati
i cappelli, faccia bianca e soave con occhi in-
focati, pronti all' immaginare, forte al sentire,
ingegno sveglio, atto al vero ed al buono. Fu
poeta malinconico ed affettuoso, ed egli stesso
recitava i suoi versi.

Ebbe stretta amicizia con Cesarotti, Monti,
Pindemonte, Lamberti, Vittorelli. Legato particolarmente a Luigi Carrer, questi lo ricorda
nel suo — Anello di sette gemme — dicendo
che il Benzon, diffuse la sua vita fra gli amici
e le amabili donne, e che non l' abbandonarono
mai, l' amore della patria, del proprio nome,
e quello dei suoi maggiori, talchè conchiude
che se il mondo sapesse il cor ch' egli ebbe.

> Assai lo loda e più lo loderebbe.

Se visse famigliarmente col·Carrer, il Benzon fu di pari simpatia legato con Luigi Pezzoli, e con Francesco Negri, dei quali tre poeti
così ancora si esprimeva il Carrer: fu il Benzon quanto a lettere assieme al Negri ed al
Pezzoli, ciò che di meglio vantasse la città nostra e il suo tempo ; però più copioso e facondo
il sapere nel Negri, più vivo e capace l' inge-

gno del Pezzoli, nel Benzon il gusto più squisito e più sentito. Aglaia Anassilide parla del Benzon con entusiasmo, lo dice giovine amabilissimo, e adorno delle più belle prerogative dello spirito e del cuore. La sua conversazione era colta, ingenua, deliziosissima. La sua poesia ispirata dalle Muse e scritta dalle Grazie, perchè aveva il fuoco delle prime, e la leggiadria delle seconde. Pareva che la natura e il cielo lo avessero formato per l'amore. Anche Foscolo e Byron apprezzavano le rare doti del Benzon che era ad essi carissimo.

Ornamento delle celebri e fiorenti società della sua epoca, da tutti ricercato, egli dovea terminare miseramente la sua terrena carriera, e morì ai 4 di giugno dell'anno 1822 nell'età di quarantadue anni lasciando la sua tenerissima madre e i numerosi amici sconsolatissimi, dopo una tormentosa malattia per crudele tisi, di sette mesi.

Giuseppe Bianchetti segretario per le lettere dell'Ateneo di Treviso, annunciò la morte del Benzon e ne tessè l'elogio, e scrisse su di esso un sonetto Benassù Montanari. L'opera principale del Benzon è *Nella*, Venezia Alvisopoli, 1820. Poema in tre canti in versi sciolti, dedicato ad Alvise Querini suo zio materno, chiamando questa sua composizione una elegìa alla patria. I più intelligenti lodarono questo lavoro, ed il Carrer lo commendò nel suo *Anello*, citandone ad onore un non breve brano. Rammenta il poeta nella sua *Nella* i Veneti fasti, ponendoli in bocca a personaggi immaginarii, che dopo la caduta di Venezia partono in volontario esilio. Di tutta l' orditura è reso minuto conto nel secondo volume del giornale delle scienze e delle lettere delle Provincie Venete, come se ne fa in altra parte, una critica abbastanza severa. Trovasi essenziale difetto che gli episodii soverchino il principale soggetto, mentre *Nella* dalla quale prende il nome il poema, è appena accennatta al III canto. E perciò ritiensi errore chiamare poema questa composizione. Osservasi lo stile tratto da classiche fonti, ma il verso qualche volta artifizioso e stentato. Però riconosconsi altri pregii come un grandissimo amor di patria, una passione drammatica e splendore di poetica facoltà specialmente nelle descrizioni.

Nell' anno 1812 — Venezia Picotti — Il Benzon indirizzò una forbita epistola ad Ippolito Pindemonte, dalla quale ci piace togliere la seguente comparazione fra il passato felice, e l' azzurro dei cieli nascosto dalle nubi :

> Ah dei passati
> Felici dì, la rimembranza è breve,
> Debil conforto di novelli affanni.
> La rimembranza dei miei dì felici
> È come saggio che la nube fende
> Quando tutto di nubi il ciel si vela,
> E via sen fugge, e d'improvvisa luce

I lampi allegra. Il viator solingo
Cui men grave è il camin nei giorni brevi,
Nè il sol l' aere tranquillo indora e scalda,
Alza tosto lo sguardo ov' egli spera
Il bell' azzurro riveder del cielo :
Ma si chiudon le nubi e dietro a quelle
Il raggio si ritira. Il peregrino
China lo sguardo, e la via lento segue.

Una poesia amorosa del Vittore Benzon venne pubblicata in occasione di cospicue nozze dal Podestà di Venezia conte Giovanni Correr nel giorno 14 Giugno 1851.

Intorno a Luigi Pezzoli scrisse Luigi Carrer nella raccolta delle vite fatta dal Tipaldo, ed ancora il Carrer ne trattò in un discorso letto all'Ateneo il 23 giugno 1834, dopo la sua morte, e forse è lo stesso discorso intorno al Pezzoli che precede le sue prose e poesie edite ed inedite date alla luce in tre volumi l'anno 1835 in Venezia da Luigi Plet. Nacque il Pezzoli nel Dicembre dell'anno 1772 da parenti poco agiati, e dovette la sua educazione e cultura alla propria volontà, dovendo dedicare parte del suo tempo a disimpegnare private mansioni. Fu per qualche tempo impiegato presso al pubblico demanio, e istitutore di ragazzi nelle private famiglie. Era però conosciuta in modo la sua letteraria cultura che nell'anno 1807 fu nominato presidente della Accademia, che assieme poi a quella dei Filareti, venne a dar vita all'Ateneo Veneto. Il Pezzoli non ebbe esistenza avventurosa, ebbe carattere

misantropo, ed era poco accessibile a chi non era
nella sua confidenza. Il carattere suo malinconico traspira da molte delle sue poesie, come per
esempio in queste ultime strofe di una sua bella
ode sul tramonto :

> Ma l' ora che imbruna
> La nobil lacuna,
> E il cielo riveste
> Di croceo e celeste
> Conviene al mio duol.
> Col dì che mi lascia
> Io sfogo l' ambascia,
> E il sole che parte
> Tal guardo m' imparte
> Che par di pietà.
> Fanciulla t' adorna
> Del sol che ritorna,
> Col sole che cade
> Rimanga l' etade
> Che gioje non ha.

Così in una epistola indirizzata a Luigi Carrer
e inserita nel *Gondoliere* del 6 Aprile 1834, ma
scritta fin dal Giugno 1822, mostra il Pezzoli,
il suo carattere lugubre e sconfortato. Invidia
in essa al Carrer la quiete del Brenta, e mentre da Venezia sta osservando le lagune e i
lontani monti e le isole, una di queste ne osserva :

> prima fra tutte
> E più propinqua, a cui di morti corpi
> Manda Venezia, giornalier tributo
>
> . . . .
> Ivi è la stanza ove composte
> Saran le litti, i talami, le mense,
> La plebe, i grandi, e dove il sonno aspetta
> Delle lunghe affannose mie vigilie.

Intanto il poeta nuovamente osserva che :

Il naviglio le meste acque flagella,
E nuove salme all' isoletta adduce.

Trattò egregiamente il Pezzoli i sermoni e
ne indirizzò a Paolo Zannini, al prof. Antonio
Meneghelli, a Luigi Carrer, ad Alfonso di Porcia, a Leopoldo Cicognara. Un suo sermone sul-
l' abuso della sacra eloquenza Vicenza, Parise,
1814, veniva proibito dalla polizia, perchè dipingeva al vivo tre predicatori ch' erano l' abate
Barbaro, il Padre Rado e l' abate Cheli. Così
c' informa il Cicogna. Compose altresì ; Elegie,
Canzoni, Sonetti, Epistole e Traduzioni di Salmi, nelle quali sue opere si rivelò perfetto conoscitore della lingua e del verso. Alta e magnifica è una sua ode indirizzata a Luigi Carrer,
allorchè questi giovanetto diciottenne, improv-
visò al Liceo Santa Caterina in presenza di numeroso e cospicuo pubblico, la tragedia *Atalia.*

Il Pezzoli scrisse tre canzoni sull' assedio di
Venezia e le potenze alleate. Venezia stamperia
Vittorelli 1814.

Nella prima canzone del febbraio 1814 parlando di Venezia dice ;

Non ella chiede che una man cortese
Del regio ostro la cinga
Di che vilmente di sua man spogliosse,
Da gran tempo di molle ozio, lusinga,
Già l' infingarda prese
E imparò ad esser serva, anzi che il fosse,
Il quarto lustro or mosse

> Da che col regno, la virtude antiqua
> Perdeo, schiava or di Francia, or di Lamagna.

in altro luogo dice

> Che chi compose a servitù la testa
> Per illustri Memorie
> Non sarà mai che la rilevi altera.

Il Pezzoli morì a Venezia il 29 marzo 1834.

Il terzo nome che abbiamo veduto, assieme al Benzon e al Pezzoli, onorare in quei primi anni dell'ottocento Venezia, era Francesco Negri, di cui si trovano ampie notizie nella vita del Tipaldo, nella biografia universale del Missiaglia, e nelle biografie compilate da Girolamo Dandolo. Nacque Francesco Negri di cittadinesca famiglia nel 6 febbraio 1769, e fu solo maschio in mezzo a sette sorelle. Di condizione agiata ebbe dapprincipio istruzione in un privato liceo, e cominciò di vent'anni a poetare. Approfondendosi nella filologia non pensò mai a pubblici uffizii, ma fu solo l'unico suo intento il rendersi sempre più famigliari le lingue italiana, latina e greca. I dotti, suoi contemporanei, l'ebbero in altissimo pregio; tuttavia assecondando la sua naturale modestia, nulla avrebbe voluto pubblicare, dei suoi innumerevoli scritti.

Giunto al cinquantesimo anno di età, non volle più attendere coll'usato ardore agli studii, ma ammogliatosi con una vedovella che gli riuscì di conforto nei suoi ultimi anni, attese più a giovare agli altri col suo consiglio, che non ad accrescere la propria fama. Morì al 15 ottobre 1827 nel 58 anno d'età. Francesco Negri fra le sue opere poetiche, lasciò tradotto in ottava rima il sesto libro dell'Eneide, 1824, e così tradusse in versi italiani il Triclinio Opitergino di G. Domenico Coletti, Venezia 1825.

Pubblicò Sonetti e Canzoni in morte di Francesco Affò, Venezia, 1793; La Villeggiatura di Pederobba, Canto, Bassano, 1806, Sonetti, Ottave, Egloghe, Sciolti. Venezia 1817. Fece parecchie traduzioni dei versi dei fratelli Girolamo, Gio. Batta, Cornelio Amaltei, assieme ad altri traduttori, fra i quali cito Capparozzo arc. Matteo, Dal Mistro Angelo, Lazzari ab. Giuseppe (che tradusse i libri tre del Parto della Vergine di Jacopo Sannazzaro), Monico arc. Giuseppe, e Monico abate Giammaria, Paravia Pier Alessandro, Renier abate Giovanni ed altri. Dopo la morte di Francesco Negri, fu pubblicato il suo quarto canto del poema Esopo nell'anno 1828, del quale in seguito parleremo.

Bembo Giovanni fu Vincenzo compose nel 1814, e pubblicò nel 1822 in Venezia Alvisopoli, un poemetto in tre Canti Alfieri agli Elisi ossia la vera libertà.

Registriamo un nome di un rigido e severo patrizio, di cui trovo aver intessuta la vita Bartolomeo Gamba nell'anno 1813, e lettone l'elogio nell'Ateneo Veneto nel 16 giugno 1814, e parlatone molto incompletamente Girolamo Dandolo nei suoi ultimi cinqnant'anni. L'uomo cui alludiamo è Girolamo Ascanio Molin che nato a Venezia nell'anno 1738, coperse nello stato le cariche più eminenti, imperocchè fu Senatore, Consigliere per uno dei Sestieri, Consigliere dei Dieci, e Inquisitore di Stato.

In causa della sua eccessiva magrezza ebbe il sopranome di *Scarnicchia*, morì nel 7 maggio 1814, e con lui si estinse la sua famiglia. Munificentissimo lasciava la sua raccolta di minerali al Liceo–Convitto, la sua collezione di dipinti, incisioni, marmi e bronzi all'Accademia di Belle Arti, ed il ricco medagliere e una libreria di quattromila volumi alla Biblioteca Marciana.

Lasciò le seguenti opere poetiche : *Federico il grande* ossia la *Slesia riscattata*, poema edito due volte, *La strage degli innocenti*, *Poesie liriche* edite due volte, la seconda delle quali a Losanna, e in fine il Poema la *Venezia tradita*. Questo poema fu stampato alla macchia nel 1799 e 1800 nel palazzo dello stesso autore a san Stin in Calle Donà al N. 2065. Mai posto in commercio, fu dall'autore regalato agli amici, come esso dolenti per la sventura della patria. Ma nell'anno 1806 essendo ritornati in Venezia i francesi, il Molin procurò di ritirare tutti gli esemplari donati, e li abbrucciò alla propria

presenza assieme all'originale manoscritto. Però
una decina di esemplari furono, contro la volontà dell'autore, salvati dalla decretata distruzione, e si leggono elencati da Emanuele Cicogna i nomi di coloro, che al suo tempo ne erano
i fortunati possessori. Il poema è diviso in dodici Canti, ed è in ottava rima. Tratta diffusamente e poeticamente, della caduta di Venezia,
velando sotto diversi pseudonimi, i principali
attori di quella vergognosa catastrofe.

Isauro, per esempio, è Pesaro; Ilbrando,
Battaja, Regalio, Donà; Fusco, Foscarini; Ben-
zalio, Salimbeni; Pisorzio, Pisani; Delmario,
Condulmer; Sopranio, Sanfermo; Rosano, Morosini, L'autore così annuncia l'argomento del
suo poema:

> Della città del mar d'Adria reina
> Canto l'aspre venture e i nuovi oltraggi
> E dell'eccelse moli le ruine
> E i più culti terren resi selvaggi
> Come la poco vigil disciplina
> Permise dei chiamati *adriaci saggi.*
> Onde fu colto in non creduto agguato
> Colla misera plebe, il buon senato.

Come ognuno sa gli *adriaci saggi,* vale a
dire *Savi,* furono i principali fattori della rovina della patria. Bartolomeo Gamba osserva
che il Molin non è mai pervenuto ad un posto
eminente come poeta, perchè per indole non
era nato al poetare, fu però verseggiatore fe-
condo. Il Molin uomo colto, coscienzioso e pa-

triotta lasciò anche una storia di Venezia della quale abbiamo parlato altrove.

Tre ecclesiastici florirono quasi contemporaneamente nelle lettere.

.Furono questi Andrea Rubbi, Giuseppe Puiati, e Angelo dal Mistro.

Di Andrea Rubbi scrissero Filippo Scolari e Bozoli Giuseppe nelle vite del Tipaldo, e Girolamo Dandolo. Nacque desso in Venezia il 2 novembre 1738, e fu filologo e poeta distinto. Versato specialmente nel greco e nel latino, attese alla versione dei classici. Allievo dei gesuiti, essendo caduta la sua famiglia in miserabile stato economico, entrò nell'Ordine, e come tale fu inviato quale insegnante in parecchie citià. Soppresso l'ordine si recò a Venezia, dove alternò il suo soggiorno con Padova, nella qual città era in cordiali rapporti cogli insegnanti di quella Università. Ebbe amici, coi quali fu in continua corrispondenza, il Tiraboschi, il Vannetti, il Roncalli. Nell'anno 1807 fu proclamato elettore del collegio dei dotti, e morì ai 3 di Marzo del 1817.

Oltre alle sue opere in prosa lasciò in verso, la *Vainiglia*, poemetto — Venezia 1780, Coletti — *Il genio nautico e militare,* ottave alla memoria di Angelo Emo — *Parnaso · dei poeti classici* di ogni nazione trasportati in lingua italiana — *Gli dei delle nozze* per il matrimonio Mocenigo–Sale — e *Apologhi,* preceduti dalla storia delle favole e novelle — Venezia 1816, Graziosi.

L' abate Giuseppe Puiati nacque a Polcenigo nel 1733, ma fu talmente il suo nome legato a Venezia, che giova considerarlo come nostro. Intorno a lui scrisse Bartolomeo Gamba, così un anonimo nella Biografia Universale del Missiaglia. Entrato il Puiati nel 1748 nella casa dei Somaschi a Venezia, ebbe qui la sua letteraria educazione, per essere poi mandato professore di belle lettere nel Collegio dei somaschi a Brescia, ove fra gli altri, ebbe a discepolo, il Corniani, lo storico dei secoli della letteratura italiana. Da Brescia passò al Clementino di Roma nella stessa qualità, più ottenne l'insegnamento teologico. Nell' anno 1772 abbandonò l' ordine dei Somaschi ed entrò nella regola di S. Benedetto a Subiaco a Monte Cassino, quando dal Senato Veneto fu nominato professore di Sacra Scrittura nella Università di Padova. Succeduto il governo austriaco, dovette abbandonare quella cattedra e ritirarsi nel Monastero di Praglia, dove restò fino al 1810, nel qual anno, avvenuto lo scioglimento dei conventi, si ritirò a Venezia dove visse col fratello Domenico, fino all' anno 1824, lasciando i suoi manoscritti e i suoi libri alla biblioteca del Seminario di Venezia.

Sono registrate ben cinquantaquattro sue opere ed opuscoli, quasi tutti d'indole religiosa ed ecclesiastica; coltivò eziandio le muse, ma queste non gli si mostrarono molto propizie, avvegnachè nulla produsse da accrescergli di molto la fama letteraria. Però pubblicò in Lugano nel 1763 ; il Ververde, poemetto del Grosset, traduzione in ottava rima — Canzone pel Senatore Antonio Bovio a Bologna 1776 — Due poemi di Catullo volgarizzati, Venezia 1777 — Lo spettacolo della natura, Poema, Primi quattro Canti, Venezia 1803. Traduzione in terza rima. — La solitudine e Marta Maria. Cantiche quattro in ottava rima, Venezia, Picotti, anni 1818, 1821, 1822 1823.

Chiarissimo nome ebbe nelle umane lettere e sopratutto nella dolce poesia Angelo Dal Mistro, nato nel 9 ottobre 1754 a Murano. A 15 anni entrò sacerdote nel collegio di S. Lorenzo a Murano e cinque anni più tardi passò nelle scuole dei Gesuiti a Venezia. Fu quindi impiegato presso lo Zatta stampatore, come correttore, e fu istitutore di giovanetti di case patrizie. Passò gli anni 1781 e 1782 in Asolo come professore, e nel 1788 era pubblico precettore nel Collegio di S. Cipriano di Murano, dove ebbe scolari, fra gli altri Ugo Foscolo e Pietro Bettio. Nel 1795 passò professore di sacra eloquenza alla scuola dei Gesuiti, in luogo di Francesco Boaretti, defunto. Passò quindi arciprete a Maser, nel 1805, a Martellago, poi a Montebelluna, indi alle coste Asolane dove moriva nel febbraio 1839.

Fu uomo religioso e di severi costumi, di carattere modesto e di altissimo merito, ed ebbe amici tutti i migliori letterati del suo tempo. Morì vecchio di ottantacinque anni, ed intorno a lui lesse l'Abate Renier all'Ateneo Veneto il 18 marzo 1839, come pure ne leggeva l'elogioall'Ateneo Francesco Beltrame. Giovanni Veludo nel 1843, coi tipi Alvisopoli, pubblicava una scelta di poesie del Dal Mistro, premettendovi una elelegante vita del medesimo.

Anche il conte Benedetto Valmarana avea raccolte in due volumi le poesie del Dal Mistro. Fu questi forbito traduttore e volse in italiano brani di Ovidio, Catullo, degli Amaltei, i Salmi penitenziali, una Satira sul celibato del Bragolini, Giovenale, Callimaco, Pope, Columella; fece l'elogio di Teofilo Folengo o Merlin Coccaj, scrisse del conte Francesco Algarotti, e dettò discorsi su vari argomenti. Coll'ajuto del patrizio Francesco Pesaro fece una prima edizione delle opere di Gasparo Gozzi, e ne curò più tardi una seconda, scrivendo la vita del celebre autore premessa alle sue opere coi tipi della Minerva di Padova, anno 1818. Scrisse un canto pel poema Esopo, che è il primo e forse il migliore. Dettò numerosi sermoni che in parte venne leggendo all'Ateneo Veneto, ed altri che si stampavano nel giornale delle scienze e delle lettere di Treviso.

Nei sermoni fu imitatore del Gozzi, di cui

era innamorato, e rivaleggiò con esso, combattendo i nemici di Dante, seguaci del Bettinelli.

Fu detto che la memoria del Dal Mistro resterà intatta fra i posteri fino a che regneranno la lingua e la letteratura italiana.

Il Dal Mistro aggregato all'Arcadia di Roma ed agli Atenei di Venezia e di Treviso, lasciò un copioso epistolario.

Merita esser ricordato con onore anche il sacerdote Paolo Bernardi, del quale trovasi descritta la vita nel dizionario degli uomini illustri del Tipaldo. Nacque nel 1760 e morì a Follina nel 1821.

Insegnò umane lettere nel Seminario di Treviso, e si leggono con diletto i vigorosi suoi canti, sia pel concetto che pella forma.

Il Bernardi leggeva all'Ateneo di Venezia nel 1811 un capitolo, sugli Eroi di Roma, che fu detto da Cicogna Emanuele, forte, vivace, dantesco.

Noncurante delle sue carte scritte, una buffata di vento e neve le sciupò, e molte furono gittate in conseguenza dal balcone.

Fu però salvato il Poema didascalico: I Pianeti, diviso in due canti dedicato ad Ippolito Pindemonte, ed Isabella Albrizzi. I Pianeti con altre poesie furono stampati a Treviso nel 1884.

Giustizia vuole che non si abbiano a dimenticare i nomi minori, anche se non raggiunsero

un' alta fama, e ricorderemo qui Corner Luca
Andrea patrizio il quale nato nel 1759 a Venezia, allievo dell' Accademia dei nobili alla Giudecca, coperse sotto il suo Governo cariche marittime e civili. Tradusse in verso sciolto italiano, che rese pubblico colla stampa, il Paradiso perduto di Milton, senza luogo 1803, mentre più felice riuscì in brevi e giocose poesie, e nella traduzione in vernacolo veneziano delle satire di Boileau. Questi lavori restarono inediti, nè mi fu noto il loro destino. Morì il Corner nell' anno 1834 e di lui fece cenno Girolamo Dandolo nei suoi *ultimi cinquant' anni.*

Il conte Marco Antonio Corniani degli Algarotti nato a Venezia da famiglia dell' ordine dei segretari, nel 1768 da Marino Corniani e da Maria Algarotti, ebbe qualche inclinazione per la poesia. Fu ispettore alle miniere di Agordo ai tempi Napoleonici, e quindi primo direttore del Museo Correr di Venezia. Lesse all' Ateneo il 3 giugno 1824 la traduzione in versi sciolti del Poemetto di Cornelio Amalteo, il *Cupido,* e compose un poema didascalico la *Metallurgia,* però ne rese pubblica una sola parte non avendo incontrato un certo favore.

Morì nell' anno 1845, ed è ricordato il suo nome dal Dandolo, e nelle menzioni onorifiche del Contarini.

Corniani Algarotti Lauro fu fratello del precedente, come questi pronipote del conte Francesco Algarotti dal lato materno. Nacque in Venezia nel 1767, compiè la sua educazione presso i Somaschi, e cominciò la sua pubblica carrièra addetto alla segretaria della Repubblica Veneta ; continuò nello stesso ufficio, anche sotto i nuovi governi succedutisi, e morì il 3 novembre 1827 in Treviso. Meglio del fratello riuscì nei componimenti poetici, e lasciò *eroidi italiane* stampate a Venezia nel 1820.

Tradusse in italiano molte favole di Fedro, ne compose di proprie che distribuì in cinque libri, e dettò quattordici sermoni. Sì le favole che i sermoni sono ampiamente lodati dal giornale di Treviso. Fu collaboratore in qualche effemeride letteraria.

Insigne per coltura letteraria fu Ladislao Pyrker, patriarca di Venezia, ungherese di nazione ; fu desso chiamato l'Omero della Germania per i suoi poemi ch'egli compose nel tedesco idioma. Noi non nominiamo il Pyrker che per i traduttori veneziani ch'egli ebbe. La sua *Tunisiade,* fu bellamente tradotta in italiano da Troilo Malipiero patrizio — Venezia, Gattei 1827. — Così l'altro poema — le Perle dell'antico testamento — trovò il proprio traduttore in Gambara Conte Carlo Antonio, patrizio, il quale ne fece alcune letture all'Ateneo Veneto. del quale fu anche presidente nell'anno 1822. Il Gambara tradusse un'altra composizione del Pyrker. l' *Eliseo* — Venezia, 1823.

Troilo Malipiero tentò anche la lirica, ma scrisse specialmente pel teatro e anche con successo, e vedremo perciò ancora il suo nome in altro luogo. Compose altresì un poema epico dal titolo : *La verità nello spirito dei tempi e nel nuovo carattere di nostra età.* Venezia, Baglioni, 1822.

Questo poema è lodato dal giornale di Treviso per spontaneità di versificazione, per fantasia ed erudizione. La occasione che diede motivo al Malipiero di dettare questo componimento, si fu l'avvenimento del congresso di diversi potentati in Verona. L'autore fa un quadro dei tempi passati e presenti, e delle passioni che governarono e che governano l'uomo. La verità è il protagonista del poema, e l'antagonista il falso amor proprio.

Melchior Missirini autore degli Officii di onestà, del tempio eretto in Possagno, Venezia, Antonelli 1834, scrisse un sermone sui Falsi antiquari, dei sonetti inseriti nella Biblioteca Canoviana in morte di Canova assieme ad altri di Pezzoli, Dal Mistro, Corniani, Paravia, ed un'ode sulla Venere che esce dal bagno dello stesso Canova, stampata nella *Gazzetta* del 5 maggio 1823.

Il conte Domenico Morosini patrizio, nato nel 1768, morto nel 1842, autore drammatico e perciò da parlarsene altrove, tradusse in versi sciolti le Eroidi di Ovidio, oltre ad altri numerosi componimenti di vario genere.

Celebre restò un suo sonetto scritto assieme ad altri di argomento politico nell'aprile 1800, contro l'oppressione straniera, sulla caduta della repubblica di Venezia, sul Vessillo di S. Marco ecc. (1).

Il Sonetto è intitolato contro S. M. Francesco I Imperatore d'Austria, ed è il seguente:

Grande e forte sei tu, Cesare è vero,
  Ma guai se un nome onnipotente irriti
  Veglia ei nel ciel vendicator severo
  Nè i misfatti dei re, lascia impuniti.
Ci rendi ormai la libertà l'impero
  Che ci hai da vil, col braccio altrui rapiti,
  Di tua gloria la cura e l'onor del vero
  L'infame furto a riparar, t'inviti.
E quando al tuo pensiero s'offre l'idea,
  Che deboli noi siam, che siamo inermi
  Che più forte sei tu, che tutto puoi
Torninti in mente allor, d'Antioco i vermi,
  D'Egitto l'empio re, l'onda Eritrea,
  Sennecheribbo, e i combattenti suoi.

Negri Pasquale pubblicò nel 1818 coi tipi del Picotti un poemetto dal titolo Giardini di Venezia, nonchè poesie anacreontiche, Venezia, 1834.

Marco Landi patrizio, tradusse in versi sciolti la tragedia del signor Dorat, Amilka o Pietro il Grande, letta da esso all'Ateneo nel 29 gennaio 1829, come nell'anno seguente vi lesse una traduzione in versi del sermone di Ducis sopra il

---

(1) I sonetti furono editi dal figlio Nicolò Morosini nel 1874 e 1900 Conegliano e Rovigo.

moderno celibato, oltre ad alcune altre sue poesie originali.

Calucci Giuseppe pubblicò nel 1830 un poemetto dal titolo i Genii adriatici in versi sciolti, in esultanza del Veneto Commercio per l'apertura del porto franco, dedicandolo alla contessa Malvina Benzon, veneta.

Ricordiamo Priamo Venier patrizio, che coi tipi del Seminario, 1827, pubblicò alcune sue versioni di componimenti di Schiller, quali sono l'omaggio, l'inno alla gioia e la parricida, e inoltre alcune sue fantasie e versi originali.

C. A. Marin, patrizio, celebrato autore della storia del Commercio dei veneziani pubblicava altresì nel 1804 a Venezia, Inni ed Idilli, in versi sciolti, a Nettuno, al Sole, a Marte, a Venere. Primeggiano reminiscenze troppo arcadiche e mitologiche. Stampava pure nel 1784, una epistola sopra un suo luogo di campagna dedicata ad Angelo Querini.

Il Conte Paolo Pola, che ricorderemo nei drammatici, fece una versione da Virgilio nel 2 aprile 1824 e lesse dei sciolti all'Ateneo, La veglia e la moda, nello stesso anno.

Noteremo da ultimo Armani G. B. che trovo citato come uno dei migliori poeti estemporanei, declamava, non cantava; morì nel 13 Giugno 1815. Altro poeta improvviso fu il Silvestri dell'istessa epoca del precedente.

Una strana idea sorse nel principio del passato secolo fra i socii della nuova Accademia Veneta di belle lettere, istituita nell'anno 1806. Per opera specialmente di Giovanni Rossi, uomo colto ed eruditissimo, venne, nel seno di essa Accademia, manifestato il progetto di dettare un poema bernesco in dodici canti, seguendo l'esempio di quanto si era fatto da una accolta di letterati in Bologna, i quali avevano cantato intorno al Bertoldo ed alla sua famiglia. Si raccolsero a tal fine fra i socii, che erano circa un centinaio, gli argomenti di varii poemi da scegliere, e se ne estrasse uno a sorte e il fortunato tema fu l'*Esopo*. Furono allora scelti dodici socii, e a ciascuno di essi il predetto Giovanni Rossi diede il disegno e l'argomento del canto, che ognuno dei dodici soci dovea svolgere.

Ma il progettato lavoro restò per lunghi anni incompleto; intanto l'Accademia venne fusa per decreto reale dell'anno 1810 nell'odierno Ateneo Veneto, alcuni dei socii si allontanarono, ed altri, dimenticato l'impegno trascurarono la promessa data.

Finalmente fu Emanuele Cicogna che s'incaricò di custodire i canti completati, e seguitando egli ad eccitare i diversi autori a fornire il lavoro, potè finalmente avere la compiacenza di vederlo riunito per intiero, tanto da poterlo stampare a Venezia coi tipi del Picotti nell'anno 1828, ed Andrea Mustoxidi, corcirese, arricchì il libro colla vita di Esopo. Gli autori dei dodici canti sono i seguenti: del primo, Angelo Dal Mistro; del secondo, Morando Mondini; del terzo, anonimo, ma è del predetto Mondini; del quarto, Lorenzo Crico; del quinto, Jacopo Antonio Vianello; del sesto, Francesco Negri; del settimo, Antonio De Martiis, parroco di San Giminiano; dell'ottavo, Vincenzo Scarsellini; del nono, anonimo, ma che è Giuseppe Rossi; del decimo, Antonio Toaldo; dell'undicesimo, Francesco Caffi; del dodicesimo, Ruggero Mondini.

Anche Francesco Driuzzo morto il 15 settembre 1848 di anni 68, vicario di S. Alvise, professore del liceo Santa Catterina aveva letto un canto sull'Esopo, l'anno 1811. Nell'anno 1812 pubblicava le gemme per le nozze Tiepolo–Nani. Anacreontiche e note intorno a molte preziose gemme antiche che esistevano nel Museo naniano. Varie incisioni in rame rappresentano i pezzi illustrati; è una edizione di soli 200 esemplari e perciò rara.

Il terzo canto del poema Esopo era stato scritto da Jacopo Monico, poi patriarca di Venezia, ma essendo egli pervenuto a questa cospicua dignità, non permise la pubblicazione del suo canto, il quale venne invece sostituito da altro scritto dal Mondini, e che comparisce nella edizione fatta come da anonimo. Però il terzo Canto scritto dal Monico si trova nella

collezione delle sue opere fatta a Venezia coi
tipi Andreola negli anni 1864, 1870. Con questo
chiaro nome noi chiuderemo questa parte..

Jacopo Monico non fu veneziano, ma il suo
nome illustre fu per tanti anni legato ad una
eminente carica veneziana, e fece per tanto
tempo la città nostra teatro della sua pietà e
coltura, che è doveroso annoverarlo fra i nostri
concittadini non solo ma fra i migliori.

. Vide adunque la luce Jacopo Monico a Riese
su quel di Castelfranco nel Trevigiano nel 26
giugno dell' anno 1778. Entrato nel Seminario
di Treviso, ancora in tenera età, quì si addentrò
nella letteratura e nella coltura classica latina
ed italiana, ed esercitò la mente nelle discipline
filosofiche e teologiche, per modo che fino
dall' anno 1800 era in quelle tanto perito da
sostenere delle teologiche pubbliche disqui-
sizioni.

Salito quindi alla Cattedra di quello stesso
Seminario di Treviso, pose la gioventù sulla
via della buona letteratura, comprovando gli
insegnamenti, cogli esempii, specialmente colle
sue celebri composizioni per le accademie.

Per ben cinque lustri imparti l'insegnamento
nel Seminario di Treviso ; passato quindi alle
cure parrocchiali di San Vito d'Asolo, venne
nell' anno 1823 consacrato vescovo di Ceneda,
per passare quindi dopo quattro anni alla sede
patriarcale di Venezia, e dopo altri dieci anni

per essere investito dalla cardinalizia dignità. Moriva il Monico in Venezia nel 25 aprile 1851, dopo che, da male improvviso era stato colto nel giorno di Pasqua dello stesso anno, mentre celebrate le sacre funzioni, voleva continuare la lettura dell'omelia, che dovette sospendere.

Rari sono gli uomini che alla loro morte abbiano avute le generali e meritate lodi che ebbe il Cardinale Monico. Pei suoi solenni funebri in S. Marco lesse l'orazione mons. Luigi Trevisanato canonico della Metropolitana, nel giorno 11 maggio 1851. Altra orazione tenne il parroco Antonio Tessarin nei funebri di S. Maria Formosa, e in altri luoghi, sullo stesso argomento, parlarono il vescovo Manfredo Bellati, l'arciprete don Luigi Canese, il padre Bernardino da Portogruaro, il padre M. A. Cavanis, il parroco Giuseppe Lazzari, il parroco Luigi Piccini, il parroco Luigi Spessa a S. Vito d'Asolo, il professor Faustino Buonaventura al Seminario di Treviso. Ma quegli che tutti superò nell'onorare e nel celebrare la vita e le opere del defunto si fu Federico Maria Zinelli, che tenne due elevatissime orazioni, l'una letta nella chiesa della Salute il 28 giugno 1851 intorno specialmente alla condotta del Monico nel suo sacro ministero, l'altra letta addì 10 agosto 1851 in occasione della chiusura degli studi ginnasiali nel Seminario Patriarcale, intorno alla sua letteratura.

Eccellente poeta, ispirato alle classiche fonti fu il Monico, ed ancora più forbito ed efficace oratore e nelle sue omelie, e nei suoi discorsi anche di profano argomento. Ma limitandoci a parlare delle sue opere poetiche, ricorderemo collo Zinelli, che, ad onta della sua valentia, il Monico, non permise che si stampassero le sue poesie, e quelle poche che lui vivente videro la luce, gli furono più strappate che da esso concedute. I suoi versi furono sempre temperati a sentimenti dolci e soavi quale era il carattere suo e sempre pura e casta fu la sua Musa, tanto come lo stesso Zinelli aggiunge, da non esservi ombra di men che dicevole da appannare le sue carte.

Di Virgilio tradusse il III e IV dell'Eneide, poi il parto della Vergine del Sannazaro, e la Cristiade di Girolamo Vida.

Le accademie contengono abbondanza e varietà di componimenti, scritti nel vigore e nella freschezza della vita. Le Accademie erano una raccolta di composizioni, che, secondo il costume di quei tempi, venivano recitate dai discepoli di Monico, nel Seminario di Treviso, dinanzi a un scelto pubblico, e che venendo riprodotte passavano per la mano di molti. Ogni accademia portava un titolo speciale dell'argomento che si veniva a trattare, e che dava occasione a parecchie composizioni di vario stile e metro.

I seguenti sono i titoli delle Accademie. Le feste attiche, l'Amore, il Poeta, le feste romane, i filosofi greci, l'anno 1814, i poeti italiani, i poeti greci, gli uccelli, i sistemi filosofici sull'orbe terracqueo. Ecco per esempio come va divisa l'accademia sull'amore : Amor divinus, amor paternus, amor coniugalis, amor fraternus, Amour d'amitié, Amor figliale, Amor della villa, Amor della città, Amor della libertà, Amor ludi, Amor della sapienza, Amore della saccenteria (sonetto bernesco), Amor del principe verso del suddito, Amor dell'ozio (capitolo), Amor auri (ode), Amor proprio, Amor della patria, Amor illegittimo, e infine, congedo.

Alcune di queste composizioni sono in ottave, altre in sciolti, terzine, odi, canzoni, esametri e distici.

Notevole è l'accademia sui poeti italiani : esempio di maschia poesia come li chiama lo Zinelli, i canti a Dante Alighieri col quale s'apre la serie dei poeti italiani, quindi segue una canzone al Petrarca, poi ottave al Tasso, una canzonetta all'Ariosto, un sonetto al Berni, uno a Giovanni della Casa, un'ode al Molza, un capitolo ad Ercole Bentivoglio, esametri latini a Jacopo Sannazzaro, un'ode latina a Pietro Bembo, una canzonetta a Rucellai, e infine un epigramma greco a Giangiorgio Trissino.

Scrisse il Monico canti epitalamici, e poesie come il salice piangente, la vita campestre, il trionfo della Grazia, cioè la conversione di Sant' Agostino, e il ritorno di Pio VII.

Chiudono infine la ricca suppellettile poetica del nostro illustre autore ben centotrentatre sonetti, dai quali benchè notissimo mandato per la memoria di ogni colta persona, scelgo quello nel quale parla di Venezia rivolgendosi alla Viceregina, che per la prima volta visitava questa meravigliosa città.

Costei che scalza pescatrice un giorno
   Per fuggir servitude in grembo a Teti,
   Sotto povere canne ebbe soggiorno
   E in quest' acque trattò l' amo e le reti,
Poi fatta grande a tutti i mari intorno
   L' ale spiegò dei fulminanti abeti
   E far li vide ai lidi suoi ritorno
   Di barbariche spoglie onusti e lieti.
Nè in pace saggia men, che forte in guerra
   Favor donando ai begli studi e all' arti
   Quinci il mar moderò, quindi la terra ;
Or più quella non è. Di tante glorie,
   Altro, donna regal, non può mostrarti,
   Che prischi fatti, in logri marmi e storie.

CAPITOLO V.

PARTE II.

SOMMARIO: *Luigi Arminio Carrer — Sua vita — Atalia — La morte di Agag — Il gondoliere — Ballate — Canti politici — Clotaldo — La Fata Vergine — Jacopo Vincenzo Foscarini — Sue poesie patriottiche — Cesare Francesco Balbi — Sua vita ed opere — Il Castello d'amore — Pietro Beltrame — Sue poesie — Giovanni Peruzzini — Sue poesie originali — Traduzioni — Antonio Berti — Sua vita — Sue voci del popolo — Inni — Canzoni — Giovanni Battista Lantana — Pietro Canal — Sua vita — Poesie — Le rogazioni campestri — Epigrammi — Giuseppe Capparozzo — Epigrammi — Antonio Angeloni Barbiani — Giulio Cesare Parolari — Idillii Biblici — Luigi Matteo Zamagna — Federico Federigo — Francesco Filippi — Giuseppe Lazzari — Filippo De Boni — Altri minori — Benedetto Vollo —*

Arrivato a questo punto devo ripetere un nome troppo grande per potersi passare sòtto silenzio, troppo celebre e conosciuto per poterlo adequatamente encomiare. Senonchè se di Ugo Foscolo potevasi esimersi di parlare con una certa larghezza, perchè in sostanza non visse a Venezia che i primi e non ancora chiari anni della sua giovinezza, come si potrà abbastanza estesamente narrare la vita di un uomo, che nacque e crebbe insieme alla sua fama fra noi, per qui abbandonare immaturamente la sua esistenza?

Voglio alludere a Luigi Arminio Carrer, ingegno chiarissimo, e quanti altri mai gentile, divenuto uno dei più illustri cittadini, della letteraria repubblica.

Luigi Carrer nato in Venezia nell' anno 1801, condusse i suoi primi studii parte in questa città, parte in Treviso, finchè li completava a Padova in quella Università. Regolarono i suoi primi passi letterarii, i sacerdoti Giovanni Piva, e Gio. Batta. Tavani, ai quali egli stesso, il Carrer, mostravasi gratissimo.

Nato colla scintilla del poeta, già fino dalla età di 15 anni, leggeva sue composizioni in versi, all' accademia degli invulnerabili, e nell'anno 1817, avendo di conseguenza la sola età di 17 anni nel Liceo di Santa Caterina di Venezia nella sera del 24 febbraio, improvvisava una tragedia, il cui soggetto era *Atalia*.

I scrittori contemporanei ne fecero i più grandi elogii, dicendola di gusto greco, ed informata allo stile sublime dell' Alfieri.

Emanuele Cicogna, dice in quella circostanza, e ciò nota nei suoi diarii, che il Carrer pareva invasato da Apollo, e che sorprese perchè non tolse alcuna idea da Racine, che pur avea scritto la stessa tragedia *Atalia*, esponendo tutti pensieri suoi proprii, ed espressioni e frasi degne di ogni più colto tragico.

Se pel momento il giovanissimo Carrer aveva improvvisato con successo sull'esempio dell'allora famoso Sgricci per i consigli specialmente di Vittore Benzon e di Luigi Pezzoli, suoi amicissimi, abbandonò quella via che non lo avrebbe forse condotto ad un'alta meta; bensì diessi

invece a studiare assiduamente gli antichi poeti ;
e fino dall'anno 1819 pubblicava un volume di
poesie, al quale doveano far seguito altri due.
Conteneva questo una tragedia, *La morte di
Agag*, un' ode a Luigi Pezzoli, sonetti ed idillii.

Compito il suo corso di studii presso l' Università di Padova, venne al Carrer affidato l'insegnamento di belle lettere, al Collegio Comunale di Castelfranco. Negli anni seguenti prestò
l'opera sua alla tipografia di Girolamo Tasso,
e della Minerva di Padova, nella quale città
fino all'anno 1832 fu coadiutore alla cattedra di
filosofia.

Recatosi nuovamente a Venezia, ebbe la stamperia di Paolo Lampato, al quale succedette,
Luigi Plet. Nell'anno 1833, nella tipografia di
quest'ultimo, istituì l'effemeride letteraria, *Il
gondoliere*, e da questo giornale qualche anno
dopo, ebbe il nome la detta Stamperia. Nel 21
luglio 1837 divenne esclusivo proprietario di
questa tipografia, Giovanni Conte, stante con-
tratto col Conte Antonio Papadopoli, e direttore
ne fu Giovanni Bernardini.

Nell'anno 1833, ritiratosi il Carrer da questa
stamperia, entrò quale professore di lettere italiane e di geografia nella scuola tecnica, ma
la fatica della cattedra lo costrinse al riposo.
Fu quindi vicesegretario dell' Istituto Veneto,
e negli ultimi tempi della sua esistenza fu assunto
dal Municipio, quale direttore del Museo Correr.

Morì di tisi ai 23 dicembre 1850, dopo sette anni che era stato attaccato da quel morbo inesorabile, e legava i manoscritti alla Dama Adriana Renier Zannini. Il Carrer, ebbe vita tranquilla, non sconvolta da novità di casi, nè da violenza di passioni, quantunque avesse patite domestiche afflizioni, e la perdita di una sua figlia, gli avesse amareggiati gli estremi giorni della sua esistenza.

Così chiudeva Benedetto Vollo un suo sonetto pella morte del Carrer :

Spirami, vate, in seno aura di vita,
  Nei giorni tetri, e possa fra il codardo
  Mondo, seguir tua traccia alta e romita.

E così ne finiva un altro scritto per la stessa occasione, Antonio Gastaldis :

Luigi a noi, tarderà troppo ancora
  Ch'altri risvegli, quel sovran tuo canto,
  Che Italia tutta, e il secol nostro onora.

Scrissero sullo stesso soggetto altri sonetti Giovanni Renier, J. V. Foscarini ed altri. L'Ateneo, del quale il Carrer fu segretario, e vicepresidente, lodò il defunto per bocca del suo segretario per le lettere, e lessero in sua lode i socii prof. Canal, e il consigliere Francesco Beltrame.

All'Istituto veneto, parlò sulla vita e le opere del Carrer il D.r Girolamo Venanzio, e affettuosamente lo ricordava Giovanni Bernardini, un anno dopo la sua morte. Carolina Facćo ne tesseva l'elogio nell'anno 1877, e nel gennaio 1878, venivagli inaugurato per cura di alcuni ammiratori, un busto nel Pantheon degli uomini illustri, nel palazzo Ducale.

Far tema di critica, le opere del Carrer sarebbe opera sproporzionata per chi non è nella letteraria disciplina approfondito. •

Il Carrer fu veramente dotto poeta, degno cantore di amore, primo lirico fra i veneziani di tutti i tempi, e fra i lirici più insigni d'Italia. In ogni caso l'opera che rende immortale il nome del Carrer sono le ballate. L'opera monumento del Carrer sono le ballate, scriveva Giovanni Bernardini; splendon le odi, gli inni, ma le ballate sfolgorano di luce propria così che nella Venezia, salva la mole e la forma, valgono i promessi sposi di Manzoni, e se Carrer comparve dopo Bürger ed Uhland, anche il Manzoni venne dopo Walter Scott.

La raccolta fiorentina del Lemonnier delle poesie del Carrer, è la più completa.

Se era doveroso il ricordare Carrer quale eccellente critico, letterato e poeta, non tornerà discaro il rilevare quale e quanto fosse, il suo sentimento poetico inverso la patria. Mi piace qui riportare alcuni brani di canti politici, che forse non hanno la stessa diffusione delle altre sue composizioni.

Degno è di nota che la debole salute del

poeta, non menomava punto l'entusiasmo del suo spirito, tanto dettava vigorosamente e fortemente i suoi carmi.

Il 31 marzo 1848 così scioglieva un canto di guerra :

Ogni spada divien santa
   Che nei barbari si pianta,
   E' d'Italia indegno figlio
   Chi all'acciar non dà di piglio
   E un nemico non atterra,
   Guerra, Guerra.
Non ci attristi più lo sguardo
   L'abborrito giallo e nero,
   Surga l'italo stendardo
   E sgomenti gli oppressor,
   Sorga sorga, e splenda altero
   Il vessillo tricolor
E' la guerra il nostro scampo,
   Da lei gloria avremo e regno.
   Della spada il fiero lampo
   Desta in noi l'antico ardir.

Ecco come il Carrer cantava l'alleluja del 1848 :

Alleluja è Dio risorto
   Coll'insegne del riscatto
   Alleluja al nuovo patto
   All'Italica unità.
E' con noi la spada, il senno
   Dell'atteso Savojardo
   Che dall'italo stendardo
   Il suo scudo non partì.
Con lui s'armano ad un cenno
   Dalle prode alla pendice
   Quanti in collo alla nutrice
   Apprendeano il patrio sì.

Così infine esso cantava per la proclamazione della repubblica in Francia:

Libertà fra noi pur spiega
Il 'tuo fulgido vessillo,
Noi gli eredi di Camillo,
Siam di Bruto i successor.

Carrer aveva anche scritto un poema dal titolo il *Clotaldo*, in tre canti e in versi sciolti, edito a Padova nel 1826 dalla tipografia della Minerva, e dedicato a Jacopo Crescini pelle sue nozze. Il poema narra una lugubre storia medioevale, nè raggiunge certo la perfezione degli altri lavori del nostro autore.

Così pure il Carrer lasciò quasi compiuto un grande poema in ottava rima dal titolo la *Futa Vergine*. Un brano del Canto VIII fu stampato a Venezia nel 1862 dall'Antonelli, come altro brano del Canto I era stato già impresso nel 1840.

Così pure furono stampati nel 1875 il canto secondo e alcuni brani nel 1863 e nel 1870 dei Canti VIII e XIII.

Aggiungerò per ultimo, che il Carrer ordinò le prose e poesie scelte edite ed inedite di Ugo Foscolo intessendone una dettagliatissima vita, opera che vide la luce coi tipi del Gondoliere nell'anno 1842.

Il Carrer lesse all'Ateneo: Esperimento di Critica comparativa sopra un passo di Omero, Dante, Shakspeare. Analisi dei moderni poeti francesi 1837. Compilò un dizionario universale della conversazione e della lettura, sulla traccia dei più celebri dizionarii. Padova Seminario 1837.

Amico intimo di Luigi Carrer, fu Jacopo Vincenzo Foscarini, del quale parleremo in altra parte, come poeta vernacolo. Egli scrisse però molte poesie anche in lingua italiana.

In questa lingua, si può piuttosto dire che fosse fecondissimo e facilissimo verseggiatore, quantunque in qualche luogo, specialmente quando si trattava di argomenti patriottici, erompeva dal suo cuore qualche concetto, e qualche frase veramente lirica.

Al museo Correr, fu compagno a Luigi Carrer, quale vicedirettore. Il Foscarini fino dal 1825 pubblicava alcuni suoi sonetti marittimi, e un capitolo dal titolo *le Apparenze,* per nozze nel 1824. Nella raccolta dei manoscritti del Foscarini al patrio museo, esistono ben 190 capitoli in terza rima una descrizione del giuoco così detto del Barone in 300 ottave, 84 sonetti aventi ognuno per soggetto un versetto biblico, odi, canzoni, anacreontiche, satire, scherzi, epigrammi, madrigali, ritratti, capricci, facezie, ed altri sonetti e brindisi innumerevoli.

Da tanta farraggine, di versi, in parte detti all'improvviso, si può stabilire, quanta fosse la vena del nostro poeta ; ma in generale non troviamo in lui sceltezza di lingua, novità di stile, nè vastità di concetti, nè erudizione. Quando però il Foscarini parlava di Venezia e di San Marco, allora si trasformava in poeta vero ed efficace ; e un esempio ne sia questo suo inno estemporaneo alla bandiera di S. Marco, dettato nel 22 settembre 1835. Il Foscarini così incomincia :

Temuto, onorato, vessillo di gloria
Impresa famosa, segnal di vittoria
Ti chiedo, ti cerco, ma dove sei tu ?
Rapito, stracciato dal Gallo feroce
Che oppresse i potenti, che, offese la croce,
Invano a te anelo, tu già non sei più.
. . . .
Ch' io pure canuto, satolli la tomba
Se il libro si chiuse, se omai più non romba
Quell'ala che un giorno, me in fasce coprì.
Che io sdegno, quel letto che in suolo perduto
Siccome in mercede si dona al canuto
Che nome, che fama, che patria ebbe un dì.
Ch' io in pace non poso, dei schiavi nel covo
Ch' io libero nacqui, ch'io fremo e mi trovo
Inutile pondo, già spento all' onor.
Che in riva del mare, gemente risponde.
Di donna scornata al gemer profondo
Che lagrime spargo, non degno sudor.
. . . .
Le molli superbe sen cadano infrante
Il vindice flutto sommerga spumante
La terra avvilita, che sorge dal mar.
Che tutto è qui marca, d' estrema vergogna
Che un popolo imbelle, qui dorme, qui sogna.
Spezzato quel giogo, che deve baciar.

Il Foscarini pubblicò nel 1821 alcuni sonetti ditirambici, ed ha scritto in ottave i ritratti di molte dame veneziane del suo tempo.

Citerò per ultimo del Foscarini, questo epigramma politico scritto nel 1823, pieno di significato e che così diceva:

> Udite un epigramma pien di sale
> L'Italia esser non vuol che uno stivale.

In altro epigramma l'autore aveva detto

> Che l'epigramma è all'insalata uguale
> Chè buona ella non è, se non ha sale.

E difatti il Foscarini non mancava di metter sale nei suoi epigrammi.

Jacopo Vincenzo Foscarini patrizio morì nel 20 giugno 1864, a Ballò terra del Miranese avendo raggiunti gli 80 anni d'età.

Ebbe in vita contraria la fortuna, e trovossi in istrettezze e disagii economici, perchè, come fu scritto, volle conservarsi indipendente, per mostrarsi buon veneziano.

Agostino Sagredo disse del Foscarini che fu ottimo gentiluomo, verseggiatore fertilissimo, principalmente in dialetto veneziano. Non so perchè in un'epoca in cui si prodiga tanta celebrità anche a chi non la merita, non so dico, perchè non si potrebbe collocare una qualche iscrizione per esempio al Museo Correr, del buon veneziano e patrizio Jacopo Vincenzo Foscarini che ne perpetuasse la cara memoria.

Altro patrizio che sentiva grandemente della sua patria fu Cesare Francesco Balbi, brevemente accennato fra i poeti vernacoli, poeta in lingua italiana di un certo valore. Fu ricordató e lodato da Agostino Sagredo, delle cui notizie lette all'istituto, e stampate come prefazione alle poesie del Balbi, ora mi valgo.

Cesare Francesco Balbi nacque in Venezia nel 1795 da Francesco Ermolao Balbi e da Maria Avinelli. Poco fortunato nella educazione impartitagli, progredì negli studi, col suo proprio aiuto. Iniziato agli uffici governativi, li abbandonò per non servire un governo straniero, ed avendo inclinazione per le lettere il padre lo raccomandó a Troilo Malipiero, letterato ai suoi tempi di bella fama.

Divideva la sua vita parte in città, parte in villa, dedicandosi ai suoi studi ed agli esercizi ginnastici che prediligeva, quali il remo e la scherma; era ottimo declamatore, di voce squisita e di nobile presenza.

Presa stanza a Padova colla sorella e il fratello, sposò Maria Lion. Ancora in verde età perdette la vista, ed era già cieco quando nel 1848 venne a sedere nella assemblea dei rappresentanti di Venezia. Caduta questa città nel 1849, il Balbi, si ritirò in una sua villa a Strà dove morì nel 1864 nel suo settantanovesim'anno.

Il nostro Museo Correr possiede in gran parte gli scritti del Balbi, e cioè il *Castello d'amore* stampato poi a Padova nel 1841 coi tipi della Minerva; *Vittor Pisani* ossia la *guerra di Chioggia*, poema epico in venti canti, incompleto, ma però non mancherebbero per terminarlo che una cinquantina di ottave; poesie varie, e studi per un poema bernesco, e su altri argomenti.

L'opera sua principale che vide la luce, è il *Castello d' amore*, novella del secolo XII con un discorso preliminare di Agostino Sagredo. Detto componimento è in ottava rima, e trova la base del suo soggetto, nell'impresa di Federico II contro i guelfi all'assedio di Parma, dove restò sconfitto dai parmigiani e dai collegati guelfi nel 28 febbraio 1258. Sordello cavaliere e trovatore capo dei guelfi mantovani, dopo levato l'assedio narra la festa dei fiori, e del castello d'amore ch'ebbe luogo in Trevigi nel 1214, nonchè le sue vicende amorose, con Cunizza figlia di Ezzelino da Romano. In sostanza, la forma della novella s'avvicina a quella dei poemi eroici, ma non vi corrispondono a mio avviso, la lingua qualche volta un po' troppo trasandata, ed i versi non sempre felici.

Una raccolta dei versi del Balbi, comparve a Firenze in un volume nel 1870, e contiene poesie patriottiche, ballate, romanze e sermoni.

Quest' ultimi sono in ispecial modo scritti con garbo e sapore, e vanno ricchi di notizie e particolari interessanti.

Molte delle sue poesie specialmente politiche, consegnava il Balbi alle fiamme all'epoca del processo di Mantova nell'anno 1852, temendo di essere perseguitato per sospetti dalla pulizia, e forse cacciato, cieco com' era, in qualche orribile carcere.

Il Balbi fe' sentire la sua voce patriottica dettando nel 1848 ai 9 maggio, un carme di guerra, di cui ecco una nobile strofa:

> · La patria grondante di sangue, vi chiama
> Non anco francata, s' affida a chi l' ama
> E voi fra le gare d' inetti consigli
> Di sordidi orgogli, scordate i perigli
> Troncate i dissidii, correte a pugnar.

Pubblicò il Balbi una canzone nel 1862 per nozze Costantini-Morosini.

Poeta troppo presto rapito alla patria letteratura fu Pietro Beltrame morto in Venezia di anni 32 ai 5 di settembre dell' anno 1848.

Era figlio a quel Francesco Beltrame consigliere di Governo, non straniero alle muse, imperocchè celebrava in un sonetto l' arciduca Rainieri e traduceva una poesia tedesca di Straube nel 1844 per la morte della arciduchessa Maria, e scriveva un carme di una certa importanza, sul castello di Duino. Scrisse inoltre il Beltrame padre, diversi lavori in prosa fra i quali merita attenzione, quello sopra Tiziano Vecellio, e fece parecchie letture all' Ateneo.

Il figlio Pietro però superava di gran lunga il padre, nello slancio, e nel profondo sentimento che sono proprii a coloro che nascono veramente poeti.

Morto in così fresca età, Pietro chiudeva la sua vita con un Inno alla Regina degli angeli. Lo pianse estinto, in un sonetto Benedetto Vollo, e nel 1851 scrisse di lui monsignor Jacopo Bernardi. Le sue poesie videro in parte la luce nel *Gondoliere*, giornale di amena letteratura. Nella cronaca cittadina il nome di Pietro Beltrame è legato singolarmente, alle vicende del teatro la Fenice. Per l'incendio di questo, avvenuto nella notte del 13 dicembre 1836, scrisse il Beltrame una bellissim' ode. Descritto l'incendio e la lotta per spegnerlo, vana perchè

> Fra gli elementi avversi
> L'onda fu vinta....

dice con frasi che sembrerebbero esagerate ai nostri tempi, ma che non lo erano allora quando il teatro era tutto il vivere cittadino :

> Era un tumulto un ululo
> Di disperato affanno,
> Era un dolor che i posteri
> Piangendo ridiranno
> Quando un tal dì rammemori
> La patria carità.

Tuttavia il poeta si conforta e così chiude :

> Ma una speranza un palpito
> Di desiderio è sorto
> Fra gli infocati triboli
> Giacque, ma non è morto.
> Al par del proprio simbolo
> Dal foco ei sorgerà.

Ricostruito e riaperto al pubblico il teatro

nell' anno 1838, Pietro Beltrame toccò nuovamente la lira, con un canto spontaneo e vivace
dedicato al Conte Gio. Batta di Spaur, governatore delle provincie venete. Il canto così comincia :

> Risorgerà — dalle fumanti mura
> Suonò concorde, una promessa, un grido
> Sorgerà bello, dalla sua sventura
> Vera Fenice, che nel foco ha nido.

Descrive quindi l' ammirazione del pubblico
pel nuovo teatro, loda il coraggio che si ebbe
nel ricostruirlo, e chiude con quest' apostrofe,
diretta al teatro :

> Oh sì pur vago del piacer soggiorno,
> Quanto l' arte ha di bello in te sfavilla,
> Quanto può grazia immaginar d' adorno
> Nel tuo recinto armonioso brilla.
> Fregi leggiadri di gentil lavoro,
> Cui minor pregio è l' oro
> Abbellano la tua cerchia sonante.
> Al parete raggiante
> Vaghezza aggiunse, animator pennello
> Onde fia ver, che tutte l' arti belle
> Si congiungono qui, come sorelle.

Jacopo Bernardi nel maggio 1847 fece una
critica dei lavori del Beltrame intorno al *Canto
Alessandro III e Barbarossa*, lodava le belle
ottave onde era composto, che rivelavano le
glorie di Venezia.

Le idee, diceva il Bernardi, corrono leggia-
dre e nitide, le immagini vive ed opportune.
Il Beltrame dettò pure tre canti su *Filippo*

Gonzaga, condotti, si disse, con finitezza e maestria.

Di bello stile e di perfetta fattura si è il polimetro del nostro poeta dal titolo *Fantasie* intorno alla vallata di Cisone a Valmareno. È una novella romanzesca divisa in quattro parti: Il cavaliere, la Valle, il Castello, la Notte. Trascrivo questo saluto all' Italia che è pieno di affetto:

Cara Italia, Italia mia,
Sei pur bella in tuo sorriso,
Hai tu valle che non sia
Un' idea del paradiso ?
Dai viventi benedetta
Tu sei terra a Dio diletta,
L' onda, il colle, il mare, il lido
Tutto è caro e spira amor.

Scrisse inoltre il Beltrame frammenti dal titolo *Agnese*, e un' ode a Giovanni Demin per la pittura della lotta delle Spartane, nella quale si legge la seguente strofa:

L' arte pudica, ascondere
Seppe col nudo il nudo,
Che l' uno all' altro è scudo
E velo di pudor.

Nell' anno 1848 dettò versi politici, e cominciava un inno pella guardia civica il 19 marzo 1848.

— L' han pur detta la santa parola
Che Venezia e l' Insubria consola,
O fratelli ogni popolo ha un giorno
E per noi questo giorno spuntò.

> Quella vita che in ogni pupilla
> Come raggio divino scintilla.
> È quel soffio che Italia redenta
> Dal Cenisio a Palermo avvivò.

È debito notare F. Seismit Doda che verseggiò sul Bucintoro, sopra una tomba di una povera Traviata. Al 23 marzo 1848 celebrandosi alla Fenice la repubblica, si cantò un inno del Doda, del quale ecco una strofa :

> Dei risorti nella via
> Il leone di San Marco
> Ha un ruggito o Italia mia
> Ha un passato e un avvenir
> Dio gli aperse il nuovo varco
> Pio lo incalza a proseguir.

Ed ora ricorderò qui un nome caro a Venezia, lodato da nazionali e stranieri, ritenuto uno dei migliori lirici veneziani del nostro secolo. Dei suoi meriti, quale poeta melodrammatico, parliamo in altra parte di questo lavoro.

Giovanni Peruzzini nato a Venezia nell'anno 1815, fino dalla sua prima gioventù mostrò molta inclinazione per la poesia, tanto che fino dall'età di 12 anni scriveva un sonetto colla coda, non privo di un certo sale, indirizzato al proprio padre che lo aveva rimproverato di sciupare troppe scarpe. Divenuto adulto dovette intraprendere gli studi legali, affine di entrare nella carriera dei pubblici impieghi ; riconosciuta però la sua abilità poetica gli venne affidato l'incarico di dirigere gli spettacoli della Fenice.

Per i suoi canti politici dell'anno 1848, il Peruzzini fu allontanato da Venezia, e dovette recarsi a Milano, dove fu scrittore dell'Italia musicale, e visse come poeta al teatro della Scala fino all'anno 1858.

Nell'anno 1859, lo troviamo a Nizza, quale provveditore agli studii, ma dopo la cessione di questa città alla Francia fu tramutato ad Oneglia, quindi a Torino, dove ebbe l'ufficio di censore teatrale presso il Ministero dell'interno.

Anima nobile, sentiva profondamente l'amicizia, e a prova di questo mi narrava Paulo Fambri che il Peruzzini quando a Torino avvennero i massacri del settembre 1864, appartenendo esso alla redazione del giornale *La Stampa,* della quale il Fambri era direttore, visto l'infuriar della rivolta ed i pericoli cui potevasi andare incontro, si condusse generosamente presso il Fambri quantunque ammalatissimo, per dividere i pericoli del collega in quella difficilissima distretta.

Il Perruzzini morì nell'anno 1869 in Venezia ai sedici di maggio, addetto a quella prefettura come segretario. Ricordo una sua ode affettuosissima per Adele Crescini, ed altre due bellissime poesie, per nozze, dal titolo *Fanciulla e sposa,* in una delle quali così definiva l'amore.

Emanuel Geibel, scriveva alla vedova del
Peruzzini, che il nome di suo marito era ripe-
tuto da molto tempo, con grande rispetto in
Germania.

Paul Heyse da Monaco, lodava lo spirito del
traduttore, e rilevava come egli, ben avesse
compresa la forma di far rivivere un fiore forestiero, sotto un altro clima. Se tutti adope-
rassero, soggiunge l'Heyse, quel fino modo di
tradurre, che seguì Bernardino Zendrini nella
traduzione dell'Heine, e che usò il Peruzzini
nella sua raccolta, nascerebbe nei popoli una
maggiore inclinazione verso una ragionevole
libertà nel tradurre, anzichè tenersi ad una fe-
deltà eccessiva, che potrebbe riuscire tormentosa. Finalmente Giovanni Veludo e Costantino
Nigra encomiarono l'opera del Peruzzini, rile-
vando la felice traduzione in eleganti versi italiani, dei suoi fiori lirici tedeschi. Ecco un saggio
di una delle sue traduzioni, quella della Lo-
reley :

Io non trovo pace mai
  E non so che voglia dir,
  Una storia antica assai
  Non mi può di mente uscir.
L'aria è fresca e si fa pura,
  Va tranquillo il Reno al mar,
  Si riflette sull'altura
  Del tramonto il rosseggiar.
Là una vergine è seduta
  D'incantevole splendor
  Ha la veste in or tessuta
  E si pettina il crin d'or.

E col pettine dorato
Mentre il crine si compon
Canta in tuono innamorato
Una magica canzon.
Il nocchiero assorto siede,
E al battel non bada più,
Delle rocce non s'avvede
Ei non guarda, che lassù.
E battello e remigante
L'onda alfin travolse in sè,
Tanto il suono inebbriante
Della vergine potè.

Fu Antonio Berti, nato a Venezia il 20 giugno 1812, morto il 24 marzo 1879, scienziato, letterato e poeta. Nei primi tempi della sua vita fu amico, e amico corrisposto dalla musa, ma la abbandonò in seguito per dedicarsi più completamente a più severi studii. Bisogna ricordarlo, quale critico di cose letterarie, quale scrittore di racconti, di biografie, di discorsi. Fece la sua commemorazione Giuseppe Carraro all'Ateneo di Venezia ai 24 aprile 1879, e di questa mi valgo per le notizie intorno alla sua vita, che corrò qui ricordando ; così pure ne tessè l'elogio in altra occasione, Alessandro Pascolato.

Nato il Berti come vedemmo a Venezia passò quindi alla vicina Treviso, ove, percorse le prime quattro ginnasiali, dovette ritornare alla città natale, per rovesci di fortuna famigliari, allo scopo di iniziarsi negli affari di commercio, e ciò nell'anno 1829.

Di elevato ingegno, non potendo egli accomodarsi ad un'umile prospettiva, per la quale

gli sarebbe stata chiusa la via a più nobili ar-
ringhi, occupossi invece ad impartire lezioni e
ripetizioni ai giovanetti.

Nell' anno 1832 riprese regolarmente il corso
dei suoi studii ; fece umanità e rettorica a S.
Giovanni Laterano, e filosofia nel Liceo di S.
Caterina ; non pretermettendo mai nel frattempo, il suo prediletto sistema di dare lezioni, e
ripetizioni.

Passato quindi come istitutore a Padova in
casa della famiglia del Barone Onesti, cominciò
nell' anno 1836 a studiar medicina ottenendo
nell' anno 1842 la laurea. A Padova contrasse
amicizia profonda, ed ebbe aiuto ed incorag-
giamenti da Andrea Cittadella, Teodoro Zacco,
Pietro Selvatico, nomi tutti chiarissimi, ma dovette iniziare la sua carriera di medico, entrando
nella condotta di Teolo, e passando nel 1846 a
quella di Montagnana. Venuto il quarantotto,
ebbe parte nel comitato di difesa di Padova, e
riparossi quindi a Venezia, dove fu occupato in
qualità di medico militare, nello spedale di San
Giorgio maggiore.

Tornati gli austriaci, non potè rioccupare la sua
condotta di Montagnana, ma dovette restare a
Venezia, dove fu colto da una malattia perico-
losa, che mise in forse la sua esistenza. Da
quell' epoca lavorò secretamente e attivamente
per la cacciata dello straniero. Nel 1860 venne
nominato medico e psichiatro dell' ospedale.

mentre poco dopo veniva chiamato a presiedere l' Ateneo Veneto, e a far parte quale membro dell' Istituto Veneto.

Nel 1866, membro della Giunta Comunale di Venezia, organizzò i servizii dell'istruzione pubblica, additando ai successori suoi la via che era da seguirsi. Fu membro del più alto consesso politico dello Stato, ebbe onorificenze, e presiedette più volte a congressi scientifici, senza contare altre mansioni a lui affidate di minore importanza.

Voce autorevolissima, ed ornatissima nel Comunale patrio Consiglio, esercitò la massima, e ben dovuta influenza; e mentre colla sua parola sosteneva gli interessi di Venezia, e della sua laguna, sorpreso da improvviso malore, cessava di vivere nell' Aula del Consiglio, in mezzo al terrore dei colleghi, nella seduta del 24 marzo 1879.

Qui consideriamo il Berti soltanto come poeta ; e perciò noi citeremo di lui, *Le voci del popolo* stampate a Padova, nel 1842, dalla tipografia Crescini. Sono canti popolari, scritti sui temi popolari di Musica raccolti da Teodoro Zacco. Tali canti sono ventuno, preceduti da una prefazione, e seguono le ariette per ciascun canto.

Il Berti, come egli stesso dice nella sua prefazione, incoraggiato dalle parole del Tommaseo, che terminata la pubblicazione dei canti popolari toscani, si augurava che il letterato, volesse finalmente provvedere alla educazione del popolo, e farsi interprete dei suoi sentimenti, compieva quest'opera nella quale volle dipingere il popolo nelle sue diverse condizioni. Per novità e per vigore di forma meritano essere ricordati : *Il contrabbandiere, Il dolore di una madre per la partenza del figlio soldato, Il disertore,* ecc. Trascrivo la prima parte del *contrabbandiere,* dettati sull'aria *Cara Nina, se ti passi* ecc.

Se la vita nelle vene
Scorrer fervida non senti,
Se ti vai di gravi pene
Querelando il giorno intier
   Non lasciare i tuoi parenti
   Non ti far contrabbandier.
Se dormire neghittoso
Sulle coltrici ti piace,
Se non sai trovar riposo
Steso a notte sul sentier,
   Sul tuo letto dormi in pace
   Non ti far contrabbandier.
. . . .
Se con gemiti affannati
Tu rispondi al suon di guerra,
Se lo scontro degli armati
Non sai forte sostener,
   Ara e semina la terra
   Non ti far contrabbandier.

Il Berti, nel 1878 pubblicò per nozze un suo carme dal titolo : *Inno alla mia gioventù,* già composto molti anni addietro. È un pezzo di bellissima fattura, nel quale il verso scorre facile e dignitoso. Non posso dispensarmi dal presentare al lettore la bellissima chiusa :

> Or solo a piè dell' ara
> Io volgo il passo, e quando più tranquillo
> Tace il tempio, alla Vergine dei cieli
> Che ne fu madre nell' angoscia, il caldo
> Pianto consacro, e i battiti del core.
> Più consolato a queste Itale terre
> E all' astro che le inaura, il canto allora
> Sollevo dell' amore, e me conforta
> Il verde dei boschetti, e le dormenti
> Acque del lago, e l' ombre che dall' Alpi
> Scendono gigantesche, allor che il sole
> Dietro loro si cela, e quell' incerta
> Luce che ultima il suol nostro saluta
> Mesto sì, ma tranquillo, in questo esiglio,
> Il mio viaggio io compio, alla futura
> Pace anelando ; e come le paure
> Del non estinto amore le memorie
> Più veementi ne assalgono, dal petto
> L' inno mi sgorga dei primi anni, e il duolo
> Di rimenbranze io passo, infin che Iddio
> L' ali disciolga all' ultimo mio canto.

Il Berti scriveva una canzone per la guarigione del prof. Tommaso Catullo, e così altre poesie inseriva specialmente nel giornale il *Caffè Pedrocchi* da esso fondato, e che si pubblicava nell' anno 1846, facendo seguito al giornale *L'Euganeo* che sortiva nell' anno 1843 a Padova, per cura dello stesso Berti, e così dello Stefani ; pure in molte strenne dell' epoca, comparvero poesie del nostro autore.

Scrisse questi inoltre nell'anno 1841 — pensieri sulla tragedia di Eschilo nella strenna triestina — e celebrò con applauditissima ora-

zione nell'anno 1865, il sesto centenario di
Dante Alighieri all'Ateneo. Debbo alla cortesia,
ed alla gentilezza del figlio Alessandro Berti,
l'aver potuto esaminare, i manoscritti delle
poesie pubblicate, ed altre giovanili inedite, del
nostro poeta.

Vi si annoverano canti di soggetto religioso,
epistole, canzoni e romanze, e versi in lingua
francese, dal titolo *Le dernier chant de l'A-
mour*. La composizione però che tutte avanza
di gran lunga, per altezza di pensieri, e per
venustà di forma, si è l'*Inno alla parola di
Dio* compiendo le sue quadragesimali orazioni
in Venezia il M. R. Angelini, celebre oratore
bergamasco. È un inno, che poco ha da invidiare agli inni manzoniani, e del quale credo
potermi far lecito riportare la seguente bellissima similitudine:

> Come il pianto di un alba di estate
> Lento, lento discende al cielo,
> Sulle erbette che gemon chinate
> Sulle rose che han fiacco lo stelo,
> E svegliandole, a vita novella
> Apparir fà l'aiuola più bella
> Allo sguardo del mite cultor;
> Tale il sangue dell'ostia di pace
> Sulla testa, agli umani discende
> E li cinge d'un lume vivace
> Che più belli all'eterno li rende,
> E squillata l'angelica tromba,
> Una voce per l'orbe rimbomba:
> Fu compiuto il mistero d'amor.

Qui non è il luogo di dire d'altri lavori·

in prosa del Berti sia letterarii che scientifici, chiuderò solo accennando : ch'esso ebbe un degno busto collocato nel cimitero di Venezia, a cura de' suoi amici, che lo inaugurarono il giorno 3 aprile 1882.

Giov. Batta Lantana morto più che novantenne a Venezia nell'anno 1882, fu avvocato colto e stimato, di modi cortesi ed affabili, continuatore in ciò delle vecchie tradizioni veneziane. Nell'anno 1880, esso pubblicò coi tipi Coletti, ottanta sonetti sopra argomenti di storia e personaggi veneziani, raccolta che all'autore piacque intitolare : *Glorie Venete*.

Questi sonetti furono in gran parte scritti dall'autore, dopo compiuto il suo ottantesimo anno ed ebbe cura di corredarli tutti di opportune dimostrazioni e schiarimenti storici che illustrano il fatto od il personaggio celebrato da ciaschedun sonetto. Questa raccolta ispirata da un nobile e commendevole sentimento di patria, di rado lascia travedere un qualche lampo di poetico estro. Uno però fra quei sonetti merita di non essere obbliato ed è quello che fu improvvisato dall'autore nell'anno 1815, e dedicato a Venezia, quando l'Austria le restituiva i quattro cavalli di bronzo, ritolti alla Francia.

In questo c'è vita ed energia d'espressione :

D'onde o stolta il gioir ? Braccio straniero
Or ti ritorna, i monumenti aviti,
Prezzo del sangue, e del sudor guerriero
Su invitte prore, al Bizantin rapiti.

— E tu l' alto obliando onor primiero
   L' ombre dei tuoi, con folle plauso irriti!
Nè voglia mostri del venduto impero
Ned a pietà, col vergognarne, inviti!
— Dunque impotente, a vendicar tua gloria,
   Fidasti altrui di tua viltà le ammende
   E del vincer non tuo meni vittoria, ?
— Deh! cessa alfin gli stolidi clamori,
   E piangi sulla man, che a te li rende
I mal perduti, e mal tornati allori.

Ingegno e coltura eminenti ebbe l'abate Pietro Canal, patrizio, nato a Venezia nel 13 aprile dell' anno 1807, morto a Crespan l' anno 1884. Educato alle cure sacerdotali, fu nei suoi primi tempi, prete addetto alla parrochia di San Luca, quindi professore al Seminario patriarcale. Nell' anno 1840 diresse la pubblicazione fatta dall'Antonelli della *Nuova biblioteca degli scrittori latini*, e nell'anno 1853 venne nominato professore alla Università di Padova, dove rimase in tale qualità per il corso di ben trent' anni.

Poeta e letterato di prim'ordine, critico e filologo profondo, il Canal, disse lo Zanella, è di quei pochissimi che onorano gli studi dell'alta filologia. Il Canal dettò illustrazioni critico storiche, su Valerio Massimo, ed altre filologiche sopra i frammenti di Plauto, riveduti e tradotti. Per la accennata biblioteca Antonelliana, ben undici lavori sortirono dalla sua penna, e a Padova compiva le sue due opere, l'intero Ausonio e il Varrone, de lingua latina.

Nicolò Tomaseo disse il Canal, agile ingegno

che per sì tanti e diversi spazii con sicuro volo vagò : l'eloquenza, la matematica, la musica, l'ebraico, la poesia, il predicare, l'insegnare, il cantare, lo scrivere.

Il Canal scriveva ed inseriva nella *Venezia e le sue lagune* nell' anno 1847 in occasione del congresso dei dotti una dissertazione sulla musica ; come pure lasciò incompleto ed inedito un gran dizionario della Musica.

Forbito scrittore nella materna lingua, lasciò saggi di bellissima poesia, fra i quali escelle il canto *Le rogazioni campestri.* Questa canzone è un vero monile di preziosissime perle, è sublime nella sua semplicità, ogni verso ispira pace, e candida letizia. Non posso tralasciare di riportare almeno questa stupenda descrizione della campagna.

Oh come bella espandesi
La pianura infinita
Tutta fragranza è l' aria
Tutta la terra è vita ;
Par la natura intatta
Vergine, a nozze tratta,
In tutta sua beltà.

Qua nereggianti fuggono
In dritte righe i solchi
Che le recenti accolsero
Speranze dei bifolchi
Là rigoglioso e lieto
Verdissimo tappeto
Tesse il frumento al suol.

Qui ricco di fior varii
E fresca erba novella,
Il praticel di limpidi
Laghetti si ingioiella,

E il fonte, il rivo, ogni onda
Sfavilla e par che asconda,
Nel seno un altro sol,
   Là delle viti gemono
Gli squallidi filari,
Qua noci ampii che foliano
Da canto ai casolari ;
Sù di fioretti carco
Lo spin circonda il parco
Domestico verzier.

Scrisse anche il Canal varii epigrammi che trovansi con quelli d' altri autori nella strenna Api e Vespe.

Stralciamo il seguente :

Qui giace il fiero Azzon; di vita privo
Pianto non abbia ; assai fè pianger, vivo.

Il Canal diede alle stampe nel 1881 Venezia Antonelli : della musica in Mantova, scritto pregevolissimo, e lasciò inedita altresì la traduzione delle poesie di Catullo.

Uno dei poeti più forbiti ed eleganti fu l'abate Giuseppe Capparozzo nato in Lanzè nel Vicentino l'anno 1802 e rapito troppo presto alla vita ed alle lettere, a Venezia il 13 maggio 1848.

Educata nel Seminario vicentino si diede poi all' insegnamento, nei seminari di Castelfranco, Ceneda e Verona, finchè venne in quello di Venezia, dove ebbe maggior campo per far brillare il suo argutissimo ingegno, e il suo sapere classico.

Scrisse la sua necrologia, Luigi Carrer, e

dettò diffusamente la sua vita, Paolo Perez, facendola precedere alle poesie del Capparozzo stampate a Vicenza nel 1851.

Sono sopratutto degne di nota le ballate e vanno celebri gli apologhi e gli epigrammi. Di questi ultimi alcuni sono inscriti nella strenna Api e Vespe.

Nella raccolta di poesie accennata, come è naturale non si trovano le poesie politiche, delle quali però cito le seguenti :

Un' ode scritta il 6 aprile 1848 che così incomincia :

> Finti accordi, promesse bugiarde
> Troppo tardi non hanno più fè.
> Anni ed anni, d' ambagi ed inganni
> Fer palese, l' infamia dei re.

Un' altra ode dedicata ai crociati di Venezia e scritta nel 1848, così cantava :

> Fra le stragi correte, e gli assalti
> O nepoti di Decio e Camillo,
> Sulle torri volate e gli spalti
> Ove suona dei bronzi il fragor
> ·Benedetto chi pianta il vessillo
> Benedetto chi libero muor.

Le poesie politiche del Capparozzo furono comprese in una seconda edizione più completa del prof. Onorato Occioni Torino 1877.

Degli apologhi lo Zanella fa elogio splendidissimo.

Il Carrer scrive, dell' epigramma del Capparozzo, che colorito di certa particolare giocondità, tutto che arguto e pungente mostrava l'arguzia e la punta venire dall'arte più che dal cuore.

Buona fama di colto e felice poeta ebbe in Venezia Antonio Angeloni Barbiani, nato il 22 agosto 1822, morto d'improvviso malore il giorno 17 gennaio 1883. Uomo fornito di largo censo, fu a sua volta benefico, e colpito da domestici lutti, procurò dimenticarli cogli studii. Piansero sulla sua tomba Mons. Jacopo Bernardi e l'avvocato Vincenzo Mikelli. Questi chiamò l'Angeloni poeta castigato, scrittore sdegnoso di qualsiasi volgarità ed esagerazione, e molto dotto nella letteratura. Pel primo anniversario della morte dell'Angeloni, coi tipi del Seminario di Padova, uscì un volume di prose e di versi, in sua lode.

Le sue poesie sono commendate da Luigi Capranica, da Francesco Fappanni, da Benedetto Prina: quest'ultimo paragona l'Angeloni al Carrer, e dice che in ambidue vi era la stessa delicatezza dell'affetto, la perspicacia del pensiero, e quella dolce malinconia che si insinua fino agli entusiasmi e nelle gioie.

Le poesie dell'Angeloni che videro la luce, sono le seguenti; *Il Getsemani*, canto, Venezia 1863, *La nuova poesia*, carme, Venezia 1862, *Il popolo*, Venezia 1864, *Dante*, Venezia 1865, *Mezzanotte*, canto, Venezia 1856. Srisse poi alcune memorie critiche, su Tommaso Campanella,

Venezia 1870, sul Fausto e Margarita, Venezia 1881, su Alessandro Manzoni e il secondo canto dell'Adelchi, 14 gennaio 1875.

Oltre i mentovati carmi che sono tutti in versi sciolti compose l'Angeloni molti sonetti. Quantunque egli sia stato da tutti lodato, pure mi sembra che i suoi scritti non suscitino entusiasmo, nè trascinino coi pensieri il lettore, che resta piuttosto freddo e indifferente. Il sentimentalismo dell'Angeloni è troppo compassato, e direi quasi convenzionale mentre anche i suoi versi non sono sempre felici, ed alcuni ve ne hanno addirittura di troppo trasandati.

Il sonetto che qui sotto trascrivo intorno alla Malinconia, merita di essere ricordato per la gentilezza di forma e pel riprodurre che fa, il vero carattere morale dell'autore.

> Odi o poeta e scrivi... Io son leggera
> E rosea nube che fa velo al core,
> Amo il silenzio, il pianto e la preghiera
> Specchio fedele, d'ogni casto amore.
> Fra la gioia e il dolor che non dispera
> Benché gioia non sia, né sia dolore
> Mi troverai fra i curvi salci a sera
> Nella luna, e nel sol quando si muore.
> Nel fior che al foco del tuo cor vien meno
> Nei flebili concenti, e nel sospiro
> Che ti consiglia a stringer l'arpa al seno.
> Suona : solo suo nome un'armonia,
> Sovrana a te, che da tanti anni ispiro.
> Odilo il nome mio — malinconia.

Poeta ispirato ai dolci sentimenti di una pura religione fu l'abate Giulio Cesare Parolari, nato presso Venezia, e professore in questo nostro patriarcale Seminario.

Il Parolari fin dal 1839 aveva inserito nella Strenna Veneta di quell'anno una epistola al marchese Gian Carlo di Negro dal titolo la *Consolazione*, e nell'anno 1841 scrisse intorno ai mutamenti operati nella poesia dal Cristianesimo.

Nell'anno 1859 pubblicò in due volumi un racconto cristiano, del III secolo, dal titolo *Eulalia*, fatto ad imitazione della Fabiola di Wiseman, e nel 1860 stampò a Venezia il *Libro del popolo* — Ma il libro che dà al Parolari il suo valore poetico, si è quello degli *Idillii biblici* che vide la luce a Padova nell'anno 1864, e che contiene inoltre epistole scritte a varie persone in epoche diverse, e un Inno alla Chiesa primitiva.

La poesia del Parolari è calma e dolce. Ispirata all'amore ed alla fede fa rivivere nei tempi dei patriarchi. Descrive usi e constumi con la più schietta semplicità.

Le composizioni del Parolari sono tutte in versi sciolti piani, facili, ma di buonissima lega. Il nostro autore moriva a Zelarino di Mestre, generalmente compianto nell'anno 1878.

Facile compositore di distici latini fu Luigi Matteo Zamagna da Ragusa, consigliere di governo e che passò gran parte della sua vita a Venezia.

Versatissimo negli antichi autori classici greci
e latini, scrisse i poemi *Eco*, la *Nave aerea* e
molte .elegie. Tradusse in latino gli idilli di
Teocrito, di Mosco e di Bione, lo Scudo d'E-
siodo, l'Odissea di Omero, che è ritenuta la
più laboriosa e la più stimata delle sue opere.
Scrisse episodi, epigrammi in buon numero.
Nel 1847 dettò un epicedio per la morte della
figlia di Luigi Carrer, e così dettava epigrammi
per la presa di Sebastopoli, pella pace segui-
tane, e per molte altre occasioni.　 -

Per dare un saggio delle composizioni dello
Zamagna, mi piace riprodurre il seguente epigramma da esso scritto nell'agosto 1843, allorchè la prima volta fu attivata a Venezia l'illuminazione a gaz.

— *Nox veneti veneranda fori monumenta premebat,*
　Candida cum tenebras lux nova ab urbe fugat,
— *Apparent Aedes, artis miracula nostrae*
　Atque vaporato lumine nocte, micant
— *Sunt illa Adriaci pulcherrima gesta leonis*
　Hoc est humani prodigium ingenii.

Questo epigramma veniva tradotto in versi
italiani da Filippo Scolari. Le poesie dello Zamagna furono stampate a Venezia sotto il titolo :
Mathaei Aloysii e Zamagna patricii Rhau-
cinii, Carmina meditata et extemporanea,
Venetiis 1859.

Ricorderemo qui Federico Federigo compositore di versi. Nato a Venezia nell'anno 1806
dall'avv. Pietro Federigo e dalla signora Elena

Vianelli, si dedicò fino da suoi primi anni allo studio.

Pubblicò nel 1832 un volumetto coi tipi del Gattei dal titolo *Novelle Urbane*, con alcune poesie in versi sciolti, una parafrasi di un passo della Genesi, sulla creazione dell'uomo, una epistola a Francesco Soleil veneziano, e alcuni altri componimenti erotici.

Nell'anno 1836 nel giornale il *Vaglio*, pubblicava una romanza : *Il crociato* ; ed altre poesie di simil genere stampava in altri giornali letterari, come pure collaborò nella strenna triestina. Nell'anno 1848 fu patriotta e stette a fianco di Daniele Manin, del quale era anche segretario. Morì il Federigo nel 1875, còlto da crudele oftalmia, che gli rese impossibile il lavoro che tanto prediligeva. Di questo autore ci occupiamo in altri luoghi.

L'abate Francesco Filippi fu celebre latinista, nativo di Varverla in Vicentina, e professore al liceo di S. Caterina. Del pari buon latinista fu monsignor Giuseppe Lazzari, già citato che tradusse la Cristiade di Girolamo Vida, e fu lodato da Luigi Carrer all'Ateneo Veneto, e dal Tipaldo negli anni 1841 e 1845. Un saggio di detta traduzione in versi sciolti, venne dato alla luce negli atti dell'Ateneo. Tradusse pure il Lazzari i tre libri del Sannazzaro del Parto della Vergine, e fece altre traduzioni dai fratelli Amaltei.

Filippo de Boni bellunese, partecipò alla vita veneziana, e fu addetto alla tipografia del Gondoliere. Di lui si hanno poesie a Giuseppe Verdi, sonetti, ottave e versioni dal libro di Giobbe; infine pubblicò un volume di odi dal titolo: *La Giovinezza*, Venezia, Alvisopoli 1849.

Ercoliani prof. Lorenzo, lo troviamo autore di una risposta alla signora Teresa Alberelli Vordoni, e fece l'elogio di Luigi Carrer di cui era ammiratore.

Foscolo nobile Giorgio primo tenente nel corpo degli ingegneri navali, professore di matematica nel collegio di marina di Venezia stampò dei versi nell'anno 1846 non privi di merito, dal titolo: *Il ruscello* e *il nuovo pianeta*.

Galliccioli Giambattista, detto il negoziante poeta, fu nipote del celebre G. B. Galliccioli raccoglitore di memorie venete e morì di 61 anno nel 13 marzo 1869.

Ritiratosi dal commercio diedesi in matura età, a riprendere lo studio della poesia, che aveva prediletto in gioventù, scrisse un poemetto in terza rima su Roma; stampò una canzone per una poetessa, una per un suo comparatico, ed un'altra diretta a G. A. Piucco, nel 1865, compilatore della strenna veneziana.

Fece dei versi anche per il giorno dell'ingresso a Venezia di Vittorio Emanuele.

Giuseppe Jagher, scrisse delle novelle lodate dal Tommaseo, ed una composizione poetica dal titolo : *La Mendica*, 8 marzo 1841. Levi dottor D. pubblicò le *Notti veneziane* per nozze Treves-Todros 1854. Sono parecchie canzoni che hanno per soggetto Venezia e l'amore. In generale ,hanno poca novità, nè si sollevano dall'aurea mediocrità.

Pesaro Davidde diede alla stampa molti e pregiati componimenti. Esso era fratello al Pesaro Maurogonato senatore del regno, e scrisse molte poesie specialmente nell' anno 1848. Vien detto che un suo carme per le nozze della sorella meriterebbe di aver posto fra le più belle liriche della prima metà del nostro secolo. Mori di tisi sul fiore degli anni.

Negrelli Nicola tradusse e imitò, nell' anno 1847, poesie di Uhland, di Pyrker, Lenaw, Pichler, Chamisso, Frankl, corredando le traduzioni di notizie biografiche, note critiche, estetiche e filologiche. Perucchini Girolamo, presidente e avvocato fu terso e forbito scrittore, e poeta valente; dettava con facilità componimenti pieni di fuoco e di vita (*Gazzetta* 22 aprile 1836), fu padre a Giambattista Perucchini amico di Gioacchino Rossini, e conoscitore dell' arte musicale, morto nell' anno 1870.

Pico Luigi scrisse una novella : *Il medico e la morte*, e nel 1846 un carme al sommo pittore Odorico Politi. Andrea Querini Stampalia, patrizio, stampava dei versi nel 1873, e cioè un canto elegiaco al fratello, scritto nel 1860, sul

Cimitero di Venezia, anno 1865; *Le rimem-
branze,* anno 1872; *Addio alla giovinezza,* anno
1872. Sono tutte composizioni in versi sciolti:
la meglio riuscita per oppurtunità di concetti,
per la forma e la fattura del verso, si è quella
sul cimitero di Venezia. Il fratello Giovanni
Querini Stampalia, cantava un inno alla Luna,
Venezia, Alvisopoli 1839. Ai 20 marzo 1848, in
un inno dedicato alla guardia nazionale di Trieste, così si esprimeva:

— Che tutti educati d'Italia ai bei soli
Di un'unica madre noi siamo tigliuoli,
E pari l'accento, cui il labbro risponde,
Ci bagna le sponde, medesimo un mar.
— D'eguali colori, le civiche schiere,
Displegano al vento le nostre bandiere,
Son morte le gare del secol vetusto,
San Marco e S. Giusto dobbiamo gridar.

Vollo Benedetto cantava un'ode in morte
di una giovinetta nel Vaglio del 1831, stampava un carme, l'*Oceano,* e la tragedia: Isabella
dei Medici Venezia Cecchini 1852.

Oltre a ciò copiosissimi furono i suoi scritti
in versi ed in prosa. Fra i primi lasciò molte
poesie patriottiche ed altri opuscoli. È l'autore
della Storia dei Savorgnani. Di lui si scrisse
che fu misero e lottò colle necessità della vita.

Vollo Giuseppe, scrisse varie poesie fra cui
il poemetto Samuello.

Anche di Pier Alessandro Paravia nato a
Zara da Giovanni ed Anna Zech Miscevich da
Corfù il 15 luglio 1797 si parla altrove. Scrisse

diffusamente la sua vita e s'intrattenne delle di lui opere Monsignor Jacopo Bernardi nel 1863, dedicando il suo lavoro al conte Federico Sclopis.

Era il Paravia di famiglia affezionatissima al governo della Repubblica Veneta, pella quale il padre militava come colonnello. Nella sua fanciullezza venne colla famiglia sulla Brenta per ristaurare la sua salute, finchè si recò a Venezia a dimorarvi stabilmente. Il padre gli moriva ai 28 giugno 1807, quindi cessava di vivere anche lo zio, per cui si riduceva la famiglia alla madre e alla sorella.

Fu il Paravia accolto in quest'anno nel liceo di S. Caterina fondato da Napoleone, proseguì quindi i suoi studii presso l'università di Padova non abbandonando però il suo amore per la letteratura, laureandosi nell'anno 1819 avendo per compagni Rosmini e Tommaseo. Da quest'epoca stette per ben 14 anni negli uffici governativi come alunno presso la Delegazione ed il Governo. Li 12 Gennaio 1832 venne da Carlo Alberto nominato professore di Eloquenza italiana, nell'università di Torino. Da quest'epoca puossi considerare il Paravia come non più appartenente alla vita letteraria veneziana, della quale è nostro scopo precipuamente intrattenerci. I lavori letterarii del Paravia, sono da allora fatti pel Piemonte e per incarico di quel governo. Il Paravia moriva il 18 marzo 1857 a Torino, ed una lapide per riçordare il suo nome venne collocata in quella Università nell'anno 1859.

Però lesse a Venezia il Paravia all'Ateneo il 12 marzo 1837 sul sistema mitologico di Dante, e agli 8 Aprile del 1839 sulle poesie liriche di Dante. Così nel febbraio 1824 aveva letto all'Ateneo la versione in ottava rima di un libro dell'Eneide, e nel 1827 ai 15 febbraio, la traduzione di un episodio del Rodolfo, del Pyrker.

Nel 1820 stampò a Rovereto dodici sonetti di sacro argomento, nel 1821 — Venezia Alvisopoli, — un'ode pel patriarca Pyrker, e versi inseriti in una raccolta per nozze Comello-Papadopoli. Nel 1825 pubblicó in Venezia un volume di versi coi tipi di Giuseppe Orlandelli, contenente 40 sonetti in gran parte d'occasione alcune odi sacre ed epistole.

Monsignor Bernardi analizza questi lavori, e dà la preferenza ai sonetti per l'unità di concetto, per grazia di esposizione per leggiadria e novità di imagini. Trova belli gli inni da mettersi non indegnamente con quelli del Manzoni, del Borghi del Mamiani; trova bellissime le epistole da porsi accanto a quelle del Pindemonte.

Le poesie di sacro argomento vennero tradotte in latino· da Francesco Filippi.

Registro il nome di Giulio Pullè, per un suo Carme, i Foscari nel 1843, e un dramma, Marin Faliero.

Trovo nel 1842 un' ode in cui si rammemo-
ravano le glorie e i costumi di Venezia. Termina
colla seguente strofa :

> Polve d' eroi racchiudono
> Queste arche e queste mura
> Quanti che ignoti giacciono
> Sotto una pietra oscura.
> Formin quell' ossa il tema
> O Italia al tuo poema
> E lascia altrui la pagina
> Che involi allo stranier

Ricorderò ancora i nomi di Veludo Spiro e
Balbi Giulio, il quale stampò alcuni versi politici intitolati Memorie od Affetti, Venezia Cecchini figlio 1873 ; e una parola di rimpianto de-
dicherò a Fortunato Novello, morto il 5 novembre
1881, poco più che trentenne, letterato e intelli-
gentissimo segretario al municipio di Venezia.
Versato nelle discipline economiche, fu talvolta poeta e fra i suoi versi ricordo quelli dedicati a Gioachino Rossini nel 1868.

Dinanzi a un' altro nome qual' è quello
di Nicolò Tommaseo, è nostro dovere il dire
il meno che si possa, non potendo però mantenere un assoluto silenzio. Quantunque egli
non nascesse in Venezia ma bensì a Sebenico
ai 9 Ottobre 1802, il suo nome è talmente legato alla vita veneziana del più bel tempo, che
non si può fare o meno di considerarlo come
veneziano.

Cresciuto in terra ove si rimpiangeva sinceramente il caduto leone di S. Marco, fino dai dodici anni imprecò contro il Buonaparte con un sonetto, e a quindici anni entrò nell' Università Patavina. Laureatosi nel 1822, si diede tosto ad esercitare il suo ingegno, collaborando nel giornale trivigiano, e poi per altri nove anni nell' Antologia di Firenze. Questa sua collaborazione nell' Antologia, per alcune pagine scritte contro il regno lombardo–veneto, gli valse la disgrazia del governo austriaco, e dovette perciò emigrare in Francia nell' anno 1833, dove rimase fino al 1838, nel qual anno venne promulgata un' amnistia. In Francia il Tommaseo avea scritto cinque libri sull' Italia, e da quest' epoca fino al 1847, si occupò interamente dei suoi studi letterarii. In quell' anno si addentrò nei movimenti della veneziana rivoluzione, iniziando quel glorioso periodo con una lettura all' Ateneo chiedente l' applicazione della legge del 1815, sulla censura.

Caduta Venezia, egli dovette emigrare a Corfù, e quindi nel 1865 tornò a Firenze dove divenuto cieco continuò non pertanto nelle sue predilette occupazioni letterarie, fino a che moriva nel maggio del 1874.

Il Tommaseo fino dai primi anni della sua carriera letteraria avea tradotto Tucidide, Arriano, Eumapio e Dionigi ; promosse in ispecial modo il culto di Dante, coltivò lo studio della lingua italiana, in modo da poter dare alla luce il Dizionario dei sinonimi, il Commento alla Divina Commedia, il Dizionario estetico, il Volgarizzamento degli evangeli, e il Nuovo vocabolario italiano. Dettò due novelle : Due baci, e Fede, e bellezza, e trattò soggetti storici, come in altro luogo abbiamo veduto. Illustrò canti popolari toscani, còrsi, illirici e greci, lavoro assai stimato – Volumi 4, Venezia Tasso 1841. Raccolse l' autore detti canti dalla bocca del popolo. Trovo però ricordato che Andrea Mustoxidi .erudito elegante, fu il primo ch' ebbe il concetto di raccogliere i canti popolari, e anzi somministrò al Tommaseo gran numero di canti greci. Cominciano la serie dei canti, quelli toscani, i quali poco vari sono, pressochè tutti di soggetto amoroso ; hanno la forma di stornelli, genere di poesia da altri autori imitato, e specialmente dal Dall' Ongaro.

Seguono i canti còrsi per lo più in strofe da sei versi ottonari, e in dialetto còrso.

I canti greci sono tradotti in italiano, e molti hanno di fronte il testo greco. I canti illirici, che sono gli ultimi, sono canti schiavoni e serbi tradotti in versi italiani, non rimati. Sull' esempio del Tommaseo altri fecero altre raccolte di canti popolari, quali Jacopo Vincenzo Foscarini, Antonio Berti ed altri, come a suo luogo si trova ricordato. Alla importanza degli .altri scritti del Tommaseo, non corrisponde quella delle sue poesie – Firenze, Lemonnier 1872 –

dalle quali non emerge originalità o novità di forma e di concetto ; difatti le sue poesie originali ebbero poco successo, però il Prati scriveva nel 1841 che i versi del Tommaseo, nessun poeta allora vivente, avrebbe dovuto sdegnare di aver composto, in tempi di ristorata dignità, e di civili pensieri. Tradusse il Tommaseo alcuni salmi, e scrisse appendici pella *Gazzetta di Venezia* nel 1840, sulla letteratura veneta di quel tempo. Chiudo questo ricordo a Tommaseo accennando una sua Ode a Venezia dell' 8 Giugno 1870 ; in essa si riflette il suo grande amore per questa cara città, e così esprime il suo voto :

Sorgi. E il vigor che i voli tuoi sostenne
Mentre fatica ai tuoi grandi avi piacque
Rinascerà ; rincresceran le penne,
Rivolerà sull' acque.

Vita agitata ed avventurosa condusse Francesco Dall' Ongaro nato in Oderzo nel 1808.

Educato nel seminario di Venezia. vestì l' abito ecclesiastico, ma avute delle osservazioni dai suoi superiori, passò a Trieste, dove dimessa la veste talare, si fè libero insegnante e giornalista.

Espulso dall'Illirio, prese parte alla rivoluzione veneziana del 1848, oltre come pubblicista, anche come soldato. Passò poi a Roma, ove fu membro della costituente romana, emigrò quindi in Isvizzera, ma di qua espulso dovette rifugiarsi in Belgio, poi in Francia, da dove corse pericolo di essere allontanato all'epoca dell'attentato Orsini. Nell'anno 1859 il Dall'Ongaro ritornò in Italia, e visse per lo più a Firenze. Politico e letterato fu giornalista a Venezia, coi *Fatti e parole*, a Roma diresse il Monitore romano, a Parigi collaborò nel *Courier de Paris*, nella *Revue Nationale* e nell'*Opinion nationale*.

In Venezia nell'anno 1836 avea ottenuto un gran successo una sua Ode pubblicata nel *Vaglio*, e diffusa in opuscolo pel varo di una fregata chiamata la Guerriera; in essa è detto.

> In mar discendi, librati
> Sulle convesse sponde,
> Figlia di mille artefici
> . . . .
> E tu l'accogli, e fremere
> Senta nel giovin seno
> Quei generosi spiriti
> Che ai Mauroceni ai Zeno
> Dell'onda sottomisero,
> L'immenso imperio, un dì.

Il Venerdì Santo, è un carme nel quale fingesi protagonista Lord Byron, che stava sulla collina che domina la città di Este, mentre si faceva una ricca processione notturna. Presenti a questa scena sono Lord Byron e una signora, la quale riesce a poco a poco ad impadronirsi dell'animo del poeta, ed a convincerlo della verità della religione, alla quale il poeta termina, sciogliendo un inno elevatissimo. Seguitando ad accennare altre composizioni del Dall' Ongaro, citerò i suoi bei vérsi scritti alla memoria di Carolina Duse nel 4 gennaio 1837 e le quattro odi ad un' amica ideale stampate dall' Antonelli nell' istesso anno. Per questi versi il Dall' Ongaro era da un contemporaneo chiamato, un gentil poeta che si toglieva dalla schiera volgare per delicatezza d' immagini, e per una tempra melanconica ed appassionata.

Impossibile sarebbe il tener dietro al moltissimo che scrisse il Dall' Ongaro : novelle, racconti, scritti letterarii, e specialmente stornelli italiani, che gli diedero come poeta, salda fama. Dall' Ongaro moriva nel.1872 in Firenze.

Uomo che al suo tempo produsse buoni lavori letterarii fu Giulio Vallini. Di lui si leggono ballate sul Gondoliere, canzoni per nozze, e per una regata datasi a Venezia nel 1843, tradusse Uhland, Victor Ugo e Lamartine.

Nell' anno 1843 ai 16 agosto fu attivata a Venezia la illuminazione a gaz, ed i buoni veneziani per questo avvenimento andarono in visibilio, scrissero poesie, e fra gli altri Jacopo Vincenzo Foscarini, paragonava il Podestà Giovanni Correr, a Prometeo che aveva fatto venir la luce dalla Francia. Indescrivibile fu poi la gioia per la tombola datasi di notte in piazza nel 1844, per la quale occasione si ripeterono i voli al Parnaso. In mezzo a tanta emozione il

Vallini non tacque, ed ecco come celebrava la
miracolosa illuminazione :

> Oh qual luce si disserra
> È ciel questo, o questa è terra,
> Regna notte, o splende il sol?
>
> . . . .
>
> Il fulgor di tanto lampo
> Dai lunghi atri, dal gran campo
> Spiegan ratte l' ombre il vol
>
> . . . .
>
> Ben di vita imago e questa
> Che a letizia il cor ridesta
> Come il raggio del mattin.

Dopo questo preambolo invita gli antichi
eroi, a rivedere la patria rischiarata a gaz e
descritti i monumenti messi in evidenza da quella
luce esclama :

> Forse allora non più irati
> Col rigor di crudi fati
> Che il prisc' ordine cangiò,
> Tornerete al muto avello
> Perdonando il franto anello
> Ch' Adria intero al mar donò.

Quanta rassegnazione, e che facile accon-
tentatura !

Anche l' apertura del ponte sulla laguna pella
strada ferrata l' 11 gennaio 1846 trovò il suo
poeta in Luigi Plet, e una raccolta dei suoi
versi fu stampata a Venezia nel 1857. Buon
poeta addimostrossi Gian Jacopo Pezzi nei suoi
Fiori e spine, Milano 1842. Si elevano sopra le
altre composizioni, e meritevoli di ogni più caldo
elogio, sono la Fiducia in Dio, statua di Bartolini;
in morte della Malibran, e in morte della Cerrito,

una graziosa poesia della danza, Duska, novella orientale in cinque canti, e in versi sciolti, e diverse altre poesie indirizzate a Giovanni Prati. Un critico contemporaneo concludeva che queste poesie non erano che fiori olezzanti, e che spine non ve n'erano. Il Pezzi scrisse inoltre ghiribizzi letterarii nel 1839, altre poesie, e redò un giornale dei giovanetti nel 1851 ed altri in epoche posteriori fra i quali il *Gallo* e *l'ombra del Gallo*, negli anni 1863, 64, 65.

Trovo di non dover dimenticare il nome di Domenico Piacentini che nel 1842 stampo una splendida poesia a Venezia alludendo al suo promettente avvenire, in seguito alla costruzione della diga a Malamocco, e per le speranze dei vantaggi che avrebbero recato a Venezia, la illuminazione a gaz, la strada ferrata, il telegrafo. Ecco pertanto alcuni brani :

> . . . .
> Nacque umil ma fu libero e santo
> Il sudor che le sparse la cuna,
> Fu col sangue educata e col pianto
> La corona che in fronte le sta.
>
> . . . .
> Era oppressa era profuga e sola
> Ma domò le procelle e i tiranni,
> E arrichi la sua povera stola
> Colle gemme e coll'ostro dei re.
>
> . . . .
> I trofei, le sue splendide feste
> Ogni foro ogni tempio rivela
> Non v'è bronzo, non marmo, non tela
> Che non parli, di gloria e valor

Ma una luce rifulse in lontano .

. . . .

È l' aurora di uu lieto futuro
Il baglior d' una fiamma possente
Che nuovi astri alla notte consente
E nuove ali all' umano saper.

Il Piacentini stampò anche nel 1842 una satira sul buon tuono, dalla quale stralciamo la seguente strofa.

. . . . . . ‾ . . . . .

Se di fischi e di clamori
Sale echeggiano e teatri
Se a sturbar gli spettatori
V' ha chi miagoli chi latri
La platea dirà che sono
I seguaci del buon tuono.

Altra poesia stampava il Piacentini nel 1843, il Provinciale e l' amico.

La diga di Malamocco e la strada ferrata trovarono un altro cantore in Don Pietro Munari Veronese, ma veneziano per elezione.

Marco Fontana nel 1844 pubblicò un piccolo volume di poesie veramente belle e sentite. Fu detto degno di esser segregato dalla turba dei mediocri, e ben, come dice l'autore, i voli del pensiero e il battito del cuore avvivano la sua parola.

La migliore fra tutte le sue composizioni è quella dal titolo : *Il lamento del tradito,* in versi sciolti.

L. A. Baruffaldi compose un poema Vittor Pisani in tre canti, in versi sciolti, Venezia — Passeri 1844, dedicato ad Andrea Cittadella Vigodarzere. Premesso un affettuoso inno a Venezia

> . . . . . la più gentile e cara
> Delle cento cittadi onde superba,
> Italia ancor alza la fronte, . .

narra le gesta di Vittor Pisani, cominciando dalla caduta di Chioggia in mano dei Genovesi, e dalle grida del popolo che liberò dal carcere l'eroe veneziano. E reso minuto conto in stile ornato e poetico delle fasi delle vicende degli episodii della guerra. La narrazione è svolta con ordine e chiarezza, dignitoso lo stile, facile e sostenuto il verso.

Federico Wulten sotto la veste di un utopista pubblicò in Oderzo nel 1859 parecchi sonetti umoristici dal titolo: Sogno e realtà.

Filippo Scolari, dedicossi specialmente agli studii Danteschi e scrisse sonetti. Tradusse le egloghe piscatorie del Sannazzaro: fino dall'anno 1817 tesseva l'elogio dell'abate Rubbi. Annovero quindi: Il ponte della strada ferrata, sonetti con note, Venezia, Merlo 1849 in 12, sonetto a Venezia pel 22 marzo 1848, a Pietro Zandomeneghi, per busto scolpito del cardinale Monico 1854; un sonetto di risposta a Giovanni Veludo, che lo aveva interrogato, se Dante aveva o no la barba ed altri sonetti sparsi per giornali ed opuscoli, ed infine Esercitazioni Dantesche, Venezia, Gaspari 1865.

Lo Scolari, siccome rilevasi dai Diarii del

Cicogna, venne colpito da una sanguinosa satira del Buratti per il fare sprezzante che aveva intorno alle opere dei buoni scrittori. Lo Scolari, aggiunge il Cicogna, sentì nel vivo, il cerrotto, e ruppe ogni amicizia col Buratti. In seguito anzi a rimostranze dello Scolari, il Buratti fu chiamato dalla polizia ed invitato a desistere dallo scrivere satire, colla minaccia di tre mesi d' arresto come è altrove ricordato.

Pizzo Lodovico morto nel 1867 di 42 anni, nato a Ceregnano presso Rovigo, ma venuto ad educarsi a Venezia, e qui per molto tempo dimorato, curò l' edizione della Vita nuova di Dante fatta dall' Antonelli, tradusse e commentò i classici latini, e scrisse graziosi versi, quali il marito e la donna, il sospiro della vergine, la benedizione delle nozze cristiane ecc. Emanuele Cicogna nei suoi diarii ha raccolto una quantità di poesie italiane e latine, da esso stesso scritte e delle quali aveva intenzione di fare una *edizione* a parte. Alcune di esse vennero già stampate in varie occasioni. Tra le poesie latine ricordo una elegia per l' innalzamento del leone in piazzetta, avvenuto nell' aprile 1816.

Giovanni Piermartini eccellente scrittore di drammi, che saranno in altra parte accennati, fu altresì buon poeta lirico; nel 1859 dettò un carme, ultime ore di Corradino di Svezia, e così aveva scritto nel 1844 Enrico Dandolo canti tre.

Inoltre fu il Piermartini stimato autore di articoli critici e bibliografici. Ricorderò anche, quantunque non veneziano, l'avv. Tullio Mestre di Verona morto a Feltre l'anno 1888 di anni 62; lasciò fama di ottimo cittadino e poeta. Di lui si ha fra altro un bel carme in versi sciolti dal titolo gli Eremi, Padova, tipografia Liviana 1846, come pure furono stampati parecchi brani d'un suo poema inedito. L'Adda. Scrisse, Visione della sera, rimembranza canzone. Carme in buoni versi sciolti.

La moglie sua morta nel 1891 di anni 57, era l'egregia poetessa Antoniettta del Covolo, ed attendeva a preparare una edizione delle opere del marito. Cito da ultimo i seguenti nomi che diedero, più o meno, saggio di valore poetico, Giannantonio Piucco, Domenico Coletti, Fabio Mutinelli, Mulazzani Emilio, Papadopoli Antonio, Veludo Spiro.

Dal Medico Angelo citato come autore dei proverbi, verbi e canti popolari veneziani, stampò un volume di traduzioni in versi dal titolo: Ore d'ozio Venezia 1878. Sono traduzioni da Byron, Longfellow, Lafontaine, Berenger ecc. Ad ogni traduzione è posto di fronte il testo della poesia tradotta. L'A. prometteva un secondo volume di poesia originali italiane, e in dialetto Veneziano.

Ed ecco ora un nome di un vero ed alto poeta, che troneggia fra i primi. È questi Vit-

torio Salmini, nato a Venezia nel 1830. Egli
cominciò la sua carriera letteraria componendo
drammi con Paulo Fambri.

Negli ultimi anni era segretario presso la
Cassa di Risparmio di Venezia, e dopo lunga
malattia morì nel 1880 all' ospedale.

Morì miserabile, e la pensione all' ospedale
gli era pagata dall' istituto da cui dipendeva.
Poeta di elevatissimo valore, da mettersi fra i
migliori contemporanei italiani, la fortuna non
gli arrise. Nel suo paese natale egli non trovò
quell' applauso e quella fama, che il suo vero
merito avrebbe dovuto giustamente attendersi.

Il marmo e il bronzo talora sono lavorati
da passioni o da correnti di passioni passeg-
giere, e fugaci. Il vero monumento si è quello
che l' uomo si crea da sè colle proprie opere,
coi frutti del suo lavoro, del suo pensiero, e
Salmini questo monumento se lo fece da sè,
perchè e le sue poesie liriche e le drammatiche
contengono tali pregi che non cadranno mai
nel comune oblìo. Quanto ai suoi principii di
forma letteraria ei chiaro si confessa nel « mio
credo.» a Pompeo Gherardo Molmenti.

> Quanto a me tel ridico, io non ho scuola.
> E dal pensier, pei regni ampi mi vola
> La strofa audace e libera.

Trovo che nel febbraio 1859 il Salmini
invocava dal ministero di Vienna che gli venisse accordata la sanatoria degli studii, am-

mettendolo agli esami di stato politico legali. Da
sette anni prestava utile e intelligente servizio
negli uffici municipali ; gli mancavano gli studii
legali e le richieste qualifiche per poter com-
petere ai posti di concetto, stabiliti nella nuova
pianta degli impieghi. Fu arrestato per motivi
politici, spedito a Josephstadt, e liberato dopo
la pace di Villafranca.

Nel febbraio del 1860, alunno di concetto al
municipio il Salmini si rese assente, come dicevasi, all'estero.

Fu poeta di sentire alto e classico, adope-
rando pur talvolta le strane forme che portava
l'andazzo dell'epoca. E alla volta tenero e
gentile, talora sdegnoso e beffardo. Fraseggia
arditamente e incisivo, sprezzante d'ogni legge
accademica.

Poeta sopratutto *veneziano*, ha profondo il
sentimento della sua città, e vive per essa ed
in essa. Celebra Venezia e nelle sue popolane,
e nelle sue calli, e nei suoi campi, e nei suoi
bizzarri costumi come nei suoi palagii, nel suo
canal grande, nella sua laguna, nelle sue anti-
tiche gigantesche memorie storiche. Salmini è
il solo vero poeta veneziano della seconda metà
del secolo decimonono.

Un suo contemporaneo, gli dà inoltre una
gran potenza assimilatrice, e qualifica il suo
carattere di una ammirabile versatilità.

Ma la Musa del Salmini s'ingolfa qualche

volta in lubriche vie, mettendo in pratica quel verismo, che nell' accennata poesia al Molmenti aveva condannato. Le sue donne Mimì e Cora Perl non sono certo tipo dell' idealismo. All' incontro è soavissima la poesia « la mamma bella » ad un quadro della Madonna : è una delle più riuscite e toccanti del Salmini.

E qui ricorderemo gli ultimi suoi versi, che videro la luce a parte, per cura di Paolo Fambri, — Bassano, Roberti, 1881, col ritratto dell' autore disegnato da Giacomo Favretto.

Quai versi! E una epistola indirizzata a Maurizio Faucon di Parigi ; l' argomento, Venezia. Più che un' epistola è un piccolo poema, di forma splendidissima, e il Salmini la compose e ritoccò fino negli ultimi angosciosi giorni della sua lunga e crudele malattia. Il Salmini ricorda a Faucon nell' epistola la sua venuta a Venezia, e quanto qui potè vedere ed ammirare. dalla stazione della ferrovia al molo, gli edifici che adornano la piazza, Rialto, la laguna. Ecco come il poeta descrive la Chiesa di S. Marco :

> Oh quante
> volte Maurizio, taciti, ammirati
> non si ristette insieme innanzi al mio
> san Marco, allor che sotto il caldo sole
> scintillano i basalti, ed i mosaici
> d'oro, e sul campo glauco del cielo,
> spiccano nette le cupole grigie,
> i pinnacoli svelti, i ricamati
> apici, e il tricolor gonfio dal vento

> sulle storiche antenne : ora sublime
> in tanta onda di luce l' eminente
> leone in aria sembra erger le penne,
> e scalpitar superbamente in cima
> all' arcata maggior, l' enea quadriglia
> quasi sferzata dal potente sole.

Richiamato quindi alla memoria dell' amico, quando assieme colla gondola arrivavano nelle vicinanze di santa Marta, così descrive con verità ed evidenza l' antichissima Venezia :

> Una chiesuola
> col campanil di legno, un ponticello
> tra due verdi isolette, e quattro case
> che tetto abbian di paglia, e scala a cielo
> aperto, e loggia pensile, rivolta
> al mar ; vi appendi delle reti, poi
> immagina un cantier, cui tinto in nero
> abbia gli assiti, il fumo della pece
> tenace, e qualche barca capovolta
> sul pendìo dello scalo... avrai Venezia
> bambina . . . .

In altro luogo descrive con tavolozza propriamente verista il mercato di Rialto, e dopo averlo messo a confronto cogli antichi scambi coi popoli d' oriente, così mestamente conchiude :

> or dell' antico emporio altro non resta
> che un mercato di serve, e ai larghi patti
> che qui stringean Venezia all' oriente
> succedono gli alterchi dei verbosi
> rivenditori . . . .

.Questi versi furono limati dall' autore nelle sue ultime ore di vita, e infine termina l' epistola rivolgendosi a Faucon con queste espressioni affettuose :

Ripensa qualche volta
dalla tua radiante, e turbinosa
Parigi alla mia funebre Venezia
ove dormono mille e cinquecento
anni di gloria. Io penserò sovente
dalle meste lagune alla gallese
città, cuore del mondo, ove sfavilla
tanta promessa della vita nuova.

Ho insistito particolarmente su quest' ultima poesia del Salmini, perchè fu quella che lo preoccupò nei suoi ultimi istanti, e che raccolse i suoi ultimi pensieri che furono per Venezia.

Di Arnaldo Fusinato nato a Schio il dicembre 1817 morto a Verona il dicembre 1888, quantunque non veneziano, sarebbe opportuno far cenno. Ma tanto è il suo nome noto, tanto popolari i suoi versi, ed apprezzate le sue poesie, che farei opera inutile il parlarne; chè sempre direi troppo poco, in confronto di ciò, che di questo poeta disse per esempio, il Camerini.

L' edizione delle sue poesie fu fatta in Venezia nel 1852; 1854 dalla tip. Cecchini con illustrazioni di Osvaldo Monti.

Nel 1864 riparavasi a Firenze. Educato nel collegio Cordellina di Vicenza, cominciò a poetare di 10 anni. Passò quindi nel Seminario di Padova, ed all' Università. Scrisse nel Pedrocchi. Nel 1847, si portò a Vienna, e dopo la rivoluzione del 1848-49 andò a Castelfranco. In seconde nozze sposò Erminia Fuà.

Chi però prese parte alla difesa del 48-49 di Venezia, e chi intessè quell' ultimo bellissimo canto sulla caduta di Venezia non poteva esser dimenticato in questa raccolta.

Commemorarono da ultimi i meriti patriottici e letterari del poeta, Paulo Fambri e Pasquale Antonibon a Schio ed a Venezia.

Zagnoni Augusto mantovano essendo studente all'università di Padova scrisse un poemetto, lo studente di Padova (Padova Minerva 1847) da contropporsi a quello del Fusinato.

Geniale e facile poeta fu Jacopo Bernardi. Una raccolta di sue poesie fu stampata nel 1867 a Venezia a cura dell'abate prof. Giuseppe cav. Nicoletti. Ha inoltre epistole fra le quali a G. M. Malvezzi 1865 ad Augusto Conti, e numerosissime pubblicazioni per nozze, e sonetti per occasioni diverse.

Canini Marco Antonio professore alla scuola di Commercio di lingua spagnuola e rumena, morì nel 1891 di circa ottant'anni. Nel 1848 dettava a Venezia versi patriottici. Ebbe vita agitata, e lasciò alcune sue memorie pubblicate nel 1868 a Parigi dal titolo « Vingt ans d'exil » dove si parla della rivoluzione di Venezia del 1848 e delle sue proprie avventure. Il libro non ebbe buona accoglienza perchè specialmente diretto ad attaccare Manin. Nel 1882 pubblicava versi dedicati alla Gioventù italiana per la morte di Guglielmo Oberdank.

Nel 1885 pubblicava a Venezia; Libro dell'Amore, poesie raccolte e tradotte, con una erudita prefazione. Volume di 700 pagine con esempii di poesie amorose dai più antichi autori, Sofocle, Euripide, Bione, Virgilio, fino ai più moderni delle più diverse lingue. Era intenzione dell' autore di far seguire questa raccolta da altre coll' istesso metodo sulla patria, la fede ecc.

Mazzi Prof. Francesco morì a Venezia nel 1893 di 80 anni, preside al Liceo Marco Polo.

Ha un poema Tapisa di canti VIII, Venezia 1863, dedicato ai suoi figli. Tapisa è una ingenua e avvenente donzella della nuova Zelanda che invaghitasi di Da Lara lo sposa. Ma in questo accesosi la brama di viaggiare, monta sopra una nave europea, naviga lungamente, combatte contro i mostri del mare, è gettato dalla procella in una gola deserta, e di là da un altra nave è ricondotto alla sua patria, dove dopo incredibili stenti si riunisce alla sua Tapisa, e si conforta di domestica gioia, ma i capi del popolo ingelositi delle sue relazioni cogli europei gli tendono insidie per trarlo a morte.

Comincia quindi una nuova serie di mali che finisce colla morte dei due sposi.

Cito una stanza dove l'autore parla della Nuova Zelanda :

> Quando la sera il nostro cielo inbruna
> Là ride il mare ai mattutini albori ;
> Se spazia per quell' aer la bianca luna
> Qui già il sole diffonde i suoi splendori ;

Se autunno al nostro desco ı frutti adorna
. Là primavera sparge il suol di fiori,
Allor che l'onde qui incatena il gelo
D' ardenti flamme colà splende il cielo.

L'autore prende motivo da questo poema per descrivere i regni della natura ; ed ogni accenno su questo argomento viene illustrato con apposite annotazioni, utile corredo, alle descrizioni scientifiche.

Il Mazzi ha pure : una Epistola per nozze Fornasari Correr 1870. Il Comune di Venezia rendendo gli onori funebri a Vittorio Emanuele II°, ode.

Episodio di un garibaldino. Canzone in più parti nella Strenna Veneziana 1867. Pregiudizii in medicina. Capitolo. Elementi di Zoologia, 1865.

Onorato Occioni morto professore a Roma, cominciò la sua carriera poetica con un bel Carme in versi sciolti dedicato al Prof. Pietro Canal, La Luce, Trieste 1853.

Oltre che di forma egregia, il Carme abbonda di belle e toccanti immagini ; considera la luce sotto i suoi diversi aspetti ed effetti, nei suoi rapporti colla scienza.

L'opera principe dell' Occioni si è la traduzione in versi sciolti con prefazione e note del Poema di Silio Italico, Le Puniche ; Milano Meisner 1878. Questo libro fu molto lodato.

Nel 1880 stampò a Roma, Vecchio e nuovo, in versi sciolti : in questi evocando gli antichi tempi di Grecia e di Roma, canta le conseguite conquiste e vittorie della scienza moderna. Si ricorda anche un' ode dell' Occioni per due angeli scolpiti dal Ferrari pella chiesa di S. Silvestro del 1851.

Padovan Vincenzo scriveva nel 1838, 39, poesie originali nel Vaglio, e traduzioni da Lamartine, da V. Hugo, da Lord Byron. Nel 1862 tradusse i Miserabili di V. Hugo. Pubblicò assieme al Cecchetti un sommario della nummografia veneziana fino alla caduta della repubblica Veneta. Venezia 1866. Per le monete della repubblica Veneta dal secolo IX al XVIII 1879 ; e nel 1883 il ducato d' oro, monografia storico poetica. Padovan Carlo segretario della Congregazione Centrale Veneta scrisse molte poesie, e ne furono pubblicate alcune in Venezia nel 1869 dalla tipog. del Commercio.

Talamini Natale prete e professore col Capparózzo al Ginnasio di S. Gio. Laterano in Venezia nato in Cadore nel dicembre 1808, morì l' aprile 1876. Fu patriota e poeta, chiamato il bardo del Cadore.

Una raccolta di poesie del Talamini era stata pubblicata in Belluno nel 1883. Ma altra edizione più conpleta, con un discorso intorno alla vita e alle opere dell' autore di Antonio Ronzon vide la luce in Milano nel 1897 tip. Cogliati.

Talamini prof. Teobaldo scrisse in terza rima il libro di Giobbe Venezia Naratovich 1871 e lo dedicò al prof. Natale Talamini, e Bastiano Barozzi.

Tamburlini abate Giovanni morì ottantenne nel 1897. Era gentile poeta e professore al liceo Marco Polo. Scrisse un'ode a Venezia 7 novembre 1866, poesie politiche a Venezia, Venezia Cecchini 1866 un sonetto pel trasporto dei martiri di Cosenza a Venezia nel 1867.

Ricordo di Venezia : 12 canzoni della Laguna 1871 Fontana — Il Fiore di Maria 1880 — La Stola Sacerdotale, Canzone 1872 Hymne a Saint Roch 1885. Sonetto pel varo della Morosini 1885. Alle sorelle Berchet canzone 1884.

Eccellente poeta ed oratore fu Domenico Zarpellon morto più che settantenne nel 1897 a Venezia. Fu professore al Seminario patriarcale e canonico. I suoi versi sono spontanei e di fattura accuratissima.

Fichert Luigi Dalmata nativo di Spalatro, amico e allievo di Nicolò Tommaseo ; dimorò trent'anni a Venezia, valentissimo insegnante, e buon poeta. Fu professore di storia nella scuola tecnica Livio Sanudo dal 1867, avendo abbandonato la cattedra liceale che aveva a Trieste. Modesto e fiero della sua indipendenza, appariva sempre solo, e lo si avrebbe detto un po' misantropo. Morì a Venezia il 2 gennaio 1899 di anni 72. Nel 1855 pubblicò a Zara un poema in sei canti, la madre slava, lodato dal Crepuscolo di Milano. Si hanno di lui : Le brigantesse, ro-

manzo sociale 1866, notti Adriatiche, Stella di
Varsavia — La contessa del Paradiso 1868, La
giovane Slavia, canto politico 1889, Italia e
Slavia — Francia e Germania — Cantiche del
1889 — La madre Triestina, canti del 1879 —
Veneti e Schiavoni — La fidanzata immortale
ecc. ecc.

PARTE III.

Poesia dialettale

SOMMARIO : *Dialetto veneziano — Poesia verna-*
cola — Dizionario del Boerio — Altri lette-
terati — Raccolte del Gamba — Scrittori
minori ed altre raccolte — Gio. Battista
Bada, Francesco Gritti, Mazzolà, Lodovico
Pastò, Martignoni, Valerio da Pos, Giusep-
pe Avelloni — Pietro Buratti — Antonio
Lamberti — Ermolao Barbaro — Satire a
Venezia nel tempo dell' assedio del 1813 —
Poeti minori, Scieson venezian — France-
sco dall' Ongaro ed altri — Cicogna Alvise,
Coletti Giuseppe, Camillo Nalin — Vincenzo
Jacopo Foscarini — G. B. Olivo — Luigi
Canavese.

La poesia è l' espressione la più viva dei
sentimenti umani, scolpisce solitamente coi suoi
versi i tempi nei quali essa trascorre e li tra-
manda nella memoria dei posteri; accompagna
fedelmente gli avvenimenti prosperi e fortunosi
di un' epoca, e le impressioni più forti subìte

dalle generazioni, ricevono da essa, forma duratura. A tale officio rispondono quasi tutte le
forme poetiche, dalla lirica e dalla satira alla
epopeja ed alla drammatica.

Queste poetiche manifestazioni vengono dettate per lo più, nella lingua accetta alla classe
letteraria più alta, e solo avviene per eccezione
che, soggetti per lo più popolari, possono essere
svolti dagli originarii dialetti, i quali altro in
fine non sono che il vergine linguaggio, inse-
gnato dalla natura.

Venezia oltre che avere, come era del resto
naturale, coltivata la lingua italiana, tenne sempre in grandissimo onore il proprio dialetto,
che, per l'altezza alla quale era giunto, per la
stima in cui era tenuto, e per la facilità colla
quale veniva compreso non solo dai popoli ita-
lici ma dai sudditi popoli greci e slavoni, non
a un parlare del volgo poteasi dire paragonato,
bensì ad una propria e vera lingua.

Perciò non lo sdegnavano sulla politica tri-
buna, i repubblicani consessi, nè nelle pubbliche arringhe nelle cause presso i tribunali gli
avvocati; e comune era suo uso in tutte le
classi sociali, mentre valentissimi cultori trovava esso in Venezia nella letteratura in ogni
tempo, ma in ispecie nel decimo ottavo secolo.

Di quest'epoca non citeremo il laido ma
potente Giorgio Baffo; ricorderemo con onore

Angelo Maria Barbaro, Angelo Maria Labia, Marcantonio Zorzi, Giuseppe Pichi, Giovanni Pozzobon appartenuti tutti al settecento, ai quali fanno seguito Gio. Batt. Bada, Giovanni Mazzolà, Francesco Gritti, Pietro Buratti e Antonio Lamberti, che devono, chi più chi meno, in parte la loro gloria, anche al secolo XIX.

Ma se nella poesia il veneto dialetto, mercè questi nomi, raggiunse una altissima meta, nella prosa altresì apparve l'eccellenza sua. E chi non vorrà ricordare il sommo Goldoni che il nostro dialetto rese caro a tutta l'Italia?

E perchè dovremo dimenticare e Carlo Gozzi che nelle sue fiabe, e Pietro Chiari che nelle sue commedie, pure il veneto dialetto adoperarono, quantunque certo con minore fortuna del loro emulo gigante e sovrano?

Nè meno celebri ad illustrare il patrio dialetto furono nelle loro concioni i celebri avvocati Contarini, Stefani, Cordellina o i patrizii magistrati come l'Emo e il Foscarini e tanti altri, tutti personaggi appartenuti a quel secolo, che doveva veder così ignominiosamente morire la repubblica veneta.

A dimostrare in quanto pregio il dialetto veneto fosse tenuto citeremo il Lamberti, il quale, nella sua prefazione alla traduzione in veneziano delle poesie siciliane del Meli, opinava che il dialetto veneto, anzichè un vernacolo fosse un dialetto nazionale, simile agli usati nelle repubbliche e nei reami dell' antica Grecia dagli oratori e dai poeti. Così il Cesarotti nel saggio sulla filosofia delle lingue dice che il dialetto veneziano è il migliore di tutti; così l'Alfieri nella sua vita; e anche favorevolmente si pronunzia il Napione, il quale però conclude dicendo, che il dialetto veneto troppo bello e seducente per un dialetto, non è abbastanza per formare una lingua. Ebbe inoltre il dialetto veneto le lodi del Bettinelli e del Foscarini, che vi notarono accenti e maniere che sanno del greco, e così Apostolo Zeno ed il Boaretti favorevolmente si espressero a suo riguardo. — Una riflessione che sorge spontanea dallo studio dei cultori del nostro dialetto nel passato secolo è questa che mano mano che ci andiamo allontanando dal settecento, vennero sempre più scemando l'ardore e l'amore per il dialetto veneziano, tanto che a' nostri giorni si può dire che esso è quasi del tutto negletto. Il nostro volgare, ultimo ricordo del nome veneziano già spento, trovò ancora i suoi più forti cultori, meno forse rare eccezioni, in coloro che furono testimonii della Venezia antica, o che viva ne avevano ricevuta l'impressione da coloro, che ne conservavano ancor fresche le tradizioni.

La sorte del dialetto veneto è adunque divenuta ora tristissima; nè la sua scomparsa se l'augurava il prof. Castelnuovo in una sua dotta e piacevole conferenza tenuta all' Ateneo, e riprodotta dall' *Antologia* di Firenze dell' Aprile 1883. L' egregio professore prevede che i dialetti non morranno così presto, ma che le letterature in dialetto ricupereranno difficilmente l' antico splendore. Io dal mio canto m' augurerei che il dialetto non dovesse sparire, nè che scendesse troppo al basso la sua letteratura ; imperocchè il pensiero trova certamente nella spontaneità dell' espressione popolare, un mezzo più efficace e più addatto alla manifestazione dei sentimenti e delle passioni. E come non sarebbe bella nè poetica una fredda uniformità nella natura, così alla varietà dei popoli deve corrispondere una varietà d' espressioni e di linguaggio e di immagini che ne formano il carattere. Certe frasi energiche, certe singolari manifestazioni di pensieri, certe novità di paragoni, certi arguti motti, sono al tutto intraducibili nella lingua dotta.

Che se la poesia vernacola è ora in assoluta decadenza, uopo è invece confessare che la prosa veneziana è ancora abbastanza viva in Italia a merito specialmente, per non dire del padre Goldoni, dei nostri egregii commediografi contemporanei ; e se così è della prosa, perchè non lo dovrà essere anco della poesia, che pure è tanta parte del cuore umano ?

Daniele Manin fino dall' anno 1827 leggeva all' Ateneo una sua memoria sul dialetto veneziano, e Bartolomeo Gamba nell'anno 1832 del pari leggeva all'Ateneo sulla letteratura vernacola veneziana. Questi preziosi scritti, sventuratamente non giunsero a noi, e così siamo restati privi delle utili cognizioni, e delle osservazioni ed ammaestramenti che saranno stati certamente in essi lavori contenuti. — Ambidue i predetti letterati, molto giovarono al patrio dialetto. Il Manin curò l'edizione del dizionario veneziano del Boerio, come vedremo in altra parte di questo lavoro ; Bartolomeo Gamba, in due diverse pubblicazioni, l'una col titolo *Collezione dei poeti in dialetto veneziano* del 1817, e l'altra *serie degli scrittori in dialetto veneziano* nel 1832, diede alla luce quanto di meglio poteasi leggere nella poesia vernacola, avendo scelto esempii dai poeti più antichi, fino a quelli del principio dell'ottocento. La raccolta del Gamba venne ripetuta nell'anno 1845, tipografia Cecchini, con aggiunta di altre poesie del Cumano, del Tonelli di Feltre, dello Spranzi, Zanetti e Zilli.

Cumano Carlo dott. Giuseppe fu avvocato di Feltre e pubblicò un ditirambo : *I oseleti, el Matrimonio e i tre M.* — Tonelli Giovanni scrisse un ditirambo sull'*Ua.* — Zilli Carlo, prete veneziano, già custode della celebre biblioteca Pisani a S. Stefano, fu nel 1783 eletto rettore della chiesa di Boara Pisani, scrisse poesie vernacole fino dal 1770 e spiegava il

Vangelo in dialetto veneziano ai suoi parrocchiani. Morì nell'anno 1819.

Ricorderemo inoltre l'abate Pietro Gerlin che scrisse: *El poema de Merlin Coccai trasportà in dialetto venezian*, — Bassan Baseggio 1806, tomo I, il solo stampato. — Corner Luc. Andrea che tradusse le satire di Boileau in veneziano 1759-1834. — Giovanelli Benedetto, Giustinian Angusto, Novelli Pietro Antonio, Pietro Zorzi (Pirro Teozzi), e Sala Pietro, i quali tutti verseggiarono con qualche merito in vernacolo. Un altro benemerito del dialetto veneto, ed uno fra i più pazienti raccoglitori, è Cristoforo Pasqualigo, il quale nella sua Raccolta di proverbi veneti, giunse coll'ultima edizione del 1882 a porne assieme ben 7500. Questa raccolta però comprende tutti i dialetti della pianura veneta, del Bellunese, Friuli, Cadore, Ampezzano e Trentino, non esclusi i proverbi tedeschi, ricordati omai dai soli vecchi, dei sette Comuni del vicentino. Va ricordato inoltre, Raffaello Barbiera che nel 1886 coi tipi di Barbéra di Firenze, calcando le orme già tracciate dal Gamba raccolse alcune poesie vernacole di diversi autori, dai più antichi ai più recenti, facendoli precedere da un dotto discorso sul dialetto veneziano, come da notizie biografiche accompagnò, ogni nome d'autore da esso ricordato. In questo libro del Barbiera, sarebbe stata desiderabile una maggior novità nella scelta delle poesie, come pure si deve notare qualche ommissione di nomi abbastanza noti.

E giacchè parliamo di raccolte, qui appunto trovano il loro posto le tre diverse collezioni di canti popolari veneziani, fatte da tre autori diversi; la prima da Jacopo Vincenzo Foscarini, la seconda da Angelo dal Medico, dal Bernoni la terza. I Canti popolari del Foscarini, fattura e composizione dello stesso raccoglitore, sono un numero ragguardevole di villotte, tutte ispirate a patrio sentimento e alludenti a costumi popolari e a tempi il cui autore dice che più non sono. Ogni villotta è arricchita di eruditissime illustrazioni dettate da Giulio Pullè, e l'intero lavoro è dedicato a Giovanni Correr, Podestà di Venezia.

Di Jacopo Vincenzo Foscarini, avemmo altrove ancora occasione di parlare; se egli non fu dei primi fra i poeti vernacoli veneziani del nostro secolo, certo tutti li superò nell'affetto, nell'entusiasmo per la sua patria e pel suo San Marco. Ecco un esempio di una sua villotta; si ricordano con questa le celebri lotte dei pugni che avvenivano a Venezia fino allo scorcio del cinquecento:

> Vòi sul punte dei pugni darghe un pugno
> A colù che el to amor m'à portao via;
> Cussì eo gavarò ben macà el sgrugno
> Nol te piasarà più, tirana mia;
> E ti cognosserà da quel che ho fato
> Se mi so bon de far star quieto un mato.

Il libro del Foscarini pubblicossi nel 1844.
Nel 1857 Angelo Dal Medico stampò un volume
contenente Canti del popolo veneziano ed un
altro libro di proverbi veneziani raffrontati con
quelli di Salomone e coi francesi. Il raccoglitore stesso ci dice che questi Canti popolari
sono memorie dell'antica Venezia, conservate
per molte generazioni nel più bello dei libri, il
cuore, ed imitò l'esempio del Tommaseo che
raccolti aveva i canti popolari toscani.

Questi canti popolari, sono parecchie centinaja di villotte, stornelli, brevi novelle, che
furono dettate al Dal Medico e controllate dalle
stesse donne del popolo veneziano.

Graziosa è la seguente villotta che scelgo
fra tante :

> Me vogio maridar — son maridada
> Credeva de star ben — son sassinada
> Credeva che l'amor fosse un zoghetto
> Ma invece l'è un tormento maledeto.

Angelo Dal Medico stampò pure : *Canti del
popolo di Chioggia,* (Venezia aprile 1872,) pubblicati per nozze : è una raccolta fatta sull'e-
sempio di quella dei canti veneziani ; sono ventinove brevi e semplici villotte e dipingono con
naturalezza i costumi marinareschi, propri alla
città di Chioggia.

Anche il Bernoni nel 1872 stampò un volume di Canti popolari veneziani, dandovi posto
a molte centinaja di villotte, novelle ed altre

piccole composizioni, dettate dalla viva voce del popolo ; egli le raccolse con molta pazienza e diligenza e con ciò fece opera lodevolissima.

Non ci preoccuperemo del luogo di nascita di taluni fra i nostri poeti, i quali, non avendo proprio tutti visto la luce nella città delle lagune, la videro però nelle venete contrade, e scrissero in ogni modo, con quel sapore e con quel garbo che s'addicóno al veneto parlare.

Gli scrittori di poesia vernacola veneziana, che si trovarono appena all'alba, o poco più, del decimo nono secolo sono : Gio. Batt. Bada, Francesco Gritti, Mazzolà, Lodovico Pastò, Martignoni, Valerio da Pós, e Giuseppe Avelloni.

Giovanni Battista Bada, nato e morto a Venezia, fu imitatore di Giovanni Pozzobon, appartenuto al secolo XVIII, e compilatore dello Schieson Trevisan. Il Bada invece stampò a Venezia per parecchi anni un almanacco dal titolo *El novo Scieson venezian*. Le opere del Bada sono contenute in quattro grossi volumi in 8.º stampati nel 1800. I suoi versi non sono molto eleganti, e il suo stile si può dire trascurato. La sua penna però fu altrettanto facile e prolifica, e fra le sue opere possiamo annoverare le seguenti : *Scaramuzza, avventure di un comico venezian, poema in 8.a rima in dieci canti — Le nozze di campalto ossia l'equivoco fortunato, farsa per musica in un atto*.

— *El Piovan Arloto poema faceto in 10 canti in 8.a rima. I stramboti ossia l' amor scancanico. Canti 3 in 8.a rima ; — L' aseno d' oro di Apulejo in XII canti.* Non nego sia necessaria della pazienza molta per leggere queste composizioni, che difficilmente lasciano intravedere un po' d'oro in mezzo a molto terriccio ; ma scrisse inoltre il Bada quaranta *favole d' Esopo* e *dieci di piacevole argomento,* e queste dettate con una certa finezza di gusto ; seguono le sue poesie per il nuovo *scieson venezian,* e molti *sonetti.* Fra le congerie di tante poesie trascrivo come saggio questo sonetto di buona lega, che tratta della *Gazzetta.* L' autore si rivolge ad un suo amico :

Tutte le novità del nostro stato,
Le sagre de Venezia, e le funzion,
La morte dei sogeti, e l' elezion
Del Consegio magior e del Senato ;
Anedoti e dai libri qualche estrato,
E d' opera e comedie informazion,
Le vincite del loto e l' estrazion,
E i prezzi delle biave ogni qual trato.
Le mercanzie che ariva e i bastimenti,
I foresti de rango che va e vien,
Le cause, i so avocati e intervenienti,
Un scriver elegante sempre pien
D' arguzia e de morali sentimenti
Del mal disendo mal, e ben del ben ;
          Ecco quanto contien,
Za che volè saverlo amigo caro,
La gazzetta del Piazza per un traro.

Da questo astro minore della poesia veneziana, dobbiamo ora passare al più fulgido e risplendente, al poeta più ricercato ed elegante, voglio dire a Francesco Gritti. Nulla intorno a lui potrassi dire, che non sia stato da tanti altri ripetuto.

Nato egli nel 1740 da Antonio Gritti e da Cornelia Barbaro, non straniera alle Muse, fu educato alla accademia dei nobili alla Giudecca e dal 1773 fino alla caduta di Venezia sedette nella Quarantìa. Il professore Antonio Meneghelli di Padova ne dettava forbitamente la vita negli elogi degli illustri italiani. Nei primi anni della sua gioventù, il Gritti si diede alle versioni dal francese e tradusse la tragedia l' *Amleto* del Ducis e la *Merope* del Voltaire, il *Tempio di Gnidò* del Montesquieu e la *Pulcella d' Orleans* di Voltaire, la qual ultima però, non venne pubblicata. Scrisse ancora una commedia in versi vernacoli l' *Acqua alta* che, sonoratamente fischiata, gli diede occasione di scrivere un romanzo originale italiano, cioè *la sua storia*, ovvero *memorie del signor Tommasini scritte da lui medesimo* col titolo *Opera narcotica del dottor Pif Puf*.

Ma quelli che crearono la fama duratura del Gritti furono i suoi *apologhi*. Sembra incredibile, ma pure durante la sua vita non vennero stampati : da ciò rilevasi quanto grande fosse la sua modestia, che solitamente non va mai disgiunta dal vero merito. Diffatti solo nel 1815 si pubblicarono coi tipi Alvisopoli le sue *poesie* e nella raccolta del Gamba, uscita più tardi, trovò·posto per la prima volta la fantastica *novella del Brigliadoro*. Il Gritti morì nell'anno 1811 e il suo biografo scrive : che egli spendeva più mesi a ritoccare quell'apologo che aveva forse in pochi istanti dettato : quanto al suo carattere si racconta, che molto raccoglieva dagli altri, ma che poco dava del proprio e che recitava i suoi apologhi con faccia imperturbabile.

Elogiare i suoi apologhi, sarebbe compito a noi superiore. Spirito sempre fine, corretto, satira acuta, dialetto puro e gentile, assenza completa di scurrilità basse e volgari, sono tutti pregi che adornano le poesie del Gritti, che saranno sempre care e lodate da quanti hanno affetto al buon gusto, alla venustà della forma e dei pensieri. Non tornerebbe qui il citare qualche brano, chè tutte le sue poesie son troppo note e i pezzi suoi salienti vennero più volte citati dai suoi lodatori e da coloro che s'occuparono del veneto dialetto.

Per completare quanto si riferisce al Gritti ricorderò che nell'anno 1867, venne pubblicata un'altra sua favola fino allora restata inedita, dal titolo : *Le giozze d' Oro*.

Un altro autore che scrisse egregiamente nel dialetto veneziano fu Giovanni Mazzolà medico padovano, morto a Padova nel 1804. Egli va celebre per i cinquecento sonetti che scrisse in lode delle *Trecce di Nina*. L'abate professore Meneghelli suo compatriota ne scelse cento fra i migliori e questi furono stampati nella accennata Raccolta del Gamba.

Onorevole posto fra i cultori del veneziano dialetto tiene altresì Ludovico Pastò, nato a Venezia nel 1740, morto nel 1806. Medico di professione, fece i suoi studi a Roma e a Padova, dove prese la laurea e fu quindi medico a Conselve e Bagnoli. Questo paese doveva dargli argomento a una delle sue poesie, che lo ammise all'altezza dei meglio fortunati discepoli delle muse. Il suo *Friularo*, il suo notissimo ditirambo *el Friularo de Bagnoli* è il suo componimento migliore, il quale si volle paragonare al *Bacco in Toscana* del Redi, anzi lo si ritiene dello stesso valore. Il Moschini, chiama questo ditirambo, un pezzo divino che onora il dialetto veneziano. Non all'altezza del ditirambo *il vino friularo* arriva quello sulla *Polenta*, ma è però scritto anche questo con molta facilità e con molto brio. Sono del pari di perfetto gusto tutte le poesie del Pastò stampate a Venezia nel 1833, quali *le smanie di Nineta per la morte di Lesbin*, le sue *anacreontiche, madrigali, novelle* ecc.

Anche dei lavori di Pastò sarebbe superfluo citare dei brani, essendo troppo noti e resi popolarissimi.

Non abbastanza conosciuto è invece Martignoni Luigi, trivigiano, della cui vita non mi fu dato avere notizie. Si ha di lui una raccolta di *capricci poetici*, editi a Treviso nel 1819, ed un'altra sua raccolta venne stampata pure a Treviso nel 1826. Fu lo stesso Martignoni che nel 1827 pubblicò un *elogio* a Francesco Gritti. Nelle sue composizioni esso non manca di facilità nel verso, di brio nello stile, di purezza nel dialetto; scrisse bizzarrie, apologhi, anacreontiche, novelle. I suoi scritti più pregevoli sono gli *apologhi*, i quali talora sanno imitare la maniera satirica del Gritti. Ha un *inno all'ignoranza*:

> Santa ignoranza bona dea che a sguazzo
> Oro e arzento ti doni ai to devoti

non privo di originalità, così pure scrisse una *novella sulla nascita ed avventure di una moneta di Genova*, scritta con garbo e che forse avrà dato l'argomento alla famosa storia del *Soldo* di Camillo Nalin. Fra gli *apologhi* del Martignoni ne scelgo uno che parmi meriti essere riportato perchè da esso spira una certa grazia e contiene una punta satirica molto acuta.

Narrasi la sventura di una povera passera:

> Una celega infelice
> Dalla fame mezza morta
> Povereta la se porta,
> Sora i copi d'un graner.

Co l' ha visto un balcon verto
Sveltolina la va drento
La scominzia sul formento
Affamada a hecolar.
No l' ariva dei granetti
A far giusta la dozena
Che contenta, mezza piena
La pensava de partir;
Ma un vilan che stava in guardia
Trà una bota de moschetto
La ferisce in mezo al petto,
Con un colpo de balin.
Meza morta ma per altro
Conservando i sentimenti
La s' esprime in quei momenti
Bona celega cussì :
Che ingiustizia : mo per manco
Me podea crompar la morte?
Ga un fator diversa sorte
Despogiando anca el graner;
E al so termine, vicina
Sospirando la ga dito,
Imparè dal mio delito
Ladri picoli, a tremar.

Ricorderemo qui un altro poeta che pubblicò una sola composizione in dialetto veneziano e cioè una *satira alla virtù*, che venne anche riprodotta dal Gamba nella sua collezione. È questi Valerio da Pos, contadino del bellunese, di cui scrisse la vita Paolo Zannini, vita che precede la raccolta delle poesie del Da Pos stampate a Venezia nel 1822. Questo poeta nacque nel 1740 e morì al principio del passato secolo, qui citeremo due sole strofe della predetta sua satira alla virtù ; rivolgendosi ad essa, dice :

No vedistu minchiona
Che el vizio va in carozza
Amà da ogni persona?
E ti grama una rozza
Da montar no ti ga
E sempre a pie ti va?
Le dignità, i onori
Che doveria esser toi
Le grazie e i gran favori
Li ha solo asini e boi.
E ti co le to strazze
Ti va per le scoazze.

Giuseppe Avelloni, notato altrove, quale poeta italiano nacque in Venezia nel 1761 e morì nel 1817. Fra i suoi moltissimi lavori, per la maggior parte inediti, avvi qualche sonetto in dialetto veneziano ed uno fra questi ne citeró, essendochè specialmente nell'ultima terzina sia di una notevole efficacia.

Trattasi di un barcajuolo che esorta il figlio a mostrarsi valoroso nella regata :

Prego de cuor missier domenedio
  Che ti chiapi bandiera in sta regata
  Va là, butite fora, ti xe fio
  De quella razza, che a nissun ghe impata.
Se ti perdessi, no ficarte in rio
  Za go fede che i altri se la bata,
  Lassa per pope, chi te core drio
  E chi è pien de rogna se la grata.
Pensa che i to barbi, se i xe sbrisi
  Col sior, dalla citae i xe chiamai,
  Perchè i ha fato in regata i peli grisi.
Che a to pare nessun ghe stava a lai
  E che to nono cusinava i risi
  Coi maneghi dei premii, vadagnai.

Ed ora ci occuperemo dei due celebri Pietro

Buratti e Antonio Lamberti, che assieme al patrizio Francesco Gritti costituivano quella tria-
de, la quale innalzò il dialetto veneto e la sua
poesia a un lustro che non ebbe mai e che mai
forse avrà nell' avvenire. Pietro Buratti nacque
in Venezia nel 1772 a dì 12 ottobre da padre
bolognese e da madre olandese e morì ai 20
ottobre 1832, in una sua villa del Terraglio.
Scrissero di lui Emanuele Cicogna nelle sue
iscrizioni, l' *Antologia di Firenze*, la *Gazzetta
di Venezia* poco tempo dopo la sua morte, ed
altri molti. È curiosa la circostanza che il celebre poeta vernacolo, non cominciò a comporre
in questo genere che all' età non molto giovanile di 30 anni. Il padre suo voleva indirizzarlo
per altra via più lucrosa, forse quella del commercio più rimuneratrice della poesia.

Prima di tentare il vernacolo il Buratti si
era esercitato nella poesia italiana ed avea tradotto la tragedia di Racine, *Esther*. Fu a 30
anni che, composto un sonetto in vernacolo,
tanto questo piacque che fu confortato a riten-
tare la prova. Da allora abbandonò del tutto la
poesia italiana e si diede interamente al dialetto, trattando tutti i generi di poesia.

L' articolo accennato dell' *Antologia* asserisce che ben a settantamila, ascesero i versi
dettati dal Buratti. Egli fu il principe della satira veneziana, ma sventuratamente la sua musa
laida e discinta, non può essere da tutti one-

stamente conosciuta. Il Buratti nel colpire fu tremendo ed annichiliva colla sferza del ridicolo chi voleva perseguitare. Scrisse però anche poesie castigate e tali da poter vedere la luce nella ripetuta raccolta del Gamba. Per diverso titolo vanno celebrate, e la sua *elegia per la morte del figlio* e il suo *ricorso al Prefetto di Venezia,* per le condizioni miserrime di questa città stretta dal blocco.

Buratti tradusse in vernacolo, Giovenale, compose *canzonette, brindisi*, innumerevoli *novelle, satire* e fra queste celebri l'*Elefanteide*, la *Barbareide*, l'*Omo*, ed altre molte. Egli non ha il linguaggio colto ed educato del Gritti, ma piuttosto quello dello sboccato popolano.

La critica che segue e che fu scritta nella *Gazzetta* del 1832, parmi completamente giudichi del Buratti, essa dice : Buratti è vinto in semplicità dal Pastò e dal Lamberti, in naturalezza ed eleganza dal Gritti, ma tutti avvanza nella fecondità e vastità del pensiero, nella molteplicità dei soggetti, nella evidenza delle pitture, nel frizzo, nei lepori, nell'estro per cui non dubiteremo chiamarlo l'Ariosto dei Veneziani poeti.

Come uomo, il Buratti menò vita agiata e tranquilla e dissoluto in gioventù era divenuto buon padre di famiglia, morì, come dicemmo, ai 20 di ottobre del 1832 d'insulto apoplettico, ventidue giorni dopo la morte di Antonio Lamberti.

. Non voglio terminare ciò che riguarda il
Buratti senza valermi di alcune particolarità
curiose riguardo alle vicende toccategli in causa
delle sue satire, e che sono registrate da Emanuele Cicogna nei suoi diarii, e per ciò degnis-
sime di fede. La prima originò pella sua famosa
canzone, o ricorso al Prefetto di Venezia all'e-
poca del blocco di questa città. La canzone egli
la lesse in un banchetto dove trovavasi presente lo stesso Prefetto, che nell'atto stesso
che la lodava come di facile e bello stile, pre-
gava l'autore a non farne uso ed a non pro-
pagarla. Buratti invece assediato dai suoi amici,
e forse avendone più egli desiderio di darla
fuori, che gli altri di leggerla, la diede al terzo
e al quarto. Pochi giorni dopo l'ufficiale di
mare Pasqualigo diede pranzo a molti dei suoi,
e fra i bicchieri si venne a ragionare di questa
canzone. Tale s'accese il fuoco fra i due par-
titi che fu conchiuso, d'aver ricorso al Generale Seras, o di far riscuotere al Poeta una
dose di bastonate. Fu preso il primo espediente,
e il Governatore militare Seras che aveva qualche rancore col Prefetto, l'11 Gennaio 1814
faceva arrestare il povero Buratti, che non fu
messo in libertà che agli ultimi di Febbraio. Alcuni zelanti poi si erano presa la briga di tradurre
la canzone in francese e di spedirla al Vicerè.

Altri disgustosi trattamenti dovette subire
il Buratti per la sua *Elefanteide,* che celebrava

l' uccisione dell' elefante avvenuta nel Marzo 1819 in Venezia. Li 7 Novembre dello stesso anno fu tratto in arresto nelle stanze del Palazzo Ducale. L'*Elefanteide* si compone di 100 ottave vernacole che narrano l' avvenimento della uccisione dell' elefante, satirizzando la risoluzione della polizia, nonchè il Marchese Maruzzi, che unitamente al capo del Satellizio Tolomei, aveva contribuito al fatto celebrato. Buratti confuse assieme Tolomei e Maruzzi in modo da renderli ridicoli. Il Maruzzi avvertito dichiarò di non voler fare reclami.

Malgrado ciò la Polizia, ricordatasi di un certo costituto firmato dal Buratti, in cui prometteva di non scrivere altre satire, assoggettandosi volontario all' arresto per tre mesi (costituto fatto per una satira contro Filippo Scolari) ordinò il suo arresto. Causa della scoperta fu Paolo Stella che copiò la satira e la diede ad altri a leggere, finchè capitò in mano a Tolomei. Lo Stella, per questo fatto, fu servito a dovere da altra tremenda satira del Buratti. Lo stesso Cicogna soggiunge che dopo la morte del Buratti, la Polizia sequestrava tutte le poesie manoscritte che teneva la vedova. Però Saverio Mosto amico ed ammiratore del Buratti, aveva fatta la raccolta completa delle sue poesie, con le annotazioni. Questa raccolta fu poi da altri venduta al Comune per ventisei napoleoni d'oro e la possiede il Museo Correr.

La società e i tempi politicamente miserandi, nei quali visse Buratti, furono da lui dipinti coi più smaglianti e veri colori e con tocchi michelangioleschi. La satira ottiene sempre un effetto morale quando colpisce il vizio, ma viene attenuata nel suo scopo quando si vale dell'oscenità del linguaggio, imperocchè non si può combattere l'immoralità con altra immoralità. Come la verità sola può combattere la menzogna e la calunnia, così la sola virtù e la moralità possono vincere in definitiva la disonestà ed il vizio.

Del Buratti sono note le due edizioni seguenti: Poesie satire, con note *ad usum Delphini*, Amsterdam 1823 — *Poesie Veneziane*, Venezia, Naratovich 1864.

Passiamo ora ad Antonio Lamberti. Egli nacque in Venezia nel 1757; percorse privatamente lo studio delle belle lettere, e completò la sua educazione all'Università di Padova: tornò quindi a Venezia dove per quattro lustri sostenne il carico di console della reggenza equestre di Malta, presso la Veneta repubblica; morì protocollista al Tribunale di Belluno ai 28 Settembre 1832. Lasciò scritto in prosa inedito un romanzo *sul buon uso delle ricchezze* e alcune memorie dirette a far conoscere *i costumi e gli usi della repubblica veneta negli ultimi suoi cinquanta anni*, opera che sarebbe stato desiderabile veder pubblicata.

Ma il Lamberti fu sommo nel trattare la lingua veneziana, ed ebbe larghissime lodi dal Cesarotti, nel *Saggio sulla lingua italiana*, dal Gritti, dal Vettorelli nelle loro poesie, dal Gozzi, dal Memmo, dal Canova nelle loro lettere. Il Cesarotti scrisse che il Lamberti portò l'idioma vernacolo ad una tale eccellenza che non teme il confronto dei poeti più celebri delle lingue nobili e che ci fa sentire a suo grado, Anacreonte, Petrarca e Lafontaine. Il Lamberti è sommo quale pittore dei costumi nelle sue *stagioni cittadine e campestri* e sono altresì ammirabili le sue versioni in veneziano delle *poesie siciliane dell' abate Giovanni Meli*. Sono queste odi, idillii, egloghe, anacreontiche, nel tradurre le quali l'autore dovette adoperare anche i termini della Venezia terrestre, poichè sarebbe stato impossibile trovarne di corrispondenti nella Venezia marittima.

Oltre a ogni dire graziosa è quell' egloga che incomincia :

> Pastorella gentil dai bei caveli
> Che inanelai te zogola sul fronte

Quanta delicatezza d' espressione in queste poche frasi, quanta evidenza di descrizione ?

Il Lamberti nel 1807 scrisse una *visione fatidica in dialetto veneziano, in occasione del fausto arrivo in Venezia dell' augustissimo ed altissimo nostro Imperatore e Re Napoleone I it Massimo* e il Buratti nel 1815 dettò una canzone a *Venezia rigenerada,* cioè a dire per l'occupazione austriaca; segno codesto di quanto fossero questi due poeti politicamente fuori del retto cammino e quanto subissero la corrente non molto patriottica di quei tempi e piena di false illusioni.

Del Lamberti nulla riporterò, essendo troppo noti i suoi versi. Ricorderò soltanto qui la sua celebre canzonetta della gondoletta, non altro che per aver l'occasione di riportare, la risposta poco gentile che la biondina indirizzò al poeta, risposta che si conserva inedita al Museo Correr nella raccolta Cicogna.

Il Lamberti chiudeva la sua poesia della biondina in gondoletta colle seguenti strofe :

> M' ho stufà po finalmente
> De sto tanto to dormir,
> E go fato da insolente
> Nè me ho avudo de pentir
> Perchè oh Dio che belle cosse
> Che go dito, che go fato
> No, mai più tanto beato
> Ai mi giorni non son sta.

Ciò pare che non fosse che l'effetto della fantasia poetica del Lamberti, perchè la biondina irritata, mettendo le cose a posto lo fa cadere dalle nuvole dell'ideale, e così gli parla :

> Se mi dolce e de bon cuor
> Stada son in contentarte
> Come fastu mo a vantarte,
> A dir quelo che no ze !

. . . . ,
Mi sentada sula in trasto
Ho dormìo solo un pocheto
E ti intanto povereto
Ti me stavi ad osservar;
E se intanto che dormiva
S' ha levà del venteselo
Che m' ha alzà un poco el velo
Cossa mai gastu da dir?
Ma mia mare da prudente
La m' ha subito svegià
E mi in bota m' ho giustà
Tralassando de dormir.

Qui la biondina, montata sulle furie, rincara
la dose:

Canta infame le bravure
Che ti ha dito, che ti ha fato.

. . . .
Ma piuttosto canta el vero
Della schiaffa malededeta
Che da ti, stada costreta
Sul to muso go molà.

. . . . ,
E po canta finalmente
Come senza alcun costrutto
Ti è restà a muso sutto
Perchè in terra, ho desmomtà.

Qui la delusione del povero Lamberti fu
proprio completa.

Nello stesso anno 1832 in cui morivano il
Lamberti ed il Buratti, cessava anche la sua
esistenza Ermolao Barbaro patrizio. che nel
mondo letterario si faceva conoscere coll'anagramma Laromeo Rabarbo. Nato egli nel 1770
scrisse molte poesie italiane, pubblicate in due
volumi e perciò ricordate in altro luogo. Com-

pose anche nel nativo dialetto canzonette e sonetti. Non essendo poeta di gran valore a Francesco Gritti per esempio che lo istigava a scrivere degli apologhi, scriveva :

Donème el vostro spirito,
Che svegia, che raviva
Del fogo che ve suscita
Donème una faliva.
Dème quell' aria facile,
Che ne diverte e piase,
E fa che quasi in estasi
Tutti ve ascolta e tase;
Facilità difficile
Che chi la intende amira,
Ma che cercar xe inutile,
Se Apolo no la ispira.

Esplicitamente poi confessava la sua inferiorità in una canzonetta che dirigeva a Nina.

Ti vol che te scriva
Dei versi Nineta?
Mi son un poeta
Da far sbadaiar.

e un po' anche per non far sbadigliare i lettori passeremo ad altri nomi. Prima però non voglio dimenticare di registrare le *satire andate attorno a Venezia nel tempo dell' assedio fatto dall' armate alleate tre novembre 1813 al 19 Aprile 1814*, stampate colla data di Ispahan. Per lo più sono in italiano, ma ve n' ha taluna in vernacolo, fra queste il famoso sonetto per l' abbattimento della statua di Napoleone in Piazzetta.

Bon viazo sior amigo, la stia ben,
La se diverta, ma lontan da nu
La vaga pur a casa de colù,
Che quela casa proprio ghe sta?ben.

. . . .

Un codice da novo la ghe scriva,
La li marida all' uso de Milan,
La meta la predial, la coscrizion.
Ah sior amigo là co se ghe ariva
No ghè zoghi de testa opur de man
Va tutto in fumo senza remission.

Ricorderò quì un poeta vicentino, ma che scrisse in dialetto veneziano : Marco Spranzi, nato in Vicenza il 29 Aprile 1762 e morto il 18 Febbraio 1832. Dettò delle sestine intitolate l' *Alòro de Napoleon nell' anno 1809*, quindi delle novelle veneziane quali : *I cani de stor Betin Roseli* e i *ochiai*, Treviso 1827.

Bussolin Pietro, assaggiatore della Zecca Veneziana, uomo amante della musica, della poesia, ed erudito, parafrasò in veneziano *24 odi di Orazio*, tradusse in dialetto l' *orazione pro Archia di Cicerone* ed alcuni brani di Tacito. Le sue parafrasi meritarono l' inserzione nella raccolta del Gamba. Nato a Venezia nel 28 maggio 1772, scrive il Barbiera, che il Bussolin vide fanciullo cadere la repubblica ; era però un fanciullo di 25 anni, tantochè nel 1799 prese moglie e morì il 23 Aprile 1845.

Non dimenticheremo inoltre l' abate Marco Antonio Cavanis nato in Venezia nel 1774 e morto nel 1853 pure a Venezia. Appartenente a nobile famiglia dell'ordine dei segretari, nella sua gioventù fece rapidissimi progressi nella letteratura; fu dapprima impiegato nelle civili magistrature, ma nel 1806 indossò l'abito sacerdotale e fondò le scuole di Carità, tuttavia esistenti. Scrisse un spiritoso capitolo, o ditirambo sulla *zucca* che ebbe l'onore di essere posto nella collezione del Gamba.

Un altro sacerdote, Don Silvestro Zava, scriveva un poemetto vernacolo nel 1846 col titolo: *El castelo d'amor, festa trevisana fata al secondo dì della Pentecoste l'anno 1214* ed un conte Cleandro di Prata stampava a Venezia nel 1845 un poemetto dal titolo *la regata de Venezia*, seguita da una lettera di Emanuele Cicogna, diviso·in cinque parti e di sufficiente effetto.

Anche Girolamo Contin pubblico impiegato, stampava nel 1842 delle poesie in dialetto veneziano, fra le quali meritano essere ricordate: *I Campi Elisi* e *Un pranzo ai Giardini* e *El carneval*, ambidue in sesta rima. Plet Luigi nelle sue poesie edite (Venezia, Naratovich, 1853), ne pubblicò alcune in vernacolo, Tali *Venezia nell'istà 1845*, e trentatrè ottave *in lode del Baccalà*, scritte con discreto brio e facilità di verso.

Sull'esempio del Bada, Sesler Bonò Elisabetta stampò negli nni 1836, 1837, (tip. Cordella), *La sciesona veneziana*. Così Zanchi

Alessandro pubblicò dagli anni 1830 al 1840 el *Scieson venezian*. Il primo *Scieson* fu scritto da Giovanni Pozzobon nel 1744. Scrissero collo stesso titolo poi, il Bada, il Lamberti, il nominato Zanchi, il Martignon, il Nalin.

Balbi Cesare Francesco patrizio, che occupa un posto importante come poeta italiano scrisse nel 1854, l'anno del cholera così da esso detto, dieciotto scherzi vernacoli. Sono tratti di spirito e novelle, gli uni e le altre non nuovi, ma ornati di nuova veste, peccano però di una certa libertà di linguaggio, ragione per cui si trovano ancora inediti, assieme agli altri manoscritti del Balbi al Museo Correr.

Giacomo Bonfio, padovano, ci lasciò un saggio del suo poetare in vernacolo e qui trascrivo questi pochi versi sull' *omo* che meritano di essere ricordati :

De dies' ani i so pecai ;
Xe i confeti e i bussolai.
E de vinti el dio d'amor
Fa zimbelo del so cuor,
Gustar tutti i so piaseri
Xe sui trenta i gran pensieri,
Nei quaranta l'ambizion
Dei so afeti ga el timon,
Ai cinquanta l'avarizia
Va de sora all'amicizia,
Se ghe fica nella pele
A sessanta le schinele,
Le passion sonai i settanta
Bele o brutte le se incanta.

Una bella poesia di un anonimo pubblicata

nella *Gazzetta privilegiata* del 1844, descrive
l'ultima sera di carnovale a Venezia e l'autore
dopo narrato il frastuono dei venditori ambu-
lanti, fa entrare in scena le compagnie ma-
scherate dei napoletani, dei bizzarri, dei chioggiotti. Grazioso quanto narra un chiozzotto :

> La va mal, mare de diana
> La va male, cola Nana ;
> Sta matina ho barufao
> Do sberloti go molao
> Go criao, go susurao
> Su le furie so montao
> Se no giera mia comare
> Chi sa cossa andava a fare.

Citerò anche un' ode di Pietro Pagello, nato
a Castelfranco nel 1807 delle cui avventure
occupossi, Raffaello Barbiera nel suo libro di
poeti vernacoli veneziani. L' *ode* è diretta a
Giorgio Sand e merita d' essere riportata la
seguente ultima quartina :

> Ti xe bela, ti xe zovene
> Ti xe fresca come un flor,
> Vien per tuti le so lagreme
> Ridi adesso e fa a l' amor.

Il Barbiera cita altresì una breve poesia veneziana di Erminia Fuà Fusinato della quale
parleremo più a lungo in altra parte. La poesia
porta il titolo la *mama morta* e si chiude
così :

> Nessun no me conforta
> Nessun me leze in cuor
> La zoventù xe morta
> Quando la mama mor.

Pensiero oltre ogni dire soave, delicato e presago di una mesta tristezza. Il Barbiera ricorda altresì le poesie vernacole di Francesco Dall'Ongaro, nato ad Oderzo nel 1808. Quantunque questo poeta debba interamente la sua fama alla poesia italiana, pure diede un saggio nel patrio dialetto e le sue *canzonete*, le sue *alghe della laguna* date in luce nel 1866 sono improntate ad una amabile semplicità. Vien ricordato da ultimo dal Barbiera un lavoro giovanile di Arrigo Boito, dal titolo *Basi e Bote*, abbastanza strano ed originale. Dameta Lucano, poeta arcade, cantava a Padova (Sacchetto 1862) in sesta rima, in vernacolo veneziano, le lodi di Padova e dei padovani viventi. Passa in festevole rivista gli uomini del municipio, degli istituti pii dei letterati, naturalisti, legali. medici, il tutto con brio, facendo un quadro veridico della città del suo tempo.

Cicogna Alvise, Coletti Giuseppe, Camillo Nalin e Jacopo Vincenzo Foscarini si possono chiamare gli ultimi quattro migliori poeti vernacoli dell'ottocento. Alvise Cicogna, patrizio, nacque nel 1791 a Venezia e morì a Padova nel 1863. Fu inviato Commissario distrettuale in Cadore e fu quel paese che gli ispirò la sua vena poetica. Il suo lavoro più importante è *viazo della val Beluna e di Cadore*, diviso in nove epistole, scritte per lo più in terza rima oltre parecchie *canzonette* ed *anacreontiche*.

La sua *raccolta di poesie* venne stampata a
Feltre nel 1830, ed il Cicogna è ricordato dal
libro del Barbiera. Rimarchevole è l'epistola
nella quale il poeta descrive la Pieve di Cadore
ed esalta i suoi dintorni e le bellezze naturali ivi
riunite, nonchè i suoi ricordi artistici, per esser
stato il Cadore patria del gran Tiziano ed animato da sentimento patriottico esclama :

>   Benedeta pur Italia
>   Da per tuto ti xe granda
>   La to luse se rimanda
>   In ogni angolo de ti.

Spontanea e vivace è la sua anacreontica
sui tristi effetti dell'oro e così dice nella prima
strofa :

>   Dal momento che Pandora
>   In tel muso dela tera
>   La pignata ha sfracassà,
>   Fra i malani saltai fora
>   Contra i omeni a far guera
>   L'oro el primo l'ha mirà.

Poi continua dimostrando con fatti ed esempi
la verità di questo suo asserto.

Se sventuratamente il cadorino Giuseppe
Coletti nato però a Venezia nel 1764 per scrupolo
di coscienza non avesse abbrucciati i suoi scritti
sarebbe stato annoverato forse fra i migliori poeti
in vernacolo. Da tale distruzione non conservò
nemmeno un lavoro che aveva intrapreso, onde
accrescere il dizionario del Boerio, una raccolta
cioè di voci che lo avrebbe arricchito d'altri

due terzi. Il professore Castelnuovo, nel suo già
accennato articolo dell' *Antologia* di Firenze,
ci conservò delle notizie riguardanti il Coletti
che gli furono comunicate dal prof. Giovanni
Veludo. Il poeta frequentava la società Valmarana e Paravia, dove recitava in mezzo a dotte
persone le sue poesie. Il prof. Castelnuovo cita
una ottava del Coletti, tratta da un componimento che egli fingeva scritto dall' Ariosto nel
suo soggiorno a Venezia. È in essa descritto
l' agitarsi della folla in piazza S. Marco.

> Come el mar co el siroco lo sguarata,
> Che va e vien l'onda su i sabioni a Lio,
> Come i fasioi co bogie la pignata
> I granzola, i da suso, i fa un caorlo,
> Cussì se fa un missioto una salata,
> Da gente che se spenze avanti indrio,
> E la boca de piazza finalmente,
> Faceva sforzi e gomitava zente.

Marinela, composizione satirica, delle romanze che scrivevansi in quell' epoca, è conservata al Museo Correr nella raccolta del Cicogna, dove si può leggere anche una bellissima
epistola diretta alla contessa Mangilli Valmarana, che narra il ritorno del poeta a casa
in una sera di gennaio del 1830, dopo una grossa
nevicata. Di questa poesia, ora non più inedita
riporto un brano che è di una evidenza descrittiva abbastanza rimarchevole.

> Geri sera per i trozi
> De la neve sapegada,

E ve-zindome una strada
Dove pie no gera sta ;
Cominciando come un omo
Che nol sa dove che el vaga,
A passeto de lumaga
Col sbrisson sempre obligà ;
Fando i ponti deventai
Senza bande né scalini
Proprio come i fantólini
Rampegandome a gaton
Sempre in mezzo a montagnole
De bisache de farina,
 O de pana e de puina,
 O de bale de coton,

 . . . .

 Col mio mocolo davanti
 Che me fava compagnia ;
 Finalmente a casa mia
 Grazie a dio son arrivà.

 . . . .

 Ecco qua cara contessa
 De la storia de gersera
 La pittura giusta e vera.

Il Coletti moriva a Padova nel 1867, e alcuni suoi versi compresi quelli citati, vennero nel 1889 stampati per cura di Gio. Batt. Olivo con una prefazione di Francesco Fapanni.

La raccolta delle poesie del Coletti data la fama che si era creata attorno al suo nome, non corrisponde a mio avviso, alla grande aspettativa che se ne aveva : e giudicando da essa raccolta, il Coletti potrà essere annoverato fra i migliori, ma non fra i primi nostri poeti vernacoli.

Camillo Nalin nacque in Venezia nel 1788 addì 7 ottobre e moriva a Venezia nel 1859. Educato alla scuola dei Gesuiti in Venezia, a

18 anni entrava nei pubblici impieghi, presso l'ispettorato delle miniere di Agordo. Nel 1809 fu aggiunto ragionato ai beni della Corona in Padova e nel 1815 entrò come computista nella Contabilità centrale di Stato Veneta, presso la quale fu ufficiale contabile, consigliere dei conti; nel 1850, dopo quarantaquattro anni di servizio, fu collocato a riposo quale consigliere dei Conti e Capo dipartimentale di I. Classe.

Nato col genio della poesia, egli sentissi sedotto dalla musa vernacola e fino dal 1818 pubblicava una raccolta di novellette. Fu sua fortuna l'aver conosciuto in gioventù i sommi poeti vernacoli Gritti, Lamberti e Buratti, i quali lo incoraggiarono nella impresa prevedendo che il loro allievo si sarebbe ad essi avvicinato. Le poesie che diedero stabile fama al nome del Nalin furono i suoi *pronostici* che egli non interrottamente pubblicò dall'anno 1831 al 1843. In questo genere, il Nalin è insuperabile e insuperato; non esiste esempio di chi abbia tentato questa sua maniera prima di lui e, quantunque vi sieno espressioni equivoche e scurrili e paradossi in lotta colla logica e col senso comune, pure vi è una tale stranezza e novità di fantasia, che qualche volta produce meraviglia e provoca le più sincere risate. I pronostici, sono una creazione del Nalin, e non ci volle che il suo talento, per rendere piacevoli delle composizioni, che mettono assieme le cose

più disparate e difformi. I pronostici del Nalin
ebbero elogi da Nicolò Tommaseo, il quale non
si peritò di parlarne con grande riverenza, van-
tando la copia di immagini e di locuzioni in essi
contenuta.

Oltre ai pronostici, scrisse il Nalin, un numero straordinario di poesie. *Il Navigante, il
Gobbo spiritoso*, la *Parafrasi* in vernacolo della
pugna pugnorum sive Venetiarum pugillatus,
di Antonio Reggio. Prodigiosamente ricco di
fantasia è il suo *regno immaginario*. Così in
una ottava, descrive i pericoli del mondo :

> Xe el mondo un mar d' ingani e de tormenti
> E nu semo quei legni destinai,
> A navegar fra le tempeste e i venti.
> Nè un porto de salvezza a trovar mai
> L' è una fornasa de carboni ardenti,
> Indove tutti quanti vien scotai
> L' è un trabocheto sconto, l' è una trapola
> Da la qual se pol dir, nessun ghe scapola.

Non ricorderò qui le altre numerose *novelle,
capricci, brindisi, canti per nozze*, e perfino
una *traduzione in vernacolo della tragedia
l' Aristodemo*, di Vincenzo Monti. Molte poesie
del Nalin sono inedite, quantunque l' edizione
delle sue opere del 1877 sia la più ampia e
comprenda alcune sue poesie giovanili.

Il Nalin, se non è gentile quanto il Gritti,
satirico quanto il Buratti, lindo quanto il Lamberti, nei *pronostici* però si stacca da tutti e

forma scuola a sè e sarà vano per qualunque il volerlo imitare.

Chiuderemo finalmente, con un nome simpatico, per il suo caldo amor patrio : con Jacopo Vincenzo Foscarini. Non arrivò egli all' altezza dei suoi coetanei, ma fu un verseggiatore di grande fecondità e talvolta di effetto. Poetò molto in italiano e molto in vernacolo. Bisogna confessare che è l' unico poeta vernacolo che dalla sua lira abbia veramente fatto vibrare la corda del sentimento della patria.

Il Foscarini nacque in Venezia nel 1785 da Giacomo e da Felicita Cicogna, ambi patrizi ; morì a Balò nel 1864. Poeta improvvisatore felicissimo fino dalla sua gioventù, scrisse innumerevoli *anacreontiche, capitoli,* sì in vernacolo che in italiano, basti dire che di soli *sonetti* ne compose, se vero è quanto mi si disse, l' enorme cifra di tremila. Il Foscarini fu vicedirettore al Museo Correr, e per qualche tempo fu anche assessore al Municipio di Venezia. Non molte furono le poesie da esso pubblicate in relazione alla quantità da esso dettate, le quali in parte si conservano al Museo Correr, ed altre, secondo informazioni avute, presso persona, su quel di Mirano. Il Foscarini stampò dei sonetti in dialetto veneziano in Padova nel 1825, altri per nozze Priuli Bon, altri inserì nei periodici cittadini.

Il Foscarini in un sonetto, fa così il proprio ritratto morale :

Son venezian e son un pantalon
De bon cuor, ma de giudizio san,
E parlo scieto, al pan ghe digo pan
E go cuor generoso e da leon.

Già abbiamo ricordati i *Canti popolari ve-
nezianì* del Foscarini tutti informati a teneri e
profondi affetti. Esso aveva preso il pseudonimo
di *barcariol*, e con questo firmava i suoi scritti.
In un addio del marinaio alla sua bella, prima
di partire per lungo viaggio, così lo fa parlare :

Mi farò el mio dover
Moroso e mariner, ·
Ma ti po intanto
Ti farà forsi ahimè,
Che quei che in porto xe
Te suga el pianto.

In altro luogo così parla un barcaiuolo, che
vogando la sua barca, va a trovare la sua Marinela.

Tutti do zoveni
E inamorai
Semo do bocoli
Ma desligai,
Che pur voressimo
Farse ligar
            Colona mia
            Scia, Stali, Scia,

. . . .
Adesso al sievolo,
Ghe dago festa
Lasso la forcola
E po alla presta
Ligo la gondola
E son da ti
            Tesoro mio
            La barca scìo.

Il Foscarini sentiva grandemente l' amore pella sua Venezia e ne rimpiangeva sempre i tristi casi e la sua sorte politica, anche quando quasi nessuno vi pensava e la corrente era favorevole all' ordine di cose allora stabilito. Non fu insomma un operaio della sesta giornata. Fino dal 30 Maggio 1832, giorno dell' Ascensione, improvvisava dei versi, alcuni dei quali trascrivo perchè dimostrano la tristezza dell' animo del poeta e il suo dispetto specialmente rivelato nella chiusa dell' ottava ;

> Il dì doman xe della sensa, oh dio
> Che memorie, che idee che se me svegia
> Patrizi vechi non ve voltè indrio
> Che no gavè più patria e più famegia,
> No ve resta che lagreme, che susti, .
> Che miseria, che fame e che disgusti.
> — Xe desfà tuto, no ghe xe più gnente,
> Cascai come i ebrei sè in schiavitù,
> De quelo che xe stà, l' età presente
> Squasi, dirò, no se ricorda più.
> La vesta basa tuti, del potente
> Omeni, done, vechi e zoventù
> Bate i mazegni delle nostre strade
> Scarpe coi chiodi, scimitare e spade.

Così il suo odio per l' occupazione austriaca veniva dipinto in questa sua satira del 1834, nella quale parlasi dell' aquila emblema imperiale. Forse nello scrivere questi versi il Foscarini si ricordò del celebre distico dell' Alamanni :

> L' aquila xe el sovran, xe el più potente,
> Per sta rason, la podestà latina

In segno l' ha volù de la so zente,
Eppur l' aquila nobile e divina
Che osel de Giove anche ciamar se sente
More de fame, more desperada
Co la xe vechia e co la xe pelada,
Ma l' aquila del nostro imperator
Seben vecia, decrepita la sia
No crepa mai, perchè la ga el valor,
Perchè no se ghe pela mai l' onor
De l' ale, che al so nascer l' à vestìa,
Ma invece nualtri tuti poverazzi
Pelai restemo come dei pagiazzi.

Il sentimento patriottico del Foscarini fu fortemente scosso ed aumentato dagli avvenimenti del bel quarantotto, e pubblicava egli sonetti per la risurrezione del suo San Marco. Quantunque ormai vecchio parlava, il linguaggio della balda gioventù. In un sonetto esclama :

Viva San Marco ancuo con cuor sincero
Lo posso dir, e viva Italia in gala
Vestìa de tre colori, eviva el puro
De patria amor, che libera se esala.

In un altro sonetto, così deplora la sua età inoltrata :

Viva la libertà, ma stando a casa
Vechio mal san, confuso coi putei
Bisogna che sentà, sospira e tasa.

Altra volta così esclama :

Alfin perchè se me vorà impedir
Che bon esempio ai altri possa dar
Dei soldai fra le file col morir ?

e finalmente chiude un altro sonetto con altre espressioni di profondissimo affetto :

. . . . . . San Marco benedeto
Libero dai Todeschi go basà,
Posso morindo, averlo sora el peto.

Terminerò infine le citazioni riportando queste strofe scritte dal Foscarini il 12 aprile 1848,
epoca ancora dei sereni entusiasmi :

Su fradei, su pari e fiol
   Bando ai vizii, e siemo forti,
   Imitemo i vechi eroi
   Vendichemo i nostri torti
   Dio la forza ne darà
   Dio lo vol, Dio n' a ciamà.
In Italia chi xe nato
   E ga sangue in te le vene
   Chi vissudo xe onorato
   E in dolor fra le caene
   Diga: morte o libertà
   Guera a quei che n' ha incaenà.
Morir prima, ancuo bisogna,
   Che tornar un passo indrio,
   Chi vol viver in vergogna
   No pol gnanca invocar Dio
   In Dio vita no se ga
   Carrezzando la viltà.

In questi tempi di vieto egoismo e di per-
sonali ambizioni questa foga di passioni nobili
e gentili, potrà ben parere uno strano linguaggio. Ma per ritemprare i popoli bisogna attin-
gere alla fonte dei santi entusiasmi, altrimenti
mai nulla si opererà di grande e duraturo. Se
non aspireremo ad alti ideali, non avremo più
forti e splendide virtù cittadine. Il nome del
Foscarini, patrizio nell' anima e odiatore dello
straniero, resterà sempre a noi caro. — Quanto

forse meno lunghi o meno tristi sarebbero stati per Venezia i giorni di lutto, se tutti i patrizii come il Foscarini avessero nel loro seno nutrito generosi propositi !

Eco faceva al nostro Foscarini un popolano, Toni Pasini che così cantava bonariamente in una sua canzone del 26 marzo 1848 :

> Nicoloti e castelani
> De sentir più no se ga
> Semo tuti veneziani
> Tuti fioi de stà città.
> E San Marco benedeto
> Sempre più el benedirà
> El so popolo dileto
> Che l' ha sempre venerà.

Dal Foscarini e dal Nalin ai giorni nostri la musa veneziana si è resa quasi silenziosa, pochi nomi si sono fatti conoscere, sui quali secondo la nostra massima di non voler parlar dei viventi, non pronunzieremo giudizio.

Ricorderò G. B. Olivo, conosciuto sotto il nome di Canocia. Morì a Venezia di 63 anni. Scriveva pei giornali e stampò una raccolta di versi in dialetto nel 1886. È facile e spontaneo, ma il dialetto è ben lungi dalla purezza dei grandi maestri, ed è anzi affettatamente trasandato scurrile e volgare.

Morì nel dicembre 1899 Luigi Canavese, segretario di Chirignago non ancora cinquantenne. Lasciò un grosso volume di poesie veneziane stampate a Treviso nel 1898. Tentò imitare in un pronostico, il Nalin, e scrisse su molti soggetti, con qualche spirito ma è troppo prolisso. Anche il dialetto del Canavese, non è il puro dialetto del Gritti e si risente di troppa trascuratezza.   .

Mi faccio lecito esprimere una parola d'augurio affinchè la poesia vernacola, torni all'antica purezza e all'antico stile, mentre i tanti ingegni che pur sono fra noi, dovrebbero non dimenticarla affatto. Se le circostanze, sotto molti punti di vista mutarono, non è lodevol cosa disprezzare questo nostro linguaggio materno, i cui più famosi cultori, portandolo all'altezza di una vera ed armoniosa lingua, accrebbero anche con questo mezzo la fama alla città nostra.

CAPITOLO VI:

Drammatica

Qualunque sia stata la più riposta origine della drammatica, essa ad ogni modo venne corrispondendo a quel genere di poesia, che, riunendo in sè lo svolgimento di una azione, colla rappresentazione di essa, come di cosa vera ed attuale, impressiona maggiormente, l'immaginazione delle moltitudini.

E il solo genere di poesia, meno forse la lirica in casi eccezionali, che, per essere declamata, possa in un solo momento, vincere gli animi di un numeroso popolo riunito, mentre ogni altro componimento poetico non può insinuarsi nell'animo di ciascuno che per la semplice lettura individuale.

E da ritenersi perciò che la poesia drammatica sia la più potente come effetto, come può essere la più completa come forma, potendo in sè stessa compendiare il dolce affetto ed i voli sublimi della lirica assieme ai forti sensi ed alla magniloquenza dell'epica.

Se il tragico furore e li arguti sali di una satira sanguinosa nella commedia, poterono mercè il talento e il genio di immortali autori

varcare generazioni innumerevoli, ciò si deve
al fatto che essi seppero colpire la verità vera,
nei difetti, nelle passioni e nei pregii morali
dell'uomo, che per diversità di tempo o di costumi non mutano giammai.

Ma ora qui, non ci siamo assunto il compito
di scrivere una dissertazione sull'arte drammatica : bensì ci dobbiamo restringere a rendere
conto dei cultori di essa e più propriamente
degli scrittori veneziani del secolo passato. Pure
quasi come in via preliminare, sarà necessario
prendere le mosse da tempi lontani, per stabilire, dove cada in acconcio, opportuni raf-
fronti ; e perciò dobbiamo ricordare anche cose
a tutti note, ma che meglio ci preparano al
fine di questo scritto.

A non parlare degli autori drammatici della
Grecia, la quale in tutti i generi di composizioni
letterarie non fu mai superata da altro popolo,
il miglior esempio che la letteratura romana ci
abbia lasciato in fatto di tragedia, si è quello
di Anneo Seneca, vissuto nel primo secolo del-
l'Era Volgare, ma giudicato inferiore ai modelli greci cui erasi informato : e non volendo
tener conto di alcune troppo rudimentali vestigia di sceniche rappresentazioni sulla Passione, e attorno altri soggetti sacri, prima ancora del secolo XII e nel XIII stesso, dalla
decadenza della letteratura fino al secolo XIV,
secondo il Tiraboschi, non abbiamo alcuna sorte

di poesia teatrale in Italia, e si citano come primi esempii di tragedie quelle di Albertino Mussato nato nel 1260, scritte in latino nel secolo XIV, sull'esempio di quelle di Seneca e tradotte ai nostri giorni, dal prof. Antonio Dall'Acqua Giusti.

Molto fu lodata una tragedia composta da un nostro veneziano, Gregorio Corraro, nato nel 1411, ricordato specialmente dal Degli Agostini, citato a sua volta dal Tiraboschi.

Il Corraro la compose nell'età di soli diciotto anni a Mantova, mentre aveva per educatore Vittorino da Feltre. La tragedia avea per soggetto *Progne*, venne scritta in latino e fu encomiata da Enea Silvio Piccolomini, divenuto Papa Pio II, ritenendosi degno l'autore d'essere paragonato a Seneca. La tragedia fu edita in Roma solo nel 1638 dopo che nel 1561 un Lodovico Domenichi di Firenze, ne aveva pubblicata una traduzione italiana dedicandola spudoratamente come opera sua, a Giannotto Castiglione, come narra il Degli Agostini.

Il cinquecento fu l'alba del rinascimento anche per la drammatica in Italia, e fu allora che, come nella commedia emersero il Macchiavelli, il Bibbiena, l'Ariosto, per non citar altri, così il Trissino diede il primo esempio della tragedia italiana colla *Sofonisba*, e fu seguito dal Rucellai colla *Rosmunda*, dallo Speroni colla *Canace* e dall'Aretino coll'*Orazia*.

A Venezia nello stesso secolo, abbiamo l' *I-dalba* di Maffeo Veniero, la *Tomiri* di Angelo Ingegneri.

Andrea Calmo fu autore comico e attore nello stesso tempo, ebbe gran voga, e di lui si hanno commedie vernacole. In quel tempo era celebre anche Angelo Ruzzante (nato a Padova) per le sue commedie scritte nel dialetto di quel contado. A Venezia quantunque la drammatica non abbia fiorito nemmeno nel secolo XVI, nel successivo XVII non troviamo che il cardinale Gio. Delfino, morto nel 1699, il quale compose quattro tragedie *Cleopatra, Lucrezia, Medoro, Creso*, annoverate fra le migliori del tempo. Queste quattro tragedie vennero magnificamente stampate dal Comino nel 1733.

Êra ben più luminosa e importante per la drammatica dovea aprirsi nel secolo XVIII e non solo in Italia, ma specialmente in Venezia, la quale, sebbene politicamente fossesi resa spossata pelle lunghe guerre infruttuosamente sostenute nel secolo decimosettimo e nei primi anni del decimo ottavo, erasi però, dal punto di vista letterario, notevolmente invigorita. Il bolognese Pier Jacopo Martelli aveva tentato rialzare il teatro italiano, imitando i francesi perfino nella metrica, ma non vi riuscì. Lasciò invece maggior orma di sè, il veneziano Apostolo Zeno, che col suo *Lucio Vero*, rappresentato nel 1700, fortemente affermossi nel cammino dell'arte. Erudito profondo e poeta in vari generi di poesia, fu il padre della melodrammatica, seguito in questo e superato dal romano Metastasio.

Il sommo musicista veneziano Benedetto Marcello, fu pure poeta drammatico, si affermò colla *Fede riconosciuta*, e coll' *Arato* in Isparta : e mentre il Maffei colla sua *Merope* metteva in onore la tragedia italiana, tragedie pure scrivevano in Venezia, Antonio Conti, Gio. Battista Recanati, Alessandro Pepoli, ed il Farsetti, finchè tutti eclissava il coturno del fiero astigiano.

La commedia poi nel settecento ebbe in Venezia il suo campo più favorito, e vi colse maggiori allòri che altrove. A non parlare di Carlo Goldoni, creatore della commedia italiana, non dimenticheremo il suo emulo abate Pietro Chiari bresciano, fecondissimo autore drammatico, che ai suoi tempi, a Venezia, ebbe fama moltissima e un forte partito nel pubblico, Nè alcuno ignora Carlo Gozzi feroce avversario del Goldoni, al quale contrapponeva le sue famose commedie dell'arte. Anche Gaspare Gozzi lavorò alcune fiate per la scena, e la moglie di lui Luisa Bergalli tradusse in versi sciolti le commedie di Terenzio, e le tragedie di Racine.

Chiaro fin qui dunque apparisce quanto larga mèsse avesse raccolto nel XVIII secolo la veneziana letteratura ed in ispecie la drammatica,.

e quanto abbia Venezia contribuito all'onore e al lustro dell'Italia.

Lasciando il passato onorando per la patria nostra ci siamo prefissi di tener dietro al movimento intellettuale di Venezia del secolo passato ; raccoglieremo colla maggior imparzialità le possibili notizie, nella speranza di poter infine provare, che il culto della drammatica non venne meno fra' i veneziani, anche negli ultimi tempi, e che essi ottennero per la letteratura dell'Italia frutti non indegni dei figli dei Zeno, dei Gozzi e dei Goldoni.

Ascanio Molin, autore di una storia di Venezia tuttavia inedita, esistente presso la famiglia Giustinian-Recanati, altrove da noi commendato come autore del poema *La Venezia tradita*, e di altre composizioni, scrisse anche una commedia, e così pure Andrea Rubbi, pur da noi altrove ricordato scrisse due tragedie, la *Presa di Rodi* e *Ugolino conte dei Gherardeschi*.

Ripeteremo qui ancora come Ugo Foscolo, non compiuti i vent'anni scrivesse il *Tieste*, tragedia recitata al teatro S. Angelo nel 4 gennaio 1797, ben nove volte replicata, e composta sullo stile alfieriano. Il Foscolo avea pensato già altre due tragedie, il *Focione*, e i *Gracchi*, e nel 1811 fece rappresentare a Milano al teatro della Scala il suo *Ajace* che non ebbe fortuna e fu proibito per le politiche allusioni, che racchiudeva.

Del Fóscolo si rappresentarono poi a Bologna, una *Ricciarda* nel 17 settembre 1813, e l'*Ajace* nuovamente a Firenze nel 1816, ma con esito infelice.

Antonio Piazza, scrittore della *Gazzetta Veneta* sulla fine del settecento oltre ad alcune poesie e romanzi, scrisse alcune commedie, che vennero poi ristampate dall'Antonelli negli anni 1829 e 1830. In queste, intitolate l'*Amicizia in cimento*, *La famiglia mal regolata*, *Il misantrapo punito*, qualche personaggio parla il veneziano.

Lugnani Giuseppe da Giustinopoli, pubblicava a Venezia coi tipi dell'Alvisopoli, nel 1816, le trágedie : *Aganadeca*, *Dina*, *Steno e Contarena*, *Teseo*, *Macbet*, *Senofonte*, *Canace*, *Turno Eudonio*, e *Costantino*, delle quali la più meritevole di attenzione è quella intitolata *Steno e Contarena*, in cui si è svolta la congiura di Marino Faliero.

Anche Barbaro Ermolao va ricordato per un suo dramma per musica, la *Moglie ravveduta*, come pure va rammentato Balbi Francesco, per la tragedia· *Tullo Ostilio* terzo re di Roma stampata a Venezia nel 1811 da Antonio Curti.

Posto importante nella drammatica veneziana dell'ottocento occupa Domenico Morosini, patrizio, già da noi ricordato, podestà di Venezia. Buon lirico, scrisse un celebre sonetto, che gli valse politiche persecuzioni. Noto era altresì per la sua valentia nell' interpretare qualsiasi più difficile cifra ; sopra il qual argomento si ha una importante corrispondenza fra il Morosini e l'abate Francesco (cancellieri di Roma) pubblicata nel 1829.

Del Morosini si hanno due tragedie, senza nome di editore e senza data : *Medea in Corinto* e *Giulio Sabino*. Il Morosini è poeta che sa maneggiare con facilità un verso sostenuto e dignitoso, mai volgare. Il linguaggio di Medea è vigoroso, fiero e solenne. Il soggetto di Medea, da molti sfruttato, pure trovò nell'autore un ragionevole svolgimento ; le parti rettamente disposte, ed alcune scene sono di vero effetto tragico. Alcuni momenti sono prettamente alfieriani, e in generale la dicitura è alta e degna del coturno. L' abate Capparozzo dettava un bel sonetto d'elogio per la Medea. La tragedia *Giulio Sabino* fu rappresentata al teatro di S. Benetto con replica nel 1816. È di una azione semplice, e non v' ha contrasto di passioni violente. Il soggetto è patriottico, e rifulgono l' eroismo di Giulio Sabino, e la pietà della moglie di lui.

Giulio Sabino, uomo gallo, che combattè contro i Romani, sfugge a loro e si cela colla moglie Eponima, nei sepolcri dei suoi maggiori. Quivi gli nasce un figlio. La casa nella quale esistono i sepolcri è occupata dai Romani ; sco-

perto il segreto nascondiglio, Sabino tenta ce-
latamente sfuggire col figlio, ma è riconosciuto
pel suo parlare altero, dal proconsole Flaminio,
e vien tratto in ceppi. Condotto innanzi al-
l'imperatore Vespasiano, prorompe in detti patriottici, quali si addicevano a Gallo contro Roma vincitrice.

Infrattanto tentasi dai galli una sedizione ;
ma questa repressa, Eponima intercede presso
Vespasiano la grazia in favore di Giulio Sabino,
che per ragione di stato, viene negata.

Come effetto tragico, la *Medea* è superiore
al *Giulio Sabino*. In questo invece v'è abbondanza di sentimenti nobili ed elevati, e perciò
ha forse trovato maggior favore appresso il
pubblico.

Troilo Malipiero, patrizio, moriva a Venezia
a dì 2 ottobre dell'anno 1829, a 59 anni di età
ed il suo elogio trovasi nella *Gazzetta* di quel-
l'anno, dov'è chiamato filosofo cristiano, colto,
erudito, tragico applaudito, poeta ameno, oratore facondo, padre affettuoso, marito fedele,
amico leale, buon cittadino.

Nel carnevale del 1816, si rappresentò un
Sagrificio d' Abramo al teatro di S. Benedetto, lodato, e ripetuto nello stesso teatro nel-
l' anno medesimo. Scrisse quindi la tragedia
Medea, un dramma, *Ermenegilda*, nel 1823, e
Clorinda, azione tragica tratta dal corrispondente episodio del Tasso, lavoro che rappresen-

tato nell' anno 1823 ottenne splendido successo, e non poche repliche. Del pari fortunata fu la sua tragedia : *Camillo*.

Al Museo Correr si conservano alcune lettere del Malipiero alla Giustina Renier Michiel in una delle quali, quella del 13 marzo 1813, egli presenta alla traduttrice di Shakspeare, una tragedia, accolta benignamente a Venezia ed altrove, senza dir quale : confessa che lo scopo suo si era quello di ottenere l'approvazione di quella eletta porzione di società, che forma la repubblica delle lettere, nella quale la Michiel, teneva posto sì distinto.

In altra lettera promette alla Michiel, andarle leggere a casa il suo *Sagrificio di Abramo*, la ringrazia della sua approvazione del *Camillo* e si scusa di non aver potuto stendere l' elogio *Delle sagre di Venezia* perchè era stato da altri prevenuto. Crudo è il giudizio che fa Agostino Sagredo patrizio, intorno al Malipiero, in occasione della commemorazione di Cesare Francesco Balbi. Dice che viveva come un Diogene, e che fu studiosissimo, ma a foggia sua : aveva un intelletto come un magazzino, nel quale erano gettati scampoli d' ogni sorta di merce.

Soggiunge che le sue opere teatrali avevano avuto una certa rinomanza, ma che ora veniva rappresentato dalle sole marionette, un suo *Prometeo*. Descrive il Malipiero, impastato di mitologia, e avente pregiudizî falsi in letteratura e filosofia.

Il giudizio del Sagredo è non solo crudo ma sarcastico, quindi può essere appassionato. L'approvazione di una intera generazione per le opere del Malipiero, e le lodi della Michiel, debbono pur contare qualche cosa per ritenere che veramente, l'ingegno del Malipiero, si levasse dal comune.

Di Lorenzo Daponte nato a Ceneda ai 10 marzo 1749, morto in America nell'anno 1838, assai parlano le sue memorie *(Memoires de Lorenzo D'Aponte Poete venitien*, Paris, 1860). E sul *Da Ponte* lesse Bartolomeo Gamba, nell'anno 1841 all'Ateneo Veneto, lettura che doveva essere per lui l'ultima, perchè spirava a mezzo della medesima. Monsignor Jacopo Bernardi, compendiava le memorie di Lorenzo Da Ponte, e pubblicava varii suoi scritti in prosa e in verso, coi tipi Lemonnier di Firenze nell'anno 1870.

Il nostro poeta portava il nome da Ponte, nome patrizio, non essendo egli tale, perchè convertito al cristianesimo dal giudaismo, e perchè entrato a ricevere la sua educazione nel Seminario di Ceneda, dove era vescovo un Lorenzo Da Ponte, patrizio. Ottenuta quindi la cattedra di belle lettere a soli 22 anni presso il Seminario di Portogruaro, passò a Venezia, dove menò vita avventurosa e licenziosa. A Venezia arrestato per alcuni suoi versi satirici contro il Consiglio dei X lo si giudicò, e gli fu interdetto l'insegnamento sotto qualunque forma.

Per altri suoi versi contro i grandi, e per una sua infrazione al digiuno quaresimale, fu costretto a fuggire nel 1777, da Venezia a Gorizia, e venne bandito dalla Repubblica.

Passato a Dresda e a Vienna, e, presentato a Metastasio e a Giuseppe II, aspirò al posto di poeta di Corte, ma vi trovò per suo rivale il Casti. Qui compose con somma difficoltà un suo primo lavoro drammatico, il *Ricco d'un giorno*, quindi il *Burbero di buon cuore* per Martini, applaudito ed approvato dall'Imperatore.

La gloria maggiore del Daponte si fu quella d'aver scritto per Mozart le *Nozze di Figaro*, e il *Don Giovanni*, nel qual ultimo melodramma il Da Ponte, fa la propria storia. Il Da Ponte poco appresso venne allontanato anche da Vienna, e dopo attraversati diversi paesi, si arrestò a Londra, dove sotto l'impresario Taylor scrisse libretti d'opera italiana. Tornato quindi in Italia per far incetta di cantanti, e rimessosi a Londra condusse una tal vita sregolata, che nell'anno 1804 colpito da ben undici mandati d'arresto dovette fuggire in America, a Filadelfia. Nel Nuovo Mondo menò povera vita dando lezioni d'italiano a Nuova York, e fondando una biblioteca che arrivò a trentamila volumi.

Scrisse il Daponte nella sua carriera teatrale trentasei melodrammi e diede alle stampe, sonetti, canzoni e traduzioni. Tra le sue prose meritano particolare ricordo le sue memorie che scrisse vecchissimo.

Il Da Ponte negli ultimi istanti di sua vita si riconciliò colla Chiesa come lo attesta Geremia Cannings per opera di Mach-Closhey che fu poi cardinale. Il relativo documento appare pubblicato nella cennata opera di monsignor Jacopo Bernardi intorno al nostro Da Ponte.

Giuseppe Maria Foppa veneziano, nato nel 1760, da Girolamo e Giulia Costantini, scriveva nel 1840 le sue memorie (Venezia, Molinari). Educato dai Gesuiti, e poscia soppressi questi, nelle Scuole pubbliche, si occupò dapprima come archivista nelle famiglie private.

Nel 1776 iniziò la sua carriera letteraria scrivendo alcuni romanzi, e una apologia di Apostolo Zeno e di Pietro Metastasio contro un certo Gavi, poeta che avea scritto un dramma da non potersi rappresentare per la sua insufficienza.

Inclinato alla musica, frequentava i celebri conservatorii, specialmente quello dei *mendicanti*, componendo oratorii tratti dalla Storia sacra. — Pel maestro Simone Mayr scrisse il libro *Sisara*, un'opera buffa, *Un pazzo ne fa cento*, un *Avvertimento ai gelosi* pel Pavesi. — Il maestro Rossini avendo avuto un esito infelice nel teatro di S. Moisè con una sua opera, una *Cambiale di Matrimonio*, il Foppa gli compose l' *Inganno felice* che ottenne un successo strepitoso.

Da quel momento il Foppa dedicossi a tutto uomo a scrivere pei teatri, e suoi componimenti per musica furono rappresentati nei teatri di S. Beneto, della Fenice, di S. Moisè, di S. Samuele a Venezia, al Valle di Roma e sui teatri di Praga, Torino, Milano, Padova, Verona e Vienna. Pei teatri di S. Angelo e di S. Moisè dettava ben cinquantasette farse d'un atto per musica, e pei teatri di S. Angelo, S. Grisostomo, S. Luca ben trentacinque rappresentazioni in prosa e in verso. Scrisse altresì una cantata pel teatro di S. Moisè nella occasione dell' ingresso delle truppe austriache in Venezia nel 1798 con musica del Gardi, e colla stessa indifferenza compose un'altra cantata nel 1807 pella Fenice, a celebrare la venuta di Napoleone, questa ultima con Musica del Pavesi.

I principali melodrammi del Foppa sono: *Tito e Berenice* con musica del Vasellini nel 1793, *Giulietta e Romeo* con musica dello Zingarelli, nel 1796, *Orgoglio ed Amicizia* con musica del Generali nel 1805, *Le due giornate* con musica di Simone Mayr nel 1807, *Sigismondo* con musica di Gioacchino Rossini nel 1817 ecc.

Una quantità di melodrammi compose altresì Gaetano Rossi, veneziano, dal princi-

pio del secolo fino al 1840. Egli nel 1800
scrisse *Gli Sciti* per Simone Mayr nel 1802
Argene per lo stesso. Per il Farinelli scrisse
nel 1804 *I riti d'Efeso*, *La Vergine del Sole*
nel 1805, *Attila* nel 1810, *Idomeneo* nel 1812.
Pel celebre Rossini compose *Tancredi* nel 1813,
e *Semiramide* nel 1823. Nel 1824 scrisse pel
Meyerbeer il *Crociato in Egitto*. Nel 1838 e
nel 1839 compose pel Mercadante *Le due illustri rivali* e *Il giuramento*, ed altri libretti
scrisse, che lungo sarebbe l'enumerare tutti,
pel Coccia, pel Generali, pel Morlacchi, pel Ca-
rafa, pel Vaccai, Pacini ecc.

Anton Simone Sografi da Padova, autore di
commedie allora in voga scriveva pella Fenice
musicati dallo Zingarelli *Apollo* nel 1793, ed
Edipo a Colone nel 1803 ; scriveva ancora ;
Orazi e Curiazi pel Cimarosa nel 1797 pella
fiera dell'Ascensione e *Alceste* nel 1790 con
musica di Pordagallo. La *morte di Cleopatra*
nel 1800 con musica di Valesini pella fiera del-
l'Ascensione. Scrisse pure il Sografi, traen-
dole dalla prima deca delle storie di Tito Livio,
nel 1817 *Le Danaidi* romane, con musica del
Pavesi.

Di Luigi Carrer ci occupammo altrove. Qui
citeremo solamente i lavori drammatici. Già
dicemmo che fino dai suoi diecisette anni nel
liceo di S. Catterina nella sera nel 24 marzo
1818, improvvisava sull'esempio dello Sgricci,

una tragedia, *Atalia*, che fece stupire e che fu ammirata da numeroso e fiorito uditorio.

Un anno appresso e cioè nel 1819 il Carrer pubblicava un'altra sua tragedia, *La morte di Agar*, inserita in un suo primo volume di poesie (Venezia, Zanetti, 1819). Altra tragedia del Carrer stesso ho visto citata come scritta nel 1822, dal titolo *La sposa di Messina* ed altra tragedia egli pubblicava, senza nome, coi tipi del Gondoliere nell'anno 1837, il cui soggetto era *Giulia Cappelleti*, con imitazione alfieriana. Annovero anche come lavoro drammatico del Carrer, la *Bianca Cappello* inserita nell'*Anello di sette gemme*.

Prima che G. Batt. Niccolini pubblicasse la sua tragedia : *Antonio Foscarini*, il Carrer aveva cominciato a lavorarne un'altra sullo stesso soggetto. — Avvenuta la pubblicazione di quella del Niccolini, il Carrer non abbandonò il proprio argomento restando così, come fu detto, al Niccolini la lode della poesia, al Carrer quella della verità. Nella Strenna Veneta dell'anno 1839 furono stampate tre scene sotto il titolo : *Ultimo colloquio di Antonio Foscarini*, del Carrer stesso.

Uno dei migliori autori drammatici veneziani del nostro secolo è certamente Augusto Bon nato a Venezia il 7 giugno 1788 e morto a Padova il 16 dicembre 1858. Entrato dapprincipio nella marina veneta, poi, per disgra-

ziati avvenimenti passò nell' anno 1813 da Venezia a Napoli, dove si famigliarizzò cogli attori
di una compagnia francese.

Innamoratosi dell' attrice Perrotti, si diede
al teatro, ed esordì sulle scene di Mantova ;
due anni dopo presentossi quale attore brillante;
il suo primo lavoro fu una farsetta *La beneficenza;* avendo questa piaciuto, ne scrisse un
altra : *Far male per bene.* Nell' anno 1816 fece
recitare a Milano *Il cuore e l'arte,* che fu ritenuta una traduzione dal francese. Intanto le
commedie del Bon si andavano moltiplicando,
e nel 1823 a Milano sortì il suo Teatro Comico.
Altra sua raccolta di commedie edite ed inedite
si stampò a Milano dal Crespi nel 1830, ed
un' altra dal Menini a Milano nel 1837. L' accusa che in generale veniva fatta al Bon si era
quella di aver scelto per le sue commedie, soggetti stranieri, specialmente francesi, per la
qual cosa i suoi lavori erano creduti piuttosto
traduzioni che originali.

Nell' anno 1837, scriveva finalmente il Bon,
quella sua famosa trilogia di *Ludro* che doveva
assicurargli un posto imperituro nella storia
dell' arte. Staccatosi il Bon dalla scuola forestiera, si rifece italiano, o meglio *Veneziano*
e venne arditamente ad assidersi accanto a Carlo
Goldoni. Anzi Carlo Goldoni istesso fu l' ispi-
ratore del suo protagonista, il *Ludro,* carattere
che il Bon levò da un personaggio introdotto

dal Goldoni, nel *Momolo cortesan* o *L'uomo di mondo*. *Ludro e la sua gran giornata*, il *Matrimonio di Ludro*, la *Vecchiaia di Ludro*, svolgono completamente il suo tipo, che come fu toccato dal Goldoni sarebbe passato inavvertito, perchè, trattato come un carattere di secondaria importanza. Il Gondoliere del 1837 fece la critica del *Ludro*, e della sua vecchiaia, e Tullio Dandolo nella *Gazzetta* del 1838 scriveva, che come era comicamente sublime la contraddizione di *Tartuffo* tra la pietà apparente e la immoralità vera, così era comico in *Ludro* il contrapposto della grossolanità furfantesca dei modi, colla real gentilezza dell'animo. Il Dandolo aggiunge che il *Ludro* ricorda *Figaro*; *Figaro* fu la satira di un ordine politico e sociale : *Figaro* fu per la nobiltà ciò che *Don Chisciotte* per la cavalleria ; *Figaro* cospira contro l'aristocrazia del sangue, *Ludro* contro l'aristocrazia dell'usura e dell'oro.

Il Bon scriveva l'*Importuno e il distratto*, commedia brillante, la commedia *La lotteria di Vienna*, e nel 1838 un dramma, *Il vagabondo e la sua famiglia*, nel 1841 *L'Addio alle scene* e nel 1852 *Pietro Paolo Rubens* dramma in cinque atti. Compose inoltre : prolusioni sull'arte comica, principii di arte drammatica rappresentativa, la sua autobiografia, avventure comiche e non comiche di F. A. Bon ecc.

B. Gattinelli autore ed attore contemporaneo

del Bon ha una bellissima commedia, piena di vita, dove sono descritte alcune scene della vita teatrale veneziana del settecento, mettendo in azione alcuni storici attori di quell' epoca. La commedia è in dialetto veneziano ed ha per ti-titolo *Una burla a sior Pantalon*. È protago-nista un Giambattista Gozzi che già aveva reci-tato la parte di Pantalon, ma che si trova aver abbandonato il teatro e che in seguito a com-binati graziosi intrighi torna a recitare in una sua commedia. La scena dell'ultimo atto è sul palco del teatro S. Luca.

Forse non sarebbe il caso di parlare qui di Filippo De Boni perchè breve fu la sua via let-teraria a Venezia, e perchè non veneziano, ma siccome le stesse circostanze si presenteranno per altri nostri, cosi diremo qualche cosa anche di lui.

Il De Boni nacque a Campo presso Feltre nel 7 agosto 1816 e morì a Firenze nel 7 no-vembre 1870. Compito il corso filosofico nell'anno 1834 presso il Seminario di Feltre, passò a quello di Padova, poi svestito l'abito da prete, si fece istitutore presso parecchie famiglie.

Nel 1837 stampò i suoi *Fiori biblici*, e reca-tosi quindi a Venezia, qui scrisse critiche pel *Vaglio* e lavorò con Luigi Carrer nel *Gondoliere* e col Locatelli nella *Gazzetta di Venezia*. Di-sgustatosi col Locatelli, abbandonò Venezia e passò a Firenze nell'anno 1839, dove cominciò il suo Emporio bibliografico, pubblicò un romanzo *Gli Ezzelini e gli Estensi*, e una cronaca mensile, *Quel che vedo e quel che penso*. Datosi quindi alla politica dovette esulare in Isvizzera, da dove tornò in Italia dopo i fatti del 1859. Il De Boni scrisse i seguenti drammi: *Ginevra di Monreale, Scipione, e Domenico del Castagno*. *La Ginevra di Monreale* è un dramma per musica scritto nel 1841, e tratto dal romanzo Ettore Fieramosca di Massimo d'Azeglio.

Di Francesco Dall'Ongaro, altrove opportunamente ricordato, qui citeremo soltanto i lavori drammatici. Nell' anno 1838 compose *Il Fornareto* pel suo amico Gustavo Modena, dramma che destò rumore, e divenne popolarissimo, scrisse per lo stesso Modena i drammi: *I dalmati, Marco Crabievic*. Per la Ristori scrisse *Fasma*, per Tommaso Salvini *Il tesoro* e dappoi l' *Ultimo dei Baroni*, nel 1861, e *Bianca Cappello* dramma in versi. Nel 1867 scrisse uno scherzo comico in dialetto veneziano, l'*Aqua alta*.

Vollo Giuseppe, compilatore negli ultimi anni del *Gondoliere*, oltre a parecchie poesie, tessè un dramma, la *Famiglia Foscari*, che ottenne grande successo, fu ripetuto parecchie volte sulle scene, e fu largamente lodato da P. Cecchetti nel *Vaglio* dell' ottobre 1844.

La pietosa storia dei Foscari è in esso svolta con evidenza, regolare è l'andamento del dramma, buoni ne sono i versi, e la sua rappresentazione sarebbe ancora oggigiorno di sicuro effetto. Questo dramma ebbe le critiche di Seismit-Doda, che quantunque lo stimasse buono come lavoro letterario, non lo riteneva rappresentabile, però il pubblico non si mostrò di qusto avviso, poichè lo volle ripetuto sul teatro fino ad otto sere di seguito. Il dramma del Vollo ebbe anche una critica da Antonio Berti sull'*Euganeo* di Padova nel 1844.

In altro luogo abbiamo ricordato Giovanni Peruzzini, come poeta lirico ; qui completeremo le notizie che lo riguardano specialmente come poeta melodrammatico, nel quale arringo specialmente emerse l'ingegno di lui.

Il Peruzzini, dopo il Romani, è ritenuto il miglior librettista per opere in musica, e scrisse più di trenta melodrammi. Giuseppe Puccianti scriveva alla vedova del Peruzzini in data 13 settembre 1872, che i melodrammi del Peruzzini erano fra i migliori del nostro teatro e che egli sapeva serbarsi poeta, anche nella necessità in cui si trovava di obbedire alle ragioni di un'arte, che, sebbene sorella della poesia, è però di quelle sorelle, che vogliono comandar loro in casa da padrone assoluto. Loda il Peruzzini pel modo di svolgere e sceneggiare una azione e pella maestria nel delineare i caratteri. Nella parte lirica dei drammi loda la facilità e la spontaneità nel verso, l'effetto, la vaghezza delle immagini e l'armonia dello stile.

Fra i molti melodrammi del Peruzzini il Puccianti consiglia la pubblicazione di dodici, fra i migliori che sarebbero: *La Contessa d'Amalfi*, la *Jone*, il *Duca d'Alba*, *Gusmano*, *La Sirena*, *Le due regine*, l'*Ottavia*, la *Fidanzata d'Abido*, *Cellini a Parigi*, *l'ultimo degli Abenceragi*, le *Sabine*, il *Duca di Scilla*. Sono altresì buoni lavori: *Gli ultimi giorni di Suli*, *Don Cesare*, l'*Amleto*, il *Borgomastro*. Sono inediti: *Ruy Blas*, il *Romito di Legnano*, il *Gladiatore* o *Spartaco*, il quale ultimo dato alla Canobbiana di Milano nell'ottobre 1851, fu proibito dalla polizia.

Altro poeta drammatico che fece onore a Venezia fu Antonio Somma. Ne scrisse la vita e ne pubblicò le opere, Alessandro Pascolato, (Venezia, Antonelli 1868), dal qual libro attingo le notizie biografiche che qui riassumo. Il Somma nacque ad Udine nell'anno 1809. Compiti gli studi all'università di Padova, si recò poi a Trieste dove visse col Dall'Ongaro, col Gazzoletti, col Valussi: passato quindi a Venezia, prese parte agli avvenimenti degli anni 1848-49 ed eletto membro dell'Assemblea Veneta, fu segretario della Presidenza, e il suo nome trovasi sottoscritto assieme a quello dell'altro Segretario G. B. Ruffini nel decreto che deliberava la resistenza ad ogni costo all'austriaco.

Morì a Venezia il giorno 10 agosto 1864, avendo sempre continuato ad esercitare l'avvocatura. Ebbe in Venezia una solennissima e patriottica commemorazione il dì trigesimo della sua morte.

Giovanissimo compose la tragedia *Parisina*, che divenne assai popolare. Il soggetto corre spedito e semplice, è svolto con passione, ed è ridondante di vita. È una produzione riuscita di getto e che non morrà.

Altra tragedia scrisse nel 1847, *Marco Bozzari*. È piuttosto un poema della indipendenza ellenica, ed un canto della risurrezione della patria. L'azione è complessa, e sonovi squarci ripieni di affetto, e di vergine entusiasmo. Scrisse dappoi la *Figlia dell'Appennino*. L'avvenimento che serve di base al dramma è la battaglia di Pavia, e vi figurano quali personaggi Giovanni dalle Bande Nere, ed il Connestabile di Borbone.

L'andamento però generale di questa tragedia è inviluppato e desta poco interesse.

Il Somma nel 1859 scrisse *la Cassandra* per la Ristori che la recitò a Parigi con splendido successo. Fu detto che in esso si scorge l'autore della *Parisina*, ricco di poesia, di versi torniti, di tratti lirici che per bellezza, di immagini, per sceltezza di frasi, si accostano ai migliori modelli. Ritengo *La Cassandra* la migliore delle tragedie del Somma, imperocchè la vestì magnificamente e vi innestò un contrasto di passioni, ferocemente classico, senza contare una condotta perfetta e un dialogo in taluni punti, alto ed eloquente.

La *Cassandra* puossi dire una delle più perfette tragedie italiane. Il Somma ha inoltre alcuni componimenti giovanili, la *Maschera del Giovedì Grasso*, e *Filippina dei Ranfi*, frammento.

Renier Paolo patrizio, stampava nel 1836, coi tipi Alvisopoli la tragedia, *Il Conte di Carmagnola* che è un lavoro privo di movimento, di vita e di interesse, mancante di situazioni veramente drammatiche, e con uno svolgimento che è di una primitiva semplicltà; la lingua è povera, e non sufficientemente decoroso il verso.

Scopo dell'autore si è quello di giustificare l'operato della Repubblica Veneta pelle misure prese contro il Conte di Carmagnola. Sull'istesso soggetto intesseva una tragedia, Pasquale Negri (Venezia, Merlo, 1849). Di merito superiore all'altra del Renier; c'è sviluppo maggiore, più vivo ne è l'interesse, buoni sono il verso e la lingua.

Conclude:

Alle venture
Etadi sarà sempre oscuro enigma
L'alta cagion, che Cermagnola spense.

E qui continuo la mia arida, ma necessaria rassegna. Corsi Giovanni Postumio, scrisse una

tragedia, *Francesco Foscari,* (Venezia Molinari
1843), e sullo stesso argomento si stampavano
frammenti di una tragedia inedita : (Venezia
1872. Fontana Ottolini). Cipro Gio. Batta. pubblicava, *Lord Byron a Venezia,* dramma in 4
atti, (Venezia Piccotti 1837). Il Prof. G. Emo
stampava una tragedia *Catterina Cornaro, Regina di Cipro,* (Venezia Antonelli 1843), Caso-
reti Girolamo componeva un *Lanciotto Ma-
latesta,* (Venezia Antonelli 1838), lo stesso
soggetto della *Francesca* del Pellico, colla introduzione però di un nuovo personaggio, la
madre cioè dei due fratelli Paolo e Lanciotto ;
è lavoro caldo ed appassionato. Spinelli Antonio
Giuseppe scriveva *Orso III* doge di Venezia,
dramma tragico in prosa, del quale si fecero
due edizioni nel 1854, e nel 1857 (Venezia Longo). Lo stesso Spinelli pubblicava un' altra tragedia in tre atti, *Marino Faliero,* (Venezia Fontana 1857) soggetto del pari trattato da Giulio
Pullè, (Verona 1840). Neuman Rizzi pubbicava
un suo *Giovanni Bentivoglio,* (Venezia Alvisopoli 1846). Piermartini Giovanni componeva le
tragedie, *Stefania* e *Marin Faliero,* inedite, e
Gregorio VII, la quale ultima è lavoro più storico letterario che addatto alle scene. Scrisse
inoltre, *ultime, ore di Corradino di Svevia,*
Carme nel 1859, *Enrico Dandolo,* Canti 3, Venezia Merlo 1844, *Baldovino I.* tragedia, Venezia
1850. Ha molti articoli critici e bibliografici. —

È autore che merita seria attenzione e riguardo. Antonio Zanardini morto a Milano di 75 anni nel 1892, scrisse libretti e tradusse libretti d'opera stranieri in italiano.

Balbi Federico tradusse l'*Ezzelino* di Albertino Mussato Venezia 1869 ; e recò in versi italiani, l'*Apocalisse*, Venezia Merlo 1849.

Mantovani Jacopo di Codroipo a lungo vissuto a Venezia, scriveva una tragedia, *Ecuba*, lodata dal Biagi nel 1822. Di Melodrammi fu autore il conte Paolo Pola da Treviso, ma che legato a Venezia anche per vincoli di parentela qui abitava a lungo ; lasciò i seguenti lavori : *L'ira di Achille*, musicato dal Basily nel 1817, *Cordano ed Artola*, da Stefano Pavesi nel 1825, *Francesca da Rimini*, da Pietro Generali, nel 1825, e *Costantino in Arles* da Giuseppe Persiani nel 1830.

Beltrame Pietro, che già lodammo fra i lirici, lasciava *Gismonda da Mendrisio* musicata dal Formaglio nel 1854. Girolamo Costantini componeva *Orio Soranzo* ossia l'*Uscocco*, musicato da Andrea Zazevich pel teatro grande di Trieste nell'anno 1863. Rossi Giovanni scrisse *Maria di Brabante*, musicata da Alberto Guillion nel 1830, e Cesare Berti scriveva *Alberigo da Romano*, musicato dal maestro Francesco Malipiero.

Giuseppe Lorenzetti, creava un suo teatro popolare, colla *Giustina Rossi*, dramma storico

(Tondelli 1865), *Natalina o la sepolta viva,
Giovedì Grasso 1866*, e *Fra Paolo Sarpi*.
dramma, come l'autore lo chiama, storico, politico, religioso in quattro atti, epilogo, una
prolusione, ed annotazioni storiche.

Molinari Antonio, veneziano, medico di bordo
della Casa Rubattino, morto per viaggio da
Bombay a Genova, nel 28 ottobre 1881, faceva
recitare con successo a Venezia nel 1865 essendo
ancor giovanissimo le *Erinni del Commercio*
e le *Fila del Caso*. Cesare Revedin, impiegato
alla finanza, otteneva buoni successi, con qualche sua commedia, e in particolare colla *Vespa
Nera ;* anche l'attore drammatico Augusto Bel-
lotti Bon scrisse qualche buona commedia, quale
p. es. *Spensieratezza e buon cuore,* che ottenne
ottimo successo.

Zanchi Alessandro conosciuto poeta vernacolo
pubblicava una commedia in dialetto nel 1825:
La regata di Venezia. Altra commedia in Veneziano scriveva Camerini Francesco nel 1833,
cioè *El mar in tera,* ossia *Un noviziato con
l'aqua alta*. Non tralascieremo di ricordare
anche come autore drammatico, Cesare Francesco Balbi citato fra i poeti lirici. Due sue tragedie autografe esistono al Museo Civico, *Ifigenia,*
ed *Atreo ;* due drammi *Biagio Carnico,* e il
Nuovo Fornareto, due commedie lo *Strato
Verde* e *Disordine e ravvedimento*. Non consta
che queste composizioni abbiano avuto l'onore

della scena. Altra tragedia incompleta lasciò : *Pietro Candiano IV.*

Federico Federigo, già altra volta citato fra i lirici, mostrò la sua valentia anche nella drammatica e fino dal 1837 (Venezia Andreola, stampava una *Ermengarda*, dedicata a Luigi Zandomeneghi. Soggetto di questa tragedia, è la riforma politica di Pietro Gradenigo e la conseguente congiura, con alla testa Boemondo Tiepolo, fratello della Ermengarda.

Il Federigo compose un altro dramma di soggetto veneziano nell'anno 1838, *Gli Ordelaffi*, editore Gattei, e dedicato al prof. Lodovico Liparini, dramma che ottenne lusinghiera accoglienza, e che fu più volte rappresentato. Scrisse anche un brillante lavoro comico tratto dalle memorie di *Alessio Piron*, dedicato alla nobile Signora Alba Albrizzi Peregalli, e lasciò inedite alcune tragedie, fra le quali *Ildegarda, Malvina, Properzia dei Rossi*, e *Pietro Gradenigo.* Dal *Saul* dell'Alfieri trasse un'azione melodrammatica, che doveva esser musicata dal maestro veneziano Ferrari, rapito da morte immatura. Scrisse anche per la compagnia Duse al teatro di S. Samuele una commedia in vernacolo, ripetuta dal Morolin con successo, dal titolo: *El Garanghelo.*

Girardi Luigi Alfonso lasciò una tragedia : *Manfredi* (Venezia, nov. 1848). In generale è avviluppata nell' azione, il verso non è sempre corretto e dignitoso, meno qualche tratto, di una energia abbastanza efficace, la lettura di questo dramma stanca e più stancherebbe il pubblico se venisse rappresentato.

· Uno dei più fecondi librettisti delle nostre lagune, il cui nome va legato a quello del principe della moderna musica italiana, fu Francesco Maria Piave. Nacque egli nell'isola di Murano il 18 maggio 1810 e morì a Milano il 5 marzo 1876. Cominciati a Murano e a Venezia gli studii, elementari e ginnasiali, li completò a Pesaro, ove fermossi col padre Giuseppe per parecchio tempo : passato poi a Roma vi si fermò per ben due anni, dove ebbe campo di farsi conoscere per la sua letteraria valentia, ed ebbe l'onore di essere ascritto nell'Accademia Arcadica e Tiberina. Ritornato a Venezia fu correttore presso la tipografia Antonelli. Nell'anno 1848 abbandonò lo stabilimento Antonelli, e da allora fino all'anno 1859 fu poeta e direttore degli spettacoli del teatro la Fenice ; quindi passò a Milano al teatro della Scala nella stessa qualità, fino a tanto che colpito da una crudele malattia, fu tratto al sepolcro, dopo otto anni di patimenti. Negli anni 1848-49 ebbe il grado di quartiermastro della Guardia civica di Venezia.

Queste notizie biografiche raccolte dall'abate Vincenzo Zanetti mi furono gentilmente comunicate dal signor Angelo Santi, che perciò pubblicamente ringrazio. — Il Piave stimato da molti letterati e personaggi illustri, fu più che da ogni altro amato dal grande maestro Verdi pel quale scrisse gran numero dei suoi melodrammi.

Fino dai primi anni della sua carriera letteraria scriveva un compendio della Storia del Cristianesimo dell'abate Belcastel, e dettava articoli vari, sopra argomenti artistici. Ma il Piave era chiamato specialmente dalle sue speciali attitudini e dalla sua natura, alla poesia melodrammatica e scrisse ben sessantasei libretti di opera, alcuni dei quali, tutti forse non corrispondendo per intero alla esigenza dell'arte, furono pregiati e lodati. Il Piave aveva facilissima vena e forse rendeva troppo sommessa alla musa dei suoni, quella della poesia. Ad ogni modo il Piave lasciò traccia di sè, nè sarà agevole dimenticare colui che fu compagno ai più clamorosi e patriottici trionfi del cigno di Busseto.

Bisogna rilevare che la musa del Piave era più volte ispirata da sentimenti di patria e che assieme al Verdi collaborò nell'intento di scuotere le fibre degli italiani intorpidite dalla lunga servitù straniera. Dopo ciò trovo necessario citare alcuni dei melodrammi del Piave, tali sono: *I Due Foscari*, tragedia lirica musicata dal Verdi nel 1844, *Ernani*, musicato dal Verdi nel 1844, *Lorenzino de Medici*, musicato dal Pacini nel 1845, *Macbet*, musicato dal Verdi nel 1848, *Allan*

Camenen, da Pacini nel 1848, *Elisabetta di Valois*, da Buzzola nel 1850, *Crespino e la comare*, dai fratelli Ricci nel 1850, *Rigoletto*, da Verdi nel 1851, *La sposa di Murcia*, da Casalini nel 1851, la *Prigioniera*, da Bosoni, *Il corsaro*, da Verdi, la *Traviata*, da Verdi nel 1853, *Stiffelio*, da Verdi nel 1852, *La Punizione*, da Puccini nel 1854, *Simon Boccanegra*, da Verdi nel 1857, *Aroldo*, da Verdi nel 1858, *Vittor Pisani*, dal Peri ecc. ecc.

Vittorio Salmini, eccellente lirico, riuscì sovrano nella drammatica. Cominciò i suoi primi passi in questo arringo assieme a Paolo Fambri, col quale scriveva nel 1854, *Un galantuomo*, dramma in cinque atti e prologo, nello stesso anno, *Torquato Tasso*, dramma in cinque atti, nel 1855 *Riabilitazione*, tragedia civile, e *Livia*, tragedia, nel 1857. Scriveva inoltre il Salmini, *Santo, e Patrizio*, che al Fondo di Napoli ebbe cento repliche, quindi, *Lorenzo de' Medici*, tragedia di forti tinte che ebbe il favore del pubblico, *Violante*, *Giovanna d'Arco, Cielo e Terra, Cetego, Potestà patria, Madama Roland, Maometto II*. Questi sono i lavori drammatici di Vittorio Salmini, e specialmente gli ultimi due, sono rivestiti di tali pregi, che li renderanno duraturi.

In tutti v'ha forti concetti, rivestiti di splendida forma. I versi sono degni di ogni più gran poeta.

Fambri Paolo morto a Venezia il 5 aprile 1897 di 69 anni fu per otto anni presidente dell'Ateneo.

Lodato da Marco Diena ai funerali, commemorato da Gilberto Secretant alla Associazione della
stampa in Roma il 5 giugno 1897. Uomo politico, letterato, giornalista, soldato, ingegnere.
Fu di talento poderoso e forte, come erano
straordinariamente forti le sue membra, fu oratore vibrato con rimarchevole accento veneto.
Volle abbracciar troppi generi di studii. D'arte
militare scrisse *Volontari e regolari, 1866,*
studii sulla *Venezia Giulia,* Venezia 1885. Trattò
la giurisprudenza del duello in libri cinque, Firenze 1869. Diporti militari, nuove armi, nuove
guerre 1869, La parte della marina nella difesa
degli stati, Venezia 1873, *Novelle cavalleresche,*
Torino 1888.

Dei nessi fra l'idealità e la moralità 1877.
Le critiche parallele, Padova Salmini 1884.
Scrisse innumerevoli articoli storici, critici e
filosofici. La sua conversazione era arguta e
brillante, e qualche volta paradossale. Visse
assai nel giornalismo, e fu segretario dell'Istituto veneto, ed uno dei fondatori della Società
dei merletti, sul qual soggetto indirizzò due
gustosissime lettere, al carissimo Chiala, pubblicate per nozze Zauli Naldi-Pasolini.

Di commedie ne compose alcune con Vittorio
Salmini ; è esclusivamente sua il *Caporal di
settimana, e il Consiglio di disciplina,* commedia che piacque assai, perchè era una Satira
dei costumi militari piemontesi.

Nel 1887 pubblicò l' *Aretino*, commedia in versi, non però addatta alle scene, e troppo ostica anche alla lettura. Non credo però fuor di luogo riportare un brano splendido, per evidenza perfetta descrittiva, dettato da chi la sapeva lunga in fatto di scherma, ma che sembra suggerito da quel brano di racconto, del Sicario Bibona, quando narra come col coltello assaltasse Alessandro Soderini che era in compagnia di Lorenzino dei Medici, mentre questi era investito dall' altro Sicario Bebo ; fatto avvenuto a Venezia, in campo S. Polo, per ordine del duca Cosimo.

La lotta fra il Bibona e il Soderini, è in sostanza quella descritta dallo Scoronconcolo, con un gentiluomo fiorentino, nell' *Aretino* del Fambri. Questo brano, sta nell' atto terzo, scena sesta, e il Fambri se ne compiaceva assai e lo ripeteva volentieri.

> Trass' io lo stocco, egli la lunga spada,
> e in bassa e cauta guardia s' impostò.
> Sei ben piantato, pensai, ma ha da nascere
> il tiratore che da scoronconcolo
> possa dirsi coperto. Molto fuori
> di misura io restavo, dondolandomi
> tanto da dargli il balenio e confondergli
> occhio e pensiero insieme. A me l' aire
> Ciò preparava a scatti subitissimi
> ove ei movesse alle offese. Ma che?
> Sempre immoto, dai capricciosi fori
> della scolpita coccia egli fissavami.
> L' aspettai lungamente, la sperai
> Una sua botta dritta per giuocargli

La sparita da basso e rimontargli
poi su a contatto qual serpe che s' erga.
Perfin m' esposi affinchè osasse. Ei no.
Restava sempre colla punta in linea.
La man non gli tremava, il core sì.
Osiamo, fra me dissi, s' ei non osa.
Spiccai da manca un salto e del nemico
ferro alla presa, avventurai la mano,
Valeva bene il conto di rimetterci
Sia pur tre o quattro dita dalla manca
per conciarlo a dovere colla destra :
E la cosa andò fin meglio del calcolo,
poichè tanto fu il salto e tal la presa
Su da mezzo del ferro che a me impune
riuscì sebben furibondo il disarmo.
Spinsi allora il più destro, e si cozzò
coi petti. Io son certissimo
che alla salute dell' anima sua
ei non provvide pur con l' a d' un ave,
Ch' essergli sopra e sfondargli con l' elsa
del pugnal mezzi i denti, fu un sol attimo.
La punta, si capisce, dall' occipite
Usciagli fuori di ben quattro dita.
Chi la sa lunga, porti l' arma corta
Che avrà sempre ragione.

Giacinto Gallina nacque in Venezia nel 1852
e morì il 13 febbraio 1897. Abbandonò la carriera musicale per la quale era stato avviato, e
cominciò la sua carriera drammatica coll' *Ipo-
crisia* scritta a 18 anni, seguì l' *Ambizione
d' un operato*, con poco successo, *Manco Do-
tori*, *Le Barufe in Famegia*, data nel 1872,
rivelarono il grande artista. Fece seguire *La
Famegia in Rovina*, *Nessun va al monte*, *Le
serve al pozzo*. Nel 1875 scrisse il *Moroso
della Nona*, *Zente refada*, la *Chitara del Papà*,

Nel 1876, *Teleri veci*, *Tutti in campagna*. Dal
1879 sino al 1882, *I Oci del cuor*, *Mia fia*,
L'amor in paruca, *El primo passo*, *Gnente
de novo*, *La mama no mor mai*, *Così va il
mondo bimba mia*. Dopo cinque anni scrisse
Esmeralda, nell'89 *Serenissima*, poi la *Famegia del Santolo*, *Fora del mondo*, *La base
de tuto*, nel 1892, *Senza bussola*; ha un solo
atto ma che prometteva un altro lavoro degno
del Gallina e superiore ai precedenti.

Il Gallina rese sulla scena l'ambiente veneziano della sua epoca; il suo dialetto è vero
dialetto veneziano, e domina nelle sue produzioni molto sentimento che commuove l'uditorio. *Serenissima*, segna l'apogeo dei successi di
Gallina. Se la morte non avesse troncata ancora
in giovine età la sua esistenza, esso avrebbe creato
un teatro veneziano da rivaleggiare con quello
del Goldoni. Resta però sempre grande per le
situazioni della scena, e per il dialogo che corre
spontaneo, vivace, ed arguto. Nelle scene pa-
tetiche è inarrivabile; molti potranno imitarlo,
nessuno superarlo.

Antonio Dall'Acqua Giusti, tradusse l'*Eccell-
nide* di Albertino Mussato, scrisse nel 1854 una
tragedia, *Anna Erizzo*, di fattura pregevolissima.

Deplorata fu la perdita di Libero Pilotto, autore ed attore drammatico; recitò nelle Compagnie del Belloti-Bon, del Pietriboni, del Cesare
Rossi, della Compagnia di Lorenzo Andò; nato

a Feltre, in quella città moriva di anni 46 nel 1900. Fu autore drammatico sopratutto dialettale. Scrisse le commedie: *Amoretto* di Goldoni a Feltre, *Da l'ombra al Sol*, *L' onorevole di Campodarsego*, *I Pelegrini de Marostega*, il *maestro Zaccaria*, *Cesarina*, *Le macchie del Sole*, *La famegia de un canonico*, *Re di Molinella*, *il Tirano di S. Giusto*, *i Figli d' Ercole*. Da ultimo stava compiendo una produzione, *Altri tempi*, cioè prima del 1866.

Dal rapido sguardo che abbiamo tentato di dare al passato secolo per ciò che si riflette alla drammatica veneziana, non ci sarebbe argomento di andarne sconfortati.

La letteratura veneziana ha offerto una messe copiosa alla letteratura nazionale. Sia pure come da alcuni è inteso, che Venezia e i veneziani siano spariti; per me fino che vi sarà S. Marco, vi sarà Venezia, e veneziani, chiamerò coloro che nacquero all' ombra delle cupole bisantine del tempio d' oro del protettore della regina del mare. Chi ama Venezia, deve amarla in tutto quello che può far risplendere il suo genio e la sua attività, perciò deve compiacersi, se anche il secolo decimonono, benchè non abbia prodotto un Apostolo Zeno nella melodrammaica, può però annoverare in questa un Foppa, un Rossi, un Peruzzini, un Piave, senza contare altri minori; sia pure con qualche divario, ma la Venezia del XIX secolo può aggiungere ai nomi del Goldoni e del Gozzi, nella commedia, un Augusto Bon, un Giacinto Gallina, e nella tragedia, Vittorio Salmini e Antonio Somma, che diedero produzioni tali, di cui Venezia si sarebbe certo onorata anche nel secolo precedente.

CAPITOLO VII.

Scrittrici veneziane

La donna perchè adorna dalla natura di peculiari pregi è ritenuta la parte più gentile del genere umano.

Alla venustà delle forme, alla innata gentilezza dei modi e del linguaggio, alla delicatezza
del suo profondo sentire, essa poi a mille doppî
aggiungerà valore, se coltivando la mente potrà
esplicare con eletta forma, i suoi pensieri, ed
arricchire così il patrimonio scientifico e letterario, coi risultati dei suoi studii.

E invero ; fatti così i suoi scritti specchio
all'anima sua, col loro diffondersi ispireranno a
un tempo quella nobiltà di sentimenti e di affetti, che sono proprii della donna.

Sia pure che la sua missione, di regola si
restringa nell'ambito della famiglia, di cui essa
è la guida costante e la domestica regolatrice ;
ma se i ricchi tesori che ella possiede nel cuore,
potranno servire di ammaestramento alla società, sarà un beneficio universale.

Negli argomenti che del pari o meglio possono essere trattati dagli uomini, la donna vi
porterà tuttavia sempre una delicatezza di sentire più profonda, spoglia poi in . ogni caso di
passioni malsane, di odî e di vigliacche invidie, onde il sesso mascolino non di rado, va
infetto.

È nella natura della donna l'essere dominata dall'amore, passione che talvolta potrà por-
tare all'esagerazione, ma che per essa, in ogni
caso è il substrato di tutti i soggetti che avrà
da svolgere. La donna infatti tradirebbe il suo
sesso, se altro non fosse che amore. Questa di-

vina fiamma infiltrata nell' umanità sarà un balsamo che produrrà la dolcezza del bene, in mezzo a tanto male.

In queste pagine, noi ci prefiggiamo mettere in rilievo, in quanta misura questa benefica influenza della donna sia stata esercitata nel passato secolo in questa nostra città, ricordando e nomi ed opere.

Venezia anche nel suo glorioso passato, non mancò di belli ingegni femminili, quantunque non numerosi; e ne fanno fede la Corner Elena Piscopia, la Cassandra Fedele e la Veronica Franco, che onorata palma ottennero nelle umane lettere, ed al nostro tempo più vicine la Gozzi Bergalli, la Cornelia Gritti, l' Angiola Tiepolo e la Caminer Turra. Ma queste basta averle accennate, mentre invece apriremo quella serie che intendiamo specialmente onorare, perchè vissute nell' ottocento, avvertendo di essere convinti, di non avere che in breve parte raggiunto lo scopo prefissoci.

Daremo principio col nome più caro fra tutte, e certo il più celebre: con quello della Renier Michiel Giustina. Di essa forse sarebbe meglio non dir parola perchè il suo solo nome è un elogio, e perchè la gentile poetessa trovò un sommo lodatore e biografo nell' indimenticabile Luigi Carrer, che la pose prima delle sette gemme veneziane, nel suo libro, descritte.

Dovere di cronaca però ci sospinge — pur

attingendo fra altre, a quella nobilissima fonte
— a ripetere alcume notizie. La Giustina Renier Michiel nacque fra i fasti di principesche patrizie famiglie, in Venezia ancora sovrana, nell'anno 1755, e fu tenuta al sacro fonte da Marco Foscarini, dappoi doge. — Nella prima gioventù mostrò ognora svegliato ingegno e assidua inclinazione alla letteraria cultura non solo, ma anche alle arti belle come la musica, il disegno, il bulino. Famigliari le furono parecchie lingue straniere, il che contribuì a favorire quelle celebri riunioni di dotti che accorrevano alla sua casa. Ippolito Pindemonte, Vincenzo Monti, Ugo Foscolo, Melchiorre Cesarotti, per non dire che dei sommi, ambirono l'amicizia di. lei e riflettevano sulla illustre donna, la loro splendida luce; così pure i forestieri più illustri ambivano l'onore di prendere parte a quelle famose conversazioni, che essa seppe tener fino alla sua più tarda età, favorendo l'accesso alla gioventù e compiacendosi della ingenuità di innocenti fanciulli, che intorno a sè raccoglieva.

Profondo nella Renier Michiel fu l'affetto verso la patria, ed acuto il dolore, che provò per la sua caduta; e con onore si ricorda quel tratto nobilissimo di lei, quando nel giorno angoscioso della fine di Venezia, minacciandosi stragi e compiendosi saccheggi, essa si rivolse ai giovani patrizii Tommaso Mocenigo Soranzo e Bernardino Renier, che erano presso di lei dicendo : che state? salvate almeno la città, se non v'è possibile la repubblica. E infatti furono quei giovani che arrestarono con la forza l'anarchia invadente. Ma il maggior segno del suo affetto per la patria essa lo diede colla opera sulla *Origine delle feste veneziane* nel francese idioma dettata.

Luigi Carrer paragona l'opera della Michiel nel descrivere le feste di Venezia, a quella d'Antigone nel dar onorevole sepoltura alle ceneri del fratello. — Il lavoro della Michiel fu occasionato dalla richiesta che il governo francese avea fatto di notizie statistiche sulla città di Venezia. Ad esaurire questo compito la Municipalità chiamò allora il Morelli, e il Filiasi, e la Michiel scelse per proprio conto quanto aveva attinenza alla storia, ai costumi, ai giuochi popolari e scrisse tale un lavoro duraturo e patriottico, che ebbe l'onore a brevi distanze di parecchie edizioni.

Preso argomento dalle feste che erano per i veneziani altrettante occasioni per ricordare i fasti politici della patria, la Michiel descrive in sostanza la storia di Venezia sua, piacevolmente adornandola colle narrazioni di cerimonie e costumi divenuti fin dal suo tempo un semplice ricordo. Il tutto poi è cosparso di quel sentimento puro che sgorga dal cuore, e che prova una affettuosa figlia, quando parla della

morta madre, sicchè a buon dritto la Renier
Michiel fu detta l'ultima figlia di Venezia. Pe-
rita come era nelle lingue straniere ne diede
essa un saggio volgarizzando l'Otello, il Mac-
beth, il Coriolano di Shakespeare, pubblicando
il suo lavoro a Venezia nel 1798 e nel 1800.
La valente scrittrice non si accontentò però di
una sola traduzione, ma in una acconcia prefazione trattò del carattere e del merito di Sha-
skspeare, ne descrisse la vita, e dettò un giudizio sull' Otello.

Nel 1806 scrisse una celebre lettera di risposta a Chateaubriand, che in un articolo sul
Mercurio, giornale francese, aveva censurato
l'architettura in Venezia; tale risposta fu fortunata, e scritta dalla Michiel in francese, venne
tradotta e stampata in italiano fra gli altri anche
dall'abate Saverio Bettinelli. Per debito d'e-
sattezza infine accenneremo ad altri scritti minori della egregia donna e cioè la vita di Maria
Rebutin di Sevignè, una risposta ad una critica
delle sue *Feste* stampata nel 1817, la Descrizione della regata stampata nel 1825, la descrizione dell'isola di S. Lazzaro degli Armeni,
ed alcune lettere, fra le quali quelle a Giovanni
Demin sopra il quadro del Supplizio d'Alberico
da Romano, a Canova, al principe Andrea Erizzo,
la descrizione del castello di amore, le feste dei
matrimoni : scritti tutti in varie epoche pubblicati, senza contare le versioni e i discorsi

rimasti inediti. La Giustina Renier Michiel morì il 3 aprile 1832, lasciando onoratissima memoria, e di lei scrisse diffusamente, oltre che Luigi Carrer, Paolo Zannini che dettò un saggio sulla vita e sugli studii di Giustina Renier Michiel, letto in pubblica adunanza nell'Ateneo dopo la morte della compianta donna, ma che sventuratamente non si rinvenne, perchè rimasto inedito.

Altra donna illustre, che segue però in merito la Renier Michiel, si è la Isabella Teotochi Albrizzi. Di lei estesamente scrisse elogiandola l'abate professore Antonio Meneghelli di Padova nell'anno 1837; il Carrer poi ne dettò la biografia su quella traccia per la raccolta delle vite degli italiani illustri compilata da Emilio Tipaldo. Di queste fonti naturalmente mi valgo per unire i seguenti brevi appunti. Isabella Teotochi nacque a Corfù nel 1760 da Antonio Teotochi e da Nicoletta Veja, ed ebbe imposto il nome di Elisabetta. Ma Ippolito Pindemonte volendone rendere più armonioso il nome, nelle sue composizioni la chiamò Isabella e questo nome fece dimenticare affatto il primo. Iniziata fino dai suoi primi anni nelle belle lettere, per cura della madre, che era di carattere severissimo, ebbe ad istitutori Alberto Zaramellin da Padova, residente a Corfù, e l'abate Zannini, il quale ultimo la istruì nella letteratura francese. Giovanissima e per obbedire alla volontà specialmente della madre, sposò il veneto patrizio Carlo Antonio Marin, sopracomito di galera, il quale era di sveglia- tissimo ingegno, ma poco avvenente della per- sona, mentre la Teotochi era bellissima. A die- ciotto anni, divenuta madre, abbandonò Corfù per seguire il marito a Venezia da dove dovette passare a Salò, il cui reggimento veniva affi- dato al Marin.

Fu durante il tempo di questo governo, che il Marin concepì ed iniziò quella sua eccellente opera sulla Storia del Commercio dei Veneziani, che gli assicurò una onorevole fama nella storia letteraria della sua patria. Compiuto il suo uf- ficio a Salò, il Marin fu richiamato a Venezia, dove sedette nel tribunale della Quarantia. Fu in quest'epoca che la colta Teotochi dischiuse la sua casa a quelle fiorite conversazioni, che, poi continuate anche negli anni delle straniere dominazioni, dovevano lasciare una così lode- vole traccia nella storia anèddotica e letteraria veneziana. Il Gallino, il Cromer, il Cesarotti, l'abate Arteaga, l'ellenista Villoisin, lo Zan- nini, lo Zaramellin venuto da Corfù, l'abate Franceschini, il raguseo Michele Sorgo, che molte e molte nazioni avea conosciuto, erano gli uomini eminenti, che ornavano le celebrate riunioni della Teotochi, alle quali convenivano anzhe i patrizi Gradenigo, Zuliani, Pesaro e Albrizzi accrescendone la serietà e la importanza. Curioso particolare da notarsi si era che nessuna donna, interveniva a quella società, se si eccettui una forestiera, la Rosemberg. Avvenuta la francese rivoluzione, molti fuggendo i pericoli di quella tremenda catastrofe emigrarono fra le lagune tranquille di Venezia; e fra questi Lally Tollendal, Bally di Cransol, l'abate Maury, i Polignac, tutti frequentatori della eletta società della Teotochi. — Nè mancavano gli scienziati, e fra questi lo svedese Ackerblad, l'archeologo Hamilton, il cav. Denon. Così quando nel 1816 Lord Byron arrivò a Venezia, volle subito conoscere l'Isabella che egli chiamava la Stäel di Venezia. Per dare poi una adeguata idea di quanto frequentate fossero queste conversazioni della Teotochi, basta riportare ciò che Carrer asserisce che cioè fino a undici nazioni, compresa la chinese, vi si annoveravano insieme accolte, e ricorda come in una certa sera la Teotochi fosse seduta in mezzo a dieci delle belle glorie italiane, avendo di fronte la Teresa Vordoni. Ma è ora duopo continuare la narrazione delle vicende della vita di questa donna. Il Marin non fu lasciato molto tempo a sedere nella Quarantia, ma venne eletto Provveditore a Cefalonia ed Itaca, carica che durava due anni di tempo. La Isabella mostrò avversione questa volta di seguire il marito, ed egli acconsentì ch'ella restasse in Venezia, affidando il figlio loro a Monsignor Marini vescovo di Tre-

viso. Essa a sua volta si accasò col proprio padre
venuto da Corfù, essendole nel frattempo morta
la madre. A questo punto, annuente il padre,
promosse la causa di scioglimento del matrimonio, col Marin, allegando il despotismo della
madre come causa della conclusione del medesimo, e la sua tenera età in quell'epoca. La
causa che non sortiva fortunato successo in
prima istanza a Corfù, l'ebbe favorevole invece
a Venezia, e il vescovo di Adria delegato da
Roma autorizzò lo scioglimento del matrimonio
col Marin. Compiuti così i suoi voti, la Teotochi
diede segretamente la mano di sposa a Giuseppe
Albrizzi che era uno dei frequentatori della sua
casa; imprese quindi lunghi viaggi a Roma e a
Firenze dove conobbe l'Alfieri e l'Albany. —
A Roma le prestarono premurosi officii Pietro
Pesaro ambasciadore di Venezia presso quella
Corte, l'abate Daniele Francesconi, Emilio Qui-
rini Visconti e Antonio Canova.

Il matrimonio coll'Albrizzi, rimasto segreto
alcun tempo, divenne. pubblico più tardi quando
un cefaleno chiese di divenire sposo della Teotochi e ciò fu causa di serii disgusti nella casa
Albrizzi, sopratutto per ragioni di interesse.

Caduta Venezia, la Teotochi Albrizzi, si ritirò
per qualche tempo nella sua villa del Terraglio
confortata dagli amici Pindemonte, Zacco, e
Franceschini, quindi ritornata in città, continuò
a ricevere presso di sè gli amici illustri. Nel-

l'anno 1812 perdette il marito, che le lasciava un figlio, Giuseppino, al quale essa prestò le sue più tenere cure, ed ebbe rivolti tutti i suoi pensieri. Nell'anno 1817 passava assieme al figlio, parecchi mesi a Parigi, conoscendovi gli uomini più celebri, il Cuvier, Millin, Humboldt, Talma, e facendosi presentare alla Corte di re Luigi XVIII. Fu in quell'epoca, che avendola veduta Ennio Quirino Visconti questi le diresse quel celebre complimento, ch'ella cioè non cangiava mai, come le statue del Canova che aveva eccellentemente descritte. Della nobile donna, morta in Venezia nel 1836, ricorderemo ora in breve gli scritti più importanti, e prima fra tutti la raccolta *di Ritratti* che impresse nel 1807. Sono questi, brevi descrizioni fisico morali scritte con garbo e con sapore di lingua, di alcuni fra i molti amici che alla sera le tenevano compagnia. Allorchè in Roma ebbe visitato lo studio del Canova, le balenò il pensiero di descriverne le opere, lavoro che essa compiè per cento quarant'otto di quelle. Una parte di questa opera fu stampata a Firenze nel 1809, ma l'opera completa vide la luce a Pisa per Nicolò Capurro, con intagli a contorni eseguiti da Lasinio il giovane. Opere di scultura e di plastica di Antonio Canova descritte da Isabella Teotochi Albrizzi. Pisa Capurro 1821, 1824. Alcuno disse però che l'opera della Albrizzi era più ragguardevole per l'edizione nitidissima che

non per l'intrinseco suo pregio, e che l'autrice
altro non aveva fatto che trarre dal dizionario
delle favole le descrizioni delle favolose deità,
che furono in marmo dal Canova effigiate, senza
parlare del bello particolare del lavoro, delle
finezze dell' arte, della ragione per cui furono
fatte.

Il Canova per dimostrare la sua riconoscenza
alla gentile scrittrice, volle con nobile pensiero
compensarla donandole un suo busto della greca
Elena, opera che la Teotochi descrisse, e pubblicò in Pisa in occasione di nozze. Nell' anno
1812 pella collezione dei sessanta italiani illustri
edita in Padova, dettò la vita di Vittoria Colonna. Compose quindi una difesa della Mirra
tragedia d'Alfieri, diretta all'abate Stefano Arteaga ; ed alla primitiva raccolta di ritratti aggiunse quelli di Lord Byron, di Ugo Foscolo,
di Vittorio Alfieri. Nell'anno 1835 diede in luce
il suo ultimo lavoro nella strenna del Vallardi
di Milano, e cioè il ritratto della Renier Michiel,
mentre lasciava incompiuto un lavoro di confronto fra le Meropi di tre diversi autori, il
Maffei, Voltaire, ed Alfieri.

Donna stupendamente bella, la Teotochi Albrizzi fu ritratta con meravigliosa finitezza da
Madama Lebrun, per desiderio del sig. Denon ;
ed il celebre quadro, passò in proprietà della
signora Marin Gargnani. Così il famoso busto
di Elena del Canova passato in proprietà del

Marin, fu poi ceduto agli attuali eredi della famiglia Albrizzi, verso vitalizio compenso.

La Teotochi Albrizzi ebbe accoppiata al naturale ingegno e alla varia coltura, una avvenenza tutta greca, e questo le giovò ad accrescerne la fama, e a fare più celebre e ricercato il suo nome. Forse è più letterata nel senso dello stile e della lingua, della sua contemporanea Renier Michiel, ma da questa è superata nella serenità dell'affetto, e nel colpire più direttamente il cuore ; la Teotochi riesce più studiata, ed ha un che di accademico nelle sue prose, nè manca anche di qualche amara espressione disdicevole alla bontà femminile, mentre la Renier si conserva ingenua ed amorosa in tutti i suoi scritti.

La Renier e la Teotochi ebbero questo punto di contatto : di facilitare con geniali ritrovi lo scambio delle idee, istruendosi a vicenda gli animi culti che presso di loro convenivano, ingentilendo per tal modo, e rendendo più cara ed amabile l'eletta società veneziana.

Amica alla Teotochi Albrizzi era la Teresa Alberelli Vordoni nata in Verona nello scorcio del settecento da Francesco ed Anna de Roner. Fu essa bellissima della persona e del volto, coltissima e dedita alla poesia fino dalla sua gioventù. Quindicenne maritossi a Spiridione Vordoni da Sebenico direttore del censo in Venezia. Dimorò per circa tre anni col marito in una villa del veronese ; qui dedicossi con viva

passione allo studio della lingua, così che il padre
Antonio Cesari diceva che pochissimi conosceva,
che la superassero. Il marito che in matura età
avea sposato la giovanissima Teresa, andò sempre
in lei coltivando l'amore pelle belle lettere, che
già possedeva, sinchè essa ne diede frutti sa-
poriti e durevoli. Morì in Venezia nel 18 ottobre
1868 ed ebbe lodi della Pavia Gentilomo Forti.

Di egregia fattura sono i versi della Vordoni
la quale nei suoi *sermoni* e *capitoli* prosegue
ed imita il sapore ed il gusto gozziano. Alcuni
suoi versi furono stampati a Padova nel 1824
dalla tipografia della Minerva preceduti da un
bellissimo suo ritratto, di Natale Schiavoni. Un
suo *Canto di Saffo* meno noto di altri suoi versi, è giudicato stupenda opera di poesia elegiaca.

Nell' anno 1831 a Pisa sortì una raccolta
di versi della nostra autrice, che indirizzò a
Benassù Montanari, alla Catterina Bon Brenzoni, ad Adrianna Renier Zannini, ed a Giacinto
Namias. Tessè un sermone ad Augusto Bon
sull' arte drammatica, inserito nella strenna
italiana del 1858. Pubblicò anche alcune ottave
intitolate *Un pellegrinaggio in Terra Santa*,
che furono seguite da molte altre composizioni
che videro la luce in epoche diverse nei periodici, l' *Ape*, il *Gondoliere*, il *Pirata*, e su
alcune strenne.

Altra donna che non nacque veneziana, ma
che per diverse ragioni bisogna ritenere legata

alla vita letteraria della prima metà dell'ottocento di questa nostra città, si è Angela Veronese
Mantovani conosciuta sotto il pseudonimo arca-
dico di Aglaja Anassilide. La Veronese, che
dettò la propria biografia pubblicata dal Crescini di Padova nel 1826, nacque in Biadene
nella fine del settecento, da parenti di umile
stato, dipendenti dalla famiglia Grimani quali
giardinieri. Non ostante però la modestissima
origine essa ebbe una spiccata tendenza alla
poésia, che veniva assecondata per quanto era
possibile dai rozzi genitori, facendole cadere fra
mano libri di qualche poeta.

Ripiena di idee mitologiche, la Veronese narra come da bambina essendo venuta in Venezia
col padre in casa Zenobio, ed essendo stata
condotta a vedere la cerimonia dello sposalizio
del Mare, domandò come la Chiesa permettesse
che un cattolico principe sposasse la pagana
dea Teti. Impiegato il padre quale giardiniere
nella villa Albrizzi sul Terraglio, essa lo seguì,
e in questo torno di tempo essendole cadute fra
mano le opere del Metastasio, tanto di questo
autore si innamorò, che sentita la prima forte
scintilla poetica, così improvvisamente cantò
dell'aurora :

> Già sorta era la rosea
> Diva che il ciel colora
> Che gli astri rende pallidi
> Che l'orizzonte indora.

Tuttavia in tenera età la nostra giovinetta
Aglaja, ispirata dall'apollinea avvenenza di un
giovane, Alessandro Pepoli, che passava per la
strada del Terraglio guidando due focosi de-
strieri, dettava un celebre sonetto, che fece gran
rumore e che così cominciava :

Questi che vien sopra di cocchio aurato

Intanto il padre giardiniere passava dal servizio di casa Albrizzi, a quello dei conti Spi-
neda, e Aglaja, la cui fama letteraria andava
diffondendosi, aveva agio intanto di conoscere
molto da vicino il Cesarotti ed il Barbieri ; veniva frequentemente in casa Albrizzi a Venezia
e poteva essere presentata anche alla Renier
Michiel. Fu da un generale francese, il Miollis,
chiamata la giardiniera del Parnaso, ed avendo
essa dedicata al generale Sebastiani pure francese una anacreontica, quegli la regalò di un
ventaglio, sul quale erano rappresentati Venere
Imeneo ed Amore. Aglaja vi scrisse sopra questo
epigramma che piacque assai e che venne anche
tradotto in estere lingue ;

Citerea grida : aita !
Perchè amor l'avea ferita.
Imeneo che il grido udì,
Pronto accorse e amor fuggì.

In Pontelongo conobbe essa finalmente Imeneo, sotto le spoglie di un giovane, Antonio
Mantovani, di pari condizione e fortuna, e andò
a stabilirsi a Padova. Vide Luigi Carrer quando

aveva vent'anni, e lo osservò di carattere triste
e malinconico ; Vettore Benzon, giovane e simpatico poeta patrizio le professò schietta amicizia. Facilissima verseggiatrice fu Aglaja, e le
sue rime, che si prestavano pella musica, corsero
tutta Europa ornate dalle melodie di Gio. Battista Perucchini. Aglaja morì a Padova il 10
Ottobre 1847, e ne scrisse la necrologia Luigi
Carrer, nella *Gazzetta* di quell'anno. Carissima
fu sempre a letterati illustri, quali Cesarotti,
Barbieri, Paravia, Tommaseo, Montanari, Carrer, e trovasi il suo ritratto inciso dallo Zuliani
e disegnato dal Busatto nei ritratti di sessanta
donne italiane letterate ed artiste del Vedova.
Le sue rime sono per lo più anacreontiche e
pastorali, e si stamparono a Venezia dall'Andreola nel 1804, a Padova dal Bettoni nel 1807
ed a Venezia ancora nel 1817 e nel 1819, oltre
alla raccolta accennata dal Crescini, Padova
1825.

Aglaja nel 1822 ad Udine stampò alcuni fiori
anacreontici per la morte di Canova, dei quali
trascrivo quello scritto per la testa d'Elena :

Oh quale in te traluce
Viva d'amor facella,
Di Castore e Polluce
Bellissima sorella :
La voluttà si trova
In te al decoro unita.
In te vivrà Canova
S'el diede a te la vita.

Si hanno ancora di lei versi per morte di un bambino, ed una elegia dedicata al cav. Paravia, in morte della madre, e stampata nel 20 dicembre 1840. Chiudo questi appunti, sulla ineducata figlia del bosco, come venne chiamata l' Aglaja, con questa apostrofe da essa indirizzata in una delle sue poesie a Jacopo Vincenzo Foscarini, eccitandolo a poetare, quando era ancora in abbastanza giovanile età :

> Che tardi ! il crin ti fregia
> Del lauro animator,
> Ai fasti di Vinegia
> Sacra la cetra e il cor.

Uno degli ultimi riflessi di quella casta patrizia che conservò nell' anima l' amabilità del sentire, unita ad una saggia coltura e che andò pur troppo man mano sparendo in Venezia, si fu Adriana Renier, nipote al penultimo doge, ed alla Renier Michiel. Nata sui primordii del secolo, da Cecilia Corner e da Antonio Renier, a 18 anni divenne sposa del dott. Paolo Zannini, e in quella occasione fu detto che tale matrimonio univa l' aristocrazia del sangue con quella dell' ingegno. Frequentatrice anch' essa delle conversazioni della Teotochi Albrizzi e del conte Leopoldo Cicognara, preferiva però alla sera rimanere in casa, dove riuniva intorno a sè una eletta schiera di chiari ingegni, quali il Carrer, lo Zinelli, il Cicognara, il Ve-

ludo, il Capparozzo, il Montanari ed altri. Ivi
faceansi giuochi di società, sciarade in azione,
ed altri passatempi istruttivi. Scrisse con stile
puro ed elegante, e tale che il Cicognara ebbe
a dire che ogni sua lettera sarebbe stata meritevole di cornice e di stampa ; mostrò facile
vena in eleganti versi, ma pochi furono mandati alle stampe ; però molto sono lodati i suoi
primi scritti, quando ancora era giovanissima,
indirizzati ad un vago augelletto, perduto. —
Così viene ricordata con moltissima lode una
sua elegia per l'amica Anna Altan Pivetta.
Nel 1848 pubblicavasi a Milano dal Carpano,
un libro dal titolo Api e Vespe nel quale stava
riunita una raccolta di epigrammi ed apologhi,
scritti da Luigi Carrer, da Giuseppe Capparozzo, da Bennassù Montanari, da Pietro Canal,
da Giovanni Veludo e dalla nostra Adrianna
Renier Zannini, e questo libro doveva esser seguito da un secondo che per gli avvenimenti
politici e per la morte del Carrer non venne
più alla luce, ma l'editore Ongania, venuto in
possesso del manoscritto, come egli stesso narra,
pubblicò nel 1880 l'uno e l'altro in un bel
volume pure intitolato *Api e Vespe*.

Parecchi sono in esso gli apologhi e gli epigrammi della Zannini, tutti graziosi, e dei quali
ultimi uno trascrivo, che potrebbe trovare fre-
quente applicazione, specialmente nella vita politica di oggidì. L'epigramma è il seguente :

Per poco che Luciano mi favelli
Gli oggetti agli occhi miei non son più quelli.
Ha sì torta la mente,
Il labbro sì eloquente !

Nella strenna veneziana vennero pubblicati dalla Zannini una bella epistola in versi alla Teresa Alberelli-Vordoni e un bellissimo sonetto sul ponte della strada ferrata. Dettava pure versi per la venuta a Venezia di re Vittorio Emanuele, e a nome delle donne veneziane stendeva un indirizzo allo stesso. Già da trent' anni vedova, la Renier-Rannini morì nel febbraio 1876, lasciando in quanti la conobbero sincero rimpianto, ed indimenticabile ricordanza per l' affabilità e la dolcezza dei modi, per le sue insinuanti parole, e per una modestia rara e sincera.

Ad Adrianna Renier Zannini dedicava un bel volume di poesie nel 1851 la Albrizzi Pola Sofia Antonietta sua intimissima amica : nata nel 1804 e morta nel 1861. Figlia al conte Paolo Pola di Treviso, ereditò dagli esempi paterni, l' amore alle belle lettere, che in lei non vennero meno benchè madre di numerosissima prole. Non di profonda cultura, ma di elevato sentimento e di facile vena, dettò pregiati versi in morte della madre, del marito, di Giustina Renier Michiel, quindi ne dedicò alla Porcia, al Manolesso, ad Arnaldo Fusinato, e compose bellissime odi sulla croce, e sull' Ave Maria.

Ridonda di sentimento questo suo sonetto

sull' affetto materno che qui riporto, perchè degno di ogni più alto encomio :

> Quando dei mali la cozzante piena
> All'alma mia sospinge ira e furore,
> Impeto insano a delirar mi mena
> Contro il cielo imprecando e il suo fattore,
> Ma alla dolce dei figli aura serena
> Par s'attempri il guancial del mio dolore,
> E nel mite conforto ond' ella è piena
> Tanta pietà mi vince e tanto amore,
> Che a Dio ritorno e il benedico e imploro,
> - Acciò me gravi il suo braccio eterno
> Purchè lieve lo serbi a ognun di loro ;
> E sento come il gel di morte anch' ello
> Non varrà ad impietrare il sen materno,
> Aperto ai nati suoi fin nell' avello.

Teresa Marcello Albrizzi, nata nel 1784, morta il 29 Giugno 1838, cognata della Pola Albrizzi lasciò alcuni versi stampati a Trento nel 1820 sotto il titolo Fiori : Anacreontiche, coll' intendimento di festeggiare le nozze del fratello, e dedicò il libriccino, alla sposa Marietta Pasqualigo Morosini. Nel 1805 e 1807 compose alcuni capitoli, nel 1815 tradusse dal francese *Menalca ed Alessi* Egloga di madama Joliveau, mandò una copia al vicentino Bettino Roselli, pella raccolta da questo compilata di rime e prose di alcuni cinofili vicentini, ed altri illustri italiani (Venezia, Alvisopoli 1828, e dedicata al delegato della provincia Pasqualigo.

La Teresa Albrizzi Marcello era figlia di Alessandro Albrizzi procuratore di S. Marco e di Alba Zenobio. Uscì dal chiostro nel 1805 sposa a Girolamo Marcello. Circondata da illustri letterati quali Ippolito Pindemonte, l' abate Faustino Gagliuffi, Tommaso Gargallo, Andrea Maffei, Luigi Carrer, Antonio Moschini, fu educata dal parroco Giuseppe Monico, quindi da P. A. Paravia.

Ricordasi altresì con onore il nome di Petrettini Maria nata a Corfù da nobile e ricca famiglia. Di facile ingegno, era anch' essa legata in amicizia cogli uomini più colti dell' età sua, Cesarotti, Pindemonte, Pietri, Morelli, Negri, Rosini, Carrer. Tradusse dal greco le immagini di Filostrato, dall'inglese le lettere delle Montagne (Corfù 1838) e dettò la vita di Cassandra Fedele. Moriva la Petrettini in Venezia nel 18 marzo 1855.

Marina Astori, nata in Venezia nel 1807, visse per trent'anni a Verona, e scrisse per lo più versi ispirati a soggetti religiosi e prose di terso stile. — Si hanno di lei nella strenna veneziana dell'anno 1864, un componimento in terzine in morte del padre, e nella strenna degli anni successivi due sonetti patriottici a Venezia l' uno, e l' altro pel 19 ottobre 1866.

Antonietta dal Covolo Mestre pubblicò una elegia a Catterina Bon Brenzoni, Verona 1859, e stampò dei sciolti a Venezia nella strenna veneziana del 1864. Morì nel 1889 a 57 anni a Feltre dove era nata, ed era vedova dell' avvocato Tullio Mestre di Verona, valente poeta, intimo dell'Aleardi, morto un anno prima della moglie, la quale stava attendendo ad una edizione delle opere del marito. Pubblicava in memoria di lui, un ricordo in versi sciolti che venne molto lodato.

Sono pure note parecchie odi, rime, canzoni per lo più per nozze, pubblicate nella prima metà dell'ottocento da Luisa Kiriaki Minelli nata in Venezia da padre di greca stirpe e da Isabella Fantastici, fiorentina poetessa valente, e fondatrice di un collegio reale in Montagnana per incarico avutone dal primo Napoleone, che ne apprezzava l'alto ingegno, Sono della Kiriaki, Minelli artista fine, anche alcune belle miniature che fecero lodato lo stabilimento tipografico rodigino.

Angela Nardo, figlia del dott. Gio. Domenico, scrisse sugli ospizi marini di Venezia, e dettò pregevoli racconti, quali: la famiglia dell'operaio, scène, famigliari e racconti stampati nel 1872 nell'*Archivio domestico* di Treviso.

Pezzi Giulietta inseriva fino dal 1840 ottime poesie nel *Vaglio*, e nel Museo scientifico e letterario di Torino.

Con molta facilità trattò il verso e con abbondanza di sentimento Maria Balbi Valier Fava, specialmente in *Argene* e *Lionello*, ballata intessuta di tenerissimi concetti, e dedicata alla madre nell'anno 1840. — Indirizzò sonetti a Pavia-Gentilomo Fortis Eugenia, a Domenico

Induno, e alcuni distici ad Ida Fornasari, stampati nella strenna veneziana del 1867. Nell'anno 1842 tradusse dall'inglese *Venezia e l'Arcipelago*, di Disraeli, compose una necrologia per l'avvocato Vincenzo Monico ed alcuni *voti pel suo paese*.

Carolina Facco scrisse un'opera originale di prosa e poesia : *Genio ed anima* (Venezia, Cecchini 1875-76). Il libro ha la forma di un romanzo, con intercalate ballate e poesie diverse. In queste, e non sono poche, si riscontrano una certa spontaneità e una fantasia non comune, però il libro non ha un certo legame logico nelle sue diverse parti. La Facco, morta giovanissima, scrisse pure la *Rivoluzione in Parnaso*, poemetto semiserio, polimetro, e lesse due volte all'Ateneo ; nel dicembre 1875, sulla *donna e il progresso*, e il 21 giugno 1877 in commemorazione di Luigi Carrer.

Donna d'alto sentire fu Cornelia Sale nata a Vicenza, nel 1791 da Luigi e da Fiorenza Vendramin, sposa in prime nozze ad Alvise Mocenigo, ed in seconde a Michelangelo Codemo. Morì il 29 novembre dell'anno 1860 e con essa si estinse una antica prosapia di Vicenza.

Non solo fu appassionata per la poesia, ma conobbe anche il greco ed il latino e tradusse l'Odissea dal greco in latino e da questa lingua in italiano. Molteplici sono le sue composizioni in versi, e prima di tutte va annoverato, un poema didascalico *Al Sole* (Treviso Ándreola 1860) soggetto questo trattato anche da Lorenzo Cattaneo nel 1627. Il poema della Mocenigo Sale, polimetro diviso in nove canti, è un magnifico quadro di scienza e poesia, come si esprimeva la *Gazzetta di Treviso* del 1885 ; ha purezza di stile, vastità di concetto, sapere multiforme ; immaginazione feconda, come scriveva Giuseppe Bindoni.

La figlia Codemo Gerstembrant Luigia, qualifica *Al Sole*, come uno dei migliori componimenti serii dell'ottocento.

Oltre all'Odissea tradusse la Mocenigo Sale gli inni di guerra di Tirteo, e fece delle versioni da Virgilio, da Ovidio, da Orazio e da Vittor Hugo. — Nel 1835 stampò un'ode in morte di Antonietta Trevisan Gabardi. Nel 1847 scrisse una canzone pel congresso degli scienziati, e nell'*Antologia didattica* di Firenze si pubblicò una sua *Rosa del cimitero*. Nel 1868 per cura della figlia Luigia Codemo Gerstembrandt, a Venezia dalla tipografia Cecchini, sortì alla luce un volume dei suoi versi.

Di Erminia Fuà Fusinato qui non sarebbe il luogo di parlare perchè non veneziana, ma il suo nome fu così conosciuto e caro anche alla nostra città che giova aggiungerlo alla schiera delle nostre donne. Erminia Fuà Fusinato, nata a Rovigo, passò ancora bambina a

Padova dove fino dai suoi dodici anni cominciò a poetare. Si ha di lei questo aneddoto, che nel 1848 udendo i crociati suonare un inno, ella vi addattò delle parole, facendone sortire una strofa. Dall'anno 1852 al 1855 stampava sulla *Ricamatrice*. Versi e fiori. Tradusse la festa di primavera di Klopstock, un cantico olandese di Van Vaudel, un inno persiano, una raccolta d'inni a Dio di tutti i tempi e delle principali nazioni antiche e moderne. Sue poesie originali sono : a Gemma Donati, dedicata a Dante Allighieri nel suo centenario, cantiche sui coscritti, Pastori Emigranti, gemme preziose di poesie patriotiche.

Nel 1866 scrisse un inno a Venezia, pella Strenna veneziana, dettò nel 1864 un canto a Belissandra Maraviglia, nel 1867 un canto ad Olimpia Savio per la morte di due figli dell'amica ad Ancona e Gaeta, e alcuni versi dedicati a suo figlio Gino. Scrisse prose educative, *La madre in iscuola, e maestra nella famiglia, lettere sull'educazione*. Gli scritti educativi della Fuà furono ordinati da Chivizzani (Milano, Carrara 1880), i suoi ricordi furono pubblicati da Molmenti, Milano. Treves 1877. Essa fu direttrice della scuola superiore di Roma istituita nell'anno 1874, e morì ancor giovane, due anni appresso. Fu detto delle poesie della Fuà, che sono belle per profonda soggettività di concetto, tutte irradiate dagli affetti domestici, tutte spiranti fraganza di sentimenti melanconici che confortano e rasserenano.

Una musa religiosa, ed uno spirito ascetico, ispirarono una benemerita monaca, Suor Anna Marovich, superiora dell' istituto dell' abate Canal, di lui già collaboratrice, nell' opera di redimere la gioventù. — Dalmata di nazione, dopo il suo lunghissimo soggiorno fra noi puossi dire a buon diritto, nostra concittadina. Fino dal 1843 stampava una canzone pel trigesimo della morte del parroco dei SS. Gio. e Paolo, don Gio. Domenico Salomonio, e nel 1851 pubblicava in morte del Cardinale Jacopo Monico delle terzine, edite dal Gaspari. Scrisse versi di Filotea, ed altri editi nel 1843.

In prosa dettò *Pie conversazioni sulla vita di S. Dorotea*, 1839, *Lettere morali di una pia giovane*, 1852, in tre volumi, *Il mese di Luglio consacrato a Gesù*, (1854), e infine, *Riflessioni devote sull'amor di Dio*.

Morì il 3 ottobre 1887 di 72 anni. Il Tommaseo ebbe in altissima stima la Marovich; la lodò in un opuscolo, Antonio Rosmini.

Ottima verseggiatrice fu Catterina Tettamanzi Boldrin, il cui primo lavoro poetico fu un' ode per la morte di Silvio Pellico. Altri versi compose in morte di Simone Lantana nel 1861. Si hanno di lei registrate ben cinquantatre composizioni poetiche, e quanto fosse il valore della Tettamanzi basti ricordare, che meritò le più sincere lodi dell'Aleardi. Tolgo come esempio del suo stile e qui riproduco il seguente sonetto sulla giovinezza, stampato sulla strenna veneziana del 1860.

Ama la giovinetta e sogna e spera
  Di sua vita sul limpido mattino,
  Vagando col pensier di sfera in sfera
  Vede l'astro brillar del suo destino.
Per lei fa il sole da mattina a sera
  In un cielo d'amore il suo cammino
  E pura del suo labbro la preghiera
  Sull'ali vola a Dio, d'un cherubino.
Ma della vita sul meriggio appena,
  Fuggono i sogni e fugge la speranza
  Che di sperare al cor manca la lena.
China la fronte, ma di ridente e lieta,
  Il passato è un'amara rimembranza
  E volge il piede ad un'incerta meta.

Gentile scrittrice di Versi che vedevano la luce in varii giornali ad effemeridi, fu Madonnina Malaspina morta di 45 anni nel 1898, e colta e feconda scrittrice fu Luigia Codemo Gerstembrandt, già ricordata, morta di 69 anni nel 1898. Scrisse di lei nello stesso anno nell'Ateneo, Cesare Musatti parlando diffusamente della sua vita, dei suoi racconti delle sue novelle, e dei suoi articoli di varia letteratura.

CAPITOLO VIII.

Scrittori varii, strenne, almanacchi commemorazioni, periodici, tipografie.

SOMMARIO: *Adriano Balbi — Sue opere geografiche — Vincenzo Dandolo — Daniele Manin — Suoi scritti — Giuseppe Boerio — Suo dizionario — Locatelli Tommaso — Piucco Giannantonio — Zorzi Pietro Antonio — Altri scrittori — Benvenuti Bartolomeo — Strenne diverse — Strenna veneziana — Giulio Lecomte — Almanacchi — Commemorazioni — Giornalismo — Periodici letterarii — Tipografie — Alvisopoli — Andreola — Longo — Altre tipografie — Tipografia Greca — Armena — Antonelli.*

Raggruppiamo in questa parte quegli scrittori che non abbiamo potuto annoverare o fra l'una o fra l'altra delle categorie speciali. Primo

intanto qui indichiamo il famoso Geografo Balbi
Andrian, o Adriano, del fu Rodolfo e di Maria
Bommartini Petris, nato nel 1782 a Venezia,
patrizio veneto, morto il 13 marzo 1848 a Venezia. Era della famiglia Balbi S. Giustina.

Scrisse la sua vita Neumann Rizzi nella *Gazzetta* del 22 febbraio 1851, e altra ne serisse
Antonio Tironi Venezia, Immacolata 1881. Il padre
del Balbi era maestro di fisica, matematica e geografia in S. Michele di Murano. Adriano è detto
dalla *Rivista Italiana* di Palermo il più illustre
geografo italiano dell'epoca sua. In occasione
del Congresso Geografico di Venezia nel 1881,
le sue opere figurarono a quella mostra. Nel
1842 a Parigi fu coniata in onore del Balbi una
medaglia d'oro, e un celebre viaggiatore francese in una spedizione al Polo australe, impo-
neva il nome Balbi alla cima calminante del-
l'isola Bouzainville nell'arcipelago di Salomone
nell'Australia. Dopo che il dottor Antonio Tironi ebbe pubblicato una pregevole vita accennata del Balbi colla descrizione delle sue opere.
Luigi Zan ottenne che il Comune mettesse una
lapide sulla casa del geografo e gli scritti di
lui, acquistasse, mentre lo Zan potè avere per
sè e fece dono al Museo del busto del Balbi.
Giulio Lecomte scrisse del Balbi: creossi una
fama europea per le sue numerose e bellissime
opere di geografia statistica ed etnografia. Questo
chiarissimo scrittore conservò alla sua patria

tutte le glorie di cui ricoprissi all'epoca del risorto incivilimento per opera degli illustri geografi e cosmografi i quali da Fra Mauro in poi fecero tanto pel progresso d'Europa. Il Balbi fu insignito della legion d'onore e dei principali ordini equestri d'Europa.

Sue pubblicazioni sono: « Prospetto fisico politico nello stato attuale del globo 1808. Compendio di geografia universale 1847. Le tableau politique et statistique de l'Europe 1820. Atlhas etnographique du globe 1822. In esso sono classificate 800 lingue e 5000 dialetti. La balance politique du globe. Abregé de geographie 1831.

Nel 1847 il Balbi presiedè a Venezia la sezione geografica e archeologica nel Congresso dei dotti.

Intorno a Dandolo Vincenzo, d'origine non patrizia, parlai diffusamente nel mio libro sul dominio napoleonico a Venezia. Nato nel 26 ottobre 1758 a Venezia, moriva nella sua villa presso Varese nel 1819. Nulla dirò della sua parte politica, avuta in patria all'epoca della caduta della repubblica, nè dei suoi incarichi e onori avuti ai tempi napoleonici. Qui mi limito ad accennare i suoi scritti.

Nel 1793 pubblicava il Dandolo: *Fondamenti della scienza fisico chimica applicata alla formazione dei corpi, ed ai fenomeni della natura.* Quest'opera ebbe sei edizioni. Pubblicò una edizione della *Fisica* del Poli, a Parigi stam-

pava : *Gli uomini nuovi*, ossia, *mezzi d'ope-*
rare una rigenerazione morale, opera che si
disse presto dimenticata. In seguito, specialmente dopo il tramonto dell'astro napoleonico
il Dandolo s'occupò d'agricoltura, scrisse sulla
fabbricazione dello sciroppo, e zucchero d' u-
va, sulla coltivazione dei pomi di terra, sul
governo delle pecore italiane e spagnuole, sulla
influenza degli ingrassi sui prodotti annuali
delle terre; ma l'opera che venne più in voga
fu la sua *Arte di governare i bachi da seta*,
pubblicata nel 1813, 1817, 1819.

Di Daniele Manin nato nel 1804 morto nel
1857 a Parigi, uomo politico, non sarebbe quì il
luogo di parlare. Ricorderemo: le sue *ricerche*
sopra i testamenti, di estesa e varia erudizione
così sacra come profana, la versione italiana delle
Pandette di Giustiniano, secondo l'ordine di
Pothier, e così altre successive comunicazioni
all'Ateneo. Scrisse ancora intorno alla *Giuri-*
sprudenza Veneta, lavoro inserito nella *Vene-*
zia e sue lagune.

Nel 1827 il Manin lesse all'Ateneo: *Cenni sul*
dialetto veneto, e così all'Ateneo nel 1828 comunicava il fascicolo quinto del dizionario del Boerio.
A proposito del qual dizionario diremo, che fu
primo, Gaspari Patriarchi a fare un tentativo di
un dizionario del dialetto veneto, e se ne pubblicò
il volume a Padova nel 1775, Conzatti ; si
fece poi una seconda edizione nel 1796, assistito

il Patriarchi, da Tomaso Temanza. Giuseppe Boerio si mise all' impresa di un nuovo dizionario veneto, che costò 30 anni di indagini e di studio.

Boerio Gius. nacque a Lendinara nel 1754, secondo le Biografie del Missiaglia. Studiò diritto a Padova. A 20 anni fu eletto dal senato veneziano coadiutore al padre, magistrato, poi giudice nei tribunali. In quel frattempo pubblicava *Raccolta delle leggi venete* concernenti i corpi magistrali ed ufficii municipali di Chioggia, e *Raccolta di leggi venete* pel territorio. Col governo austriaco, fu assessore al tribunale criminale di Venezia; sotto il governo napoleonico fu giudice presso la corte di giustizia dell'Adriatico. Ritornato nel 1814 il dominio austriaco, fu giudice a Rovigo e Padova, quindi consigliere a Venezia. Moriva nel 25 febbraio 1832. Oltre alle opere di giurisprudenza il Boerio lasciava l'accennato Dizionario del dialetto veneziano, opera cominciata nel 1797, e pubblicata nel 1827, editore Daniele Manin. Nel 1867 se ne fece una terza edizione, coll'indice italiano veneto del dizionario del dialetto veneziano che il Boerio avea lasciato manoscritto all'epoca della sua morte.

Intorno a Daniele Manin uomo politico occupavasi Alberto Errera col libro *Daniele Manin e Venezia*, Firenze Lemormier 1875. Così pure Errera Alberto e Cesare Finzi scrissero *La vita e i tempi di Daniele Manin*, Venezia 1872. Errera Alberto nella sua specialità pubblicava : *Il primo anno della libertà*, 1868, *Le industrie del Veneto*, 1869, *l' Italia industriale*, Firenze 1870, *Storia della Economia politica della repubblica veneta nei secoli XVII, XVIII*, opera premiata dall'Istituto Veneto nel 1877, *Storia e statistica delle industrie venete*, 1870.

Locatelli Tommaso moriva nel 1868, di anni 68 ; fu compilatore della *Gazzetta di Venezia*, e brillante scrittore di articoli, che vennero pubblicati in quattro volumi nel 1838 dal *Gondoliere* e riprodotti con aggiunte in altra edizione nel 1867. Tali scritti sono divisi in tre categorie, costumi, critica, spettacoli ; il Locatelli fece l'elogio della Rosalba Carriera. Dei suoi lavori facevasi altra edizione dopo la sua morte con molte aggiunte. Nel 1884 era in corso di stampa. Il Locatelli fu giudicato inimitabile nelle sue descrizioni.

Zorzi Pietro Antonio pubblicava nel 1830 un romanzo che fu letto con molto interesse, *Cecilia di Baone*. Ebbe tre edizioni, l' ultima nel 1860. Scrisse pure, *Osservazioni sul Bravo di Venezia di Cooper*, nel 1835; nel 1810 avea messa in versi una cantata per le auspicatissime nozze di Napoleone con Maria Luigia, estese la biografia di Domenico Morosini podestà nel 25 marzo 1842 e trattò della coltivazione dei pomi di terra, nel 1817. Giulio Pullè nel 1846 pubblicava il suo romanzo *Alba Barozzi* che ebbe parecchie edizioni.

Papadopoli Antonio pubblicò il Periegete tradotto ed illustrato da Francesco Negri; protesse Luigi Carrer, col fondare la tipografia del *Gondoliere*, ed Antonio e Spiridione Papadopoli iniziarono e sussidiarono le sale scientifiche letterarie della società del *Gondoliere*. Romanò Antonio Luigi ha un prospetto delle conseguenze derivate alle lagune di Venezia, 1815. Scolari Filippo, già citato, scrisse una lettera critica sulle matrone romane imputate di veneticio nel rappresentarsi a Venezia, le Danaidi Romane di Simone Sagrafi. Nel 1818 pubblicò un saggio critico sul Paradiso perduto di Milton.

Berti Antonio, altrove ricordato, scrisse sul magnetismo animale e sul modo di studiarlo, 1852, e fu commemorato nell'Istituto Veneto dal prof. Francesco Marzolo nel 29 giugno 1879. Malaspina Giovanni pubblicò nel 1870 *Considerazioni storico idrauliche sulle lagune venete*. Ricordo di Guido Erizzo, memoria sui veneti fiumi, 1807. Contarini Nicolò lesse all' Ateneo nel 1837 sopra l'utilità dello studio degli insetti e nel 1839 sopra una nuova specie di Altinia.

Callegari Annibale pubblicò nel 1866, *Studio intorno alla riforma e modificazione delle scienze morali aggiunta una dissertazione sull' abolizione della pena di morte*. Ha un altro lavoro filosofico ; *Biosofia*.

Benvenuti Bartolameo scrisse : *Le imposte*, Milano 1869. *L'imposta unica diretta*, Torino nel

1850; l'autore fu lodato da Girolamo Boccardo
e giudicato come colui che meglio avea studiato
il problema. Oliva del Turco di Aviano, tradusse
dal latino Giovenale, Grazio Falisco, stampati
nel 1855 ed altro.

Uno svizzero che abitò molti anni Venezia
fu Vittorio Ceresole, che vi moriva nell'anno
1892 in aprile, di anni sessanta. Lasciò i seguenti
scritti : *La verité sur les depredations autri-
chiennes a Venise, trois lettre, a M. Armand
Baschet III. Edition Venise 1866 — J. Jacque
Rousseau a Venise 1743-1744 — La republique
de Venise et les Suisses — Relevé des manu-
scrits des Archives de Venise se rapportant a
la Suisse, et aux trois ligues Grises. Venise
Imprimerie Naratovich, editè par les Archives
federales a Berne 1890.*

Ed ora ricorderemo alcune strenne, che sortirono a Venezia nel secolo decimonono. Certamente sono pubblicazioni di circostanza, nè
hanno di solito molta importanza, però segnano
sempre il carattere del tempo. Non sono molte
quelle che sembra dover essere menzionate ;
tuttavia qui registriamo : *Il giardino delle
muse* dell'anno 1818, con poesie di Menzini,
di Roncalli, di Francesco Negri, di Lauro Corniani ed altri ; l'*ape Iblea* sortita dal 1822 al
1827 con versi di Luigi Carrer, e con notizie
storiche, statistiche e novelle. Più rimarchevole è la *strenna veneta* del 1839 con produ-

zioni di chiari ingegni veneziani quali il Carrer, il Sagredo ecc. Una strenna che lasciò traccia nella vita cittadina fu la *strenna veneziana* che si pubblicò nel decennio 1862-1872. La strenna pel 1862 non contiene che un romanzo tradotto dal francese; l'anno appresso discorre delle istituzioni della repubblica di Venezia, enumera i fatti storici, le feste, ed è quasi una antologia storica veneziana. Editori e compilatori ne furono Luigi Locatelli e Giov. Antonio Piucco; lo stesso Piucco, scrittore di novelle e traduttore di romanzi, specialmente del Dickens, per l'anno 1864 compilava una storia di Venezia a vapore.

Dai veneti primi e secondi, l'autore passa ai dogi, e alle prime conquiste dei veneziani a quella di Costantinopoli, da Francesco Foscari e dalla lega di Cambray, alla guerra di Candia e Morea, alla pace di Passarowitz, ed alla fine della repubblica. È interessante la strenna per l'anno 1865. S'aggira intorno alla letteratura veneziana, ed alle sue donne passate e presenti, narra delle provvidenze ed aiuti a favore degli studii della repubblica, ed infine, fa conoscere composizioni di donne veneziane contemporanee. La strenna del 1866 è l'appendice della precedente; reca componimenti di ventiquattro signore, ed ha per intermezzo la narrazione delle feste fatte in Firenze pel Centenario di Dante Alighieri.

Nel 1867 la Strenna ha un colore tutto politico e si nomina, *Venezia degli Italiani*, con componimenti di chiari uomini, e signore. La Strenna del 1868 con prefazione di Onorato Pucci, ha composizioni di Pietro Selvatico, di Enrico Castelnuovo, di Leopoldo Bizio, di Marcello Memmo, di Giacomo Calvi, di Alessandro Pascolato. Le Strenne dei due anni successivi si occupano per opera dello stesso Alessandro Pascolato, intorno a Daniele Manin. La Strenna continuò per un altro biennio, poi come avesse finito il suo compito, cessò.

Altro volume, ispirato a sentimenti patriotici sortito dallo stesso gruppo di letterati della Strenna veneziana si fu quello chiamato, Regina e Ancella, stampato dal Naratovich nel 1865. È una raccolta di prose e poesie, sopra argomenti di storia Veneta.

E un libro di valore, e ne fanno fede, i nomi che vi collaborarono, quali Nicolò Tommaseo, Agostino Sagredo, la Mander Cecchetti, Enrico Castelnuovo, Marcello Memmo, Giangiacopo Pezzi, Bartolommeo Cecchetti, Girolamo Dandolo ecc., La collezione della strenna veneziana e il volume Regina e Ancella, segnano il trapasso della Venezia dominata dall' Austria, alla Venezia nuova. Indica le velate aspirazioni, e la soddisfazione pell' ottenuta liberazione dallo straniero. Ammesso pure che sia necessario valersi della letteratura come mezzo per attin-

gere uno scopo politico, devesi però convenire
che si si deve valere della stessa, anche come
fine, per rendere un culto al bello e soddisfare
i bisogni intellettuali dell' uomo ; perciò credo
che in nessun caso, giunga il momento di met-
terla da parte. Nel 1869 sortiva la prima strenna
del « Sior Tonin Bonagrazia » in dialetto veneziano. Scritta in prosa e in versi, era d' indole satirica, e in essa si riverberava la vita
municipale di quell' epoca. Gli avvenimenti
locali, trovavano un commento, nei lepidi sali
e nelle frecciate della strenna, diretta da Carlo
Pisani ; visse per un sessennio.

Noto una *Strenna di primavera*, sortita nel
1884. In essa notevoli sono i ricordi scritti da
A. Zaniol intorno agli istitutori e maestri ve-
neziani e cioè: Giuseppe Manzoni, Giuseppe
Piva, Francesco Fontanella, Giuseppe Cappa-
rozzo, fratelli Cavanis, Ludovico Pizzo, G. C.
Perolari, Giuseppe Emo, F. M. Zinelli, fratelli
Pesenti, Luigi della Vecchia, Pietro Canal.

La Strenna del 1885 chiamata *Strenna Veneziana*, contiene lavori di Trevissoi, Zarpellon,
Perosa, e continua la serie delle biografie coi
nomi di G. B. Galliciolli, Luigi Carrer, Francesco Filippi, Giuseppe Regin, Giuseppe Luigi
Trevisanato, Luciano Locatelli, Daniele Canal,
Antonio Ruzzini, Rinaldo Fulin, Antonio d'Este,
ed Antonio Clementini. La Strenna del 1886
contiene le biografie di Benedetto Belloni, di

Andrea Zambelli, di Angelo Bortoluzzi, di Natale Concina, di G. B. Piamonte, di Antonio Mikelli, di Angelo Fagherazzi e di Giovanni Crespan.

Ricorderemo la Strenna dei rachitici, che continua da parecchi anni, pregevole per lavori di chiare penne e promossa nel suo inizio da Monsignor Jacopo Bernardi.

Dovrei forse qui parlare delle diverse Guide di Venezia, ma già altrove scrissi in queste pagine, di quella del Quadri e di quella del Selvatico e Lazzari, pregiatissime ambedue, specie quest'ultima.

Qui dirò della *Venezia* del francese Giulio Lecomte, tradotta in italiano e stampata a Venezia nel 1844. E un libro interessante perchè non si limita al solo scopo artistico, ma tratta di storia, di costumi, di aneddoti veneziani.

Al lavoro del Lecomte si fece una lunga appendice dall'editore, ricordando ed illustrando parecchi nomi di contemporanei, artisti, letterati, scienziati veneziani, dimenticati dall'autore francese per cui si ha un quadro della coltura intellettuale di quell'epoca; molti di quei nomi fra i più importanti sono pure citati naturalmente anche in questo lavoro; però per i cultori delle memorie veneziane, l'opera del *Lecomte* non deve essere un libro perduto.

Per esattezza dovrei anche notare gli almanacchi scientifici, *sciesonsini*, *sciesone*, e *casamia* colle relative poesie in vernacolo? Noteremo la Elisabetta Sessler Bonô, direttrice della casa dei Catecumeni, autrice, a tempo perso, anche di almanacchi; un Vincenzo Bernardi, un Querini, e i pronostici di Alessandro Zanchi.

Grimani Girolamo scriveva un almanacco pei cacciatori, dagli anni 1824 al 1828, che conteneva un po' di tutto, ma specialmente descrizioni della caccia; l'ultimo volume è poi ripieno di ingiurie contro certi individui, per cui fu confiscato dalla censura.

Noteremo in fine l'ombra del Bada, el scieson del Bada, il famoso Casamia per A. Castagnari negli anni 1859-1865, senza contare altri come il Democrito al balcon del mondo nel 1823, el pescaor venezian dal 1824 al 1833, il Vesta bianco dal 1806 al 1817, l'almanacco storico del 1821 e finalmente l'*Indispensabile* dall'anno 1855 al 1866 con notizie e articoli di qualche interesse, e in fine i pronostici di Camillo Nalin dal 1831 al 1843.

Come pubblicazioni d'occasione ricorderemo: La commemorazione pel sesto centenario di Dante, fatta nel 1865. In quella circostanza, oltre che allo scopo di onorare l'altissimo poeta, c'era l'altro, ed era il prevalente, di dimostrare la solidarietà di Venezia col resto d'Italia. Il Governo austriaco stesso, attratto dalla corrente universale, inaugurava un busto a Dante, nella loggia del palazzo ducale; mentre prima in solenne seduta presso l'Istituto Veneto, nella sala del Consiglio dei Dieci, alla presenza di pubblico affollato, e del Luogotenente Toggenburg, del Podestà Bembo P. L. il membro dell'Istituto Raffaele Minich, leggeva in lode di Dante.

Così il D.r Antonio Berti Presidente dell'Ateneo Veneto nella solenne adunanza del 14 maggio 1865, leggeva una applaudita dissertazione sopra Dante ed i suoi cultori a Venezia. Altri nomi che concorsero con discorsi o lavori su Dante per celebrarne la memoria, furono Angeloni Barbiani, con una poesia, Rinaldo Fulin colla illustrazione storico letteraria, dei codici di Dante, F. M. Zinelli con un discorso sulla religione di Dante ecc. ecc.

Quali cultori di studii danteschi bisogna inoltre ricordare Filippo Scolari, e Francesco Gregoretti che nel 1869 stampava la Commedia di Dante interpretata. Il noto barcaiuolo dantofilo 'Antonio Maschio nel 1868 pubblicava, *nuovi pensieri sull'inferno di Dante*. Come altra pubblicazione d'occasione ricorderò il libro, Petrarca a Venezia, sortito nel 1872, per onorare il quarto centenario del Cantore di Laura. Diresse la collaborazione di questo libro Giuseppe Maria Malvezzi, presidente dell'Ateneo, e vi lavorarono, Giuseppe Valentinelli, Antonio Matscheg, Antonio Crespan, Rinaldo Fulin, Nicola Barozzi ed Urbani Domenico.

Ed ora diremo qualche parola sul giornalismo veneziano del secolo decimonono. Citeremo la *Gazzetta di Venezia*, che si lega al secolo decimottavo. Sulla sua origine e vicende si intrattenne in una appendice della *Gazzetta* stessa Guglielmo Berchet nel 3 gennaio 1875. Vedo ricordati i primi numeri della *Gazzetta* dal febbraio 1760 al 31 gennaio 1751, stile romano, compilata da Gasparo Gozzi dal 7 febbraio al 10 marzo 1762; fu scritta dall' abate Pietro Chiari, dal 13 marzo 1762 al 25 settembre stesso anno, da altro compilatore, col titolo *Nuova Veneta Gazzetta*. Dal 2 giugno 1787 al 30 giugno 1798 è chiamata *Gazzetta Urbana Veneta* ed è compilata da Antonio Piazza.

Nel 1816 ai nostri giorni la *Gazzelta* ha la serie mai interotta, e fu fino ad una certa epoca una buona fonte di cronaca cittadina, che va tuttodì consultata. Alla vedova Graziosi nel 1823 succedeva nella direzione e compilazione Tommaso Locatelli, che vi perdurava fino all' anno 1868 epoca della sua morte. Ancora nominammo il Locatelli, Armando Baschet lodò il suo discorso sopra Rosalba Carriera che chiamò imcomparabile, e i suoi scritti per le appendici, che disse ricordare Casparo Gozzi, e che furono reputati degni d' essere posti al paro delle feste veneziane della Michiel e dell' osservatore del Gozzi. Periodici letterari artistici furono: Il *Gondoliere*, esteso da Luigi Carrer dal 1837 al 1847, e quindi compilato da Vulten e Peruzzini, *Il Vaglio* compilato da Francesco Gamba dal 2 Gennaio 1836 al 31 Luglio 1852, *Il giornale delle scienze e delle lettere delle Provincie Venete* che si pubblicò in Treviso dal 1811 al 1830. Nel 1852 pubblicavasi il *Lombardo Veneto*, nel Gennaio 1866 il *Veneto*. Pubblicavasi pure la *Raccolta Veneta*, seguita dall'*Archivio Veneto*, e dal *Nuovo Archivio Veneto*, organo della deputazione di storia patria. *L'età presente*, giornale politico letterario dal 3 Luglio 1858 al 23 aprile 1859.

Nel 1856 sortivano in Venezia : *L'orfeo, Il pensiero, l'Emporio artistico letterario, L'omnibus, L'artiere di Venezia, La rivista religiosa, La Gazzetta dei farmacisti, Il giornale delle scienze mediche, L'avvisatore mercantile*, oltre alla *Gazzetta*.

Per tutti gli altri giornali e riviste non ci sarebbe che da trascrivere quanto trovasi registrato nelle Bibliografie del Soranzo e del Cicogna, poichè il numero dei periodici si è grandemente aumentato specialmente, ed è naturale, dopo il 1866.

Finalmente dirò delle tipografie principali, che fiorirono in Venezia nel secolo decimonono. Il Cicogna in un suo manoscritto che si trova al Museo, ne elencò moltissime. Ricorderò la stamperia Alvisopoli che ebbe origine nel villaggio dello stesso nome presso Portogruaro, quindi trasportata a Venezia nel 1814 e venuta in possesso nel 1824 di Bartolomeo Gamba, pel merito del quale si prestò assai pella diffusione dei buoni scrittori di lingua. Passò poi nel 1847 al figlio Francesco Gamba editore del Vaglio. Il Bartolommeo Gamba autore dei testi di lingna, fu chiamato il principe della italiana bibliografia, nato in Bassano il 15 marzo 1766, cominciò la sua carriera nella tipografia Remondini, e morì, come si disse in altra parte, il 5 maggio 1841. Luigi Carrer ne scrisse la biografia e di lui parlarono Antonio Neumayr all' Ateneo, e Francesco Caffi. Fu lodato pei suoi lavori bibliografici e fu reputato dotto ed elegante scrittore. Ricordiamo la sua serie dei testi di lingua, cominciata nel 1805, ampliata nel 1812, nel 1828, fino alla compiutissima del 1839. Era vicebibliotecario della Marciana.

Gamba Francesco scrisse un manuale di conversazione, nel 1834, 1835, ed esso pure tipografo ebbe nel 1858 successore Cecchini Francesco.

La tipografia Andreola era governativa, fino dal 1803, e nel 1857 continuava a lavorare diretta da G. B. Andreola. La tipografia di Girolamo Tasso fu rinomata per la collezione dei classici, in sesto economico, per la gioventù.

La tipografia Longo cominciata nel 1772 con G. B. Longo, continuata nel 1797 col figlio Francesco, proseguiva nel 1855 con Gaetano Longo.

La tipografia del Gondoliere nel 1837 era diretta da Luigi Plet, e va famosa per le sue nitide ed accurate edizioni. Citeremo le stamperie di Lorenzo Fracasso, di G. B. Merlo, fratelli Gattei, Giuseppe Gaspari, Sebastiano Tondelli, e in special modo Giovanni Cecchini, Pietro Naratovich e Marco Visentini. Quest'ultima fu istituita da Marco Visentini nel 1862, sotto il nome di tipografia del commercio. Aiutato dai letterati dell'epoca contribuì alla stampa dell' Archivio veneto e dei Diarii di Marino Sanudo.

Nel 1836 v' era una tipografia greca sita a Sant' Antonino, di proprietà di Giorgio Diamantidi, di Salonicchio, col titolo della Fenice. Nell' anno 1856 esisteva ancora condotta da Cristo Triantafilo. Altra tipografia greca c' era in Calle della Testa ai Santi Giovanni e Paolo esercitata da Antonio Filippi veneziano e durava ancora alcuni anni sono col titolo di San Giorgio. Particolare menzione merita la tipografia Armena condotta dai Mechitaristi di S. Lazzaro.

Tralasciamo una lunga filza di nomi di tipografie più o meno note; ma deploriamo che la tipografia Baglioni che operava fino dal 1637, e che avea sussistito fino al 1850 nonostante la sua tradizione florida e gloriosa, sia sparita.

La tipografia Antonelli fu la più celebre che ebbe Venezia nel secolo decimo nono. Sino dal 1727 si ricordava in Venezia un Giovanni Antonelli Libraio che stava a S. Apollinare, di famiglia oriunda di Spoleto. Antonelli Giuseppe il tipografo, era figlio di Leonardo e nacque nel 1793. Colla sua operosità ed intelligenza fino dal 1829 avea piantata la sua grandiosa officina nel palazzo Lezze alla Misericordia ; era diventato il tipografo più ardimentoso d'Italia. Lo dice il suo biografo che fu Rinaldo Fulin. L'Antonelli moriva il venti dicembre 1861 ; e per conoscere quanto grande fosse la sua operosità, puossi esaminare il lungo catalogo dei libri, incisioni, litografie, scritto del Fulin, nello stampato nel 1862.

Ricorderò fra tante edizioni, quella della biblioteca dei scrittori latini, che dovea comprenderli tutti, dai tempi più antichi, fino alla decadenza della lingua. L' impresa era diretta dall' abate Pietro Canal, che dettava dotte ed erudite prefazioni sopra alcuni autori. Le opere latine hanno tutte le traduzioni dei più stimati letterati italiani. La grande impresa ebbe principio nel 1840, e il Fulin dice, che se non vi fossero stati il Canal e l' Antonelli, l' Italia non possederebbe l' importante raccolta.

Arrivato a questo punto, dò termine alla mia forse troppo arida ma paziente e geniale fatica, animato solo dalla speranza di non aver fatta cosa del tutto inutile, ma bensì d' aver giovato con questa raccolta di notizie agli ama-

tori delle cose nostre casalinghe. Nè mi na-
scondo che non ultima delle cagioni per cui
attesi a questo lavoro si fu di prestare un mo-
destissimo omaggio alla mia città natale, e di '
mostrare in piccolissima parte, quell' affetto
che ho portato e porto verso questa mirabile
Venezia alla quale giunti oramai all'alba del
ventesimo secolo, auguro che il destino le sia
propizio per l' avvenire talchè ancora essa possa
emergere come in passato, per virtù, forza,
fama, ricchezza. Questo il mio voto, voto ar-
dentissimo e sincero.

Venezia 29 gennaio 1901.

INDICE DEI NOMI

INDICE DEI NOMI

Degli Agostini Giovanni pag. 8, 10, 430.
Delfino Giovanni pag. 176, 431.
Della Valentina Sante pag. 32. 36, 33, 44.
Della Vecchia Luigi p. 503.
De Leva Giuseppe pag. 106, 107, 133, 179.
De Martiis Antonio pagina 311.
Demartini Jacopo pag. 243.
Demin Giovanni pag. 162, 213.
Denina Carlo pag. 117.
D'Este Antonio p. 504.
D'Este Antonio p. 191, 242.
De-Toni fratelli p. 62.
De Roner Anna p. 477.
Dezan Guido pag. 142.
Diamantidi Giorgio p. 510.
Diedo Girolamo p. 158.
Diedo Apollonia Maria pag. 82.
Diedo Antonio pag. 35, 46, 77, 102, 154, 156, 158, 161, 162, 163, 182, 187, 252, 255.
Diedo Giacomo p. 8, 18.
Diena Marco pag. 459.
Domenichi Lodovico p. 430.
Donatello pag. 157.

Donà Antonio pag. 53.
Donato Francesco pag. 18, 150.
Donato Nicolò pag. 18.
Draghi Filippo p. 169, 209. 211, 216, 226, 246.
Driuzzo Ab. Francesco pag. 96, 311.
Düller pag. 75.
Dusi Cosroe pag. 211.

E

Edwards Pietro p. 237.
Emo G. Professor pag. 452, 503.
Emo Angelo, p. 8, 53, 241, 283.
Enrico III pag. 149.
Ercoliani Lorenzo pag. 355.
Erizzo Guido pag. 499.
Erizzo Sebastiano p. 54,
Errera Alberto p. 497.
Errera Ugo pag. 274.

F

Fabris Antonio p. 267.
Fabris Paolo pag. 219.
Fabris Placido p. 219.
Faccio Franco p. 274.
Facco Carolina p. 322. 488.
Fadiga Domenico Seg. pag. 161.

Mocenigo Alvise IV
Doge   pag. 194.
Moisè Federico pag.
184, 217.
Molin Domenico p. 93.
Molin Sebastiano pag.
25.
Molin Ascanio pag. 18,
21, 109, 298, 433.
Molinari Antonio pag.
454.
Molmenti Pompeo p.
144, 184, 192, 226.
Molmenti P. G. pag.
226, 228, 372.
Monaco Pietro p. 265.
Monico Ab. Giamaria
pag. 297.
Monico Jacopo Patriar-
ca pag. 112, 311, 312,
369.
Monico Arc. Giuseppe
pag. 297.
Mondini Ruggero pag.
176, 289, 311.
Mondini Morando p.
289, 311.
Montanari Bennassù p.
291.
Monteverde Claudio p.
73.
Monti Vincenzo pag.
418, 468.
Monti Osvaldo p. 376.
Morelli Jacopo p. 41,
42, 44, 48, 109, 150,
228.

Moretti Larese Euge-
nio pag. 184, 220,
247.
Moretti Larese Loren-
zo   pag. 247.
Morghen Raffaele pag.
197, 263.
Moro ab. Giovanni p.
133.
Morolin Pietro Gaspare
pag. 51.
Moroni Gaetano pag.
141.
Morosini Michele 141.
Morosini Domenico p.
307, 434.
Morlaiter Michelangelo
pag. 191. 194.
Morpurgo Emilio p.
124.
Moschini G. A. pag.
10, 17, 38, 41, 43,
45, 47, 48, 49, 50,
78, 96, 165, 180, 191.
Mosto Saverio p. 403.
Mulazzani Emilio pag.
371.
Munari Ab. Pietro p.
368.
Munaro Antonio pag.
228.
Musatti Cesare p. 139,
140, 492.
Mutoxidi Andrea pag.
32, 65, 85, 310, 362.
Mutinelli Fabio p. 85,
115, 144, 371.

Pullè Giulio pag. 205, 359, 498.

Pyrker Ladislao pag. 74, 306,

Q

Quadri Antonio pag. 55.

Quatremere de Quincy pag. 57.

Querena Luigi p. 184, 216.

Querena Lattanzio pag. 102, 192, 196, 240.

Querini Stampalia Giovanni pag. 357.

Querini Stampalia Andrea pag. 356.

Querini Pietro p. 39.

Querini Angelo p. 309.

R

Reccanati G. B. pag. 432.

Regin Giuseppe pag. 503.

Renier Eleonora Elisabetta pag. 100.

Renier Michiel Giustina p. 62, 102, 245, 280, 437, 467.

Renier Consigliere di Governo pag. 101.

Renier Giovanni pag. 321.

Renier Paolo pag. 194, 450.

Renier ab. Giovanni pag. 297.

Renier Bernardino p. 53, 469.

Repetti Andrea p. 33.

Revedin Cesare pag. 454.

Reumont Alfredo pag. 93, 163, 167.

Rezzano Francesco p. 66.

Ricci Marco p. 263.

Rinaldi Rinaldo p. 243.

Riva Giovanni p. 66.

Rizzardini Cecilia pag. 204.

Rizzato Andrea p. 44.

Roberti Roberto pag. 203.

Roberti Antonio pag. 203.

Roi Pietro p. 184, 234.

Romanin Samuele p. 74.

Romanin Antonio pag. 499.

Ronzon Antonio pag. 380.

Rosmini Antonio pag. 53, 491.

Rossi Giovanni p. 26 60, 61, 62, 96, 109, 173i, 184, 310, 453.

Rossi Gaetano p. 441.

Rossi Davide p. 159.

SOMMARIO

DELLO STESSO AUTORE

Capitolare dei signori di' Notte. — Tipografia del *Tempo.* — Venezia 1877.

Stemma e bandiera di Venezia. — Venezia Colletti 1883.

Cianfrusaglie, Versi. — Venezia, Longo 1883.

Del Castello del Cadore. — Venezia, Tipografia del *Tempo* 1884.

Della politica contumacia. — Venezia, Grimaldo 1886.

Giacomo Nani, (1725 – 1797) Memorie e documenti. — Venezia, Merlo 1893.

Agostino Nani, (1555 – 1627) Ricordi Storici. — Venezia, Merlo 1894.

Battista Nani, (1616 – 1678) Appunti Storici. — Venezia, Merlo 1899.

Del Dominio Napoleonico a Venezia, (1806 – 1814), Note ed Appunti. — Venezia, Merlo 1896.

Sulla caduta' della Repubblica di Venezia, Discorso. — Venezia, Visentini 1898.

Intorno al Cardinale Jacopo Monico, Bernardi Mons. Jacopo e Caburlotto Mons. Luigi, Discorso. — Venezia, Visentini 1899.

Della Letteratura veneziana del Secolo XIX, Notizie ed appunti. Volume unico, seconda edizione riveduta ed ampliata. — Venezia, Merlo 1901.